Elias Canetti
Das Gewissen der Worte

Essays

Hanser Verlag

Für Veza Canetti

ISBN 3-446-13862-5
Sonderausgabe 1983
Unveränderter Nachdruck der 2. Auflage 1976
Alle Rechte vorbehalten
© Carl Hanser Verlag München Wien
Umschlag: Klaus Detjen
Gesamtherstellung:
May & Co Nachf., Darmstadt
Printed in Germany

Vorbemerkung

In diesem Bande werden die Essays aus den Jahren 1962–1974 in der Reihenfolge ihrer Entstehung vorgelegt. Es mag auf den ersten Blick etwas absonderlich erscheinen, hier Figuren wie Kafka und Konfuzius, Büchner, Tolstoi, Karl Kraus und Hitler, Katastrophen furchtbarsten Ausmaßes wie die von Hiroshima und literarische Betrachtungen über das Schreiben von Tagebüchern oder die Entstehung eines Romans beisammen zu finden. Aber um eben dieses Nebeneinander war es mir zu tun, denn nur scheinbar handelt es sich um Unvereinbares. Das Öffentliche und das Private lassen sich nicht mehr voneinander trennen, sie durchdringen einander auf früher unerhörte Weise. Die Feinde der Menschheit haben rapid an Macht gewonnen, sie sind einem Endziel der Zerstörung der Erde sehr nah gekommen, es ist unmöglich, von ihnen abzusehen und sich auf die Betrachtung geistiger Vorbilder allein zurückzuziehen, die uns noch etwas zu bedeuten haben. Diese sind rarer geworden, viele von denen, die früheren Zeiten ausreichen mochten, enthalten in sich nicht genug, umfassen zu wenig, um uns noch dienen zu können. Um so wichtiger ist es, von solchen zu sprechen, die auch unserem monströsen Jahrhundert standgehalten haben.

Doch hätte man auch damit, mit der Erfassung von Vor- und Gegenbildern, selbst wenn sie einem gelingen könnte, nicht genug getan. Es ist, glaube ich, nicht überflüssig, auch für sich zu sprechen – unter unzähligen anderen einer der Zeugen dieser Zeit –, und die Bemühung zu schildern, sich ihrer zu erwehren. Vielleicht ist es nicht etwas bloß Privates zu zeigen, wie ein Mensch heute zu einem Roman gelangt, sofern es seine Absicht dabei war, sich der Zeit wirklich zu stellen; oder wie er sich ein Tagebuch einrichtet, um in ihr geistig nicht zerrieben zu werden. Ich hoffe, man wird verstehen, warum ich auch das kurze Stück »Wortanfälle« hier aufgenommen habe. Zwar bezieht es sich auf einen Aspekt der Emigration, doch keineswegs weil ich über sie klagen wollte, die das Schicksal von Millionen Vertriebenen war, während noch mehr andere als Gefangene oder als Soldaten zugrunde gingen. Ich wollte darin schildern, was mit einer Sprache geschieht, die entschlossen ist, sich nicht aufzugeben, wahrer Gegenstand dieses Stückes ist die Sprache und nicht der Sprecher.

Der Essay »Macht und Überleben« faßt, etwas anders gewendet

und schärfer pointiert, einen der Hauptgedanken aus »Masse und Macht« zusammen. Es hat sich wiederholt gezeigt, daß er sich eben in dieser konzentrierten Form zur Einführung in das größere Buch eignet. »Hitler, nach Speer« ist die Anwendung der Erkenntnisse von »Masse und Macht« auf eine bestimmte Figur, die uns noch nahe genug steht, um jedem eine Prüfung der Brauchbarkeit dieser Erkenntnisse zu ermöglichen.

Die Rede über Hermann Broch, die ich an die Spitze dieses Bandes gestellt habe, fällt aus dem bezeichneten Rahmen auffallend heraus. Sie wurde 1936 zu Brochs 50. Geburtstag in Wien gehalten. Zwischen ihr und dem folgenden Essay »Macht und Überleben« liegen 26 Jahre. Der Leser mag sich wohl fragen, was mich zur Aufnahme dieser einsamen frühen Rede bestimmt hat, und ich bin ihm eine Erklärung dafür schuldig. Hermann Brochs Werk lag damals erst zum Teil vor; das Wichtigste waren die Schlafwandler-Trilogie und einige kurze Prosastücke wie »Die Heimkehr«. Ich habe versucht, immer im Gedanken an Broch und auch aus der Kenntnis seiner Person heraus zu bestimmen, was man von einem Dichter fordern müsse, damit er für unsere Zeit etwas bedeute. Die drei Eigenschaften, zu deren Aufstellung ich damals kam, sind so, daß ich auch heute nichts daran ändern könnte. Jahre später fiel mir zu meinem Erstaunen auf, daß ich mich seither – wenn auch auf sehr unzulängliche Weise – darum bemüht hatte, diesen Forderungen selber nachzukommen. Über Hermann Broch nachdenkend, war ich zu dem gelangt, was zu den Ansprüchen an mein eigenes Leben werden sollte. Seither gab es etwas, woran ich drohendes Versagen messen konnte. In Zeiten des Erlahmens, die während der langjährigen Arbeit an »Masse und Macht« nicht selten waren, hielt ich mir die »drei Gebote«, wie ich sie etwas überheblich nannte, vor und richtete mich in einer Hoffnung, die zwar ungestüm und maßlos, aber doch auch unentbehrlich war, an ihnen auf. So halte ich es nicht für sinnlos, daß der Band damit beginnt.

Die zeitliche Kluft, die diese frühe Rede von den späteren Essays trennt, ist übrigens nur eine scheinbare. Denn sie handeln vielfach von frühen Erlebnissen und Inhalten, und als ich sie in der Reihenfolge, die sie jetzt haben, zusammenhängend las, erschienen sie mir wie eine Rechenschaft über die geistigen Stationen meines ganzen erwachsenen Lebens.

Zur zweiten Auflage

Seit dieser Band, dessen Berechtigung für mich in seiner Vielgestaltigkeit allein besteht, der Öffentlichkeit vorliegt, hat mich das Gefühl nicht verlassen, daß ihm etwas fehlt: ein Schluß, der ihn von innen her zusammenfaßt. Was läßt sich heute, da man weiß, wie wenig man selber ausgerichtet hat, von einem Dichter erwarten? Wäre es möglich für einen, der heute beginnt, den Sinn dieses scheinbar zerstörten Wortes zurückzugewinnen? In der Münchner Rede »Der Beruf des Dichters« vom Januar 1976 habe ich versucht, etwas darüber zu sagen. Als ich sie schrieb, schien sie mir etwas Autonomes für sich, als sie geschrieben war, erkannte ich, daß sie an den Schluß dieses Bandes gehört. Es lag mir daran, sie in diese zweite Auflage aufgenommen zu sehen, als Ausdruck der Hoffnung auf solche, denen es gelingen wird, ihrer Forderung besser zu genügen.

Hermann Broch

Rede zum 50. Geburtstag
Wien, November 1936

Es hat seinen schönen Sinn, wenn man den fünfzigsten Geburtstag eines Mannes dazu benutzt, ihn vor aller Öffentlichkeit anzusprechen, ihn aus den dichten Zusammenhängen seines Lebens beinahe gewaltsam herauszureißen und so hinzustellen, erhöht, von vielen Seiten und allen sichtbar, als wäre er ganz allein, zu einer steinernen und unabänderlichen Einsamkeit verurteilt, obwohl ihm doch schon die eigentliche, die heimliche Einsamkeit seines Lebens, weich und demütig wie sie ist, gewiß Pein genug verursacht. Es ist, als würde ihm mit dieser Ansprache gesagt: Ängstige dich nicht, du hast dich genug für uns geängstigt. Wir alle müssen sterben; aber noch ist es nicht sicher, ob auch du sterben mußt. Vielleicht haben gerade deine Worte uns vor den Späteren zu vertreten. Du hast uns treu und ehrlich gedient. Die Zeit entläßt dich nicht.

Um diesen Worten, wie einem Zauber, ihre volle Wirksamkeit zu verleihen, wird das Siegel der fünfzig Jahre auf sie gedrückt. Denn die Vergangenheit ist für unser Denken in Jahrhunderte abgeteilt; neben den Jahrhunderten hat nichts Platz. Soweit es der Menschheit um den großen Zusammenhang ihres Gedächtnisses geht, füllt sie alles, was ihr wichtig und eigentümlich erscheint, in den Sack der Jahrhunderte. Das Wort selbst, das diesen Abschnitt bezeichnet, hat etwas Ehrwürdiges bekommen. Man spricht, wie in einer geheimnisvollen Priestersprache, vom *Säkularen*. Die magische Kraft, die früher, bei primitiven Völkern, bescheideneren Zahlen eignete, der Drei, der Vier, der Fünf, der Sieben, ist auf das Säkulum übergegangen. Ja selbst die Vielen, die sich in der Vergangenheit nur tummeln, um dort ihre Unzufriedenheit an der Gegenwart wiederzufinden, diese von der Bitternis aller bekannten Jahrhunderte Erfüllten, stecken gerne die Zukunft, von der sie träumen, in bessere Jahrhunderte ab.

Kein Zweifel, das Jahrhundert ist für die Sehnsucht des Menschen gerade weit genug gespannt. Denn wenn er sehr viel Glück hat, wird er so alt; es kommt ab und zu vor; doch ist es unwahrscheinlich. Mit Staunen und vielen Geschichten werden die Wenigen umgeben, die es wirklich so weit gebracht haben. In alten Chroniken werden sie geflissentlich mit Namen und Stand aufgezählt. Man beschäftigt sich mit ihnen noch mehr als mit den Reichen. Der heftige Wunsch, gerade noch so viel Leben zu bewältigen, mag, nach Einführung des Dezimalsystems, das Jahrhundert zu seinem hohen Rang erhoben haben.

Die Zeit aber, die ihren Fünfzigjährigen feiert, kommt ihm darin auf halbem Weg entgegen. Sie streckt ihn den Späteren hin, als des Bewahrens würdig. Sie macht ihn, vielleicht gegen seinen Willen, deutlich sichtbar in der schütteren Schar der Wenigen, die mehr für sie da waren als für sich. Sie freut sich der runden Höhe, auf die sie ihn gehoben hat, und verbindet damit eine leise Hoffnung: vielleicht hat er, der nicht lügen kann, ein gelobtes Land gesehen und vielleicht spricht er noch davon, ihm würde sie glauben.

Auf dieser Höhe steht heute Hermann Broch, und so sei denn, um es rundheraus zu sagen, die Behauptung gewagt, daß wir in ihm einen der ganz wenigen repräsentativen Dichter unserer Zeit zu verehren haben; eine Behauptung, die ihre volle Wucht nur hätte, wenn ich hier die Vielen aufzählen könnte, die keine Dichter sind, obwohl sie dafür gelten. Aber wichtiger als diese Ausübung eines anmaßlichen Henkeramtes erscheint es mir, die Eigenschaften zu finden, die sich in einem Dichter hart beieinander stoßen müssen, damit er als repräsentativ für seine Zeit gelten könne. Es wird sich, wenn man gewissenhaft an eine solche Untersuchung herantritt, kein bequemes und noch weniger ein harmonisches Bild ergeben.

Die pralle und entsetzensvolle Spannung, in der wir leben und von der uns keines der herbeigesehnten Gewitter erlösen konnte, hat sich aller Sphären bemächtigt, selbst der freieren und reineren Sphäre des Staunens. Ja, es ließe sich unsere Zeit, wenn man sie sehr kurz zu fassen hätte, als die Zeit bezeichnen, in der man über die entgegengesetztesten Dinge zugleich *staunen* könne: Über die jahrtausendelange Wirkung eines Buches zum Beispiel und zugleich darüber, daß nicht alle Bücher länger noch wirken. Über den Glauben an Götter und zugleich darüber, daß wir nicht stündlich vor neuen Göttern auf die Knie sinken. Über die Geschlechtlichkeit, mit der wir geschlagen sind, und zugleich darüber, daß diese Spaltung nicht tiefer reicht. Über den Tod, den wir nie wollen, und zugleich darüber, daß wir nicht schon im Mutterleib aus Gram über unsere kommenden Dinge sterben. Das Staunen *war* einmal wohl jener Spiegel, von dem gerne gesprochen wird, der die Erscheinungen auf eine glattere und ruhigere Fläche brachte. Heute ist dieser Spiegel zerschlagen und die Splitter des Staunens sind klein geworden. Aber selbst im kleinsten Splitter spiegelt sich keine Erscheinung allein; unbarmherzig zerrt sie ihr Entgegengesetztes mit; was du auch siehst und so wenig du siehst, es hebt sich von selbst, indem du es siehst, wieder auf.

So werden wir auch nicht erwarten, daß es um den Dichter, wenn wir ihn im Spiegel einzufangen suchen, anders bestellt sei als um die gequälten Kiesel des Alltags. Von allem Anfang an treten wir dem weitverbreiteten Irrtum entgegen, daß der große Dichter über seine Zeit erhaben sei. Niemand ist von sich aus über seine Zeit erhaben. Die Erhabenen sind gar nicht da. Sie mögen im alten Griechenland sein oder bei mancherlei Barbaren. Das sei ihnen vergönnt; viele Blindheiten gehören dazu, um so weit weg zu sein, und das Recht, sich an allen Sinnen zu versperren, ist niemand abzusprechen. Nur ist so einer nicht über uns erhaben, sondern über die Summe von Erinnerung – an das alte Griechenland zum Beispiel –, die wir in uns tragen, ein experimenteller Kulturhistoriker sozusagen, der sinnreich an sich ausprobiert, was seinem sicheren Vernehmen nach stimmen muß. Der Erhabene ist noch ohnmächtiger als der experimentelle Physiker, der zwar nur an einem Teilgebiet seiner Wissenschaft herumhantiert, dem aber immer die Möglichkeit einer Kontrolle bleibt. Mit mehr als wissenschaftlichem, mit geradezu kultischem Anspruch tritt der Erhabene auf; meist nicht einmal Sektenstifter, Priester für sich allein; für sich allein zelebriert er, der einzige Gläubige ist er sich selbst.

Der wahre Dichter aber, wie wir ihn meinen, ist seiner Zeit verfallen, ihr leibeigen und hörig, ihr niedrigster Knecht. Er ist mit einer Kette kurz und unzerreißbar an sie gefesselt, ihr auf das engste verhaftet; seine Unfreiheit muß so groß sein, daß er nirgends andershin zu verpflanzen wäre. Ja, wenn es nicht den Beigeschmack des Lächerlichen hätte, würde ich einfach sagen: er ist der Hund seiner Zeit. Er läuft über ihre Gründe hin, bleibt hier stehen und dort; willkürlich scheinbar, doch unermüdlich, für Pfiffe von oben empfänglich, nur nicht immer, leicht aufzuhetzen, schwerer zurückzurufen, von einer unerklärlichen Lasterhaftigkeit getrieben; ja, in alles steckt er die feuchte Schnauze, nichts wird ausgelassen, er kehrt auch zurück, er beginnt von neuem, er ist unersättlich; im übrigen schläft und frißt er, aber nicht das unterscheidet ihn von den anderen Wesen, was ihn unterscheidet, ist die unheimliche Beharrlichkeit in seinem Laster, dieses von Laufen unterbrochene innige und ausführliche Genießen; so wie er nie genug bekommt, bekommt er es auch nicht rasch genug; ja es ist, als hätte er für das Laster seiner Schnauze eigens laufen gelernt.

Ich bitte Sie um Entschuldigung für ein Bild, das Ihnen des Gegenstandes, um den es uns geht, in hohem Maße unwürdig erscheinen muß. Aber es ist mir darum zu tun, an die Spitze der drei Attribute, die dem repräsentativen Dichter dieser Zeit gebühren, gerade das Eine zu stellen, von dem nie die Rede ist, das Eine, von dem die Übrigen erst ihren Ausgang nehmen, das ganz konkrete und eigentümliche *Laster*, das ich für ihn fordere, ohne das er, wie eine traurige Frühgeburt, nur mühsam zu dem aufgepäppelt wird, was er dann doch nicht ist.

Dieses Laster verbindet den Dichter so unmittelbar mit seiner Umwelt, wie die Schnauze den Hund mit seinem Revier. Es ist bei jedem ein anderes Laster, einmalig und neu in der neuen Situation der Zeit. Es ist ja nicht zu verwechseln mit der normalen Zusammenarbeit der Sinne, die jeder ohnehin hat; im Gegenteil, eine Störung des Gleichgewichts in dieser Zusammenarbeit, das Ausfallen eines Sinnes zum Beispiel, oder die übermäßige Entwicklung des anderen kann Anlaß zur Ausbildung des notwendigen Lasters werden. Es ist immer unverkennbar, heftig und primitiv. Es drückt sich im Gestaltlichen und Physiognomischen deutlich aus. Der Dichter, der sich von ihm besessen sein läßt, verdankt ihm das Wesentliche seiner Erfahrung.

Aber auch das Problem der Originalität, über das mehr gestritten als gesagt wurde, erfährt von hier aus eine andere Beleuchtung. Originalität darf man bekanntlich nicht fordern. Wer sie haben will, hat sie nie; und die eitlen und wohlausgesonnenen Clownerien, mit denen manche aufwarteten, um als originell zu gelten, sind gewiß noch in unser aller peinlicher Erinnerung. Doch ist von der Ablehnung der Originalitätshascherei bis zur tölpelhaften Behauptung, daß ein Dichter gar nicht originell sein müsse, ein ungeheuer weiter Schritt. Ein Dichter *ist* originell, oder er ist gar keiner. Er ist es auf eine tiefe und simple Weise, durch das, was wir sein Laster nannten. Er ist es so sehr, daß er es gar nicht weiß. Sein Laster treibt ihn, die Welt selbst auszuschöpfen, was niemand sonst für ihn vermöchte. Unmittelbarkeit und Unerschöpflichkeit, die beiden Eigenschaften, die man vom Genie schon immer zu fordern wußte und die es auch immer hat, sind die Kinder dieses

Lasters; wir werden noch Gelegenheit haben, die Probe aufs Exempel zu machen und zu erkennen, welcher Art es denn bei Broch selbst sei.

Die zweite Eigenschaft, die man vom repräsentativen Dichter heute verlangen muß, ist der ernste Wille zur Zusammenfassung seiner Zeit, ein Drang zur Universalität, der sich durch keine Einzelaufgabe abschrecken läßt, von nichts absieht, nichts vergißt, nichts ausläßt, es sich in gar nichts leicht macht.

Mit dieser Universalität hat sich Broch selbst eingehend und wiederholt beschäftigt. Mehr noch: man kann sagen, daß sein dichterischer Wille sich an der Forderung nach Universalität recht eigentlich entzündet hat. Ursprünglich und für lange Jahre ein Mann der strengen Philosophie, gestattete er es sich nicht, das, was ein Dichter leistet, besonders ernst zu nehmen. Zu viel Konkretes und Abgesondertes schien ihm darin zu stecken, Stück- und Winkelwerk, nie war das Ganze da. Die Philosophie, zur Zeit, da er zu philosophieren begann, gefiel sich noch manchmal in ihrer alten Forderung nach Universalität, zaghaft zwar, denn ihre Forderung war seit langem verjährt; aber als großherziger und auf alles Unendliche gerichteter Geist ließ Broch sich von dieser Forderung gerne täuschen. Dazu kam der tiefe Eindruck, den ihm die universelle, geistige Geschlossenheit des Mittelalters machte, ein Eindruck, den er nie ganz überwunden hat. Er ist der Meinung, daß damals ein geschlossenes geistiges Wertsystem bestand; und geraume Zeit seines Lebens hat er sich mit einer Untersuchung über den »Zerfall der Werte« beschäftigt, der für ihn mit der Renaissance beginnt und nur sein katastrophales Ende mit dem Weltkrieg erreicht.

Während dieser Arbeit hat das Dichterische in ihm allmählich die Oberhand gewonnen. Sein erstes umfassendes Werk, die Romantrilogie »Die Schlafwandler«, stellt genau besehen die dichterische Realisierung seiner Geschichtsphilosophie dar, allerdings auf seine eigene Zeitspanne, die Zeit von 1888–1918, eingeschränkt. Der »Zerfall der Werte« ist in deutlichen und sehr dichterischen Gestalten realisiert worden. Man wird das Gefühl nicht los, daß das Vollgültige, ja zuweilen Mehrdeutige, das sie an sich haben, gegen den Willen oder doch unter schamhaftem Widerstreben ihres Urhebers zustande gekommen ist. Es wird immer merkwürdig bleiben, wie hier einer sein Eigenstes unter einem Berg von Angedachtem zu verstecken suchte.

Durch die »Schlafwandler« hat Broch eine Möglichkeit zur Universalität gerade dort gefunden, wo er sie am wenigsten vermutet hätte, im Stück- und Winkelwerk des Romans, und äußert sich nun darüber an den verschiedensten Stellen: »Der Roman hat Spiegel aller übrigen Weltbilder zu sein«, sagt er einmal. »Das Dichtwerk hat in seiner Einheit die gesamte Welt zu umfassen«, oder »der moderne Roman ist polyhistorisch geworden.« »Immer ist Dichten eine Ungeduld der Erkenntnis.«

Am klarsten formuliert er wohl seine neue Einsicht in der Rede über »James Joyce und die Gegenwart«:

»Die Philosophie hat ihrem Zeitalter der Universalität, dem Zeitalter der großen Kompendien selbst ein Ende gesetzt, sie mußte ihre brennendsten Fragen aus ihrem logischen Raum entfernen oder, wie Wittgenstein sagt, ins Mystische verweisen.

Und dies ist der Punkt, an dem die Mission des Dichterischen einsetzt, Mission einer totalitätserfassenden Erkenntnis, die über jeder empirischen oder sozialen Bedingtheit steht, und für die es gleichgültig ist, ob der Mensch in einer feudalen, in einer bürgerlichen oder in einer proletarischen Zeit lebt, Pflicht der Dichtung zur Absolutheit der Erkenntnis schlechthin.«

Die dritte Forderung, die man an den Dichter zu stellen hätte, wäre die, daß er gegen seine Zeit steht. Gegen seine ganze Zeit, nicht bloß gegen Dies oder Jenes, gegen das umfassende und einheitliche Bild, das er allein von ihr hat, gegen ihren spezifischen Geruch, gegen ihr Gesicht, gegen ihr Gesetz. Sein Widerspruch soll laut werden und Gestalt annehmen; er darf nicht etwa erstarren oder schweigend resignieren. Er muß strampeln und schreien wie ein ganz kleines Kind; aber keine Milch der Welt, auch aus der gütigsten Brust nicht, darf seinen Widerspruch stillen und ihn in Schlaf lullen. Wünschen muß er sich den Schlaf, aber er darf ihn nie erlangen. Vergißt er seines Widerspruchs, so ist er abtrünnig geworden, wie in früheren gläubigen Zeiten ein ganzes Volk seinem Gotte.

Es ist eine grausame und radikale Forderung, grausam, weil sie in so starkem Gegensatz zum Früheren steht. Denn keineswegs ist der Dichter ein Held, der seine Zeit zu bewältigen und sich untertan zu machen hätte. Im Gegenteil, wir sahen, daß er ihr verfallen ist, ihr niedrigster Knecht, ihr Hund; und dieser selbe Hund, der sein Leben lang seiner Schnauze nachläuft, Genießer und willenloses Opfer, Lüstling und genossene Beute zugleich, dieses selbe

Geschöpf soll in einem Atem gegen das alles sein, sich gegen sich selbst und sein Laster stellen, ohne sich je davon befreien zu dürfen, weiter machen und empört sein und obendrein um seinen eigenen Zwiespalt wissen! Es ist eine grausame Forderung, wirklich, und es ist eine radikale Forderung; sie ist so grausam und radikal wie der Tod selbst.

Denn aus der Tatsache des Todes leitet sich diese Forderung her. Der Tod ist die erste und älteste, ja man wäre versucht zu sagen: die einzige Tatsache. Er ist von monströsem Alter und stündlich neu. Er hat den Härtegrad Zehn, und wie ein Diamant schneidet er auch. Er hat die absolute Kälte des Weltraums, Minus Zweihundertdreiundsiebzig Grad. Er hat die Windstärke des Hurrikans, die höchste. Er ist der sehr reale Superlativ, von allem; nur unendlich ist er nicht, denn auf jedem Weg wird er erreicht. Solange es den Tod gibt, ist jeder Spruch ein Widerspruch gegen ihn. Solange es den Tod gibt, ist jedes Licht ein Irrlicht, denn es führt zu ihm hin. Solange es den Tod gibt, ist nichts Schönes schön, nichts Gutes gut.

Die Versuche, sich mit ihm abzufinden, und was sind die Religionen sonst, sind gescheitert. Die Erkenntnis, daß es nichts nach dem Tode gibt, eine fürchterliche und nie ganz auszuschöpfende Erkenntnis, hat eine neue und verzweifelte Heiligkeit auf das Leben geworfen. Der Dichter, dem es Kraft dessen, was wir ein wenig summarisch sein Laster nannten, möglich ist, an vieler Leben teilzuhaben, hat auch an allen Toden teil, von denen diese Leben bedroht sind. Seine eigene Angst, und wer hätte sie nicht vor dem Tode, muß zur Todesangst aller werden. Sein eigener Haß, und wer haßt den Tod nicht, muß zum Todeshaß aller werden. Dies und nichts Anderes ist sein Widerspruch zur Zeit, die von Myriaden und Abermyriaden Toden erfüllt ist.

Damit ist dem Dichter ein Erbteil des Religiösen zugefallen, und sicher das beste Stück aus dem Erbe. Er hat nicht wenig an Erbschaften zu tragen: die Philosophie· hat ihm, wie wir sahen, ihre Forderung nach Universalität der Erkenntnis vermacht; die Religion die bereinigte Problematik des Todes. Das Leben selbst, das Leben, wie es vor aller Religion und Philosophie war, das animalische, seiner selbst und seines Endes nicht bewußte Leben, gab ihm, in der konzentrierten und glücklich kanalisierten Form der Passion, seine unersättliche Gier.

Es wird nun unsere Aufgabe sein, zu untersuchen, wie der Zusammenhang dieser Erbteile in einem einzigen Menschen, eben in Hermann Broch, beschaffen ist. Nur in ihrer Zusammengehörigkeit sind sie ja von Bedeutung. Ihre Einheit macht das Repräsentative seiner Person. Die ganz konkrete Passion, von der er besessen ist, muß ihm den Stoff bieten, den er zum universalen, verbindlichen Bild seiner Zeit verdichtet. Seine ganz konkrete Passion muß aber auch auf natürliche und eindeutige Weise in jeder ihrer Schwingungen den Tod verraten. Denn so nährt sie ja den unaufhörlichen, unerbittlichen Widerspruch gegen die Zeit, die den Tod verhätschelt.

Erlauben Sie mir jetzt einen Sprung zu der Materie, die uns im weiteren fast ausschließlich beschäftigen wird, zur *Luft*. Es wird Sie vielleicht verwundern, daß von etwas so Gewöhnlichem überhaupt die Rede ist. Sie erwarten etwas über die Eigenart unseres Dichters zu hören, über das Laster, dem er verfallen ist, seine schreckliche Passion. Sie vermuten dahinter etwas Peinliches, oder sofern Sie vertrauensvoller veranlagt sind, doch zumindest etwas sehr Geheimnisvolles. Ich muß Sie enttäuschen. Brochs Laster ist ganz alltäglicher Art, alltäglicher als Tabakrauchen, Alkoholgenuß und Kartenspielen, denn es ist älter, Brochs Laster ist das Atmen. Er atmet leidenschaftlich gern, und er atmet nie genug. Er hat eine unverwechselbare Art, dabei zu sitzen, wo es auch sei; scheinbar abwesend, weil er nur selten und ungern mit den geläufigen Mitteln der Sprache reagiert, in Wahrheit anwesend wie kein anderer, denn immer ist es ihm um die Gesamtheit des Raumes zu tun, in dem er sich befindet, um eine Art von atmosphärischer Einheit.

Da genügt es nicht zu wissen, daß hier ein Ofen steht und dort ein Schrank; zu hören, was einer sagt und was der andere vernünftig antwortet, als hätten die beiden es vorher einträchtiglich besprochen; es genügt auch nicht, den Ablauf und die Masse der Zeit zu registrieren, wann der kommt, wann jener aufsteht, wann der dritte geht, das besorgt schon die Uhr für uns. Viel mehr ist zu spüren, überall wo Menschen in einem Raume beisammen sind und atmen. Der Raum kann ja voll guter Luft sein und die Fenster geöffnet. Es kann geregnet haben. Der Ofen kann warme Luft verbreiten und diese Wärme mag die Anwesenden ungleichmäßig erreichen. Der Schrank mag eine gute Weile verschlossen gewesen sein; die andere Luft, die ihm nun plötzlich, da er geöffnet wird, entströmt, ändert vielleicht das Verhalten der Anwesenden zueinander. Sie sprechen, gewiß, sie haben auch was zu sagen, aber sie formen ihre Worte aus Luft und indem sie sie sagen, erfüllen sie das Zimmer urplötzlich mit neuen und sonderbaren Schwingungen, katastrophalen Veränderungen des früheren Bestandes. Und die Zeit, die wahre psychische Zeit, richtet sich am allerwenigsten nach der Uhr; sie ist viel eher und zu sehr gutem Teil eine Funktion der Atmosphäre, in der sie abläuft. Es ist also ungemein schwer, auch nur annähernd zu bestimmen, wann einer wirklich in eine Gesellschaft kam, wann jener aufstand, und wann der dritte wirklich ging.

Gewiß, das alles läßt sich simpel an und ein erfahrener Meister wie Broch darf über solche Exempel lächeln. Aber es soll damit nur angedeutet werden, wie wesentlich für ihn selbst gerade all das geworden ist, was zum Atemhaushalt gehört, wie er die atmosphärischen Verhältnisse sich ganz zu eigen gemacht, so daß sie bei ihm oft unmittelbar für die Beziehungen der Menschen stehen; wie er hört, indem er atmet, und tastet, indem er atmet, wie er alle seine Sinne seinem Atemsinn unterordnet, und so mutet er zuweilen wie ein großer, schöner Vogel an, dem die Flügel gestutzt wurden, aber seine Freiheit sonst belassen. Statt ihn grausam in einen einzigen Käfig zu sperren, haben ihm die Peiniger alle Käfige der Welt geöffnet. Noch treibt ihn der unersättliche Lufthunger jener raschen, gehobenen Zeit; ihn zu sättigen, eilt er von Käfig zu Käfig. Jedem entnimmt er eine Probe der Luft, die ihn erfüllt und trägt sie mit sich fort. Früher war er ein gefährlicher Räuber, in seinem Hunger fiel er alles Lebende an; jetzt ist Luft der einzige Raub, nach dem es ihn gelüstet. Er bleibt nirgends lange; so rasch er kommt, so rasch geht er. Den eigentlichen Herren und Insassen der Käfige entzieht er sich. Er weiß, daß er nie, aus allen Käfigen der Welt nicht, zusammenatmen wird, was er früher hatte. Seine Sehnsucht nach jenem großen Zusammenhang, nach der Freiheit über allen Käfigen, behält er immer. So bleibt er der große, schöne Vogel, der er war, den anderen an den Luftbrocken kenntlich, die er sich bei ihnen holt, sich selbst an seiner Unrast.

Aber mit dem Lufthunger und mit dem häufigen Wechsel der Atemräume ist es für Broch keineswegs getan. Seine Fähigkeit reicht weiter; er merkt sich sehr wohl, was er einmal eratmet hat; er merkt es sich in der einmaligen, exakt erlebten Form. Und so vieles Neue und vielleicht Kräftigere dazu kommen mag, die Gefahr einer Vermischung atmosphärischer Eindrücke, für uns andere ganz natürlich, besteht bei ihm nicht. Nichts verwischt sich ihm, nichts verliert seine Deutlichkeit; er besitzt eine reiche und wohlgeordnete

Erfahrung in Atemräumen. An seinem Willen liegt es, von dieser Erfahrung Gebrauch zu machen.

Man muß also annehmen, daß Broch mit etwas begabt ist, was ich nur als Atemgedächtnis zu bezeichnen vermag. Die Frage, was denn dieses Atemgedächtnis eigentlich sei, wie es funktioniere und wo es seinen Sitz habe, liegt nahe. Man wird sie mir stellen und ich werde nichts Präzises darauf zu antworten wissen. Und auf die Gefahr hin, von der dafür zuständigen Wissenschaft als Pfuscher verachtet zu werden, muß ich aus bestimmten Wirkungen, die anders nicht zu erklären wären, auf das Vorhandensein eines solchen Atemgedächtnisses schließen. Um der Wissenschaft ihre Verachtung nicht ganz leicht zu machen, müßte man in Erinnerung bringen, wie weit die abendländische Zivilisation von allen subtileren Problemen des Atems und der Atemerfahrung abgekommen ist. Die älteste, exakte, ja fast experimentelle Psychologie, von der man weiß, die mit mehr Recht allerdings als Psychologie der Selbstbeobachtung und der inneren Erfahrung zu bezeichnen ist, ein Werk der Inder, hatte eben dieses Gebiet zum Gegenstand. Man kann nicht genug darüber staunen, daß die Wissenschaft, dieser Parvenü der Menschheit, die sich im Laufe der letzten Jahrhunderte schamlos und auf aller Kosten bereichert hat, gerade hier, auf dem Gebiet der Atemerfahrung, verlernt hat, was schon einmal, in Indien, wohlbekannt und offenbar tägliche Übung unzähliger Adepten war.

Gewiß ist auch bei Broch eine unbewußte Technik mit im Spiel, die ihm das Auffassen atmosphärischer Eindrücke, ihr Festhalten und späterhin ihre Verarbeitung erleichtert. Der naive Beobachter wird manches bei ihm bemerken, was dazu gehören könnte. So haben Gespräche mit ihm eine ganz eigene und unvergeßliche Interpunktion. Er antwortet nicht gern mit Ja oder Nein, das wären vielleicht zu heftige Zäsuren. Die Rede des zu ihm Sprechenden teilt er willkürlich in scheinbar sinnlose Abschnitte ein. Sie sind bezeichnet durch einen charakteristischen Laut, den man phonographisch treu wiedergeben müßte, der vom anderen als Zustimmung aufgefaßt wird, und in Wirklichkeit bloß die Registrierung des Gesprochenen anzeigt. Eine Negation bekommt man kaum zu hören. Es wird der Partner weniger in seiner Art des Denkens und Sprechens aufgenommen; Broch ist vielmehr daran interessiert zu erfahren, auf welche spezifische Art der andere die Luft erschüttert. Er selbst gibt wenig Atem her und wirkt so, wenn er mit den Worten an sich hält, verstockt und abwesend.

Aber lassen wir dieses Persönliche, das eine ausführlichere Behandlung erfordern würde und nur dann von wirklichem Wert wäre, beiseite, und fragen wir uns, was Broch mit der reichen Atemerfahrung, über die er verfügt, in seiner Kunst unternimmt. Gibt sie ihm die Möglichkeit, etwas auszudrücken, was sonst nicht ausdrückbar wäre? Bietet eine Kunst, die aus ihr schöpft, ein neues und anderes Bild der Welt? Ja, ist eine Dichtung, die aus der Atemerfahrung gestaltet, überhaupt denkbar? Und welches sind die Mittel, deren sie sich im Medium des Wortes bedient?

Darauf wäre vor allem zu antworten, daß die Vielfalt unserer Welt zum guten Teil auch aus der Vielfalt unserer Atemräume besteht. Der Raum, in dem Sie hier sitzen, in ganz bestimmter Anordnung, fast völlig von der Umwelt abgeschlossen, die Art, in der sich Ihr Atem vermischt, zu einer Ihnen allen gemeinsamen Luft, und dann mit meinen Worten zusammenstößt, die Geräusche, die Sie stören, und die Stille, in die diese Geräusche wieder zurückfallen, Ihre unterdrückten Bewegungen, Abwehr oder Zustimmung, das alles ist, vom Standpunkt des Atmenden aus, eine ganz einmalige, unwiederholbare, in sich ruhende und wohlabgegrenzte Situation. Aber gehen Sie dann ein paar Schritte weiter und Sie finden die völlig andere Situation eines anderen Atemraumes, in einer Küche vielleicht oder in einem Schlafzimmer, in einem Gassenschank, in einer Tram, wobei immer an eine konkrete und unwiederholbare Konstellation atmender Wesen in Küche, Schlafzimmer, Gassenschank oder Tram zu denken ist. Die Großstadt steckt von solchen Atemräumen so voll wie von einzelnen Menschen; und so wie die Zersplitterung dieser Menschen, von denen keiner wie der Andere ist, – eine Art Sackgasse Jeder, – den Hauptreiz und den Hauptjammer des Lebens ausmacht, so könnte man auch über die Zersplitterung der Atmosphäre klagen.

Die Vielfalt der Welt, ihre individuelle Zerspaltenheit, eigentlicher Stoff der künstlerischen Gestaltung, ist also auch für den Atmenden gegeben. Wie weit war sich die frühere Kunst dessen bewußt?

Man kann nicht sagen, daß das Atmosphärische in der früheren Betrachtung der Menschen vernachlässigt worden sei. Die Winde gehören zu den ältesten Gestalten des Mythos. Jedes Volk hat ihrer gedacht; wenige Geister oder Götter sind so populär wie sie. Das Orakelwesen der Chinesen hat sich sehr nach den Winden gerichtet. Stürme, Gewitter, Tornados bilden ein tragendes Element der Handlung in den ältesten Heldenepen. Sie sind auch später und noch heute ein immer wiederkehrendes Requisit; mit Vorliebe werden gerade sie aus den Rumpelkammern des Kitsches hervorgezogen. Eine Wissenschaft, die heute mit sehr seriösem Anspruch auftritt, denn sie gibt Prognosen aus, die Meteorologie beschäftigt sich zum guten Teil mit den Strömungen der Luft. Aber das alles ist im Grunde doch sehr grob, denn immer geht es dabei um das Dynamische der Atmosphäre, um Veränderungen, die uns fast erschlagen, um Mord und Totschlag in der Luft, große Kälte, große Hitze, rasende Geschwindigkeiten, tobende Rekorde.

Stellen Sie sich vor, daß die moderne Malerei in einer groben und simplen Darstellung der Sonne oder des Regenbogens bestünde! Das Gefühl einer Barbarei ohnegleichen müßte uns vor solchen Bildern packen. Man wäre geneigt, Löcher in sie zu schlagen. Sie hätten keinerlei Wert. Man würde ihnen das Attribut »Bild« glattweg absprechen. Denn eine lange Übung hat die Menschen gelehrt, aus der Vielfalt und der Veränderlichkeit der Farben, die sie erleben, statische, wohlabgeschlossene, doch in ihrer Ruhe unendlich differenzierte Flächenwerke abzuziehen, die sie Bilder nennen.

Die Dichtung des Atmosphärischen als einem Statischen steht erst im Beginn ihrer Entwicklung. Der statische Atemraum ist noch kaum gestaltet worden. Bezeichnen wir das, was hier zu erschaffen wäre, im Gegensatz zum farbigen Bild des Malers als Atembild, und halten wir, bei der großen Verwandtschaft, die zwischen Atem und Sprache zweifellos besteht, an der Voraussetzung fest, daß die Sprache ein geeignetes Medium für die Realisierung des Atembildes sei. Da müssen wir auch erkennen, daß wir in Hermann Broch den Begründer dieser neuen Kunst zu sehen haben, ihren ersten bewußten Vertreter, dem auch das klassische Vorbild seiner Gattung geglückt ist. Als klassisch und großartig muß man »Die Heimkehr« bezeichnen, eine Erzählung von etwa dreißig Seiten, in der dargestellt wird, wie ein Mann, der eben in einer Stadt angekommen ist, auf ihren Bahnhofsplatz hinaustritt und bei einer alten Frau und ihrer Tochter ein Zimmer aufnimmt. Das ist der Inhalt im Sinne der alten Erzählungskunst, die Fabel. In Wahrheit dargestellt werden der Bahnhofsplatz und die Wohnung der alten Dame. Die Technik, die Broch hier anwendet, ist so neu wie vollkommen. Ihre Untersuchung würde eine eigene Abhandlung erfordern und wäre, da sie sehr ins Detail zu gehen hätte, hier gewiß nicht am Platze. –

Seine Gestalten sind ihm keine Gefängnisse. Er entschwebt ihnen gerne. Er muß ihnen entschweben; aber er bleibt viel in ihrer Nähe. Sie sind in Luft gebettet, er hat für sie geatmet. Seine Behutsamkeit ist eine Scheu vor dem Hauch seines eigenen Atems, der an die Ruhe der anderen rührt.

Seine Empfindlichkeit aber trennt ihn auch von den Menschen seiner Zeit, die sich, alles in allem, noch in Sicherheit wähnen. Zwar sind auch sie nicht gerade stumpf. Die Gesamtsumme an Empfindlichkeit in der Kulturwelt ist sehr groß geworden. Doch hat auch diese Empfindlichkeit, so sonderbar es klingen mag, ihre geregelte und durch nichts zu erschütternde Tradition. Sie ist bestimmt durch das, was man bereits gut kennt. Martern, die bis auf uns überliefert sind, von denen oft berichtet und von denen oft in gleicher Weise berichtet wurde, wie die der Märtyrer zum Beispiel, erregen in uns den tiefsten Abscheu. Manche Zeiten haben, so stark ist der Eindruck, den Erzählungen und Abbildungen in uns hervorrufen, als Ganzes den Stempel der Grausamkeit aufgedrückt bekommen. So ist das Mittelalter für die riesige Mehrheit aller lesenden und schreibenden Menschen die Zeit der Folter und der Hexenverbrennungen. Auch die verbürgte Nachricht, daß die Hexenverbrennungen eigentlich Erfindung und Übung einer späteren Zeit sind, vermag daran wenig zu ändern. Der Durchschnittsmensch denkt mit Grauen ans Mittelalter zurück, nämlich an den sorgfältig konservierten Henkerturm einer mittelalterlichen Stadt, die er – vielleicht auf seiner Hochzeitsreise – besichtigt hat. Der Durchschnittsmensch hat, alles in allem, mehr Grauen fürs ferne Mittelalter übrig, als für den Weltkrieg, den er selbst erlebt hat. Man kann diese Erkenntnis in *einem* niederschmetternden Satz zusammenfassen: es wäre schwerer heute, einen einzigen Menschen öffentlich zum Feuertod zu verurteilen als einen Weltkrieg zu entfesseln.

Die Menschheit ist also bloß dort wehrlos, wo sie keine Erfahrung und Erinnerung besitzt. Neue Gefahren können so groß sein wie sie wollen, sie werden sie nur schlecht und höchstens äußerlich gerüstet finden. Die größte aller Gefahren aber, die in der Geschichte der Menschheit je aufgetaucht ist, hat sich unsere Generation zum Opfer erwählt.

Es ist die Wehrlosigkeit des Atems, von der ich zum Schluß noch sprechen will. Man macht sich von ihr schwer einen zu großen Begriff. Für nichts ist der Mensch so offen wie für die Luft. In ihr bewegt er sich noch wie Adam im Paradies, rein und schuldlos und keines bösen Tieres gewärtig. Die Luft ist die letzte Allmende. Sie kommt allen gemeinsam zu. Sie ist nicht vorgeteilt, auch der Ärmste darf von ihr nehmen. Und wenn einer schon Hungers sterben müßte, so hat er, was gewiß wenig ist, immerhin bis zum Schluß geatmet.

Und dieses Letzte, das uns allen gemeinsam war, soll uns alle gemeinsam vergiften. Wir wissen es, aber wir spüren es noch nicht, denn unsere Kunst ist das Atmen nicht.

Hermann Brochs Werk steht zwischen Krieg und Krieg, Gaskrieg und Gaskrieg. Es könnte sein, daß er die giftigen Partikel des letzten Krieges noch jetzt irgendwo spürt. Doch das ist unwahrscheinlich. Sicher aber ist, daß er, der besser zu atmen versteht als wir, schon heute am Gas erstickt, das uns anderen, wer weiß wann erst, den Atem benehmen wird.

Macht und Überleben

Zu den unheimlichsten Phänomenen menschlicher Geistesgeschichte gehört das Ausweichen vor dem Konkreten. Es besteht eine auffallende Tendenz, erst auf das Fernste loszugehen und alles zu übersehen, woran man sich in nächster Nähe unaufhörlich stößt. Der Schwung der ausfahrenden Gesten, das Abenteuerlich-Kühne der Expeditionen ins Ferne täuscht über die Motive zu ihnen hinweg. Nicht selten handelt es sich einfach darum, das Nächste zu vermeiden, weil wir ihm nicht gewachsen sind. Wir spüren seine Gefährlichkeit und ziehen andere Gefahren unbekannter Konsistenz vor. Selbst wenn diese gefunden sind, und sie finden sich immer, haben sie dann erst noch den Glanz des Plötzlichen und Einmaligen für sich. Es würde viel Beschränktheit dazu gehören, diese Abenteuerlichkeit des Geistes zu verdammen, obwohl sie zuweilen offenkundiger Schwäche entspringt. Sie hat zu einer Erweiterung unseres Horizonts geführt, auf die wir stolz sind. Aber die Situation der Menschheit heute, wie wir alle wissen, ist so ernst, daß wir uns dem Allernächsten und Konkretesten zuwenden müssen. Wir ahnen nicht einmal, wieviel Zeit uns geblieben ist, das Peinlichste ins Auge zu fassen, und doch könnte es sehr wohl sein, daß unser Schicksal von bestimmten harten Erkenntnissen, die wir noch nicht haben, abhängig ist.

Ich will heute von *Überleben* sprechen, womit ich natürlich das Überleben Anderer meine, und zu zeigen versuchen, daß dieses Überleben im Kern alles dessen steht, was wir – etwas vage – als Macht bezeichnen; und ich möchte dazu mit einer ganz einfachen Betrachtung beginnen.

Der *stehende* Mensch wirkt autonom, als stünde er für sich allein, und als hätte er noch die Möglichkeit zu jeglicher Entscheidung. Der *sitzende* Mensch übt einen Druck aus, sein Gewicht stellt sich nach außen dar und erweckt ein Gefühl von Dauer. So wie er sitzt, kann er nicht fallen; er wird größer, wenn er sich erhebt. Der Mensch aber, der sich zur Ruhe niedergelassen hat, der *liegende* Mensch, hat sich entwaffnet. Es ist ein Leichtes, ihm in der Wehrlosigkeit seines Schlafes beizukommen. Der Liegende ist vielleicht gefallen, vielleicht ist er verwundet worden. Bevor er wieder auf den Beinen steht, wird er nicht für voll genommen.

Der *Tote* aber, der nie wieder aufsteht, hat eine ungeheure Wirkung. Die erste Regung in dem, der einen Toten vor sich sieht, besonders wenn ihn dieser etwas anging, aber nicht nur dann, ist eine der Ungläubigkeit. Argwöhnisch, wenn er ein Feind war, mit bebender Erwartung, wenn ein Freund, belauert man ihn auf jede Regung seines Leibes hin. Er hat gezuckt, er atmet. Nein. Er atmet nicht. Er zuckt nicht. Er ist wirklich tot. Und nun setzt der Schrecken ein vor der Tatsache des Todes, die man die einzige Tatsache nennen möchte, die so ungeheuerlich ist, daß sie alles in sich einbezieht. Die Konfrontation mit dem Toten ist eine Konfrontation mit dem eigenen Tod, weniger als dieser, da man daran nicht wirklich stirbt, mehr als dieser, da immer auch ein anderer da ist. Selbst dem Berufstöter, der seine Unempfindlichkeit mit Mut und Männlichkeit verwechselt, bleibt diese Konfrontation nicht erspart, in einem wohlverborgenen Teile seiner Natur erschrickt auch er. Über diese *Aufnahme* des Toten in den Betrachter, diese tiefste und menschenwürdigste aller Aufnahmen, wäre viel zu sagen; mit ihrer präzisen Beschreibung ließen sich Stunden und Nächte füllen. Das großartigste Zeugnis für sie ist das älteste: der Gram des sumerischen Gilgamesch über den Tod seines Freundes Enkidu.

Aber hier geht es uns nicht um dieses offene Stadium eines Erlebnisses, für das wir uns als Opfer nicht zu schämen haben und das darum im hellen Lichte der Religionen steht, sondern um das nächste Stadium, das wir uns nicht gern eingestehen, das viel folgenreicher war als das frühere und keineswegs menschenwürdig, das sich im Herzen der Macht wie der Größe findet und das wir unerschrocken und schonungslos ins Auge fassen müssen, wenn wir begreifen wollen, was als Macht gilt und was diese anrichtet.

Der Schrecken über den Toten, wie er vor einem daliegt, wird abgelöst von Genugtuung: man ist nicht selbst der Tote. Man hätte es sein können. Aber es ist der andere, der liegt. Man selbst steht aufrecht, ungetroffen und unberührt, und ob es ein Feind war, den man getötet, ein Freund, der einem starb, alles sieht plötzlich so aus, als wäre der Tod, von dem man bedroht war, von einem selber auf ihn abgelenkt worden.

Es ist dieses Gefühl, das sehr rasch die Oberhand gewinnt; was erst Schrecken war, durchdringt sich nun mit Befriedigung. Nie ist der Stehende, dem alles noch möglich ist, sich seines Stehens mehr bewußt. Nie fühlt er sich besser aufrecht. Der Augenblick hält ihn fest, das Gefühl der Erhabenheit über den Toten bindet ihn an diesen. Wenn der Aufrechte Flügel hätte, er würde jetzt nicht entschweben. Er bleibt, wo er ist, in der nächsten Nähe des Leblosen, diesem zugewandt, und wer immer dieser ist, er wirkt auf ihn, als ob er ihn eben noch zum Kampfe herausgefordert und bedroht hätte, und verwandelt sich in eine Art von Beute.

Dieser Sachverhalt ist so furchtbar und so nackt, daß er auf jede Weise verschleiert wird. Ob man sich seiner schämt oder nicht, ist für die Bewertung des Menschen entscheidend. Aber am Sachverhalt selbst ändert es nichts. Die Situation des Überlebens ist die zentrale Situation der Macht. Überleben ist nicht nur erbarmungslos, es ist konkret, eine genau begrenzte, unverwechselbare Situation. Der Mensch glaubt nie ganz an den Tod, solange er ihn nicht erlebt hat. Aber er erlebt ihn an anderen. Sie sterben vor seinen Augen, als Einzelner jeder, und jeder Einzelne, der stirbt, überzeugt ihn vom Tod. Er nährt den Schrecken davor, und er ist statt seiner gestorben. Der Lebende hat ihn statt seiner vorgeschoben. Der Lebende dünkt sich nie größer, als wenn er mit dem Toten konfrontiert ist, der für immer gefällt ist: in diesem Augenblick ist ihm, als wäre er gewachsen.

Doch ist es ein Wachstum, das man für gewöhnlich nicht zur Schau trägt. Es kann hinter echtem Kummer zurücktreten und von diesem ganz verdeckt sein. Aber auch wenn der Verstorbene einem nur wenig bedeutet hat und eine besondere Zurschaustellung von Trauer von einem gar nicht erwartet wird, geht es sehr gegen die gute Sitte, etwas von der Genugtuung merken zu lassen, die die Konfrontation mit dem Toten in einem hervorruft. Es ist ein Triumph, der verborgen bleibt, den man niemand und vielleicht nicht einmal sich selber eingesteht. Die Konvention hat hier ihren Wert: sie sucht eine Regung geheim und klein zu halten, deren unbekümmerte Manifestation die gefährlichsten Folgen hätte.

Nicht unter allen Umständen *bleibt* es bei dieser Verborgenheit. Um zu begreifen, wie aus dem heimlichen Triumph angesichts des Todes ein offener, eingestandener wird, einer, der Ehre und Ruhm einbringt und dem man darum nachstrebt, ist es unerläßlich, die Situation des *Kampfes* ins Auge zu fassen, und zwar in ihrer ursprünglichsten Form.

Der Leib des Menschen ist weich und anfällig und in seiner Nacktheit sehr verletzlich. Alles vermag in ihn einzudringen; mit jeder Verletzung wird es schwerer für ihn, sich zur Wehr zu setzen; und im Nu ist es um ihn geschehen. Ein Mann, der sich zum Kampfe stellt, weiß, was er riskiert; wenn er sich keiner Überlegenheit bewußt ist, riskiert er am meisten. Der das Glück hat zu siegen, fühlt einen Zuwachs an Kraft und stellt sich um so eifriger seinem nächsten Gegner. Nach einer Reihe von Siegen wird er das gewinnen, was dem Kämpfenden das Kostbarste ist, ein Gefühl von *Unverletzlichkeit*, und sobald er dieses einmal hat, wird er sich an immer gefährlichere Kämpfe wagen. Nun ist ihm, als hätte er einen andern Leib, nicht mehr nackt, nicht mehr anfällig, durch die Augenblicke seiner Triumphe gepanzert. Schließlich kann ihm keiner mehr etwas anhaben, er ist ein Held. Aus der ganzen Welt und von den meisten Völkern kennt man Geschichten von Immer-Siegern; und selbst wenn sie, wie es nicht selten vorkommt, an einer geheimen Stelle ihres Leibes verletzlich bleiben, so bringt das ihre sonstige generelle Unverletzlichkeit nur um so mehr zur Geltung. Das Ansehen des Helden wie sein Selbstgefühl setzt sich zusammen aus all den Augenblicken, in denen er als Sieger vor seinem erlegten Feinde stand. Für die Überlegenheit, die ihm sein Gefühl von Unverletzlichkeit gibt, wird er bewundert; sie gilt nicht als unbilliger Vorteil über seinen Gegner. Jeden, der sich ihm nicht beugt, fordert er bedenkenlos heraus. Er kämpft, siegt, tötet; er sammelt seine Siege.

»Sammeln« ist hier buchstäblich zu verstehen. Es ist, als gingen die Siege in den Leib des Siegers ein und stünden nun zu seiner Verfügung. Die Auffassung dieses Vorgangs als einer konkreten Prozedur ist uns zwar abhanden gekommen, wir anerkennen sie nicht recht, doch ihre untergründige Wirksamkeit bis in unser Jahrhundert ist unbestreitbar. Es mag aufschlußreich sein, ihr auch in einer Kultur nachzugehen, in der sie sich noch offen darstellt, eine jener Kulturen, die wir etwas ungenau als primitiv bezeichnen.

Als *Mana* bezeichnet man in der Südsee eine Art von übernatürlicher und unpersönlicher Macht, die von einem Menschen auf den anderen übergehen kann. Sie ist sehr begehrt, sie läßt sich in einzelnen Individuen anreichern. Ein tapferer Krieger kann sie ganz bewußt erwerben. Er verdankt sie aber nicht seiner Erfahrenheit im Kampf oder seiner Körperkraft, sondern sie geht als das Mana seines erschlagenen Feindes auf ihn über. Ich zitiere hier aus dem Buch von *Handy* über polynesische Religion:

»Auf den Marquesas konnte ein Stammesangehöriger durch persönliche Tapferkeit zum Kriegshäuptling werden. Man nahm an, daß der Krieger in seinem Leib das Mana aller derer enthalte, die er getötet hatte. Im Verhältnis zu seiner Tapferkeit wuchs sein eigenes Mana. Doch war in der Vorstellung des Eingeborenen seine Tapferkeit das *Ergebnis* und nicht die Ursache seines Mana. Mit jeder Tötung, die ihm gelang, wuchs auch das Mana seines Speers. Der Sieger im Kampfe von Mann zu Mann nahm den Namen des erschlagenen Feindes an: dies war das Zeichen dafür, daß seine Macht nun ihm gehöre. Um sich sein Mana unmittelbar einzuverleiben, aß er von seinem Fleisch; und um diesen Zuwachs an Macht in einer Schlacht an sich zu fesseln, um sich des intimen Rapports mit dem erbeuteten Mana zu versichern, trug er als Teil seiner Kriegsausrüstung irgendein körperliches Überbleibsel des besiegten Feindes an sich; einen Knochen, eine vertrocknete Hand, manchmal sogar einen ganzen Schädel.«

Soweit Handy. Die Wirkung des Sieges auf den Überlebenden läßt sich nicht klarer fassen. Indem er den anderen getötet hat, ist er stärker geworden, und der Zuwachs an Mana macht ihn zu neuen Siegen fähig. Es ist eine Art von Segen, den er dem Feinde entreißt, aber er kann ihn nur erlangen, wenn dieser tot ist. Die physische Gegenwart des Feindes, lebend und dann tot ist unerläßlich. Es muß gekämpft und es muß getötet worden sein; auf den eigenen Akt des Tötens kommt alles an. Die handlichen Teile der Leiche, deren der Sieger sich versichert, die er sich einverleibt, mit denen er sich behängt, erinnern ihn immer an den Zuwachs seiner Macht. Er fühlt sich stärker durch sie und erregt mit ihnen Schrecken: jeder neue Feind, den er herausfordert, zittert vor ihm und sieht sein eigenes Schicksal furchtbar vor sich.

Es gibt, bei anderen Völkern, Vorstellungen anderer Art, die doch demselben Ziele dienen. Der Nachdruck liegt nicht immer auf der Offenheit des Kampfes. Bei den *Murngin*, im australischen *Arnhem-Land*, sucht jeder junge Mann sich einen Feind, um sich seiner Kraft zu bemächtigen. Aber er muß ihn heimlich töten, bei Nacht, und nur wenn ihm das gelingt, geht der Geist des Erschlagenen auf ihn über und verleiht ihm doppelte Stärke. Es wird ausdrücklich gesagt, daß der Sieger durch diesen Vorgang *wächst*, er wird tatsächlich *größer*. Statt der unpersönlichen Kraft des Mana, die wir im vorigen Falle kennengelernt haben, ist es hier ein persönlicher Geist, den man zu erbeuten sucht, und dieser darf den Mörder während seiner Tat nicht zu Gesicht bekommen, sonst wird er zornig und weigert sich, in ihn einzugehen. Aus diesem Grunde eben ist es unerläßlich, daß der Überfall im Dunkel der Nacht vor sich geht. Die Art, wie die Seele des Toten dann in den

Leib des Mörders eingeht, wird genau geschildert. Einmal gemeistert und einverleibt, wird ihm diese Seele nun auf jede Weise nützlich. Nicht nur der Mörder selbst wird durch sie physisch größer, auch die Beute, zu der sie ihm verhilft, sei es ein Känguruh, sei es eine Schildkröte, wächst, nachdem sie getroffen ist, noch im Sterben und setzt in ihren letzten Augenblicken eigens Fett für den Glücklichen an.

Helden mehr in der Art unserer wohlbekannten Tradition finden sich auf den *Fidschi*-Inseln. Es wird erzählt, wie ein Knabe, der fern von seinem Vater lebte und noch nicht ganz erwachsen ist, seinen Weg zu ihm findet, und um ihm Eindruck zu machen, es ganz allein mit allen Feinden des Vaters aufnimmt.

»Am nächsten Morgen in aller Frühe kamen die Feinde mit Kriegsgeschrei zur Stadt herauf . . . Der Knabe erhob sich und sagte: ›Niemand möge mir folgen. Bleibt ihr alle in der Stadt!‹ Er nahm seine selbstverfertigte Keule in die Hand, stürzte hinaus mitten unter die Feinde und schlug wütend um sich, nach rechts und nach links. Mit jedem Schlage tötete er einen, bis sie schließlich vor ihm flohen. Er setzte sich auf einen Haufen von Leichen und rief seine Leute in der Stadt: ›Kommt heraus und schleppt die Erschlagenen fort!‹ Sie kamen heraus, sie sangen den Todesgesang, sie schleppten die 42 Leichen der Erschlagenen fort, während in der Stadt die Trommeln schlugen.« Der Knabe hat es nicht nur allein mit einer ganzen Meute von Feinden aufgenommen, mit jedem seiner Schläge hat er einen von ihnen hingestreckt, und keiner seiner Schläge war vergeblich. Am Ende sitzt er als Sieger auf einem Leichenhaufen, und jeden, auf dem er sitzt, hat er persönlich umgebracht. Das Ansehen solcher kriegerischer Tüchtigkeit auf Fidschi war so groß, daß es vier verschiedene Namen für Helden gab, je nach der Zahl der getöteten Feinde. Der Niedrigste in der Skala hieß *Koroi*, der Töter *eines* Menschen, *Koli* hieß, wer zehn, *Visa*, wer zwanzig und *Wangka* einer, der dreißig Leute erschlagen hatte. Wer mehr geleistet hatte, empfing einen zusammengesetzten Namen. Ein berühmter Häuptling hieß *Koli-Visa-Wangka*, er war der Töter von 10 + 20 + 30, also von 60 Menschen.

Es ist nie ganz ungefährlich, sich zu den sogenannten Primitiven zu begeben. Man sucht sie auf, um von ihnen her ein schonungsloses Licht auf sich selbst zu werfen; doch ist die Wirkung, die sie haben, oft die entgegengesetzte. Wir kommen uns ungeheuer erhaben über sie vor, weil sie es mit Keulen und nicht mit Atombomben machen. In Wirklichkeit ist alles, wofür wir den Häuptling Koli-Visa-Wangka bedauern dürfen, die Tatsache, daß seine Sprache ihm solche Schwierigkeiten mit dem Zählen macht. Da haben wir es allerdings leichter, nämlich viel zu leicht.

Ich habe das letzte Beispiel nur herangezogen, um zu zeigen, wohin die offene Gewöhnung ans Überleben führt. Es bleibt nicht beim sozusagen »sauberen« Fall des Helden, der allmählich in ausgesuchten Zweikämpfen sein Gefühl von Unverletzlichkeit gewinnt, um es dann immer wieder ins Treffen zu führen, wenn seine Leute von Ungeheuern oder Feinden bedroht sind. Vielleicht hat es gezügelte Helden dieser Art wirklich gegeben. Ich neige dazu, sie für einen Idealfall zu halten. Denn das Glücksgefühl konkreten Überlebens ist eine intensive Lust. Einmal eingestanden und gebilligt, wird sie nach ihrer Wiederholung verlangen und sich rapid zu einer Passion steigern, die unersättlich ist. Wer von ihr besessen ist, wird sich die Formen gesellschaftlichen Lebens um ihn in der Weise zu eigen machen, daß sie der Fröhnung dieser Passion dienen.

Die Passion ist die der *Macht*. Sie ist so sehr an die Tatsache des Todes gebunden, daß sie uns natürlich erscheint; wir nehmen sie hin wie den Tod, ohne sie wirklich in Frage zu stellen, ja ohne sie auf ihre Verzweigungen und Auswirkungen hin ernsthaft ins Auge zu fassen.

Wer Geschmack am Überleben gewonnen hat, der will es *häufen*. Er wird Situationen herbeizuführen suchen, in denen er viele zugleich überlebt. Die zerstreuten Augenblicke von Überleben, die ihm das alltägliche Dasein bietet, werden ihm nicht genügen. Da dauert es alles zu lange, er kann nicht nachhelfen. Bei Menschen, die ihm wirklich nahe stehen, will er gar nicht nachhelfen. Das friedliche Dasein in den meisten menschlichen Sozietäten hat seinen täuschenden Gang, es sucht Gefahren und Brüche zu verdecken. Das unaufhörliche Verschwinden von Menschen aus ihm, die da und dort plötzlich nicht mehr am Leben sind, wird so aufgefaßt und dargestellt, als ob sie nicht wirklich ganz weg wären. In Beschwichtigungsprozeduren besonderer Art wendet man sich an sie, so als könnten sie noch daran teilhaben. Meist wurde an ihre Existenz irgendwo wirklich noch geglaubt und ihr Neid auf die Lebenden war gefürchtet, er konnte zu gefährlichen Einwirkungen auf diese führen.

Gegen dieses Netz von Beziehungen, das dicht gewoben ist, so dicht, daß wirklich niemand, auch ein Verstorbener nicht, ganz aus der Welt fallen kann, hat sich immer schon die Aktivität derer gerichtet, die auf physisches Überleben aus waren. Waren sie im übrigen relativ simple Naturen, so fühlten sie sich in Kriegen und Schlachten wohl. Es wird bei solchen Anlässen immer vom Reiz der Gefahr gesprochen, als ob die Gefahr der eigentliche Sinn der kriegerischen Situation wäre. Und doch liegt es auf der Hand, worum es in Kriegen wirklich geht: ums Töten, ums massenhafte Töten. Ein Haufen feindlicher Toter ist das Ziel, und wer siegen will, stellt sich ganz deutlich vor, daß er diesen Haufen feindlicher Toter überlebt. Es bleibt aber nicht bei diesen, viele der eigenen Leute fallen auch, und auch sie sind überlebt worden. Wer gern in den Krieg zieht, handelt im Gefühl, daß er zurückkehren wird, ihn wird es nicht treffen; es ist eine Art von umgekehrter Lotterie, bei der nur die Nummern gewinnen, die *nicht* herauskommen. Wer gern in den Krieg zieht, geht mit *Vertrauen*, und dieses Vertrauen besteht in der Erwartung, daß die Gefallenen auf beiden Seiten, der eigenen auch, lauter *andere* sind, und er der Überlebende. Der Krieg bietet so auch dem einfachen Mann, der sich in Friedenszeiten als nichts Besonderes vorkommen mag, die Gelegenheit zu einem Gefühl von Macht, nämlich eben dort, wo dieses Gefühl seine Wurzel hat, im gehäuften Überleben. Die Gegenwart von Toten ist hier gar nicht zu umgehen, auf sie ist alles abgestellt; und selbst wer in dieser Richtung persönlich nicht viel geleistet hat, wird durch den Anblick aller Gefallenen gehoben, unter denen er sich *nicht* befindet.

Worauf im Frieden die schwersten Sanktionen stehen, das wird hier nicht nur von einem gefordert, es wird massenhaft bewirkt. Der Überlebende kehrt mit einem gesteigerten Gefühl von sich zurück, selbst wenn der Krieg für seine Seite *nicht* gut ausgegangen ist. Anders wäre es nicht zu erklären, daß Menschen, die die grauenvollen Aspekte des Krieges sehr wohl aufgefaßt haben, diese so rasch vergessen oder verklären. Etwas vom Glanz der Unverletzlichkeit umstrahlt jeden, der heil zurückkehrt.

Aber nicht alle sind einfach, nicht alle begnügen sich damit. Es gibt eine aktivere Form dieses Erlebnisses, und sie ist es, die uns hier eigentlich interessiert. Ein Einzelner allein kann gar nicht so viele Menschen töten, als seine Passion fürs Überleben sich wünschen mag. Aber er kann andere dazu veranlassen oder sie dirigieren. Als Feldherr bestimmt er über die Form der Schlacht.

Er plant sie im Voraus, und er gibt den Befehl zu ihrem Beginn. Er läßt sich über sie berichten. Früher pflegte er von einer erhöhten Stelle ihren Fortgang zu beobachten. Dem unmittelbaren Kampf ist er so zwar entrückt; er kommt vielleicht gar nicht dazu, einen einzigen Feind zu töten. Aber die anderen, die unter seinem Befehl stehen, besorgen es für ihn. Was ihnen gelingt, wird ihm zugeschrieben. Als der eigentliche Sieger gilt er. Sein Name wie seine Macht wächst mit der Zahl der Toten. Für eine Schlacht, in der nicht ernsthaft gekämpft, die zu leicht und fast ohne Opfer gewonnen wurde, wird man ihn nicht sonderlich achten. Aus leichten Siegen allein ist eine wirkliche Macht nicht zu erbauen. Der Schrecken, den sie erregen will, auf den sie eigentlich aus ist, hängt an der Massenhaftigkeit der Opfer.

Die berühmten Eroberer der Geschichte sind insgesamt diesen Weg gegangen. Tugenden aller Art sind ihnen später zugeschrieben worden. Noch nach Jahrhunderten wägen Historiker ihre Eigenschaften gewissenhaft gegeneinander ab, um zu einem – wie sie glauben – gerechten Urteil über sie zu gelangen. Ihre fundamentale Naivität bei diesem Geschäft ist mit Händen zu greifen. Faktisch erliegen sie noch der Faszination einer Macht, die längst vergangen ist. Daß sie sich in einer Zeit einleben, macht sie zu Zeitgenossen, und etwas von der Furcht, die diese vor der Erbarmungslosigkeit des Mächtigen empfanden, ist in sie eingegangen; sie wissen nicht, daß sie sich ihm *ergeben*, während sie Tatsachen redlich sichten. – Ein nobleres Motiv kommt dazu, von dem selbst große Denker nicht frei waren: Man erträgt es nicht, sich zu sagen, daß eine ungeheure Zahl von Menschen, deren jeder sämtliche Möglichkeiten der Menschheit in sich enthält, umsonst, für absolut nichts, hingeschlachtet worden sind; und so sucht man in der Folge nach einem Sinn. Da die Geschichte weiterging, ist ein scheinbarer Sinn in ihrer Kontinuität immer leicht zu finden; und es wird dafür gesorgt, daß dieser Sinn eine Art von Würde bekommt. Die Wahrheit nämlich hat hier gar keine Würde. Sie ist so beschämend, wie sie vernichtend war. Es geht um eine private Passion des Machthabers: seine Lust am Überleben wächst mit seiner Macht; seine Macht erlaubt es ihm, ihr nachzugeben. Der eigentliche Inhalt dieser Macht ist die Begierde, massenhaft Menschen zu überleben.

Es ist nützlicher für ihn, wenn seine Opfer Feinde sind; aber Freunde tun es auch. Im Namen männlicher Tugenden wird er von seinen Untertanen das Schwierigste, das Unmöglichste verlangen. Es bedeutet ihm gar nichts, wenn sie dabei zugrunde gehen. Er vermag ihnen einzureden, daß es eine Ehre ist, da es für ihn geschieht. Durch Beute, die er ihnen anfangs verschafft, wird er sie an sich binden. Er wird sich des Befehls bedienen, der für seine Zwecke wie geschaffen ist – (auf eine genaue Untersuchung des Befehls, die unendlich wichtig ist, können wir heute nicht eingehen). Er wird sie, wenn er sich darauf versteht, zu kriegerischen Massen erregen und ihnen so viel gefährliche Feinde erwecken, daß es für sie schließlich unmöglich wird, von ihrer eigenen Kriegsmasse abzufallen. Seine tiefere Absicht gibt er ihnen nicht preis; er kann sich gut verstellen, und findet für alles, was er anordnet, hundert überzeugende Vorwände. Vielleicht daß er sich im Übermut verrät, im Kreis seiner engsten Freunde, aber dann sehr gründlich, wie *Mussolini* zu *Ciano*, wenn er sein Volk verächtlich Schafe nennt, auf deren Leben es natürlich nicht ankommt.

Denn die eigentliche Absicht des wahren Machthabers ist so grotesk wie unglaublich: er will der *Einzige* sein. Er will alle überleben, damit keiner *ihn* überlebt. Um jeden Preis will er dem Tod entgehen, und so soll niemand, überhaupt niemand da sein, der ihm den Tod geben könnte. Solange Menschen da sind, wer immer sie seien, wird er sich nie sicher fühlen. Selbst seine Wachen, die ihn vor seinen Feinden beschützen, können sich gegen ihn wenden. Der Nachweis, daß er sich heimlich immer vor denen fürchtet, denen er befiehlt, ist unschwer zu erbringen; und immer überkommt ihn auch Furcht vor seiner nächsten Umgebung.

Es hat Machthaber gegeben, die aus diesem Grund keinen Sohn haben wollten. Der Gründer des *Zulu*-Reiches in Südafrika, *Shaka*, ein sehr tapferer Mann, überwand nie seine Angst vor einem Sohn. Er hatte 1200 Frauen, die den offiziellen Titel »Schwestern« führten. Es war ihnen verboten, schwanger zu sein, auf Schwangerschaft stand Todesstrafe. Seine Mutter, der einzige Mensch, an dem er hing und deren Rat ihm unentbehrlich war, sehnte sich nach einem Enkel, und als eine der Frauen doch schwanger wurde, verbarg sie sie bei sich und verhalf ihr zur Geburt eines Sohnes. Während einiger Jahre wuchs dieser heimlich bei ihr auf. Eines Tages, bei einem Besuche, überraschte Shaka seine Mutter, die mit einem Knaben spielte. Er erkannte ihn sofort als seinen Sohn und tötete ihn auf der Stelle mit eigenen Händen. Dem Schicksal, das er fürchtete, entging er deshalb doch nicht: statt von einem Sohn wurde er im Alter von 41 Jahren von zweien seiner Brüder ermordet.

Diese Furcht vor einem Sohn kommt uns sonderbar vor; Shaka ist ungewöhnlich darin, daß er es gar nicht bis zu einem Sohn kommen läßt. Im übrigen sind Kämpfe zwischen Herrschern und ihren Söhnen an der Tagesordnung. Die orientalische Geschichte ist davon so voll, daß sie als Regel eher denn als Ausnahme gelten müssen. Welchen Sinn aber soll die Behauptung haben, daß der Machthaber der *Einzige* sein will? Es scheint natürlich, wir haben es erlebt, daß er der *Stärkste* sein will, daß er gegen andere Machthaber kämpft, um sie sich zu unterwerfen; daß er sich mit der Hoffnung trägt, sie alle zu bezwingen und Herr über das größte, ja, in der letzten Absicht vielleicht einzige Reich zu werden. Daß er gern der einzige *Herrscher* wäre, wird man mir zugeben, zuviel Eroberer haben diese Rolle gespielt, und einige haben sie sogar innerhalb ihres Horizontes wahrgemacht. Aber der einzige Mensch? Was kann das heißen, daß der Machthaber der einzige Mensch sein möchte? Es gehört zum Wesen der Macht, daß andere zum Beherrschen da sind, ohne sie ist kein Akt der Macht denkbar. Man übersieht bei diesem Einwand, daß der Akt der Macht in der *Entfernung* der anderen bestehen kann; und je radikaler und umfassender das vor sich geht, um so größer ist dieser Akt.

Ein Ereignis von solchen Proportionen ist aus dem Indien des 14. Jahrhunderts überliefert. Es mutet, seiner exotischen Färbung zum Trotz, so modern an, daß ich kurz darüber berichten möchte. Der tatkräftigste und ehrgeizigste König seiner Zeit, *Muhammad Tughlak*, der Sultan von *Delhi*, fand Briefe wiederholt vor, die nachts über die Mauern seiner Audienzhalle geworfen worden waren. Ihr genauer Inhalt ist nicht bekannt, doch wird gesagt, daß sie Schimpf und Beleidigungen enthielten. Er beschloß, Delhi, damals eine der größten Städte der Welt, in Trümmer zu legen. Da er als strikter Mohammedaner viel auf Gerechtigkeit gab, *kaufte* er allen Einwohnern ihre Häuser und Wohnstätten ab und zahlte den vollen Preis. Dann befahl er ihnen, in eine neue, sehr entfernte Stadt, Daulatabad, zu ziehen, die er als seine Hauptstadt einrichten wollte. Sie weigerten sich; er ließ darauf durch seinen Herold verkünden, daß nach Ablauf von drei Tagen kein Mensch in der Stadt gefunden werden dürfe. Die Mehrzahl fügte sich dem Befehl, aber einige versteckten sich in ihren Häusern. Der Sultan ließ die Stadt nach Personen, die dageblieben seien, durchsuchen. Seine Sklaven fanden zwei Männer auf der Straße, einen

Krüppel und einen Blinden. Sie wurden vor ihn gebracht; er befahl, daß der Krüppel aus einem Katapult hinausgeschossen und der Blinde von Delhi nach Daulatabad geschleift werden sollte, das war eine Reise von 40 Tagen. Auf dem Wege fiel er in Stücke und alles, was von ihm in Daulatabad anlangte, war ein Bein. Nun flüchtete jedermann aus Delhi und ließ Möbel und Besitz zurück, die Stadt blieb völlig verlassen. So vollkommen war die Zerstörung, daß nicht eine Katze, nicht ein Hund in den Gebäuden der Stadt, in den Palästen oder Vororten zurückblieb. Eines Nachts stieg der Sultan auf das Dach seines Palastes und blickte über Delhi, wo kein Feuer, kein Rauch, kein Licht zu sehen war, und sagte: »Jetzt ist mein Herz ruhig und mein Zorn beschwichtigt.«

Es ist wahr, daß er später an die Einwohner anderer Städte schrieb und ihnen befahl, nach Delhi zu ziehen, um es wieder zu bevölkern; es ist ebenso wahr, daß nur wenige kamen und Delhi in seiner unermeßlichen Größe lange beinahe leer blieb. Aber der Augenblick, auf den es ankommt, ist der Augenblick seiner *Einzigkeit*, in dem er nachts auf dem Dache seines Palastes über die leere Stadt blickte; alle ihre Bewohner, selbst Hunde und Katzen, aus ihr entfernt, auf 40 Tagereisen entfernt, kein Feuer, kein Rauch, kein Licht, und er ganz allein: »Jetzt ist mein Herz ruhig.«

Es ist dazu zu bemerken, daß dieser Satz des Sultans »Jetzt ist mein Herz ruhig« nicht etwa eine spätere Erfindung oder Verbrämung ist, er ist glaubwürdig überliefert von dem berühmten arabischen Reisenden Ibn Batuta, der sieben Jahre am Hof des Sultans lebte und ihn sehr genau kannte. Sein Herz ist ruhig, weil weit und breit kein Mensch da ist, der sich gegen ihn wenden könnte. Es ist ihm aber auch so zumute, als hätte er alle Menschen überlebt, die Bevölkerung seiner Hauptstadt steht hier für die ganze Menschheit. Dieser Augenblick der *Einzigkeit* war gewiß nur vorübergehend, aber die Zielbewußtheit, mit der er herbeigeführt wurde, der enorme Aufwand für ihn, die Folgen, die er mit sich brachte – Verödung einer reichen und glänzenden Hauptstadt nämlich auf viele Jahre –, die Tatsache, daß ein für seine Klugheit und Gerechtigkeit gepriesener, umsichtiger, aktiver und praktischer Herrscher es über sich brachte, seine eigene Hauptstadt so zu behandeln, als wäre es die seines schlimmsten Feindes, all das spricht dafür, daß der Drang zu dieser Einzigkeit etwas höchst Reales ist, eine wirkliche Kraft ersten Ranges, die man ernst nehmen und ergründen muß, wo immer sich eine Gelegenheit dazu bietet.

Sie läßt sich, wie so vieles andere, von innen her am ehesten erfassen, nämlich in der Betrachtung gewisser Geisteskrankheiten, ganz besonders der Paranoia. Das weitaus wichtigste Dokument über den Einzigen in diesem Sinne, von dem ich weiß, sind die »Denkwürdigkeiten« des früheren Dresdener Senatspräsidenten *Schreber*. Ein Paranoiker, der neun Jahre in Anstalten verbrachte, hat hier sein System von innen her komplett und zusammenhängend dargestellt. Dieses Buch ist übrigens nicht nur für unseren Zweck von Interesse; es berührt so mannigfaltige und häufig auftretende Phänomene, daß ich nicht anstehe, es als das wichtigste Dokument der psychiatrischen Literatur überhaupt zu bezeichnen. Noch als Manuskript hat es zur gerichtlichen Aufhebung der Entmündigung Schrebers geführt. Als Buch brachte es der Verfasser 1903 in einer Art von Selbstverlag heraus. Seine Familie, die sich des Buches schämte, kaufte den größten Teil der Auflage auf, und die Original-Ausgabe dürfte recht selten geworden sein.

Man sollte allerdings von einer Schrift absehen, die *Freud* 1911 über Schreber veröffentlichte*. Es ist keine der glücklichsten Arbeiten Freuds. Sie wirkt wie ein erster, tastender Versuch, und man hat den Eindruck, daß Freud selbst sich ihrer Mängel bewußt war. Er hat nur einen geringeren Teil des Materials in Betracht gezogen, und selten hat er sich in seiner Deutung so vergriffen. Man kann sich davon nur überzeugen, wenn man die »Denkwürdigkeiten« wirklich kennt. In der späteren Diskussion dieser Schrift sind nur die Stellen aus Schreber berücksichtigt worden, die Freud selbst zitiert. Erst in den allerletzten Jahren haben ein oder zwei Autoren sich die Mühe genommen, auf das Dokument selbst zurückzugreifen, erschöpft hat es noch niemand, und es wird auch so leicht nicht zu erschöpfen sein. Um aber gerecht zu sein, muß man hervorheben, daß Freud im Jahre 1911 schrieb, also bevor mit dem Ausbruch des ersten Weltkrieges unser eigentliches Jahrhundert begann. Wer, der die fast 60 Jahre seither denkend erlebt hat, ist derselbe geblieben? Für wen haben sich nicht sämtliche Probleme neu gestellt? Erst für Menschen unserer Generation ist es möglich geworden, Schreber zu begreifen und so zu deuten, daß nicht das Meiste von dem, was er vorbringt, ausgelassen wird.

Im Folgenden hebe ich nur zwei der wesentlichsten Vorstellungen heraus, von denen Schreber beherrscht war. Man hat ein Recht,

---

* Psychoanalytische Bemerkungen über einen autobiographisch beschriebenen Fall von Paranoia (Dementia paranoides).

sie hervorzuheben, denn es kann kein Zweifel darüber sein, daß sie im Zentrum seines Wahnes stehen.

Die ganze Menschheit war untergegangen. Der einzige Mensch, der übriggeblieben war, der einzige Mensch am Leben war *er*. Er machte sich Gedanken über die Katastrophe, die zum Untergang der Menschheit geführt haben könnte, und hatte mehr als *eine* Vermutung darüber. Vielleicht hatte sich die Sonne von der Erde entfernt, und es war zu einer allgemeinen Vereisung gekommen. Vielleicht war es ein Erdbeben, wie damals das von Lissabon. Aber am längsten verweilt er bei der Vorstellung von verheerenden Seuchen, Lepra und Pest. Um ganz sicher zu gehen, fallen ihm neue und unbekannte Formen der Pest ein. Während die anderen Menschen alle daran zugrunde gegangen waren, wurde er allein von »segnenden« Strahlen geheilt.

In der erregten Anfangsperiode seiner Krankheit hatte er großartige Visionen. Eine dieser Visionen führte ihn auf einer Art von Fahrstuhl tief in die Erde hinein. Er erlebte dabei alle geologischen Perioden und fand sich plötzlich in einem Steinkohlenwald. Einmal verließ er zeitweilig das Gefährt und wandelte auf einem Friedhof, wo die gesamte Bewohnerschaft Leipzigs lag. Da besuchte er das Grab seiner Frau.

In Wirklichkeit war seine Frau noch am Leben und stattete ihm regelmäßige Besuche in der Anstalt Sonnenstein bei Dresden ab, wo er acht oder neun Jahre als Patient verbrachte. Dieser Besuche war er sich sehr wohl bewußt. Er sah und hörte auch seinen Arzt, die anderen Ärzte der Anstalt und die Wärter. Wenn seine Erregungszustände sich steigerten, gab es böse Zusammenstöße mit ihnen. Er sah auch andere Patienten. Wie vertrug sich das mit seiner felsenfesten Überzeugung von seiner Einzigkeit? Er bestritt nicht, was er vor Augen hatte, aber er legte es sich zurecht. Die Menschen, die er sah, waren nicht *wirklich*, es waren »flüchtig hingemachte Männer«. So nennt er sie, und diese Trugbilder, die kamen und verschwanden und auf die er gar nichts gab, wurden ihm nur vorgemacht, um ihn zu täuschen und zu verwirren.

Man stelle sich aber nicht vor, daß er als einziger Mensch ein einsames Leben führte. Er stand in Verbindung mit den Sternen, und diese Verbindung war ganz besonderer Art. Die Seelen der Toten nämlich lebten fort auf den Sternen, an vertrauten Konstellationen wie der Kassiopeia oder den Pleiaden hingen sie in riesigen Scharen, ja es kam ihm so vor, als bestünden diese Weltkörper recht eigentlich aus den Seelen der Toten. Auf diese Seelen nun übte er eine mächtige Anziehung aus. Sie sammelten sich in großen Mengen um ihn, um sich dann auf seinem Kopf oder in seinem Leib zu verflüchtigen. Nachts tropften sie zu Tausenden von den Sternen auf ihn herab, als »kleine Männer«, winzige Figürchen in Menschenform, einige Millimeter groß, und führten ein kurzes Dasein auf seinem Kopfe. Aber sehr bald war es um sie geschehen, sein Körper sog sie ein und sie verschwanden in ihm. Manchmal hörte er noch ein kurzes, letztes Röcheln wie von Sterbenden, bevor sie in ihm aufgingen. Er warnte sie vor seiner Anziehungskraft, aber sie kamen doch. Ganze Sternbilder lösten sich so auf, eine Hiobspost nach der anderen langte bei ihm ein. Durch Zusammenziehen von Sternen versuchte man die eine oder die andere Konstellation zu retten, aber im Grunde war es alles vergebens, seine katastrophale Wirkung auf die Welt war durch nichts aufzuhalten.

Er bezeichnet sich zwar, eben wegen dieser Verbindung mit Seelen, als den größten Geisterseher aller Jahrtausende. Aber nach den Schilderungen von seiner Wirkung, die er selber gibt, ist dieser Ausdruck ungenau, man wäre versucht zu sagen, *zu* bescheiden. Das eigentliche Bild, das er bietet, ist ein anderes. Er stellt zwei verschiedene Stadien der *Macht* in einem vor. Da sie zugleich und nebeneinander erscheinen, mögen sie auf den ersten Blick Verwirrung stiften. Es ist aber leicht, sie auseinanderzunehmen und in ihrer präzisen Bedeutung zu erfassen. Was seine *Mitmenschen* anlangt, so sind alle bereits zugrunde gegangen, und er ist, wie er es sich wünscht, der *Einzige*. Dies ist das äußerste und letzte Stadium der Macht. Man kann darauf hinarbeiten, doch ganz realisieren läßt es sich nur im Wahn. Was aber die *Seelen* anlangt – die er sich übrigens in Menschengestalt, also doch irgendwie als Menschen denkt –, so ist er noch der große Mann; er ist für sie der Führer, um den sie sich als Masse zu Tausenden und Abertausenden scharen. Aber es ist nicht einfach so, daß sie als Masse um ihn versammelt bleiben, wie ein Volk um seinen Führer, sondern es geschieht mit ihnen gleich, was die Völker, die sich um ihre Führer häufen, erst allmählich, im Lauf der Jahre, erfahren: sie werden an ihm immer *kleiner*. Sobald sie ihn erreicht haben, schrumpfen sie schleunigst ein, bis zur Größe von wenigen Millimetern, und das wahre Verhältnis zwischen ihnen kommt so auf das Überzeugendste heraus; er, im Vergleich zu ihnen ein Riese; sie, als winzige Kreaturen um ihn bemüht. Auch dabei bleibt es nicht: der große Mann schluckt sie. Sie gehen buchstäblich in ihn ein, um dann völlig zu verschwinden. Seine Wirkung auf sie ist vernichtend. Er zieht sie an und sammelt sie, er verkleinert sie und zehrt sie auf. Alles, was sie waren, kommt nun seinem eigenen Körper zugute.

Wenn er hier noch nicht ganz der Einzige ist, so ist er doch immerhin der Einzige, auf den es ankommt. Für dieses Stadium der Macht, das uns allen vertraut ist, bietet er ein Bild, wie es klarer und eindringlicher nicht zu finden wäre. Lassen wir uns nicht dadurch abschrecken, daß dieses Bild in den Zusammenhang eines Wahns gehört. Wir müssen uns unsere Erkenntnisse dort holen, wo sie sich bieten, und die reale Macht, in den extremen Formen, die wir kennen, ist nicht weniger ein Wahn. Darüber, wie man Macht *erlangt*, kann uns Schreber gewiß nichts sagen, dazu wäre eine Betrachtung ihrer Praxis vonnöten. Aber es scheint mir schon gar nicht verachtenswert, von ihm zu erfahren, worauf die Macht es *abgesehen* hat.

Ich hoffe, ich enttäusche nicht, wenn ich mit Schreber schließe. Man müßte so verblendet sein wie er, oder wie ein wirklicher Machthaber der geschilderten Art, um sich damit zufrieden zu geben. Schließlich gehören die Menschen, wir alle, auch dazu, und ein weitaus wichtigerer Teil einer Untersuchung solcher Macht hätte sich damit zu befassen, warum wir ihr gehorchen. Es war meine Absicht, mich auf *den* inneren Aspekt des Machthabers zu beschränken, der uns unfaßbar erscheint, dem alles in uns widerstrebt, und den wir eben darum auf das schärfste im Aug behalten müssen.

1962

Karl Kraus,
Schule des Widerstands

Es gehört zur Unersättlichkeit, aber auch zur Vehemenz der jungen Jahre, daß *ein* Phänomen, *ein* Erlebnis, *ein* Vorbild das andere vertreibt. Man ist hitzig und expansiv, man greift nach diesem und jenem, macht sich einen Götzen daraus, unterwirft sich ihm und hängt ihm mit einer Leidenschaft an, die alles andere ausschließt. Sobald er einen enttäuscht, zerrt man ihn von seiner Höhe herunter und zertrümmert ihn ohne Bedenken; gerecht *will* man nicht sein, er hat einem zuviel bedeutet. Unter den Trümmern des alten siedelt man den neuen Götzen an. Es kümmert einen wenig, daß er sich hier unbehaglich fühlt. Man ist launenhaft und willkürlich mit seinen Götzen, nach *ihren* Empfindungen wird nicht gefragt, zum Erhoben- und Gestürztwerden sind sie da, und sie folgen einander in staunenswerter Zahl, in einer Verschiedenartigkeit und Gegensätzlichkeit, vor denen man erschrecken müßte, fiele es einem je ein, sie alle zugleich ins Auge zu fassen. Einer oder der andere von ihnen bringt es bis zum Gott, er bleibt bestehen und wird verschont, an ihm vergreift man sich nicht. Ihm spielt nur die Zeit mit, nicht der eigene böse Wille. Ein solcher mag verwittern oder allmählich im Boden versinken, der nachgiebig ist, aber immerhin: er bleibt im großen und ganzen intakt, er verliert nicht seine Gestalt.

Man stelle sich die Verheerung dieses Tempelbezirks vor, den ein Mensch in sich trägt, wenn er eine Weile gelebt hat. Kein Archäologe könnte zu einer vernünftigen Auffassung der Anlage kommen. Schon die unversehrt gebliebenen, die erkennbaren Götterbilder machen für sich allein ein rätselhaftes Pantheon aus. Aber er fände noch Trümmer über Trümmer, immer merkwürdiger, immer phantastischer. Wie sollte er begreifen, warum gerade diese Trümmer zu jenen kommen? Das einzige, was sie gemein haben, ist die Art ihrer Zerstörung, und so könnte er aus ihnen nur eines schließen, daß es immer derselbe Barbar war, der hier gewütet hat.

Das klügste wäre es wohl, man tastet diesen ganzen Ruinen- und Tempelbezirk nicht an. Ich habe mir aber heute vorgenommen, unklug zu sein und von einem meiner Götzen zu sprechen, der ein Gott war und trotzdem, nach vielleicht fünfjähriger Alleinherrschaft, verdrängt und nach einigen weiteren Jahren vollends gestürzt wurde. Es ist sehr lange her, und so kann ich es halbwegs übersehen. Heute weiß ich, warum Karl Kraus mir wie gerufen kam, warum ich ihm verfiel und warum ich mich schließlich gegen ihn zur Wehr setzen mußte.

Im Frühjahr 1924 – ich war vor wenigen Wochen erst nach Wien zurückgekehrt – wurde ich von Freunden zum ersten Mal in eine Vorlesung von Karl Kraus mitgenommen.

Der große Konzerthaussaal war gesteckt voll. Ich saß weit hinten und konnte aus dieser Entfernung nur wenig sehen: einen kleinen, eher schmächtigen Mann, etwas vornübergebeugt, mit einem Gesicht, das nach unten spitz zulief, von einer unheimlichen Beweglichkeit, die ich nicht begriff, es hatte etwas von einem unbekannten Geschöpf an sich, einem neuentdeckten Tier, ich hätte nicht sagen können, welches. Die Stimme war scharf und erregt und beherrschte mit Leichtigkeit den Saal, in urplötzlichen Steigerungen, die häufig waren.

Was ich aber sehr genau beobachten konnte, waren die Menschen um mich. Es war eine Stimmung im Saal, wie sie mir von großen politischen Versammlungen her vertraut war: so als wäre alles, was der Redner zu sagen hätte, bereits bekannt und erwartet. Für den Ankömmling, der acht Jahre, vielleicht die wichtigsten, die vom elften bis zum neunzehnten Lebensjahr, nicht in Wien gewesen war, war es alles, in jeder Einzelheit, neu und befremdend: denn was da gesagt und als sehr Bedeutungsvolles mit leidenschaftlicher Emphase gesagt wurde, bezog sich auf unzählige Details des öffentlichen und auch des privaten Lebens. Da war es zuerst überwältigend zu fühlen, daß soviel in einer Stadt geschah, das des Hervorhebens wert war, das alle etwas anging. Der Krieg und seine Nachwehen, Laster, Mord, Gewinngier, Heuchelei, aber auch Druckfehler wurden mit derselben ungestümen Kraft aus irgendwelchen Zusammenhängen herausgehoben, genannt und angeprangert, in einer Art von Raserei über tausend Menschen hingeworfen, die es in jedem Wort verstanden, mißbilligten, akklamierten, belachten und bejubelten.

Soll ich gestehen, daß es das Jähe der massenhaften Wirkung war, was mich zuerst am meisten befremdete? Wie kam es, daß alle genau wußten, worum es ging, es vorher schon erkannt und mißbilligt hatten und hier nach seiner Verdammung lechzten? Sämtliche Anklagen wurden in einer merkwürdig zementierten Sprache vorgebracht, die etwas von Gerichtsparagraphen hatte, nie abriß, nie auslief, die so klang, als ob sie vor Jahren schon begonnen hätte und sich noch Jahre genauso fortsetzen ließe. Die Nähe zur Sphäre des Rechts war auch darin spürbar, daß alles ein etabliertes und absolut sicheres, ein unantastbares Gesetz voraussetzte. Es war klar, was gut, und es war klar, was schlecht war. Es war hart und natürlich wie Granit, den keiner zu bekratzen oder bekritzeln vermocht hätte.

Aber es war doch eine ganz besondere Art von Gesetz, und so konnte ich schon das erste Mal, bei aller Unvertrautheit mit den strafwürdigen Übertretern, fühlen, wie ich mich ihm zu unterwerfen begann. Denn das Unfaßbare und Unvergeßliche – jedem Unvergeßliche, der es je erlebt hat, und würde er dreihundert Jahre alt werden – war, daß dieses Gesetz *glühte:* es strahlte aus, es sengte und vernichtete. Aus diesen wie zyklopische Festungen gefügten Sätzen, die immer genau ineinanderpaßten, schoß es plötzlich Blitze, nicht harmlose, nicht erleuchtende, auch nicht Theaterblitze, sondern tödliche; und dieser Vorgang der vernichtenden Strafe, der sich in aller Öffentlichkeit, in aller Ohren zugleich abspielte, hatte etwas so Schauriges und Gewaltiges, daß niemand sich ihm zu entziehen vermochte.

Jedes Urteil war auf der Stelle vollstreckt. Einmal ausgesprochen, war es unwiderruflich. Wir alle erlebten die Hinrichtung. Was eine Art von reißender Erwartung unter den Menschen im Saale schuf, war nicht so sehr der Urteilsspruch selbst als seine sofortige Vollstreckung. Es gab unter den meist unwürdigen Opfern welche, die sich zur Wehr setzten und ihre Hinrichtung nicht akzeptierten. Viele hüteten sich vor einem offenen Kampf, aber einige stellten sich, und die unbarmherzige Verfolgung, die nun einsetzte, war das Schauspiel, das die Hörerschaft am tiefsten genoß. Es hat Jahrzehnte gedauert, bis ich begriff, daß es Karl Kraus gelungen war, eine Hetzmasse aus Intellektuellen zu bilden, die sich bei jeder Lesung zusammenfand und so lange akut bestand, bis das Opfer zur Strecke gebracht war. Sobald das Opfer verstummte, war diese Jagd erschöpft. Dann konnte eine andere beginnen.

Die Welt der Gesetze, die Karl Kraus mit »kristallner Stimme«, als »zürnender Magier« – das sind Trakls Worte – hütete, vereinigte zwei Sphären, die sich nicht immer in so enger Verbindung manifestieren: die der Moral und die der Literatur. Vielleicht war in dem intellektuellen Chaos, das dem Ersten Weltkrieg folgte, nichts notwendiger als diese Verquickung.

Welche Mittel standen Kraus zur Erzielung seiner Wirkung zu

Gebote? Ich will heute nur seine zwei Hauptmittel nennen: es waren *Wörtlichkeit* und *Entsetzen*.

Die Wörtlichkeit, um auf diese zuerst einzugehen, zeigte sich in seiner souveränen Verwendung von Zitaten. Das Zitat, wie er es gebrauchte, sagte gegen den Zitierten aus, es war oft der eigentliche Höhepunkt, die Vollendung dessen, was der Kommentator gegen jenen vorzubringen hatte. Es war Karl Kraus gegeben, Menschen sozusagen aus ihrem eigenen Mund heraus zu verurteilen. Der Ursprung dieser Meisterschaft aber – und ich weiß nicht, ob der Zusammenhang schon klar gesehen wurde – lag in dem, was ich das *akustische Zitat* nennen möchte.

Kraus war von Stimmen verfolgt, eine Verfassung, die gar nicht so selten ist, wie man meint – aber mit einem Unterschied: die Stimmen, die ihn verfolgten, *gab* es, in der Wiener Wirklichkeit. Es waren abgerissene Sätze, Worte, Ausrufe, die er überall hören konnte, auf Straßen, Plätzen, in Lokalen. Die meisten Dichter damals waren Leute, die sich aufs Weghören verstanden. Sie waren bereit, sich mit ihresgleichen abzugeben, sie manchmal anzuhören, öfter, ihnen zu entgegnen. Es ist das Erblaster des Intellektuellen, daß die Welt für ihn aus Intellektuellen besteht. Auch Kraus war ein Intellektueller, sonst hätte er seine Tage nicht damit zubringen können, Zeitungen zu lesen, noch dazu die verschiedensten, in denen allen scheinbar dasselbe stand. Aber da *sein* Ohr jederzeit offen war – es schloß sich nie, es war immer in Aktion, es hörte immer –, mußte er auch diese Zeitungen so lesen, als ob er sie *hörte*. Die schwarzen, gedruckten, toten Worte waren für ihn *laute* Worte. Wenn er sie dann zitierte, war es, wie wenn er Stimmen sprechen ließe: akustische Zitate.

Da er aber unterschiedslos alles zitierte, keine Stimme überhörte, keine unterdrückte, da sie alle in einer Art von kurioser Gleichberechtigung, abgesehen von Rang, Gewicht und Wert, nebeneinander bestanden, war Karl Kraus das unvergleichlich Lebendigste, was Wien damals zu bieten hatte.

Es war das sonderbarste aller Paradoxe: dieser Mann, der soviel verachtete, seit dem Spanier Quevedo und seit Swift der unbeirrbarste Verächter der Weltliteratur, eine Art Gottesgeißel der schuldigen Menschheit, ließ *alle* zu Worte kommen. Er war nicht imstande, die geringste, die nichtigste, die hohlste Stimme zu opfern. Seine Größe bestand darin, daß er allein, buchstäblich allein, die Welt, soweit er sie kannte, seine Welt insgesamt, in all ihren Vertretern – und es waren ihrer unzählige – konfrontierte, hörte, aushorchte, attackierte und peitschte. So war er das Gegenbild all der Dichter, der ungeheuren Majorität aller Dichter, die den Menschen Honig auf den Mund schmieren, um von ihnen geliebt und gepriesen zu werden. Über die Notwendigkeit solcher Gestalten, wie er eine war, gerade weil es an ihnen so mangelt, braucht man gewiß kein Wort zu verlieren.

Ich lege den Hauptakzent in dieser Betrachtung auf den *lebenden* Kraus, und zwar auf Kraus, wie er war, wenn er zu vielen zugleich sprach. Man kann es nicht oft genug wiederholen: der wirkliche, der aufrüttelnde, der peinigende, der zerschmetternde Karl Kraus, der Kraus, der einem in Fleisch und Blut überging, von dem man ergriffen und geschüttelt war, so daß man Jahre brauchte, um Kräfte zu sammeln und sich gegen ihn zu behaupten, war der *Sprecher*. Es hat, zu meinen Lebzeiten, nie einen solchen Sprecher gegeben, in keinem der europäischen Sprachbereiche, die mir vertraut sind.

Alle seine Affekte – und sie waren auf das reichste ausgebildet – teilten sich, indem er sprach, seinen Hörern mit und waren dann auf einmal die ihren. Es würde ein Buch erfordern, auf diese Affekte ernsthaft einzugehen, seinen Zorn zu schildern, seinen Hohn, seine Bitterkeit, seine Verachtung, seine Anbetung, wenn es um Liebe und Frauen ging, die immer etwas von ritterlicher Dankbarkeit für dieses Geschlecht als solches hatte, sein Erbarmen und seine Zartheit für völlig Ohnmächtige, die mörderische Kühnheit, mit der er auf Mächtige Jagd machte, seine Wollust des Durchschauens, wenn er ihrer österreichischen Spielart die Maske des Schwachsinns vom Gesicht riß, seinen Hochmut, durch den er Distanz um sich schuf, seine immer aktive Verehrung für seine Götter, zu denen immerhin so verschiedenartige wie Shakespeare, Claudius, Goethe, Nestroy, Offenbach gehörten.

Ich kann diese Affekte jetzt nur nennen, obwohl es mich bei ihrer Aufzählung juckt, allerhand Konkretes darüber auszuführen, ja mehr, ihn so genau nachzumachen, als hätte ich seine Lesung eben verlassen. Aber *einen* Affekt, den ich früher erwähnt habe, muß ich doch hervorheben. Er war das, was ich als das eigentlich Biblische an ihm bezeichnen würde: sein *Entsetzen*. Hätte man sich auf eine einzige Qualität zu beschränken, die ihn von allen anderen öffentlichen Figuren der Zeit unterschied, so wäre es diese: Karl Kraus war der Meister des Entsetzens.

Es ist noch heute für jeden leicht, sich davon zu überzeugen, der die »Letzten Tage der Menschheit« aufschlägt. Es springt in die Augen, wie er immer die nebeneinander sieht, die der Krieg entwürdigt und aufgeblasen hat: Kriegskrüppel neben Kriegsgewinnlern, den blinden Soldaten neben dem Offizier, der von ihm salutiert sein will, das edle Antlitz des Gehenkten unter der feisten Fratze seines Henkers – das sind bei ihm nicht die Dinge, an die uns der Film mit seinen billigen Kontrasten gewöhnt hat, sie sind noch von ihrem vollen und nie zu stillenden Entsetzen geladen.

Wenn er sie sprach, waren tausend Menschen vor ihm gelähmt, sein Entsetzen, das jedesmal, er mochte diese Stücke noch so oft lesen, die Kraft der ursprünglichen Vision regenerierte, erfüllte jeden. So ist es ihm gelungen, wenigstens *eine* einheitliche und unabänderliche Gesinnung unter seinen Hörern zu schaffen, die eines absoluten Hasses gegen den Krieg. Es mußte ein Zweiter Weltkrieg kommen und nach der Zerstörung ganzer, atmender Städte noch dessen eigentlichstes Produkt, die Atombombe, damit diese Gesinnung zu einer allgemeinen und beinah selbstverständlichen wurde. Karl Kraus war in dieser Hinsicht etwas wie ein Vorläufer der Atombombe, ihre Schrecken waren schon in seinem Wort. Aus seiner Gesinnung ist heute eine Erkenntnis geworden, der selbst Machthaber sich mehr und mehr eröffnen müssen: daß Kriege nämlich für Sieger wie für Besiegte widersinnig und darum unmöglich sind und daß ihre unwiderrufliche Verfemung nur noch eine Frage der Zeit ist.

Was habe ich – abgesehen davon – von Karl Kraus gelernt? Was ist von ihm so sehr in mich eingegangen, daß ich es von meiner eigenen Person nicht mehr zu trennen vermöchte?

Da ist zuerst einmal das Gefühl absoluter Verantwortlichkeit. Ich hatte es in einer Form vor mir, die an Besessenheit grenzte, und nichts, das geringer war, schien eines Lebens wert. Noch heute steht dieses Vorbild so mächtig vor mir, daß alle späteren Formulierungen derselben Forderung unzulänglich erscheinen müssen. Da ist das kümmerliche Wort vom »Engagement«, das zur Banalität geboren war und heute überall wie Unkraut wuchert. Es klingt so, als ob man in einem Angestellten-Verhältnis zu den wichtigsten Dingen stehen sollte. Die wahre Verantwortlichkeit ist um hundert Grad schwerer, denn sie ist souverän und bestimmt sich selbst.

Als zweites hat mir Karl Kraus das Ohr aufgetan, und niemand hätte das wie er vermocht. Seit ich ihn gehört habe, ist es mir nicht mehr möglich, nicht selbst zu hören. Es begann mit den Lauten der Stadt um einen selbst, den Ausrufen, Schreien, zufällig aufgefangenen Verballhornungen der Sprache, dem besonders, was falsch und unangebracht war. Alles das war nämlich komisch und schrecklich zugleich, und die Verbindung dieser beiden Sphären war mir seither etwas vollkommen Natürliches. Dank ihm begann ich zu fassen, daß der einzelne Mensch eine sprachliche Gestalt hat, durch die er sich von allen anderen abhebt. Ich begriff, daß Menschen zwar zueinander sprechen, aber sich nicht verstehen; daß ihre Worte Stöße sind, die an den Worten der anderen abprallen; daß es keine größere Illusion gibt als die Meinung, Sprache sei ein Mittel der Kommunikation zwischen Menschen. Man spricht zum andern, aber so, daß er einen nicht versteht. Man spricht weiter, und er versteht noch weniger. Man schreit, er schreit zurück, die Ejakulation, die in der Grammatik ein kümmerliches Dasein fristet, bemächtigt sich der Sprache. Wie Bälle springen die Ausrufe hin und her, erteilen ihre Stöße und fallen zu Boden. Selten dringt etwas in den anderen ein, und wenn es doch geschieht, dann etwas Verkehrtes.

Aber dieselben Worte, die nicht zu verstehen sind, die isolierend wirken, die eine Art von akustischer Gestalt schaffen, sind nicht etwa rar oder neu, von diesen auf ihre Vereinzeltheit bedachten Geschöpfen erfunden: es sind Worte, wie sie am häufigsten gebraucht werden, Phrasen, das Allerallgemeinste, hunderttausendfach Gesagte, und dieses, genau dieses, benutzen sie, um ihren Eigenwillen zu bekunden. Schöne, häßliche, edle, gemeine, heilige, profane Worte, alle geraten in dieses tumultuöse Reservoir, und jeder fängt sich heraus, was seiner Trägheit paßt; und wiederholt es, bis es nicht zu erkennen ist, bis es etwas ganz anderes, das Gegenteil von dem sagt, was es einmal bedeutete.

Die Entstellung der Sprache führt zum Tohuwabohu der geschiedenen Figuren. Karl Kraus, dessen Gefühl für den Mißbrauch der Sprache aufs feinste geschärft war, hatte die Gabe, die Produkte dieses Mißbrauchs *in statu nascendi* aufzufangen und nie wieder zu verlieren. Für den, der ihn hörte, war dadurch eine neue Dimension der Sprache eröffnet, die unerschöpflich ist und die früher nur sporadisch und ohne rechte Konsequenz verwendet wurde. Die große Ausnahme von dieser Regel, Nestroy, von dem Karl Kraus so sehr gelernt hat wie ich von ihm, will ich heute nur en passant erwähnen.

Denn ich möchte jetzt von etwas sprechen, das in auffallendem Gegensatz zur Spontaneität seines Ohres stand, von der Form seiner Prosa. Man kann jedes längere Prosastück von Kraus in zwei, vier, acht, sechzehn Teile zerschneiden, ohne ihm wirklich etwas zu nehmen. Seiten reihen sich gleichwertig an Seiten. Sie mögen besser oder weniger gut gelungen sein – in einer eigentümlichen Verzahnung, die aber rein äußerlicher Natur ist, setzen sie sich immer weiter fort, ohne daß ein notwendiges Ende abzusehen wäre. Jedes Stück, von ihm durch einen Titel als solches bezeichnet, könnte doppelt oder halb so lang sein. Kein unbefangener Leser wird bestimmen können, warum es nicht viel früher aufgehört hat, warum es noch lange nicht aufhört. Es herrscht eine Willkür der Fortsetzung, die keine erkennbare Regel hat. Solange ihm etwas einfällt, geht es weiter, meist fällt ihm sehr lange etwas ein. Ein übergeordnetes Strukturprinzip ist nie vorhanden.

Denn die Struktur, die fürs Ganze fehlt, ist in jedem einzelnen Satz vorhanden und springt in die Augen. Alle Bau-Gelüste, an denen Schriftsteller reich sein sollen, erschöpfen sich bei Karl Kraus im einzelnen Satz. Seine Sorge gilt diesem: er sei unantastbar, keine Lücke, keine Ritze, kein falsches Komma – Satz um Satz, Stück um Stück fügt sich zu einer Chinesischen Mauer. Sie ist überall gleich gut gefügt, in ihrem Charakter nirgends verkennbar, aber was sie eigentlich umschließt, weiß niemand. Es ist kein Reich hinter dieser Mauer, sie selbst ist das Reich, alle Säfte des Reichs, das bestanden haben mag, sind in sie, in ihren Bau gegangen. Es ist nicht mehr zu sagen, was innen, was außen war, das Reich lag auf beiden Seiten, sie ist Mauer nach außen wie nach innen. Alles ist sie, ein zyklopischer Selbstzweck, der die Welt durchwandert, bergauf, bergab, durch Täler und Ebenen und sehr viel Wüsten. Vielleicht scheint ihr, denn sie lebt, daß alles außer ihr zerstört ist. Von den Heeren, die sie bevölkerten, denen ihre Wache oblag, ist ein einziger, einsamer Wächter übriggeblieben. Dieser einsame Wächter ist zugleich ihr einsamer Weiter-Erbauer. Überall wo er ins Land sieht, empfindet er die Notwendigkeit, ein neues Stück von ihr zu errichten. Die verschiedensten Materialien bieten sich ihm dazu an, er vermag es, sie alle zu neuen Quadern zu formen. Man kann sich Jahre auf dieser Mauer ergehen, und sie wird nie ein Ende nehmen.

Ich glaube, es war ein Unbehagen über die Natur dieser Mauer und der trostlose Anblick der Wüste zu beiden Seiten, was mich allmählich gegen Kraus aufbrachte. Denn die Quadern, aus denen er baute, waren *Urteile*, und in diese war alles eingegangen, was in der Landschaft ringsum gelebt hatte. Der Wächter war urteilssüchtig geworden; zur Herstellung seiner Quadern und seiner Mauer, die sich niemals schloß, waren mehr und mehr Urteile vonnöten, und er verschaffte sie sich auf Kosten seines eigenen Reichs. Was er bewachen sollte, sog er aus: zu seinen hohen Zwecken, gewiß, aber ringsum wurde es leerer und leerer, und schließlich konnte einen sehr wohl die Furcht befallen, daß die Errichtung dieser unzerstörbaren Urteilsmauer zum eigentlichen Endzweck des Lebens geworden sei.

Der Kern der Sache war, daß er sich selber alles Urteilen angeeignet hatte und niemandem, für den er ein Vorbild war, ein eigenes gestattete. Die Folge dieses Zwanges konnte jeder, der ihm anhing, sehr früh an sich bemerken.

Das erste, was nach dem Anhören von zehn oder zwölf Vorlesungen von Karl Kraus, nach ein oder zwei Jahren Lektüre der »Fackel« geschah, war eine allgemeine Einschrumpfung des Willens, *selbst* zu urteilen. Es fand eine Invasion von starken, unerbittlichen Entscheidungen statt, an denen nicht der leiseste Zweifel bestand. Was dort, in dieser höheren Instanz, einmal beschlossen war, galt als ausgemacht, es wäre einem vermessen erschienen, selber an eine Nachprüfung zu gehen, und so nahm man keinen der Autoren je in die Hand, die von Kraus verdammt worden waren. Es genügten aber auch kleine, verächtliche Randbemerkungen, die zwischen den Quadern seiner Satzburgen wie Gräser wuchsen, daß man deren Gegenständen für immer auswich. Eine Art von Reduktion trat ein: während ich mich früher, in den acht Jahren meiner Abwesenheit von Wien, die ich in Zürich und Frankfurt verbracht hatte, in aller Literatur umtat, ein reißender Wolf des Lesens, begann jetzt eine Periode der Beschränkung, der asketischen Reserve. Sie hatte den Vorteil, daß man sich um so intensiver dem zuwandte, was Kraus gelten ließ: Shakespeare und Goethe natürlich, Claudius; Nestroy, den er erst wiederbelebte und erschloß, seine persönlichste und folgenreichste Leistung; den frühen Hauptmann bis etwa zur »Pippa«, deren ersten Akt er vorzulesen pflegte; Strindberg und Wedekind, die in früheren Jahren die Ehre hatten, in der »Fackel« aufzuscheinen, von der Moderne noch Trakl und die Lasker-Schüler. Man sieht, es waren keineswegs die Schlechtesten, auf die er einen reduzierte. Für Aristophanes, den er bearbeitete, brauchte ich ihn nicht, aber den hätte er mir auch nie auszutreiben vermocht, so wenig wie Gilgamesch und die Odyssee, alle drei waren mir längst zum innersten Mark meines Geistes geworden. Romanciers, Erzähler überhaupt, ließ er aus dem Spiel, ich glaube, sie interessierten ihn wenig, und das war ein Segen. So konnte ich selbst unter seiner unbarmherzigsten Diktatur, von ihr unberührt, Dostojewskij, Poe, Gogol und Stendhal lesen und sie so aufnehmen, als hätte es nie Karl Kraus gegeben. Ich möchte das meine geheime Keller-Existenz in dieser Zeit nennen. Ihnen, wie den Malern Grünewald und Breughel, an die sein Wort nicht heranreichte, entnahm ich, ohne es noch zu ahnen, die Kräfte zur späteren Rebellion.

Denn ich habe damals wirklich erlebt, was es heißt, unter einer Diktatur zu leben. Ich war ihr freiwilliger, ihr ergebener, ihr leidenschaftlicher und begeisterter Anhänger. Ein Feind von Karl Kraus war ein verwerfliches, ein unmoralisches Wesen; und wenn ich auch nicht, wie es in späteren Diktaturen üblich wurde, an die Ausrottung des vermeintlichen Ungeziefers ging, so hatte ich doch, ich muß es mit Scham gestehen – ja, ich kann es nicht anders sagen: auch ich hatte meine »Juden«, Menschen, von denen ich wegsah, wenn ich sie in Lokalen oder auf der Straße traf, die ich keines Blickes würdigte, deren Schicksal mich nichts anging, die für mich geächtet und ausgestoßen waren, deren Berührung mich verunreinigt hätte, die ich allen Ernstes nicht mehr zur Menschheit zählte: die Opfer und die Feinde von Karl Kraus.

Es war trotzdem keine ganz ergebnislose Diktatur, und da ich mich ihr selber unterworfen und mich schließlich auch selber von ihr zu befreien vermochte, habe ich kein Recht, sie anzuklagen. Auch ist mir, eben durch meine Erfahrung von ihr, die Unsitte des Anklagens anderer gründlich verleidet.

Es ist wichtig, ein Vorbild zu haben, das eine reiche, turbulente, unverwechselbare Welt hat, eine Welt, die es sich selber er-rochen, selber an-gesehen, selber an-gehört, selber er-fühlt und er-dacht hat. Die Authentizität *seiner* Welt ist es, was einem das Vorbild eigentlich gibt, womit es einen am tiefsten beeindruckt. Von dieser Welt läßt man sich überziehen und überwältigen, und einen Dichter, der nicht früh einmal von einer fremden Authentizität beherrscht und gelähmt war, kann ich mir gar nicht vorstellen. In der Demütigung seiner Vergewaltigung, wenn er fühlt, daß er gar nichts Eigenes hat, nicht er selber ist, nicht weiß, was er selber ist, beginnen seine verborgenen Kräfte sich zu regen. Seine Person artikuliert sich, sie entsteht aus dem Widerstand, überall wo er sich befreit, war etwas da, das ihn befreit hat.

Aber je reicher die Welt dessen war, der ihn unterworfen hielt, um so reicher muß die eigene werden, die jene von sich abtut. Es ist also gut, sich starke Vorbilder zu wünschen. Es ist gut, einem solchen zu verfallen, sofern man nur heimlich, in einer Art von sklavischer Dunkelheit, seinem Eigenen, dessen man sich mit Recht noch schämt, denn man sieht es noch nicht, nachhängt.

Verhängnisvoll sind Vorbilder, die bis in diese Dunkelheit hinunterreichen und einem den Atem noch im letzten, armseligen Keller benehmen. Aber es sind auch jene ganz anders gearteten Vorbilder gefährlich, die Bestechung üben und einem zu rasch in Kleinigkeiten nützlich werden, die einem vormachen, daß etwas Eigenes schon besteht, bloß weil man sich vor ihnen verbeugt und demütigt. Als wohldressiertes Tier lebt man schließlich von ihren Gnaden und gibt sich mit Leckerbissen aus ihrer Hand zufrieden.

Denn keiner, der beginnt, kann wissen, was er in sich finden wird. Wie sollte er es auch nur ahnen, da es noch nicht besteht. Mit geliehenen Werkzeugen dringt er in den Erdgrund ein, der selber geliehen und fremd, nämlich von anderen ist. Wenn er zum erstenmal plötzlich vor etwas steht, das er nicht erkennt, das ihm von nirgendsher kam, erschrickt er und taumelt: denn das ist das Eigene.

Es kann wenig sein, eine Erdnuß, eine Wurzel, ein winziger Stein, ein Giftbiß, ein neuer Geruch, ein unerklärlicher Laut, oder gleich eine düstere, weitreichende Ader: wenn er den Mut und die Besonnenheit hat, aus dem ersten schreckhaften Taumel zu erwachen, es zu erkennen und zu nennen, beginnt sein eigentliches, eigenes Leben.

1965

Dialog mit dem grausamen Partner

Es wäre für mich schwer, mit dem weiterzukommen, was ich am liebsten tue, wenn ich nicht manchmal ein Tagebuch führte. Nicht daß ich diese Niederschriften verwende, sie sind nie der Rohstoff zu dem, woran ich eben arbeite. Es ist aber so, daß ein Mensch, der die Heftigkeit seiner Eindrücke kennt, der jede Einzelheit jedes Tages so empfindet, als wäre es sein einziger Tag, der – man kann es nicht anders sagen – recht eigentlich aus Übertreibung besteht, der aber auch diese Anlage nicht bekämpft, weil es ihm um das Herausheben, um die Schärfe und Konkretheit aller Dinge zu tun ist, die ein Leben ausmachen, – es ist so, daß ein solcher Mensch explodieren oder sonstwie in Stücke gehen müßte, wenn er sich nicht an einem Tagebuch *beruhigte.*

Beruhigung ist vielleicht der Hauptgrund, warum ich ein Tagebuch führe. Es ist kaum zu glauben, wie der geschriebene Satz den Menschen beruhigt und bändigt. Der Satz ist immer ein anderes als der, der ihn schreibt. Er steht als Fremdes vor ihm, eine plötzliche feste Mauer, über die sich's nicht springen läßt. Sie wäre vielleicht zu umgehen, aber noch bevor man drüben anlangt, steht in spitzem Winkel zu ihr eine neue Mauer da, ein neuer Satz, nicht weniger fremd, nicht weniger fest und hoch, auch er verlockt zur Umgehung. Allmählich entsteht ein Labyrinth, in dem sich der Erbauer mit genauer Not noch auskennt. Er beruhigt sich an seinen Irrgängen.

Es wäre den Personen, die die nächste Umgebung eines Dichters ausmachen, unerträglich, alles zu hören, was ihn erregt hat. Erregungen sind ansteckend, und die anderen haben, so sollte man hoffen, ihr eigenes Leben, das nicht nur aus den Erregungen eines Nächsten bestehen kann, sie ersticken sonst an diesem. Dann gibt es die Dinge, die man niemandem, auch nicht den Nächsten, sagen kann, weil man sich ihrer zu sehr schämt. Es ist nicht gut, wenn sie überhaupt nicht ausgesprochen werden, es ist nicht gut, wenn sie in Vergessenheit geraten. Die Mechanismen, mit Hilfe derer man sich das Leben leicht macht, sind ohnehin viel zu gut ausgebildet. Erst heißt es, etwas zaghaft: »Eigentlich konnte ich nichts dafür«, und schon, im Handumdrehen, ist die Sache vergessen. Um dieser Unwürdigkeit zu entgehen, soll man es aufschreiben, und dann viel später, vielleicht Jahre später, wenn einem die Selbstzufriedenheit aus allen Poren trieft, wenn man's am wenigsten erwartet, plötzlich entsetzt davorstehen. »*Dessen* war ich fähig, *das* habe ich getan.« Die Religion, die einen von solchen Schrecken ein für allemal absolviert, mag für solche gut sein, deren Amt es nicht ist, zu einem vollen und wachen Bewußtsein innerer Vorgänge zu gelangen.

Wer wirklich alles wissen will, lernt am besten an sich. Aber er darf sich nicht schonen und muß sich so anfassen, wie wenn er ein anderer wäre, nicht weniger hart, sondern härter.

Die Ödigkeit vieler Tagebücher besteht darin, daß nichts da ist, was sich beruhigen will. Manche, man möchte es nicht glauben, sind mit allem um sich, selbst mit einer Welt, die am Einstürzen ist, zufrieden; andere, in allen Wechselfällen, sind zufrieden mit *sich*.

Mit der Beruhigung als einer Funktion des Tagebuchs ist es, wie man sieht, nicht gar so weit her. Es ist eine Beruhigung des Augenblicks, der momentanen Ohnmacht, die den Tag für die Arbeit klärt, nicht mehr. Auf die Dauer gesehen hat das Tagebuch genau die umgekehrte Wirkung, es erlaubt einem die Einschläferung nicht, es stört den natürlichen Verklärungsprozeß einer Vergangenheit, die sich selbst überlassen bleibt, es hält einen wach und bissig.

Aber bevor ich darüber und über einige der anderen Funktionen von Tagebüchern Genaueres sage, möchte ich absondern, was ich nicht dazu rechne. Ich unterscheide zwischen Aufzeichnungen, Merkbüchern und eigentlichen Tagebüchern.

Aufzeichnungen

Über diese habe ich mich schon im Vorwort zu meiner Auswahl von ›Aufzeichnungen 1942–1948‹ geäußert. Aber es ist notwendig, daß ich mich hier, um verständlich zu sein, wenigstens dem Sinn nach wiederhole. »Aufzeichnungen« sind spontan und widersprüchlich. Sie enthalten Einfälle, die manchmal unerträglicher Spannung, oft aber auch großer Leichtigkeit entspringen. Es ist nicht zu vermeiden, daß eine Arbeit, die durch Jahre von Tag zu Tag fortgesetzt wird, einem manchmal schwerfällig, aussichtslos oder verspätet erscheint. Man haßt sie, man fühlt sich von ihr umstellt, sie nimmt einem den Atem. Alles in der Welt kommt einem plötzlich wichtiger vor als sie, und in der Beschränkung erscheint man sich als Stümper. Wie kann etwas gut sein, das so vieles bewußt ausschließt. Jeder fremde Laut tönt wie aus einem verbotenen Paradies, während jedes Wort, das man dort anfügt, wo man schon seit langem fortgesetzt hat, in seiner gefügigen Anpassung, seiner Servilität die Farbe einer erlaubten und banalen Hölle hat. Das Unerträgliche der auferlegten Arbeit kann dieser sehr gefährlich werden. Ein Mensch, und das ist sein größtes Glück, ist vielfältig, tausendfältig, und er kann nur eine gewisse Zeit so leben, als wäre er's nicht. In solchen Augenblicken, da er sich als Sklave seiner Absicht sieht, hilft ihm nur eines: er muß der Vielfalt seiner Anlagen nachgeben und wahllos verzeichnen, was ihm durch den Kopf geht. Es muß so auftauchen, als käme es von nirgends her und führe nirgends hin, es wird meist kurz sein, rasch, blitzartig oft, ungeprüft, ungemeistert, uneitel, und ohne jede Absicht. Derselbe Schreiber, der sonst ein strenges Regiment führt, wird für eine kurze Weile zum willigen Spielball seiner Einfälle. Er schreibt Dinge nieder, die er nie in sich vermutet hätte, die seiner Geschichte, seinen Überzeugungen, selbst seiner Form widersprechen, seiner Scham, seinem Stolz und seiner sonst hartnäckig verteidigten Wahrheit. Der Druck, mit dem das alles beginnt, weicht schließlich von ihm, und es kann ihm geschehen, daß er plötzlich leicht wird und in einer Art von Glückseligkeit die freiesten Dinge verzeichnet. Was so entsteht, und es entsteht so sehr viel, läßt er am besten unbeachtet liegen. Wenn er das wirklich fertigbringt, viele Jahre lang, behält er das Vertrauen zur Spontaneität, die die Lebensluft solcher Aufzeichnungen ist; denn wenn er dieses einmal verloren hat, sind sie zu gar nichts mehr nutze, und er kann gleich bei seiner eigentlichen Arbeit bleiben. Sehr viel später, wenn alles wie von einem anderen Menschen ist, mögen sich Dinge in den Aufzeichnungen finden, die, sinnlos wie sie ihm damals vielleicht erschienen, plötzlich Sinn für andere haben. Da er dann selber schon zu den anderen gehört, kann er das Brauchbare ohne besondere Mühe auswählen.

Merkbücher

Jede Person, nach dem Vorbild der ganzen Menschheit, möchte sich ihren eigenen Kalender schaffen. Die Hauptanziehung des Kalenders besteht darin, daß er immer weitergeht. So viele Tage waren da, es werden andere folgen. Die Namen der Monate kehren wieder, noch öfter die der Tage. Aber die Zahl, die die Jahre bezeichnet, ist immer wieder eine andere. Sie wächst, sie kann nie wieder abnehmen, es ist jedesmal ein Jahr mehr. Sie wächst stetig, kein Jahr wird je übersprungen, es ist genau wie beim Zählen, es kommt immer nur *eins* dazu. Die Zeitrechnung drückt präzis aus, was der Mensch sich am meisten wünscht. Die Wiederkehr der Tage, deren Namen er sich bewußt ist, gibt ihm *Sicherheit*. Er wacht auf: was für ein Tag ist heute? – Mittwoch, es ist wieder ein Mittwoch, es hat schon viele Mittwoche gegeben. Aber er hat noch mehr als Mittwoche hinter sich gebracht. Denn es ist der 30. Oktober, das ist etwas Größeres, auch solche hat er schon eine ganze Anzahl gekannt. Von der Jahreszahl aber in ihrer linearen Zunahme hofft er, daß sie ihn mitzieht zu immer höheren Zahlen. Sicherheit und Wunsch nach langem Leben fallen in der Zeitrechnung zusammen, und diese ist wie für jene ausgedacht.

Doch der *leere* Kalender ist jedermanns Kalender, jetzt will er ihn noch zu seinem eigenen machen, und dazu muß er ihn erfüllen. Es gibt die guten und die schlechten, die offenen und die bedrängten Tage. Wenn er diese verzeichnet, mit wenig Worten oder Buchstaben, wird der Kalender unverwechselbar sein eigener. Die wichtigsten Ereignisse stiften Gedenktage. In seiner Jugend sind's noch wenige, das Jahr bewahrt sich eine Art von Unschuld, die meisten Tage sind noch frei und ungenützt für die Zukunft. Aber allmählich füllen sich die Jahre an, mehr und mehr kehrt wieder, was entscheidend war, und schließlich ist kaum ein Tag seines Kalenders ungenützt: er hat eine eigene Geschichte.

Ich kenne Leute, die sich über diese Kalender anderer lustig machen, »weil so wenig drinsteht«. Aber nur wer ihn sich gemacht hat, kann wirklich wissen, was drinsteht. Die Kargheit dieser Zeichen schafft ihren Wert. Sie bestehen durch ihre Konzentration, das Erlebte, das in ihnen enthalten ist, ist wie durch einen Zauber verschlossen, es ist unverbraucht und kann plötzlich durch andere Nachbarschaften in einem anderen Jahr zu etwas Ungeheurem aufgehen.

Nun lebt niemand, der auf solche Merkbücher nicht ein Recht hätte. *Jeder* ist der Mittelpunkt der Welt, aber eben jeder, und nur weil die Welt von solchen Mittelpunkten voll ist, ist sie kostbar. Dies ist der *Sinn* des Wortes Mensch: jeder ein Mittelpunkt neben unzähligen anderen, die es ebenso sehr sind wie er.

Merkbücher waren und sind der Keim zu den eigentlichen Tagebüchern. Viele Schriftsteller, die Tagebüchern mißtrauen, weil zu viel von ihrer Substanz in ihnen vergeudet werden könnte, führen doch ihre Merkbücher. Gewöhnlich vermischt sich beides. Ich halte es streng getrennt. In den Merkbüchern, die fast immer kleine Kalender sind, verzeichne ich ganz kurz, was mich besonders trifft oder befriedigt. Da stehen die Namen der gezählten Menschen, durch die man geatmet hat und ohne die man alle anderen Tage nie ausgehalten hätte. Die Begegnung mit ihnen, die erste Nähe, ihre Abreise, ihre Rückkehr, ihre schweren Erkrankungen, ihre Genesung, und das Entsetzlichste, ihr Tod. Dann gibt es die Tage der Einfälle, die erst wie Schwerter über einen herfallen, die untersinken, wieder auftauchen, und schließlich, verwandelt, einen guten Teil des Lebens tragen; manchmal vermerkt man die Tage, an denen etwas von diesen Einfällen Gestalt gewonnen hat und einen zufriedenstellt. Diesen Tagen der expansiven Bewältigung stehen jene anderen gegenüber, in denen man selber der Überwältigte war: man hat etwas gelesen, von dem man fühlt, daß es einen nie mehr verlassen wird, den »Woyzeck«, die »Dämonen«, den »Ajax« des Sophokles. Weiter die Augenblicke, in denen man von unerhörten Gebräuchen, einer unbekannten Religion, einer neuen Wissenschaft, einer Erweiterung der Welt, noch einer Bedrohung der Menschheit, oder, sehr selten, einer Hoffnung für sie gehört hat. Dann die Orte, die man endlich betritt, nach denen man sich krank gesehnt hat. Es wird alles nur in drei, vier Worten erwähnt, Namen sind die Hauptsache, es geht um den Tag, an dem neue Dinge, neue Menschen einem ins Leben getreten sind oder Verschwundenes, als wäre es neu, sich wieder meldet.

Eines kann man von diesen Merkbüchern mit Sicherheit sagen: sie gehen niemand etwas an. Für Außenstehende sind sie unverständlich, oder wenn sie das nicht sind, so doch durch die Monotonie ihrer sprachlichen Fixierung, die Langeweile selbst.

Sobald es mehr wird, sobald man sich mit den Dingen auseinandersetzt, verlassen sie den Rahmen des Merkkalenders und geraten ins Tagebuch.

Tagebücher

Im Tagebuch spricht man zu sich selbst. Wer das nicht kann, wer eine Zuhörerschaft vor sich sieht, sei es auch eine späte, sei es eine nach seinem Tod, der fälscht. Von solchen gefälschten Tagebüchern soll jetzt nicht die Rede sein. Auch sie können ihren Wert haben. Es gibt welche unter ihnen, die ungemein fesselnd sind; was an ihnen interessiert, ist das Maß der Fälschung: ihr Reiz hängt ab von der Begabung des Fälschers. Aber was ich jetzt ins Auge fassen möchte, ist das echte Tagebuch, das viel seltener und wichtiger ist. Welchen Sinn hat es für den Schreiber, nämlich für einen, der ohnehin sehr viel schreibt, weil Schreiben seine Profession ist?

Da ist nun auffallend, daß es sich nicht *immer* führen läßt, daß es lange Perioden gibt, während deren man es scheut, wie etwas Gefährliches, fast wie ein Laster. Man ist nicht immer unzufrieden mit sich und mit anderen. Es gibt Zeiten der Exaltation und unbezweifelten persönlichen Glückes. Im Leben eines Menschen, dem ein Hang nach Erkenntnis zur zweiten Natur geworden ist, können sie nicht sehr häufig sein. Um so kostbarer werden sie ihm erscheinen. Er wird sich scheuen, sie anzutasten. Da sie ihn, wie jeden anderen, über den viel größeren Rest seines Daseins tragen, *braucht* er sie und berührt sie darum nicht, er beläßt ihnen ihre Aura unbegriffener Wunder. Erst ihr Zusammenbruch wird ihn zur Besinnung zwingen. Wie hat er sie verloren? Was hat sie ihm zerstört? In diesem Augenblick beginnt sein Selbstgespräch wieder.

Zu anderen Zeiten kann es sein, daß der volle Tag sich in die eigentliche Arbeit auflöst. Diese geht gut und sicher voran, sie hat einen Stand erreicht, der jenseits von Absicht und Zweifel liegt, sie deckt sich so genau mit dem, was man eben ist, daß nichts außerhalb geschieht, nichts außerhalb bleibt. Es gibt gute, ja bedeutende Schriftsteller, die in dieser Verfassung ein Buch nach dem anderen schreiben können. Sie haben *sich* nichts zu sagen, ihr Buch sagt es alles für sie. Es gelingt ihnen, sich ganz auf ihre Figuren zu verteilen. Oft haben sie sich eine Oberfläche, eine Textur erarbeitet, die so reich und eigenartig ist, daß sie ihre Aufmerksamkeit und sinnliche Erinnerung unaufhörlich beschäftigt. Sie sind die eigentlichen Werkmeister der Literatur, die Glücklichen unter den Dichtern. Es ist ihnen natürlich, die Zwischenperioden zwischen Werk und Werk auf ein Minimum einzuschränken. Die

Eigenart ihrer Oberfläche lockt sie wieder zur Arbeit. Das Wechselnde und Schillernde der Welt, die eigentümliche Bewegung des äußeren Lebens haben sie in diese Oberfläche gebannt und tummeln sich nun in ihr wie andere in der Welt.

Ich wäre der Letzte, der für diese Art von Schriftstellern Ironie oder gar Hohn empfände. Sie sind nach der Notwendigkeit ihrer Eigenart zu bewerten: ein guter Teil der Besten der Weltliteratur gehört zu ihnen. Man hat Augenblicke, da man sich eine Welt wünscht, in der eine andere Art von Dichtern gar nicht möglich wäre. Echte Tagebücher sind aber von diesen nicht zu erwarten. Sie werden daran zweifeln, daß solche überhaupt möglich sind. Ihre Sicherheit und ihr Gelingen muß sie mit Verachtung für andere, weniger gleichmäßige Naturen erfüllen. Es genügt aber, den Namen Kafka zu nennen, mit dessen Substanz und Eigenart niemand, auch der Beste unter den Sicheren heute, sich zu messen wagen dürfte, um sie der Unzulässigkeit ihrer Intoleranz zu überführen. Vielleicht sollte es ihnen auch zu denken geben, daß das weitaus Wichtigste, was es von einem Manne wie Pavese gibt, seine Tagebücher sind, sein Bleibendes ist hier und nicht in seinen Werken.

Im Tagebuch spricht man also zu sich selbst. Aber was heißt das? Wird man faktisch zu zwei Figuren, die ein regelrechtes Gespräch miteinander führen? Und wer sind die Zwei? Warum sind es nur Zwei? Könnten es nicht, sollten es nicht viele sein? Warum wäre ein Tagebuch wertlos, in dem man immer zu vielen spräche statt zu sich?

Der erste Vorteil des fiktiven Ich, an das man sich wendet, ist, daß es einen wirklich anhört. Es ist immer zur Stelle, es wendet sich nicht ab. Es heuchelt kein Interesse vor, es ist nicht höflich. Es unterbricht einen nicht, es läßt einen ausreden. Es ist nicht nur neugierig, es ist auch geduldig. Ich kann hier nur aus eigener Erfahrung sprechen: aber ich bin immer wieder erstaunt, daß es jemand gibt, der mich so geduldig anhört wie ich andere. Doch stelle man sich ja nicht vor, daß dieser Hörer es einem leicht macht. Da er den Vorzug hat, einen zu verstehen, kann man ihm auch nichts vormachen. Er ist nicht nur geduldig, er ist auch bösartig. Er läßt einem nichts durchgehen, er durchschaut alles. Er merkt sich die geringste Einzelheit, und sobald man sich ans Fälschen macht, kommt er vehement auf sie zurück. In meinem ganzen, immerhin sechzigjährigen Leben bin ich noch keinem so gefährlichen Gesprächspartner begegnet, und ich habe einige gekannt, deren sich niemand schämen müßte. Vielleicht ist es sein besonderer Vorteil, daß er keine eigenen Interessen vertritt. Er hat alle Reaktionen einer eigenen Person, ohne ihre Motive. Er verteidigt keine Theorie, er hält sich auf keine Entdeckungen etwas zugute. Sein Instinkt für Regungen der Macht oder der Eitelkeit ist unheimlich. Natürlich kommt es ihm zustatten, daß er einen durch und durch kennt.

Wenn er mir auf eine Ungenauigkeit kommt, eine Unzulänglichkeit der Erkenntnis, eine Schwäche, eine Trägheit, fällt er wie ein Blitz über mich her. Wenn ich sage: »Das ist doch nicht wichtig, es geht mir um mehr als mich, es geht um den Zustand der Welt, ich habe zu warnen, das ist alles«, lacht er mir ins Gesicht. »Immerhin, immerhin«, sagt er dann, ich erlaube mir, ihn hier wörtlich zu zitieren: »Es ist der Fehler der Gut-Tuer«, – wie mich diese niederträchtige Wortbildung schon sticht –, »daß sie über der Verantwortung, die sie fühlen, und dem Guten, das sie vielleicht wirklich wollen, das Instrument auszubilden vergessen, das ihnen ermöglicht, die Menschen kennenzulernen und in tausend groben und feinen Einzelheiten zu erfassen. Denn aus diesen selben Menschen fließt das Schrecklichste und Allgemeinste, das Gefährlichste, das geschieht. Es gibt keine andere Hoffnung für den Weiterbestand der Menschheit, als genug über die Menschen zu wissen, aus denen sie sich zusammensetzt. Wie wagst du es also, etwas so Falsches über dich selbst vorzubringen, bloß weil es dir bequem ist?«

Es ist vorgekommen, daß ich etwas Schreckliches vorausgesehen habe – in der Welt, meine ich –, das dann genau so eingetroffen ist. Ich hatte nichts Besseres zu tun, als es aufzuschreiben. Ich konnte es mir ja beweisen, es stand schon da, lange bevor es geschah. Wahrscheinlich wollte ich mir so ein Recht auf weitere Voraussagen zuschanzen. Ich setze die vernichtende Antwort meines Partners darauf hierher, sie ist wichtiger als die jämmerliche Eitelkeit der eingetroffenen Voraussage:

»Der Warner, der Prophet, dessen Vorausgesagtes eintrifft, ist eine zu Unrecht geachtete Figur. Er hat es sich zu leicht gemacht und sich von den Schrecken, die er verabscheut, überwältigen lassen, noch bevor sie eingetroffen sind. Er glaubt, daß er warnt, aber gemessen an der Leidenschaft seiner Voraussicht ist seine Warnung wertlos. Bewundert wird er für seine Voraussicht; aber nichts ist leichter. Je schrecklicher seine Voraussicht, um so eher wird sie wahr. Zu bewundern wäre ein Prophet, der etwa *Gutes* vorausgesagt hat. Denn dieses, und nur dieses ist unwahrscheinlich.«

Das Gewissen, das gute, alte Gewissen, höre ich einen Leser triumphierend sagen, er unterhält sich mit seinem Gewissen! Er brüstet sich damit, daß er ein Tagebuch führt, um sich mit seinem Gewissen zu unterhalten! – Aber es ist nicht ganz so. Der andere, zu dem man spricht, *wechselt* seine Rollen. Es ist wahr, er kann als Gewissen auftreten, und ich bin ihm dafür sehr verbunden, da die anderen es einem alle viel zu leicht machen, es scheint eine Wollust der Menschen zu sein, sich *überreden* zu lassen. Er ist aber nicht immer ein Gewissen. Manchmal bin *ich* es und spreche zu ihm in Verzweiflung und Selbst-Anklage, mit einer Heftigkeit, wie ich sie niemand wünsche. Da wird er nun plötzlich zum scharfäugigen Tröster, der genau erkennt, worin ich zu weit gehe. Er sieht, daß ich als Dichter mir oft Bosheiten und schlechte Gesinnungen zuschanze, die gar nicht meine eigenen sind. Er erinnert mich daran, daß es letzten Endes auf das ankommt, was man *tut*, denn denken mag jeder alles. Er entlarvt, spöttisch und heiter, die Masken des Bösen, in denen man sich spreizt, und zeigt einem, daß man gar nicht so »interessant« ist. Für diese Rolle bin ich ihm eigentlich noch dankbarer.

Er hat noch viele Rollen, es wäre schließlich langweilig, auf alle einzugehen. Aber eines wird klar geworden sein: ein Tagebuch, das nicht diesen konsequent dialogischen Charakter hat, scheint mir wertlos, ich könnte meines gar nicht anders als in Form eines solchen Selbstgespräches führen.

Ich mag nicht glauben, daß die Wachheit dieser beiden Figuren, die mitunter Jagd aufeinander machen, ein leeres Spiel ist. Man bedenke, daß ein Mensch, der die äußeren Instanzen des Glaubens nicht anerkennt, etwas ihnen Entsprechendes in sich errichten muß, sonst wird er zu einem unvermögenden Chaos. Daß er ihnen diesen Rollenwechsel erlaubt, daß er sie spielen läßt, heißt nicht, daß er sie nicht ernst nimmt. In diesem Spiel könnte er, wenn es ihm nur gelingt, schließlich eine feinere moralische Sensibilität erlangen, als die üblichen Vorschriften der Welt sie ihm bieten. Denn diese sind darum für die meisten tot, weil sie nie spielen dürfen, ihre Starre nimmt ihnen ihr Leben.

Vielleicht ist dies die wichtigste Funktion eines Tagebuches. Es wäre eine Irreführung, sie als die einzige zu bezeichnen. Denn im Tagebuch spricht man nicht nur zu sich selbst, man spricht auch zu anderen. Alle die Gespräche, die man in der Wirklichkeit nie zu Ende führen kann, weil sie in Gewalttätigkeiten enden würden, alle die absoluten, schonungslosen, vernichtenden Worte, die man anderen oft zu sagen hätte, schlagen sich hier nieder. Hier bleiben sie geheim, denn ein Tagebuch, das nicht geheim ist, ist keines, und die Leute, die anderen immer aus ihren Tagebüchern vorlesen, sollten lieber gleich Briefe schreiben oder besser noch Rezitationsabende über sich veranstalten. Ich kannte in meiner frühen Berliner Zeit einen, der nie eine Eintragung machte, ohne sie mir am selben Abend vorzulesen. Es gelang mir dann, indem ich ihm genug Gäste dazu einlud, die Vorlesungen auf eine in der Woche zu beschränken, und er war sehr glücklich, sie dauerte länger, und es war ihm auch lieber, vor mehr als zwei Augen sein Rad zu schlagen.

Es kann gar nicht genug Listen und Vorsichtsmaßregeln geben, um ein echtes Tagebuch geheimzuhalten. Schlössern ist nicht zu trauen. Geheimschriften sind besser. Ich verwende eine abgeänderte Kurzschrift, die niemand zu entziffern vermöchte, der nicht eine Arbeit von Wochen daranwenden würde. So kann ich aufschreiben, was ich will, ohne je einem Menschen zu schaden oder wehzutun, und wenn ich endlich alt und klug geworden bin, beschließen, ob ich es ganz verschwinden lasse oder einem geheimen Orte anvertraue, wo es nur durch Zufall, in einer unschädlichen Zukunft, aufzufinden wäre.

Es ist mir noch nie gelungen, während einer Reise in ein neues Land ein Tagebuch zu führen. Von der Zahl unbekannter Menschen, mit denen man, ohne sich zu verstehen, spricht, sei es in Zeichen, sei es in vermeintlichen Worten, bin ich so sehr erfüllt, daß ich den Bleistift gar nicht in die Hand nehmen könnte. Die Sprache, sonst ein Instrument, das man zu handhaben glaubt, wird plötzlich wieder wild und gefährlich. Man überläßt sich ihrer Verführung und wird nun von ihr gehandhabt. Unglaube, Vertrauen, Zweideutigkeit, Prahlerei, Kraft, Drohung, Zurückweisung, Ärgernis, Betrug, Zartheit, Gastlichkeit, Staunen, alles ist da, und so unmittelbar, als hätte man es früher noch nie bemerkt. *Darüber* ein geschriebenes Wort liegt auf dem Papier wie seine eigene Leiche. Ich hüte mich, mitten unter solchen Herrlichkeiten, zum Totschläger zu werden. Aber kaum bin ich wieder zu Hause, hole ich jeden Tag nach. Aus der Erinnerung, manchmal mit Mühe, teile ich den Tagen das ihre zu. Es hat Reisen gegeben, deren nachträgliches Tagebuch dreimal soviel Zeit in Anspruch nahm wie sie selber.

Ich glaube, bei solchen Reiseerinnerungen denkt man am ehesten an Leser. Man fühlt, daß sie möglich sind, ohne Fälschungen zu bewirken. Die Berichte anderer fallen einem ein, die die Verlockung zur Reise waren. Es ist angenehm, sich aus Eigenem dankbar zu erweisen.

Überhaupt haben einem die Tagebücher anderer viel bedeutet. Welcher Schriftsteller hat nicht Tagebücher gelesen, die ihn nie wieder losgelassen haben? Vielleicht ist hier die Stelle, einiges darüber zu sagen.

Man kann mit denen beginnen, die man als Kind gelesen hat: die Tagebücher der großen Reisenden und Entdecker. Erst lockt einen das Abenteuer als solches, unabhängig von Sitten und Kulturen, die an fremdartige Menschen gebunden sind. Das Unheimlichste für ein Kind ist die Leere, die es nicht kennt, es selbst wird nie ganz alleingelassen und ist immer von Leuten umgeben. So stürzt es sich in Nord- und Südpolfahrten oder lange Meeresreisen in kleinen Booten. Das Aufregende ist die Leere ringsum, am gefährlichsten in der Nacht, vor der es sich selber fürchtet. In dieser Ferne und Leere prägt sich ihm die Aufeinanderfolge von Tag und Nacht unauslöschlich ein, denn die Reise, die immer weitergeht, hat ein Ziel, vor diesem oder vor der Katastrophe bricht sie nie ab, ich glaube, so erlebt es mit Schrecken den Kalender.

Dann kommen die Reisen in heimlich bewohnte Gebiete: Afrika und der Urwald, und als erste fremde Sitten schneiden ihm Menschenfresser ins Fleisch. Seine Neugier wird durch diese Schrecken angestachelt, nun will es auch von anderen fremden Leuten etwas wissen. Der Weg durch den Urwald wird Schritt für Schritt gebahnt, die Zahl der täglich zurückgelegten Meilen ist genau verzeichnet. Alle Formen, innerhalb derer einer später Neues entdeckt, sind hier schon vorgebildet. Abenteuer auf Abenteuer, aber Tag für Tag, und dann das furchtbare Warten der Verschollenen, Versuche, sie zu retten, oder ihr qualvolles Ende. Ich glaube nicht, daß es später je Tagebücher gibt, die dem Erwachsenen soviel bedeuten.

Aber das Gefühl für die Ferne bleibt, und das Interesse an ihr ist nie gestillt. So tummelt man sich unersättlich in vergangenen Zeiten und fremden Kulturen. Die Starre des eigenen Daseins wächst, und jene sind das unerschöpflichste Mittel zur Verwandlung. Erlebnisse, nach denen man sich sehnt und die zu Hause verpönt sind, sind plötzlich irgendwo, wo man sich hingelesen hat, allgemeine Sitte. Die Lebenssituation, in der man sich daheim findet, ist überbestimmt: was man tut, richtet sich nach Stunden, die täglich dieselben sind; die man kennt, kennen sich untereinander; man wird besprochen und bewacht; Ohren auf allen Seiten und vertraute Augen. Da alles gebunden ist und immer gebundener wird, ist ein riesiges Reservoir ungestillter Verwandlungslust da, und nur Nachrichten aus einer echten Fremde vermögen sie in Fluß zu bringen.

Es ist ein besonderes und viel zu wenig genütztes Glück, daß es Reisetagebücher aus fremden Kulturen gibt, die von ihren Angehörigen und nicht von Europäern geschrieben sind. Ich nenne nur zwei der ausführlichsten, die ich immer wieder lese: das Buch des chinesischen Pilgers Hüan Tsang, der im siebenten Jahrhundert Indien besuchte, und das des Arabers Ibn Battuta aus Tanger, der während fünfundzwanzig Jahren die ganze islamische Welt des vierzehnten Jahrhunderts, Indien und wahrscheinlich auch China bereiste. Aber damit ist das Glück der exotischen Tagebücher nicht erschöpft. Aus Japan hat man literarische Tagebücher, die es an Subtilität und Präzision mit Proust aufnehmen können: das »Kopfkissenbuch« der Hofdame Sei Shonagon, das vollkommenste an »Aufzeichnungen«, das ich überhaupt kenne, und das Tagebuch der Dichterin des Genji-Romans, Murasaki Shikibu, beide ums Jahr Tausend am selben Hofe lebend, einander gut bekannt, aber nicht wohlgesinnt.

Das genaue Gegenbild zu diesen Berichten aus der Ferne liefern die Tagebücher der *Nähe*. Hier geht es um nahverwandte Menschen, in denen man *sich* erkennt. Das schönste Beispiel dieser Art in der deutschen Literatur sind die Tagebücher von Hebbel. Diese liebt man, weil es kaum eine Seite gibt, auf der sich nicht etwas findet, das einen persönlich betrifft. Es mag einem zumute sein, als habe man dies oder jenes selbst schon irgendwo aufgeschrieben. Vielleicht hat man es sogar wirklich getan. Hat man's nicht getan, so hätte man es gewiß tun können. Dieser Prozeß einer intimen Begegnung ist schon darum aufregend, weil sich gleich neben dem »Eigenen« etwas anderes findet, das man nie so gedacht oder aufgeschrieben haben könnte. Es ist das Schauspiel zweier Geister, die sich durchdringen: An einigen Punkten berühren sie sich, an anderen bilden sich Hohlräume zwischen ihnen, die auf keine Weise auszufüllen wären. Das Gleichartige wie das Verschiedene findet sich so nah beisammen, daß es zum Denken zwingt; nichts ist fruchtbarer als solche Tagebücher der Nähe, wie man sie nennen möchte. Es gehört aber zu ihnen, daß sie »vollständig«, das heißt sehr reichhaltig sind, und nicht unter der Kontrolle eines bestimmten Zweckes geschrieben wurden.

Religiöse Tagebücher, die den Kampf um einen Glauben schildern, fallen hier aus, sie flößen nur denen Kraft ein, die in einem ähnlichen Kampfe befangen sind. Den wirklich freien, den eigentlichen Geist, der es so ernst nimmt, daß er sich noch nicht verschreiben konnte, werden sie eher bedrücken. Die Spuren der Freiheit, die sich in ihnen noch finden mögen, das Widerstreben, das als Schwäche galt, wird den Leser näher berühren als das, was der Schreiber für seine Stärke hielt: das allmähliche Erliegen. Die erstaunlichsten Exempel, die die Form des Tagebuches sprengen, Pascal und Kierkegaard, nehme ich von dieser Einschränkung aus, sie sind größer als ihr Vorhaben, und so ist in ihnen alles.

Man hört oft sagen, daß die Tagebücher anderer einen zur Wahrheit in den eigenen ermutigen. Geständnisse von bedeutenden Menschen, einmal zu Papier gebracht, haben eine nachhaltige Wirkung auf andere. »*Dieser* Mann sagt, er hat das und das getan. Ich brauche nicht zu verzagen, wenn ich dasselbe getan habe.« Auf eine merkwürdige Weise erweitert sich hier der Wert des *Vorbildes*. Sein Negatives gibt einem den Mut, gegen das eigene Negative anzugehen.

Es ist sicher, daß ohne große Vorbilder überhaupt nichts entsteht. Aber ihre Werke haben auch etwas Lähmendes: je tiefer einer sie erfaßt, je begabter er also ist, um so überzeugter sagt er sich, daß sie nicht zu erreichen seien. Die Erfahrung aber beweist das Gegenteil. *Trotz* des überwältigenden Vorbildes der Antike ist die moderne Literatur entstanden. Cervantes, *nachdem* er den Don Quixote geschrieben, also alles übertroffen hatte, was die Antike an Romanhaftem bot, wäre stolz darauf gewesen, es Heliodor gleichzutun. Das genaue Funktionieren des Vorbilds ist noch nicht untersucht, und es ist hier nicht der Ort, dieses enorme Thema ernsthaft anzuschneiden. Doch ist es belustigend, etwa zu sehen, welche Rolle Walter Scott, einer der ungenießbarsten Schriftsteller aller Zeiten, für Balzac gespielt hat, mit dem er nichts gemein hat. Die Originalitätssucht, die so charakteristisch für die Moderne ist, verrät sich darin, daß sie sich Vorbilder sucht, die nur scheinbare sind, die sie zerstört, um auffallend *gegen* sie zu bestehen; die wahren aber, von denen sie abhängig ist, bleiben so um so besser verborgen. Dieser Prozeß kann unbewußt sein; oft ist er bewußt und verlogen.

Für die aber, die ihre Originalität weder erschwindeln noch forcieren müssen, denen der Impetus der großen Geister, die sie sozusagen zur Welt gestoßen haben, sich nie ganz verbraucht, die, ohne sich etwas zu vergeben, immer zu ihnen zurückkehren können, – für die ist es ein unschätzbares Glück, wenn sich Tagebücher ihrer Ahnen finden, die Schwächen preisgeben, an denen sie selber laborieren. Das fertige Werk hat ein erdrückendes Übergewicht. Wer noch tief in seinem eigenen befangen ist, nicht weiß, wohin es führt, nicht weiß, ob er es zu Ende bringt, kann tausendmal verzagen. Es wird ihm Kraft geben, die Zweifel derer zu sehen, deren Werk gelang.

Zu diesem praktischen Arbeitswert von Tagebüchern anderer kommt aber noch eine Wirkung mehr allgemeiner Natur, die des *Eigensinns*, den sie manifestieren. In jedem Tagebuch, das diesen Namen verdient, kehren bestimmte Obsessionen, Bedrängnisse, Privatprobleme immer wieder. Sie ziehen sich durch ein ganzes Leben, sie machen seine Eigenart aus. Wer sie losgeworden ist, wirkt, als wäre er erloschen. Der Kampf mit ihnen ist so notwendig wie ihre Hartnäckigkeit. Sie sind keineswegs immer an sich interessant, und doch machen sie das Bestimmteste dieses Menschen aus, er kann ihrer so wenig entraten wie seiner Knochen. Es ist unendlich wichtig, dieses Härteste, Unauflöslichste bei anderen einzusehen, um das Eigene, das ihm entspricht, ruhiger ins Auge zu fassen und nicht an ihm zu verzweifeln. Die Gestalten eines Werkes können diese Wirkung nicht haben, denn sie existieren durch die geglückte Distanz von ihrem Schöpfer, seinen eigenen inneren Prozessen sind sie möglichst weit entrückt.

Es scheint mir, daß es gewisse Inhalte eines Lebens gibt, die sich am genauesten in Tagebuchform erfassen lassen. Ich weiß nicht, ob es für jeden dieselben sein sollten. Man könnte sich vorstellen, daß ein *langsamer* Mensch, dem alles sich ohnehin nur ganz allmählich entfaltet, das Gegenteil davon zu erwerben hätte. Das Blitzartige von Aufzeichnungen wäre seine notwendigste Übung, er könnte es so erlernen, manchmal zu fliegen und jene Aspekte der Welt zu gewinnen, die der Beschleunigung zugehören; seine natürliche Begabung zur langsamen Entfaltung auf diese Weise zu ergänzen.

Für die Raschen, die sich wie Raubtiere auf jede Situation und jeden Menschen stürzen, ihnen so heftig ans Herz greifen, daß sie dabei die äußere Form ihres Leibes zerstören, wäre das Umgekehrte geboten: ein langsames Tagebuch, in dem das Betrachtete von Tag zu Tag ein anderes Ansehen gewinnt. Durch diesen mühseligen Zwang, nicht zu rasch ans Ziel zu kommen, müßten sie eine Dimension gewinnen, die ihnen sonst versagt bliebe.

Stendhal gehört zu den Raschen. Er bewegt sich zwar in einer ungemein reichen Welt und bleibt ihr aufgeschlossen. Die Themen seiner Tagebücher aber sind wenige, und er hat sie immer neu gefaßt. Es ist, als hätte er seine alten Tagebücher von Zeit zu Zeit mit neuen überschrieben. Da er nicht wirklich langsam sein kann, betrachtet er dasselbe immer wieder. Es ist dieser Prozeß, der schließlich zu seinen großen Romanen geführt hat. Selbst die beiden unter ihnen, die abgeschlossen sind, für deren Wirkung auf andere kein Ende abzusehen ist, sind es nicht eigentlich für ihn. Er ist der genaue Gegenspieler derer, die Werk auf Werk mit Sicherheit von sich ablösen und an ein neues nur herantreten können, weil das alte ihnen fremd erscheint.

Der Dichter, der unser Jahrhundert am reinsten ausgedrückt hat und den ich darum als seine wesentlichste Manifestation empfinde, Kafka, ist darin sehr wohl mit Stendhal zu vergleichen. Er ist mit nichts zu Ende, es ist dasselbe, was ihn vom Anfang bis zum Schluß beunruhigt. Er kehrt es immer wieder um, er umschreibt es, er begeht es mit anderen Schritten. Es ist nie erschöpft, es wäre nie zu erschöpfen gewesen, auch wenn er noch einmal so lang gelebt hätte. Er gehört aber zu den Langsamen, wie Stendhal zu den Raschen. Es sind die Raschen, die dazu neigen, ihr Leben als glücklich zu empfinden. So ist Stendhals Werk in die Farbe des Glücks getaucht, Kafkas in die der Ohnmacht. Aber beider Werk entstammt einem lebenslänglichen Tagebuch, das sich weiterführt, indem es sich in Frage stellt.

Es muß anmaßend erscheinen, nach zwei solchen Figuren, die die Probe der Zeit unzerstört bestanden haben, noch von Eigenem zu sprechen. Aber man kann nur sein Eigenes geben. So will ich noch, um vollständig zu sein, die Themen nennen, die die Obsessionen meiner Tagebücher sind und den größten Raum in ihnen einnehmen. Neben vielem anderen, das ephemer und zerstreut bleibt, sind sie es, was darin bis zur Erschöpfung immer wieder abgewandelt wird.

Es ist der Fortschritt, der Rückschritt, Zweifel, Bangigkeit und Berauschtheit durch ein Werk, das sich über den längsten Teil meines Lebens hinzog und von dem ich schließlich die entscheidende Partie mit Überzeugung aus der Hand geben konnte. Es ist weiter das Rätsel der *Verwandlung* und der konzentrierteste Ausdruck, den sie in der Literatur hat, das Drama, was mich seit meinem zehnten Lebensjahr, als ich zuerst Shakespeare las, und seit dem siebzehnten, als ich Aristophanes und den griechischen Tragikern begegnete, nie mehr losließ; so führe ich Buch über alles Dramatische, was mir unterkommt, alle Dramen und Mythen, soweit sie's noch wirklich sind, aber auch über das, was sich heute so nennt, die schäbigen After-Mythen. Es sind weiter die Begegnungen mit Menschen aus Ländern, die ich gar nicht oder die ich ganz besonders gut kenne. Es sind die Geschichten und Schicksale von Freunden, die ich sehr lange aus dem Auge verloren habe und plötzlich wiederfinde. Es ist der Kampf um das Leben meiner nächsten Menschen, gegen Krankheiten, Operationen, Gefährdungen, die sich über Jahrzehnte hinzogen, gegen das Erlöschen ihres Lebenswillens. Es sind alle Züge von Geiz und Neid, die mich ärgern, ich verabscheue sie seit meiner Kindheit, aber auch die von Großmut, Güte und Stolz, die ich abgöttisch liebe. Es ist die Eifersucht, meine private Spielform der Macht, ein Thema, das Proust zwar erschöpft hat, das man trotzdem für sich selber wieder austragen muß. Es ist noch immer jede Art von Wahn: obschon ich ihn sehr früh zu gestalten versucht habe, hat er seine Faszination für mich keinen Augenblick verloren. Es ist die Frage des Glaubens, des Glaubens überhaupt und in jeder seiner Manifestationen, zu dem ich meiner Herkunft nach neige, dem ich mich aber nie verschreiben werde, so lange ich seine Natur nicht enträtselt habe. Schließlich, und am besessensten, ist es der Tod, den ich nicht anerkennen kann, obwohl ich nie von ihm absehe, den ich bis in seine letzten Schlupfwinkel aufstöbern muß, um seine Anziehung und seinen falschen Glanz zu zerstören.

Es ist, wie man sieht, ziemlich viel, obwohl ich nur das Vordringlichste genannt habe, und ich wüßte nicht, wie ich damit leben könnte, ohne mir immer wieder Rechenschaft darüber abzulegen. Denn was man für gültig hält und endlich in Werken vor sich hat, die der Menschen, die sie lesen werden, nicht zu unwürdig sind, ist ein winziger Bruchteil dessen, was sich täglich abspielt. Da es Tag für Tag weitergeht und nicht aufhören soll, werde ich nie zu denen gehören, die sich der Unzulänglichkeiten eines Tagebuches schämen.

1965

Realismus und neue Wirklichkeit

Der Realismus, im engeren Sinne, war eine Methode, die Wirklichkeit für den Roman zu gewinnen. Die *volle* Wirklichkeit, es war wichtig, von dieser Wirklichkeit nichts – weder ästhetischen noch bürgerlich-moralischen Konventionen zuliebe – auszuschließen. Es war die Wirklichkeit, wie sie einige unvoreingenommene und offene Geister des 19. Jahrhunderts sahen. Sie sahen schon damals nicht alles, und das wurde ihnen denn auch von denen unter ihren Zeitgenossen, die sich auf andere, scheinbar abseitige Übungen kapriziert hatten, gehörig vorgehalten. Aber gesetzt den Fall, wir vermöchten heute mit Überzeugung zuzugeben, daß die wenigen wahrhaft Bedeutenden unter den Realisten ihr Ziel erreicht haben; daß es ihnen gelungen ist, ihre volle Wirklichkeit für den Roman zu gewinnen, daß ihre Zeit ohne Rest in ihre Werke aufgegangen ist, – was würde das für uns bedeuten? Könnten die unter uns, denen es ums selbe Ziel, aber als Menschen unserer Zeit zu tun ist, die sich als moderne Realisten betrachten, sich derselben Methoden bedienen?

Man fühlt, was die Antwort darauf sein wird, aber bevor man sie gibt, will man bedenken, was aus der Wirklichkeit von damals geworden ist. Sie hat sich in so ungeheuerlichem Ausmaß verändert, daß schon eine erste Ahnung davon uns mit einer Ratlosigkeit ohnegleichen erfüllt. Ein Versuch, dieser Ratlosigkeit Herr zu werden, wird, glaube ich, dazu führen, drei wesentliche Aspekte dieser Veränderung zu unterscheiden. Es gibt eine *zunehmende* und es gibt eine *genauere* Wirklichkeit; es gibt als Drittes die Wirklichkeit des *Kommenden*.

Es ist leicht einzusehen, was mit dem ersten dieser Aspekte, der *zunehmenden* Wirklichkeit gemeint ist: Es ist sehr viel mehr da, nicht nur der Zahl nach, mehr Menschen und Dinge, es ist auch qualitativ unendlich viel mehr da. Das Alte, das Neue und das Andere fließen von überall ein. Das Alte: immer mehr vergangene Kulturen werden ausgegraben, Geschichte und Vorgeschichte greifen weiter und weiter zurück. Eine frühe Kunst von rätselhafter Vollendung hat uns für immer den Hochmut über unsere genommen. Die Erde bevölkert sich wieder mit ihren ältesten Toten. Aus ihren Knochen, Geräten, Felsbildern sind sie uns auferstanden und leben in unserer Vorstellung wie für die Menschen des vergangenen

Jahrhunderts Karthager und Ägypter. – Das Neue: nun, viele von uns wurden geboren, bevor man flog, und sind jetzt ganz selbstverständlich nach Wien geflogen. Von den Jüngeren unter uns wird der eine oder der andere noch als Tourist auf den Mond geschossen werden und sich vielleicht schon schämen, nach seiner Rückkehr eine Schilderung über etwas so Banales zu publizieren – so wie ich mich jetzt schäme, andere ›Neuigkeiten‹ aufzuzählen. In meiner Kindheit traten sie noch als gezählte, einzelne Wunder auf, mein erstes elektrisches Licht, mein erstes Telephongespräch, heute umschwärmen uns die Neuigkeiten zu Zehntausenden wie Moskitos.

Außer dem Alten und dem Neuen erwähnte ich noch das Andere, das von überall einfließt, die leicht erreichbaren fremden Städte, Länder, Kontinente, die zweite Sprache, die eigentlich jeder neben seiner eigenen erlernt, und viele erlernen schon eine dritte und vierte. Die präzise Erforschung fremder Kulturen, Ausstellungen ihrer Künste, Übersetzungen ihrer Literaturen. Die Erforschung der noch lebenden Naturvölker: ihre materielle Lebensweise, die Ordnung ihrer Gesellschaft, ihre Glaubensformen und Riten, ihre Mythen. Was es da an vollständigem Anderen gibt, die aufregend reichhaltigen Funde der Ethnologen, ist unermeßlich, und es läßt sich keineswegs – wie man früher allgemein annahm, wie manche heute noch gerne annehmen möchten – über einige wenige Leisten schlagen. Mir persönlich bedeutet *diese* Zunahme der Wirklichkeit am meisten, weil ihre Aneignung mehr Mühe erfordert als die des banal Neuen, das jedem evident ist, aber vielleicht auch, weil sie unseren Hochmut, der sich mit wahllos Neuem aufbläst, sehr gesund reduziert. Man erkennt nämlich, unter anderem, daß alles in Mythen vorerfunden worden ist, es sind uralte Vorstellungen und Wünsche, die wir heute flink realisieren. Was aber unsere Erfindungskraft für neue Wünsche und Mythen betrifft, so ist es jämmerlich um uns bestellt. Wir klappern die alten ab wie lärmende Gebetsmühlen und wissen oft nicht einmal, was deren mechanische Gebete bedeuten. Es ist eine Erfahrung, die uns als Dichtern, die wir vor allem zur Erfindung von Neuem bestellt sind, besonders zu denken geben sollte. – Schließlich will ich auch nicht unerwähnt lassen, daß das Andere, von dem wir jetzt erst ernsthaft erfahren, sich nicht nur auf Menschen bezieht. Das Leben, wie es Tiere immer geführt haben, gewinnt für uns einen anderen Sinn. Die zunehmende Kenntnis ihrer Riten und Spiele etwa beweist, daß sie, die noch vor dreihundert Jahren von uns offiziell zu Maschinen erklärt wurden, etwas wie eine Gesittung haben, die sich mit unserer vergleichen läßt.

Die Erweiterung dieses Zeitalters, seine zunehmende Wirklichkeit, in einer Beschleunigung, für die kein Ziel abzusehen ist, ist auch seine Verwirrung.

Der zweite Aspekt, der der *genaueren* Wirklichkeit, schließt hier unmittelbar an. Die Wurzel zu dieser Genauigkeit liegt offen zutage, es ist die Wissenschaft, eigentlich die Naturwissenschaft. Schon die realistischen Romanciers des 19. Jahrhunderts haben sich für ihre größeren Unternehmungen auf die Wissenschaft berufen: Balzac will die menschliche Gesellschaft so genau untersuchen und klassifizieren wie der Zoologe das Tierreich. Sein Ehrgeiz war es, ein Buffon der Gesellschaft zu sein. Zola, in seinem Manifest über den Experimentellen Roman, lehnt sich eng an den Physiologen Claude Bernard an und zitiert seitenlang aus dessen ›Introduction à l'étude de la médecine expérimentale‹. Die systematische Wissenschaft, etwa die der Zoologie, die es Balzac angetan hatte, genügt Zola nicht mehr; er ist davon überzeugt, daß der Romancier sich die experimentelle Wissenschaft zum Vorbild nehmen muß, und glaubt allen Ernstes, daß er in seinem Werk die Methoden des Physiologen Bernard anwendet. Die Naivität dieser Ideologie liegt auf der Hand, man braucht heute kein Wort darüber zu verlieren. (Es wäre übrigens gefährlich, von ihr auf Wert oder Unwert der Werke, die ihr verfallen sind, zu schließen.) Festhalten muß man aber, daß die Berufung auf wissenschaftliche Methoden oder Theorien immer weiter geht, sie ist seither eigentlich nie abgerissen. Man kann noch von Glück sagen, daß es so viele und so verschiedene wissenschaftliche Disziplinen und Richtungen gibt. Der Einfluß von William James hat Joyce so wenig geschadet wie der von Bergson, Proust, und Musil ist es wohl auch mit Hilfe der Gestaltpsychologie gelungen, sich vor der Psychoanalyse zu schützen, die sein Werk getötet hätte. Die Genauigkeit spiegelt sich ebenso im Hang nach Vollständigkeit, der Joyce kennzeichnet: ein einziger Tag, aber dieser Tag ganz, in jeder Regung derer, die ihn erleben; kein Augenblick verloren oder ausgelassen, das Buch wird mit dem Tag identisch.

Aber was ich hier betonen will, ist der Einfluß wissenschaftlicher Genauigkeit, wissenschaftlicher Methoden auf die Wirklichkeit überhaupt. Es sind auch die technischen Prozesse als solche, die zur Genauigkeit der Wirklichkeit beitragen, die Zahl der Laboratorien, in denen immer mehr Menschen tätig sind. Viele Verrichtungen, die zur Routine des Tages gehören, können nur durch Anwendung wacher Präzision gelingen. Der Sektor der ›ungefähren‹ Tätigkeiten und Kenntnisse nimmt rapid ab. Es wird mit immer kleineren Einheiten gemessen und gewogen. Ein wachsender Teil der Denkarbeit wird uns von Apparaten abgenommen, die verläßlicher sind als wir. Die Kontrolle, die über alles und jedes ausgeübt wird, lebt aus ihrer Exaktheit. Das Interesse für Maschinen erfaßt praktisch jeden jungen Menschen. Von der Präzision der Apparaturen, die der Zerstörung dienen, hängt es ab, ob sie ihr Ziel und nicht vorzeitig ihren Ursprungsort vernichten. Selbst der eigene und ziemlich alte Lebensbereich der Bürokratie ändert sich in derselben Richtung. Es ist anzunehmen, daß bald überall auch Beamte mit Hilfe von Apparaten genau und sofort verstehen, genau und sofort reagieren werden. Mit der Zunahme der Spezialisierung geht die Zunahme der Genauigkeit Hand in Hand. Die Wirklichkeit ist abgeteilt, unterteilt, bis in ihre kleinsten Einheiten von vielen Richtungen her erfaßbar.

Als dritten Aspekt der Wirklichkeit nannte ich die *Wirklichkeit des Kommenden*. Das Kommende ist anders da als je zuvor, es nähert sich rascher und es wird bewußt herbeigeführt. Seine Gefahren sind unser eigenstes Werk; aber ebenso auch seine Hoffnungen. Die Wirklichkeit des Kommenden hat sich gespalten: auf der einen Seite die Vernichtung, auf der anderen das gute Leben. Beide sind gleichzeitig aktiv, in der Welt, in uns. Diese Spaltung, dieses doppelte Kommende, ist absolut, und es gibt niemand, der von ihr absehen könnte. Jeder sieht eine dunkle und eine helle Gestalt zugleich, die sich ihm mit beklemmender Geschwindigkeit nähern. Man mag sich die eine weghalten, um nur die andere zu sehen, es sind doch beide immer unablässig da.

Es gibt genug Grund, sich die eine, dunkle, manchmal aus dem Auge zu halten. Überall auf der Erde, in mannigfaltigster Form, sind Utopien daran, verwirklicht zu werden. Die Zeit der Verhöhnung und Verächtlichmachung der Utopie ist vorüber. Es gibt keine Utopie, die sich nicht realisieren ließe. Wir haben Mittel und Wege erworben, alles wahrzumachen, absolut alles. Die Kühnheit des utopischen Willens ist derart angewachsen, daß wir das Wort dafür in seiner alten, etwas geringschätzigen Färbung nicht mehr recht anerkennen und vermeiden. Die Utopien werden in Segmente zerschnitten und als Pläne, die sich über eine beschränkte Anzahl Jahre erstrecken, in Angriff genommen. Wie immer das politische Credo eines Staates beschaffen sei, kein Staat, der etwas auf sich hält, der sich ernst nimmt, operiert mehr ohne Pläne.

Die Stoßkraft dieser Utopien ist enorm, aber es ist nicht anders möglich, als daß sie zuweilen im Vorhandenen versanden. Das bedeutet nicht, daß sie, nach einer Atempause, sich nicht wieder auf sich selbst besinnen. Die Konfrontation einer Utopie, mitten im Zustand ihrer Realisierung, mit der ungeheuren Summe überkommener Wirklichkeit spielt sich im Einzelnen ab, der sich im Bereiche dieses Unternehmens befindet. Sein Optimismus mag an der Größe der utopischen Forderung erlahmen. Die Qual dieser Ermüdung mag für den, der es alles ernst genommen hat, sehr groß und drückend werden. Es kann für ihn notwendig werden, gegen die Überforderung mit Spott und Hohn auszuschlagen.

Man vergesse aber nicht, daß es Utopien sehr verschiedenen Charakters gibt, und daß sie alle zugleich aktiv sind. Soziale, wissenschaftlich-technische, nationale Utopien verstärken sich einander und reiben einander wund. Sie schützen den Fortgang ihrer Realisierung durch Ausbildung von Waffen, die der Abschreckung dienen. Man weiß, welchen Charakter diese Waffen haben. Ihre faktische Anwendung würde sich mit nicht geringerer Gewalt gegen den richten, der sie anwendet. Diese dunkle Seite des Kommenden, die wahr werden kann, empfindet jeder. Der Bestand solcher Waffen führt zum erstenmal in der Geschichte der Menschheit zu einem Konsensus über die Notwendigkeit des Friedens. Aber solange aus diesem Konsensus nicht ein Plan geworden ist, der allen Gefahren gewachsen, für alle durchgeführt ist, bleibt die dunkle Seite des Kommenden ein entscheidender Teil der Wirklichkeit, ihre drückend nahe, unablässige Drohung.

Es ist besonders dieser Doppelaspekt des Kommenden, aktiv gewünscht und aktiv gefürchtet, was die Wirklichkeit unseres Jahrhunderts von der des vergangenen unterscheidet. Das Zunehmende und das Genauere an ihr hatten sich bereits abzuzeichnen begonnen, und sie sind nur in ihrer Rapidität und ihrem Ausmaß verschieden. Der Aspekt des Kommenden ist ein von Grund auf anderer, und man kann ohne Übertreibung sagen, daß wir in einer Weltperiode leben, die mit der unserer Großväter das Wichtigste nicht mehr gemein hat: Sie hat keine unzerspaltene Zukunft.

Man darf erwarten, daß einer oder mehrere Aspekte unserer Wirklichkeit, wie ich sie kurz geschildert habe, sich im Roman unserer Tage abzeichnen, sonst könnte man ihn schwerlich realistisch nennen. Es bleibt nun unserem Gespräch vorbehalten, zu bestimmen, wie weit das geschehen ist, oder wie es noch geschehen könnte.

1965

Der andere Prozeß
Kafkas Briefe an Felice

I.

Nun sind sie also publiziert, diese Briefe einer fünfjährigen Qual, in einem Band von 750 Seiten, der Name der Verlobten, während vieler Jahre diskret als F. mit einem Punkt bezeichnet, ähnlich wie K., so daß man lange nicht einmal wußte, wie dieser Name lautete und oft darüber grübelte, und unter allen Namen, die man erwog, nie auf den richtigen kam, es wäre ganz unmöglich gewesen, auf ihn zu kommen –, dieser Name steht in großen Lettern auf dem Buch. Die Frau, an die diese Briefe gerichtet waren, ist seit acht Jahren tot. Fünf Jahre vor ihrem Tod hat sie sie an Kafkas Verleger verkauft, und wie immer man darüber denkt, Kafkas »liebste Geschäftsfrau« hat ihre Tüchtigkeit, die ihm viel bedeutete und die ihm sogar Zärtlichkeit entlockte, noch zum Schluß bewiesen.

Es ist wahr, daß er schon 43 Jahre tot war, als diese Briefe erschienen, und doch war die erste Regung, die man verspürte – man war sie der Ehrfurcht für ihn und sein Unglück schuldig –, eine der Peinlichkeit und Beschämung. Ich kenne Menschen, deren Beschämung beim Lesen der Briefe wuchs, die das Gefühl nicht los wurden, daß sie gerade hier nicht eindringen dürften.

Ich achte sie dafür sehr, aber ich gehöre nicht zu ihnen. Ich habe diese Briefe mit einer Ergriffenheit gelesen, wie ich sie seit Jahren bei keinem literarischen Werk erlebt habe. Die Briefe gehören nun in die Reihe jener unverwechselbaren Memoiren, Autobiographien, Korrespondenzen, von denen Kafka selbst sich nährte. Er, dessen oberste Eigenschaft Ehrfurcht war, hat sich nicht gescheut, die Briefe von Kleist, von Flaubert, von Hebbel immer wieder zu lesen. In einem der bedrängtesten Augenblicke seines Lebens hielt er sich daran, daß Grillparzer nichts mehr empfand, als er die Kathi Fröhlich auf den Schoß nahm. Für das Entsetzen des Lebens, dessen sich die meisten zum Glück nur manchmal, einige wenige aber, von inneren Mächten als Zeugen eingesetzt, immer bewußt sind, gibt es nur einen Trost: seine Einbeziehung in das Entsetzen vorangegangener Zeugen. So muß man Felice Bauer wirklich dankbar dafür sein, daß sie die Briefe Kafkas an sie bewahrt und gerettet hat, auch wenn sie es über sich gebracht hat, sie zu verkaufen.

Von einem Dokument hier zu sprechen, wäre zu wenig, es sei denn, man gebrauchte dasselbe Wort für die Zeugnisse des Daseins von Pascal, Kierkegaard und Dostojewski. Ich für mich kann nur sagen, daß diese Briefe in mich eingegangen sind wie ein eigentliches Leben, und sie sind mir nun so rätselhaft und so vertraut, als gehörten sie mir seit jeher schon an, seit ich versucht habe, Menschen ganz in mich aufzunehmen, um sie immer wieder von neuem zu begreifen. –

In der Wohnung der Familie Brod lernte Kafka am späten Abend des 13. August 1912 Felice Bauer kennen. Es gibt, aus dieser Zeit, mehrere Äußerungen von ihm über diese Begegnung. Die erste Erwähnung findet sich in einem Brief an Max Brod vom 14. August. Es ist die Rede vom Manuskript der ›Betrachtung‹, das er am Abend vorher zu Brod mitgebracht hatte, um es mit ihm zusammen endgültig zu ordnen.

»Ich stand gestern beim Ordnen der Stückchen unter dem Einfluß des Fräuleins, es ist leicht möglich, daß irgendeine Dummheit, eine vielleicht nur im Geheimen komische Aufeinanderfolge dadurch entstanden ist.« Er bittet Brod, nach dem Rechten zu sehen, und dankt ihm dafür. Tags darauf, am 15. August, findet sich folgender Satz im Tagebuch: »Viel an ... was für eine Verlegenheit vor dem Aufschreiben von Namen ... F. B. gedacht.«

Dann, am 20. August, eine Woche nach der Begegnung, sucht er zu einer objektiven Schilderung des ersten Eindrucks zu gelangen. Er beschreibt ihr Aussehen und spürt, daß er sich ihr ein wenig entfremdet, indem er ihr, eben in dieser Schilderung, »zu nahe an den Leib rückt«. Er habe es natürlich gefunden, daß sie, eine Fremde, in diesem Kreis dasaß. Er habe sich sofort mit ihr abgefunden. »Während ich mich setzte, sah ich sie zum erstenmal genauer an, als ich saß, hatte ich schon ein unerschütterliches Urteil.« Mitten im nächsten Satz bricht die Eintragung ab. Alles Wichtigere wäre noch gekommen, und wie viel noch gekommen wäre, wird erst später ersichtlich werden.

Er schreibt ihr zum erstenmal am 20. September und bringt sich – es sind immerhin fünf Wochen seit der Begegnung vergangen – als der Mensch in Erinnerung, der ihr bei Brods über den Tisch hin eine Photographie nach der anderen reichte und der »schließlich in dieser Hand, mit der er jetzt die Tasten schlägt, Ihre Hand hielt, mit der Sie das Versprechen bekräftigten, im nächsten Jahr eine Palästinareise mit ihm machen zu wollen«.

Die Raschheit dieses Versprechens, die Sicherheit, mit der sie es gab, ist das, was ihm zuerst den größten Eindruck gemacht hat. Er empfindet diesen Handschlag wie ein Gelöbnis, das Wort Verlobung birgt sich nah dahinter, und ihn, der so langsam von Entschluß ist, dem jedes Ziel, auf das er zugehen möchte, sich durch tausend Zweifel entfernt statt sich zu nähern, muß Raschheit faszinieren. Das Ziel des Versprechens aber ist Palästina, und schwerlich möchte es zu diesem Zeitpunkt seines Lebens ein verheißungsvolleres Wort für ihn geben, es ist das gelobte Land.

Noch inhaltsvoller wird die Situation, wenn man bedenkt, um was für Bilder es sich handelt, die er ihr über den Tisch reicht. Es sind die Photographien von einer ›Thaliareise‹. In den ersten Tagen des Juli, noch vor fünf, sechs Wochen, war er mit Brod zusammen in Weimar gewesen, wo sich im Goethehaus sehr merkwürdige Ereignisse für ihn abgespielt hatten. Die Tochter des Hauswarts war ihm aufgefallen, im Goethehaus selbst, ein schönes Mädchen. Es war ihm gelungen, sich ihr zu nähern; er hatte ihre Familie kennengelernt, sie im Garten und vor dem Haus photographiert, durfte zurückkommen und ging so – nicht nur zu den üblichen Besuchszeiten – im Goethehaus ein und aus. Er traf sie durch Zufall auch öfters in den Gassen der kleinen Stadt, beobachtete sie bekümmert mit jungen Männern, hatte eine Verabredung mit ihr, zu der sie nicht kam, und begriff bald, daß sie sich mehr für Studenten interessierte. Das Ganze spielte sich in wenigen Tagen ab, die Bewegung der Reise, auf der alles sich rascher ereignet, kam der Begegnung zugute. Gleich danach begab sich Kafka allein ohne Brod noch auf einige Wochen in die Naturheilanstalt Jungborn im Harz. Aus diesen Wochen gibt es wunderbar reiche Aufzeichnungen von ihm, frei von ›Thalia‹-Interessen und Pietät für die Stätten großer Dichter. Aber auf die Postkarten, die er dem schönen Mädchen nach Weimar schickte, bekam er freundliche Antworten. Die eine schreibt er vollständig in einem Brief an Brod ab und knüpft daran folgende, für seine Gemütsart hoffnungsvolle Bemerkung: »Denn wenn ich ihr nicht unangenehm bin, so bin ich ihr doch gleichgültig wie ein Topf. Aber warum schreibt sie dann so, wie ich es wünsche? Wenn es wahr wäre, daß man Mädchen mit der Schrift binden kann?«

So hat ihm diese Begegnung im Goethehaus Mut gemacht. Die Bilder von der Reise sind es, die er Felice an diesem ersten Abend über den Tisch reicht. Die Erinnerung an jenen Versuch einer Anknüpfung, an seine Aktivität damals, die immerhin bis zu den Photos geführt hatte, die er nun vorzeigen konnte, überträgt sich auf das Mädchen, das ihm jetzt gegenübersaß, auf Felice.

Es ist auch zu sagen, daß Kafka auf dieser Reise, die in Leipzig begann, mit Rowohlt bekannt gemacht wurde, der sich entschlossen hatte, sein erstes Buch zu verlegen. Die Zusammenstellung kurzer Stücke aus seinen Tagebüchern für die ›Betrachtung‹ machte Kafka viel zu schaffen. Er zögerte, die Stücke schienen ihm nicht gut genug, Brod drängte und ließ nicht locker, endlich war es so weit, und am Abend des 13. August brachte Kafka die endgültige Auswahl mit und wollte, wie schon bemerkt wurde, mit Brod ihre Anordnung besprechen.

So war er an diesem Abend mit allem ausgestattet, was ihm Mut machen konnte: das Manuskript seines ersten Buches; die Bilder der ›Thalia‹-Reise, worunter sich die Bilder jenes Mädchens befanden, das ihm höflich geantwortet hatte; und in der Tasche hatte er eine Nummer der Zeitschrift ›Palästina‹.

Die Begegnung fand bei einer Familie statt, bei der er sich wohlfühlte. Er suchte, wie er erzählt, die Abende bei Brods zu verlängern und mußte von ihnen, die an Schlaf dachten, auf freundliche Weise vertrieben werden. Es war die Familie, zu der es ihn von seiner hinzog. Literatur war hier nicht verpönt. Man war stolz auf den jungen Dichter des Hauses, Max, der sich schon einen Namen gemacht hatte, und seine Freunde nahm man ernst.

Es ist eine Zeit vielfältigen und genauen Verzeichnens für Kafka. Die Tagebücher aus Jungborn, die schönsten seiner Reisetagebücher – es sind auch die, die am unmittelbarsten mit seinem eigentlichen Werk, in diesem Fall mit ›Amerika‹, zusammenhängen –, legen Zeugnis davon ab.

Wie reich seine Erinnerung für konkretes Detail war, beweist der erstaunliche 6. Brief an Felice vom 27. Oktober, in dem er die Begegnung mit ihr auf das Genaueste schildert. Seit jenem Abend des 13. August waren 75 Tage vergangen. Von den Details dieses Abends, die er im Gedächtnis trägt, haben nicht alle gleiches Gewicht. Manches verzeichnet er, man möchte sagen mutwillig, um ihr zu zeigen, daß er alles an ihr bemerkt hat, daß nichts ihm entging. Er beweist sich damit als Dichter im Flaubertschen Sinn, für den nichts trivial ist, wenn es nur stimmt. Mit einem leichten Anflug von Stolz bringt er es alles vor, eine doppelte Huldigung, an sie, weil sie es wert war, auf der Stelle in jeder Einzelheit aufgefaßt zu werden, aber ein wenig auch an sich, für sein allsehendes Auge.

Anderes hingegen vermerkt er, weil es ihm etwas bedeutet, weil es wichtigen Neigungen seiner eigenen Natur entspricht, oder weil es für bei ihm Fehlendes einspringt, oder weil es sein Staunen erregt und ihn mit Hilfe von Bewunderung ihr physisch nahebringt. Nur von diesen Zügen soll hier die Rede sein, denn sie sind es, die ihr Bild für sieben Monate in ihm bestimmen, es dauert so lange, bis er sie wiedersieht, und in diesen sieben Monaten spielt sich etwa die Hälfte der sehr umfangreichen Korrespondenz zwischen ihnen ab.

Sie nahm das Anschauen der Bilder, eben jener ›Thalia‹-Photographien sehr ernst und sah nur auf, wenn eine Erklärung gegeben wurde oder er ein neues Bild reichte, ließ das Essen wegen der Bilder, und als Max irgendeine Bemerkung über das Essen machte, sagte sie, nichts sei ihr abscheulicher als Menschen, die immerfort essen. (Von Kafkas Enthaltsamkeit in Dingen des Essens wird noch die Rede sein.) Sie erzählte, daß sie als kleines Mädchen von Brüdern und Vettern viel geschlagen worden sei und dagegen recht wehrlos gewesen wäre. Sie fuhr mit der Hand ihren linken Arm hinunter, der damals in jenen Zeiten voll blauer Flecken gewesen sein soll. Sie sah aber gar nicht wehleidig aus, und er konnte nicht einsehen, wie es jemand hatte wagen können, sie zu schlagen, wenn sie auch damals nur ein kleines Mädchen war. – Er denkt an seine eigene Schwäche als Kind, aber sie war nicht wie er wehleidig geblieben. Er betrachtet ihren Arm und bewundert ihre Kräftigkeit jetzt, der man nichts von der früheren Kindheitsschwäche anmerken konnte.

Sie bemerkte nebenbei, während sie etwas ansah oder las, daß sie Hebräisch gelernt habe. Er staunte das an, aber es war ihm nicht recht, daß es so übertrieben nebenbei erwähnt wurde, und so freute er sich auch im geheimen, als sie später Tel Aviv nicht übersetzen konnte. Aber es hatte sich nun herausgestellt, daß sie Zionistin war, und das war ihm sehr recht.

Sie sagte, daß Abschreiben von Manuskripten ihr Vergnügen mache, und bat Max, ihr Manuskripte zu schicken. Darüber staunte er, Kafka, so sehr, daß er auf den Tisch schlug.

Sie war auf dem Weg zu einer Hochzeit in Budapest, Frau Brod erwähnte ein schönes Batistkleid, das sie in ihrem Hotelzimmer gesehen hatte. Die Gesellschaft übersiedelte dann vom Eßzimmer ins Klavierzimmer. »Als Sie aufstanden, zeigte sich, daß Sie Pantoffeln der Frau Brod anhatten, denn Ihre Stiefel mußten austrocknen. Es war den Tag über ein schreckliches Wetter gewesen. Diese Pantoffeln beirrten Sie wohl ein wenig und Sie sagten mir am Ende des Weges durch das dunkle Mittelzimmer, daß Sie an Pantoffeln mit Absätzen gewöhnt seien. Solche Pantoffeln waren mir eine Neuigkeit.« – Die Pantoffeln der älteren Frau genierten sie, ihre Erklärung über die Art ihrer eigenen, am Ende des Weges durch das dunkle Mittelzimmer, brachte sie ihm körperlich noch näher als zuvor die Betrachtung ihres Armes, der jetzt keine blauen Flecken mehr hatte.

Später, beim allgemeinen Aufbruch, kam noch etwas anderes hinzu: »Über die Schnelligkeit, mit der Sie zum Schluß aus dem Zimmer huschten und in Stiefeln wiederkamen, konnte ich mich gar nicht fassen.« – Hier ist es die Raschheit ihrer Verwandlung, die ihn beeindruckt. Seine Art der Verwandlung hat einen entgegengesetzten Charakter. Sie ist bei ihm beinahe immer ein besonders langsamer Prozeß, den er Zug um Zug wahr machen muß, bevor er ihm glaubt. Er baut sich Verwandlungen komplett und genau wie ein Haus. Sie aber stand plötzlich als Stiefelfrau vor ihm und war eben noch in Pantoffeln aus dem Zimmer gehuscht.

Zuvor hat er, wenn auch kurz, erwähnt, daß er eine Nummer von ›Palästina‹ zufällig mithatte. Die Reise nach Palästina wurde besprochen, und sie reichte ihm dabei die Hand »oder besser ich lockte sie, kraft einer Eingebung, heraus«. – Brods Vater und er begleiteten sie dann in ihr Hotel. Auf der Straße verfiel er in einen seiner »Dämmerzustände« und benahm sich ungeschickt. Er erfuhr noch, daß sie ihren Schirm im Zug vergessen hatte, eine Kleinigkeit, die ihr Bild für ihn bereicherte. Am nächsten Morgen sollte sie schon früh verreisen. »Daß Sie noch nicht gepackt hatten und gar noch im Bett lesen wollten, machte mich unruhig. Nachts vorher hatten Sie bis 4 Uhr früh gelesen.« – Trotz seiner Besorgtheit wegen ihrer frühen Abreise mußte dieser Zug sie ihm vertrauter machen, er selbst schrieb nachts.

Im Ganzen bekommt man von Felice das Bild einer *bestimmten* Person, die sich rasch und offen zu den verschiedensten Menschen stellt und sich ohne Stockungen über alles Mögliche äußert.

Die Korrespondenz zwischen ihnen, die sich nun gleich bei ihm und bald auch bei ihr zu täglichen Briefen verdichten sollte – es ist zu sagen, daß nur seine Briefe erhalten sind –, zeichnete sich durch ganz erstaunliche Züge aus. Das Auffallendste daran für einen unbefangenen Leser sind Klagen über körperliche Zustände. Sie beginnen schon im 2. Brief, hier noch ein wenig verschleiert: »Was für Launen halten mich, Fräulein! Ein Regen von Nervositäten geht ununterbrochen auf mich herunter. Was ich jetzt will, will ich nächstens nicht. Wenn ich auf der Stiege oben bin, weiß ich noch immer nicht, in welchem Zustand ich sein werde, wenn ich in die Wohnung trete. Ich muß Unsicherheiten in mir aufhäufen, ehe sie eine kleine Sicherheit oder ein Brief werden... Mein Gedächtnis ist ja sehr schlecht... Meine Lauheit... Einmal... stand ich sogar aus dem Bett auf, um das, was ich für Sie überlegt hatte, aufzuschreiben. Aber ich stieg doch gleich wieder zurück ins Bett, weil ich mir – das ist ein zweites meiner Leiden – die Narrheit meiner Unruhe vorwarf...«

Man sieht, was er hier zuerst schildert, ist seine Unentschlossenheit, und mit ihrer Schilderung beginnt seine Werbung. Aber schon wird es alles in Zusammenhang gebracht mit physischen Zuständen.

Den 5. Brief beginnt er gleich mit seiner Schlaflosigkeit und endet mit den Störungen im Bureau, von wo er schreibt. Von nun an gibt es buchstäblich kaum einen Brief ohne Klagen. Sie werden im Anfang aufgewogen durch das Interesse für Felice. Er stellt hundert Fragen, er will alles über sie wissen, er will sich genau vorstellen können, wie es in ihrem Bureau zugeht, wie zuhause. Aber das klingt viel zu allgemein, seine Fragen sind konkreter. Sie soll schreiben: wann sie ins Bureau kommt, was sie gefrühstückt hat, wohin die Aussicht aus ihrem Bureaufenster geht, was das dort für eine Arbeit ist, wie ihre Freunde und Freundinnen heißen, wer ihrer Gesundheit mit Konfektgeschenken schaden will –, das ist nur die allererste Liste von Fragen, der später unzählige weitere folgen. Er wünscht sich, daß es bei ihr gesund und sicher zugeht. Die Räume, in denen sie sich bewegt, will er so gut kennen wie ihre Zeiteinteilung. Er läßt ihr keinen Widerspruch durchgehen und verlangt auf der Stelle Aufklärung. Die Genauigkeit, die er von ihr fordert, entspricht der, mit der er seine eigenen Zustände schildert.

Über diese wird noch manches zu sagen sein; ohne einen Versuch, sie zu begreifen, bleibt alles unbegreiflich. Aber hier soll nur festgehalten werden, was als die tiefere Absicht der ersten Periode dieser Korrespondenz offenkundig wird: es soll eine Verbindung, ein Kanal hergestellt werden zwischen ihrer Tüchtigkeit und Gesundheit und seiner Unentschlossenheit und Schwäche. Über diese Entfernung hin, zwischen Prag und Berlin, will er sich an ihre Festigkeit klammern. Das schwache Wort, das er an sie richten darf, kommt in zehnfacher Kraft von ihr zurück. Er schreibt ihr zwei- oder dreimal täglich. Er führt – sehr im Widerspruch zu den Beteuerungen seiner Schwäche – einen zähen, ja unerbittlichen Kampf um ihre Antworten. Sie ist – in dieser einen Hinsicht – launenhafter als er, sie steht nicht unter demselben Zwang. Aber es gelingt ihm, ihr seinen eigenen Zwang aufzuerlegen, es dauert gar nicht lange, und auch sie schreibt ihm einmal, oft sogar zweimal täglich.

Denn der Kampf, den er um diese Kraft führt, die ihre regelmäßigen Briefe ihm geben, hat einen Sinn, es ist keine eitle Korrespondenz, kein Selbstzweck, keine bloße Genugtuung, sie dient seinem *Schreiben*. Zwei Nächte nach seinem ersten Brief an sie schreibt er das »*Urteil*« nieder, in einem Zug, einer Nacht, in zehn Stunden. Man möchte sagen, daß mit diesem Stück sein Selbstgefühl als Dichter etabliert ist. Er liest es seinen Freunden vor, die Zweifellosigkeit des Stückes erweist sich, er ist nie wieder davon abgerückt, wie von so vielem anderen. In der Woche darauf entsteht der ›*Heizer*‹ und im Fortgang zweier Monate weitere fünf Kapitel von ›*Amerika*‹, im ganzen also sechs. Während einer Unterbrechung des Romans von vierzehn Tagen schreibt er die ›*Verwandlung*‹.

Es ist also, nicht nur von unserem späteren Standpunkt aus gesehen, eine großartige Periode; es gibt nur wenig Zeiten in seinem Leben, die sich mit dieser vergleichen lassen. Darf man nach den Ergebnissen urteilen, und wonach sonst soll man das Leben eines Dichters beurteilen, so war Kafkas Verhalten in den ersten drei Monaten der Korrespondenz mit Felice für ihn genau das richtige. Er hat gefühlt, was er brauchte: eine Sicherheit in der Ferne, eine Kraftquelle, die seine Empfindlichkeit nicht durch zu nahe Berührung in Verwirrung brachte, eine Frau, die für ihn da war, ohne mehr von ihm zu erwarten als seine Worte, eine Art Transformator, dessen allfällige technische Fehler er so weit kannte und beherrschte, daß er sie durch Briefe auf der Stelle beheben konnte. Die Frau, die ihm dazu diente, durfte den Einwirkungen seiner Familie, unter deren Nähe er sehr litt, nicht ausgesetzt sein, er mußte sie von ihr fernhalten. Sie sollte alles ernst nehmen, was er über sich zu sagen hatte. Er, der mündlich verschlossen war, sollte sich schriftlich vor ihr ausbreiten können; rücksichtslos über alles klagen; nichts zurückhalten müssen, was ihn beim Schreiben verstört hätte; die Wichtigkeit, den Fortgang, die Zögerungen dieses Schreibens in jeder Einzelheit berichten. Sein Tagebuch in dieser Zeit setzt aus, die Briefe an Felice sind sein erweitertes Tagebuch, es hat den Vorteil, daß er es wirklich täglich führt, daß er sich hier häufiger wiederholen und damit einem wesentlichen Bedürfnis seiner Natur nachgeben kann. Was er ihr schreibt, sind nicht einmalige Dinge, die nun für immer dastehen, er kann sich in späteren Briefen korrigieren, er kann bekräftigen oder zurücknehmen, und selbst Sprunghaftigkeit, die sich ein so bewußter Geist innerhalb der vereinzelten Eintragung eines Tagebuches nicht gern erlaubt, weil er sie als Unordnung empfindet, ist in der Abfolge eines Briefes sehr wohl möglich. Der größte Vorteil, wie schon angedeutet wurde, ist aber zweifellos die Möglichkeit von Wiederholungen bis zur ›Litanei‹. Wenn jemand sich über die Notwendigkeit und die Funktion von ›Litaneien‹ klar war, so war es Kafka. Es ist unter seinen sehr bestimmten Eigenschaften die, die am meisten zu den ›religiösen‹ Fehldeutungen seines Werks geführt hat.

Aber wenn die Einrichtung dieses Briefwechsels so wichtig war, daß sie während dreier Monate ihre Wirksamkeit bewies und zu Gebilden führen konnte, die so einzigartig sind wie etwa die ›Verwandlung‹ – wie kam es dann dazu, daß im Januar 1913 das Schreiben plötzlich stockte? Man darf sich hier mit allgemeinen Sätzen über produktive und unproduktive Zeiten bei einem Dichter nicht zufrieden geben. Alle Produktivität ist bedingt, und man muß sich die Mühe nehmen, die Störungen zu finden, durch die sie aussetzt.

Vielleicht sollte man nicht übersehen, daß die Briefe der ersten Periode an Felice, so wenig man sie als Liebesbriefe im üblichen Sinn des Wortes empfindet, doch etwas enthalten, was ganz besonders zur Liebe gehört: es ist ihm wichtig, daß Felice etwas von ihm *erwartet*. Bei jener ersten Begegnung, von der er so lange zehrte, auf die er alles baute, hatte er das Manuskript seines ersten Buches bei sich. Als Dichter, nicht nur als den Freund eines Dichters, von dem sie schon etwas gelesen hatte, hat sie ihn kennengelernt, und der Anspruch auf ihre Briefe ist darauf gegründet, daß sie ihn dafür hält. Die erste Erzählung, mit der er zufrieden ist, eben das ›Urteil‹, ist *ihre*, er verdankt sie ihr, sie ist ihr gewidmet. Er ist ihres Urteils in literarischen Dingen allerdings nicht sicher und sucht in seinen Briefen Einfluß darauf zu nehmen. Er verlangt eine Liste ihrer Bücher, die er nie bekommt.

Felice war eine einfache Natur, die Sätze aus ihren Briefen, die er zitiert, obwohl es nicht sehr viele sind, beweisen es hinlänglich. Der Dialog, wenn man ein so geeichtes Wort für etwas so Komplexes und Abgründiges anwenden dürfte, den er über sie mit sich selber führte, hätte vielleicht lange weitergehen können. Er wurde aber verwirrt durch ihre Bildungssucht, sie las andere Dichter und nannte sie in ihren Briefen. Er hatte noch das Wenigste von dem zu Tage gefördert, was er als ungeheure Welt in seinem Kopf fühlte, und wollte sie als Dichter ganz für sich.

Am 11. Dezember schickt er ihr sein erstes Buch: die ›Betrachtung‹, es ist eben erschienen. Er schreibt dazu: »Du, sei freundlich zu meinem armen Buch! Es sind ja eben jene paar Blätter, die Du mich an unserem Abend ordnen sahst... Ob Du wohl erkennst, wie sich die einzelnen Stückchen im Alter voneinander unterscheiden. Eines ist z. B. darunter, das ist gewiß 8–10 Jahre alt. Zeig das Ganze möglichst wenigen, damit sie Dir nicht die Lust an mir verderben.«

Am 13. erwähnt er wieder sein Buch: »Ich bin so glücklich, mein Buch, soviel ich daran auch auszusetzen habe... in Deiner lieben Hand zu wissen.«

Am 23. Dezember findet sich darüber folgender einsamer Satz: »Ach wenn das Frl. Lindner [eine Bureaukollegin der Felice] wüßte, wie schwer es ist, so wenig zu schreiben, als ich es tue!« Es bezieht sich auf den geringen Umfang der ›Betrachtung‹ und läßt sich nur als Antwort auf eine ausweichende Briefstelle von Felice deuten.

Das ist alles, bis zu seinem großen Eifersuchtsausbruch vom 28. Dezember, 17 Tage nachdem er das Buch an sie abgeschickt hat, die Briefe der Zwischenzeit – und man hat, wie gesagt, nur seine – nehmen 40 enggedruckte Seiten des Bandes ein und handeln von tausend Dingen. Es ist klar, daß Felice sich zur ›Betrachtung‹ ernsthaft überhaupt nicht geäußert hat. Sein Ausbruch aber richtet sich nun gegen Eulenberg, von dem sie begeistert ist:

»Auf alle Leute in Deinem Brief bin ich eifersüchtig, auf die genannten und ungenannten, auf Männer und Mädchen, auf Geschäftsleute und Schriftsteller (und natürlich ganz besonders auf diese) . . . Ich bin eifersüchtig wegen des Werfel, des Sophokles, der Ricarda Huch, der Lagerlöf, des Jacobsen. Kindisch freut sich meine Eifersucht dessen, daß Du Eulenberg Hermann statt Herbert nennst. Während Dir Franz zweifellos eingegraben ist. Dir gefallen die ›Schattenbilder‹? Du findest sie knapp und klar? Ich kenne in der Gänze nur ›Mozart‹, Eulenberg . . . hat es hier vorgelesen, aber das konnte ich kaum ertragen, eine Prosa voller Atemnot und Unreinlichkeit . . . Aber natürlich tue ich ihm in meiner gegenwärtigen Verfassung großes Unrecht, daran ist kein Zweifel. *Aber Du sollst die ›Schattenbilder‹ nicht lesen.* Nun sehe ich aber gar, daß Du ›ganz begeistert‹ von ihnen bist. (Hört also, Felice ist von ihnen begeistert und ganz und gar begeistert und ich wüte da gegen ihn mitten in der Nacht.) Aber in Deinem Brief kommen ja noch weitere Leute vor, mit allen, allen möchte ich zu raufen anfangen, nicht um ihnen etwas Böses zu tun, sondern um sie von Dir wegzustoßen, um Dich von ihnen freizubekommen, um nur Briefe zu lesen, in denen bloß von Dir, Deiner Familie . . . und natürlich! und natürlich! von mir die Rede ist.«

Am nächsten Tag bekommt er einen – da es gerade Sonntag ist – unerwarteten Brief von ihr und dankt ihr: »Liebste, das ist wieder einmal ein Brief, bei dem einem heiß vor ruhiger Freude wird. Da stehen nicht diese vielen Bekannten und Schriftsteller herum . . .«

Noch in derselben Nacht findet er die Erklärung für die Eifersucht des vorigen Tages: »Ich weiß jetzt übrigens auch genauer, warum mich der gestrige Brief so eifersüchtig gemacht hat: Dir gefällt mein Buch ebensowenig wie Dir damals mein Bild gefallen hat. Das wäre ja nicht so arg, denn was dort steht, sind zum größten Teil alte Sachen . . ., ich fühle Deine Nähe so stark in allem übrigen, daß ich gern bereit bin . . ., das kleine Buch *zuerst* mit *meinem* Fuße wegzustoßen . . . Aber daß Du es mir nicht sagst, daß Du mir nicht mit zwei Worten sagst, daß es Dir nicht gefällt . . . Es wäre nur sehr begreiflich, wenn Du mit dem Buch nichts anzufangen wüßtest . . . Es wird ja niemand etwas damit anzufangen wissen, das ist und war mir klar –, das Opfer an Mühe und Geld, das mir der verschwenderische Verleger gebracht hat und das ganz und gar verloren ist, quält mich ja auch . . . Aber Du sagtest nichts, kündigtest zwar einmal an, etwas zu sagen, sagtest es aber nicht . . .«

Ende Januar kommt er auf die ›Betrachtung‹ zurück, der

Wiener Dichter Otto Stoeßl, den er sehr schätzt und auch persönlich mag, hat ihm einen Brief darüber geschrieben. »Er schreibt auch über mein Buch, aber mit so vollständigem Mißverständnis, daß ich einen Augenblick geglaubt habe, mein Buch sei wirklich gut, da es selbst bei einem so einsichtigen und literarisch vielgeprüften Mann wie Stoeßl solche Mißverständnisse erzeugen kann...« Er schreibt die ganze Partie des Briefes, die ziemlich lang ist, für sie ab. Es kommen erstaunliche Dinge darin vor. »Ein nach innen gerichteter Humor, ... nicht anders als man nach einer gut durchschlafenen Nacht, nach erquickendem Bad, frisch angezogen, einen freien, sonnigen Tag mit froher Erwartung und unbegreiflichem Kraftgefühl begrüßt. Ein Humor der eigenen guten Verfassung.« Ein Mißgriff von monströsen Ausmaßen, jedes Wort genau falsch, über den Humor seiner eigenen guten Verfassung kommt Kafka gar nicht hinweg und zitiert diesen Satz später wieder. Er fügt aber auch hinzu: »Der Brief paßt übrigens ganz gut zu einer heute erschienenen, übertrieben lobenden Besprechung, die in dem Buch nur Trauer findet.«

Es ist klar, daß er ihre Mißachtung der ›Betrachtung‹ nicht vergessen hat, die Ausführlichkeit, mit der er auf diese Reaktionen zu seinem Buche eingeht, für ihn ungewöhnlich, verdeckt eine Rüge. Er will ihr eine Lehre erteilen, sie hat es sich zu leicht gemacht, und er verrät damit, wie empfindlich sie ihn durch ihren Mangel an jeder Reaktion verletzt hat.

Zu den schwersten Ausbrüchen gegen andere Dichter kommt es noch in der ersten Februarhälfte. Felice fragt nach der Lasker-Schüler, er schreibt dazu: »Ich kann ihre Gedichte nicht leiden, ich fühle bei ihnen nichts als Langeweile über ihre Leere und Widerwillen wegen des künstlichen Aufwands. Auch ihre Prosa ist mir lästig aus den gleichen Gründen, es arbeitet darin das wahllos zuckende Gehirn einer sich überspannenden Großstädterin... Ja, es geht ihr schlecht, ihr zweiter Mann hat sie verlassen, soviel ich weiß, auch bei uns sammelt man für sie; ich habe 5 K. hergeben müssen, ohne das geringste Mitgefühl für sie zu haben; ich weiß den eigentlichen Grund nicht, aber ich stelle mir sie immer nur als eine Säuferin vor, die sich in der Nacht durch die Kaffeehäuser schleppt... Weg Du Lasker Schüler! Liebste komm! Niemand sei zwischen uns, niemand um uns.«

Felice will zu ›Professor Bernhardi‹ ins Theater. »... Uns verbindet ein fester Strick...«, schreibt er, »... wenn Du nun, Liebste, zu ›Professor Bernhardi‹ gehst, so ziehst Du mich an jenem zweifellosen Strick eben mit und es ist die Gefahr, daß wir beide in die schlechte Literatur verfallen, die Schnitzler zum größten Teil für mich darstellt.« Er geht darum am selben Abend zu ›Hidalla‹, in dem Wedekind und seine Frau spielen. »Denn ich liebe den Schnitzler gar nicht und achte ihn kaum; gewiß kann er manches, aber seine großen Stücke und seine große Prosa sind für mich angefüllt mit einer geradezu schwankenden Masse widerlichster Schreiberei. Man kann ihn gar nicht tief genug hinunterstoßen... Nur vor seinem Bild, vor dieser falschen Verträumtheit, vor dieser Weichmütigkeit, an die ich auch mit den Fingerspitzen nicht rühren wollte, kann ich verstehen, wie er aus seinen zum Teil vorzüglichen anfänglichen Arbeiten (Anatol, Reigen, Leutnant Gustl) sich so entwickeln konnte. – In dem gleichen Brief rede ich gar nicht von Wedekind.

Genug, genug, wie schaffe ich nur gleich wieder den Schnitzler fort, der sich zwischen uns legen will wie letzthin die Lasker-Schüler.«

Seine Eifersucht gegen Dichter, soweit es um Felice geht, hat die kräftigen Züge, die man von Eifersucht überhaupt kennt, man ist erstaunt und erleichtert, eine so natürliche, ungebrochene Angriffslust gegen andere bei ihm zu finden. Denn aus jedem der zahllosen Briefe hat man seine Angriffe gegen sich selbst im Ohr, sie sind dem Leser vertraut, als wären sie seine Stimme. Doch das Ungewöhnliche im Ton dieser Angriffe gegen andere Dichter, das Mörderische daran, ihre Roheit, die ihm eigentlich wesensfremd sind, sind Symptome für eine Veränderung in seiner Beziehung zu Felice. Sie nimmt eine tragische Wendung durch ihr Unverständnis für seine eigene Dichtung. Sie, deren Kraft er für sein Schreiben als eine unaufhörliche Nahrung benötigt, ist nicht imstande zu ermessen, wen sie mit sich, mit ihren Briefen nämlich, nährt.

Seine Lage in dieser Hinsicht wird durch die Natur seiner ersten Buchveröffentlichung noch besonders erschwert. Er ist zu klug und zu ernst, um das Gewicht der ›Betrachtung‹ zu überschätzen. Es ist ein Buch, in dem manche seiner Themen angeschlagen sind. Aber es ist zusammengestückelt, es ist noch etwas launenhaft und artistisch, es verrät fremde Einflüsse (Robert Walser), und ganz besonders fehlt ihm Zusammenhang und Notwendigkeit. Es hat für ihn Bedeutung, weil er das Manuskript bei sich hatte, als er Felice zum erstenmal sah.

Aber sechs Wochen nach dem Abend, gleich nach seinem ersten Brief an Felice, war er im ›Urteil‹ und im ›Heizer‹ ganz er selbst geworden. Beinahe noch wichtiger, in diesem Zusammenhang, erscheint es, daß er sich des Wertes dieser beiden Stücke vollkommen bewußt war. Die Korrespondenz mit Felice lief an, er schrieb Nacht für Nacht an seinen Sachen weiter, schon nach acht Wochen erlangte er in der ›Verwandlung‹ die Höhe seiner Meisterschaft. Er hat etwas geschrieben, was er nie mehr übertreffen konnte, weil es nichts gibt, womit die ›Verwandlung‹ zu übertreffen wäre, eine der wenigen großen und vollkommenen Dichtungen dieses Jahrhunderts.

Vier Tage nach der Vollendung der ›Verwandlung‹ erscheint die »Betrachtung«. Er schickt dieses erste Buch Felice und wartet 17 Tage auf ein Wort von ihr darüber. Die Briefe gehen mehrmals täglich hin und her, er wartet vergeblich und hat schon die ›Verwandlung‹ und einen guten Teil von ›Amerika‹ geschrieben. Ein Stein müßte darüber Erbarmen fühlen. Er erfuhr nun, daß die Nahrung ihrer Briefe, ohne die ihm sein Schreiben nicht möglich war, blind gespendet wurde. Sie wußte nicht, wen sie nährte. Seine Zweifel, die immer am Werke waren, wurden übermächtig, er war seines Rechtes auf ihre Briefe, die er in der guten Zeit erzwungen hatte, nicht mehr sicher, und sein Schreiben, das ihm sein eigentliches Leben war, begann zu versagen.

Eine abseitige, aber in ihrer Heftigkeit sehr auffallende Folge dieser Katastrophe war seine Eifersucht auf andere Dichter. Felice las und verletzte ihn tief mit Namen, die sich wahllos in ihren Briefen vordrängten. Alles das waren in ihren Augen Dichter. Aber was, in ihren Augen, war er?

Ihr Segen für ihn war damit zu Ende. Er hielt mit seiner immensen Zähigkeit, dem erstaunlichen Revers seiner Schwäche, an der Form der etablierten Beziehung fest und blickte von da ab sehnsüchtig zurück auf das Paradies jener drei Monate, die nie mehr wiederkehren konnten; das Gleichgewicht, das sie ihm gegeben hatten, war zerstört.

Gewiß ist in jenen Tagen manches andere geschehen, das zu dieser Störung beitrug. Da war die Verlobung Max Brods, seines besten Freundes, der ihn mehr als irgendein anderer Mensch zum Schreiben gedrängt und aufgestachelt hatte. Kafka fürchtet die Veränderung in dieser Freundschaft, die ihm durch das bloße Vorhandensein einer Frau bei seinem Freund unvermeidlich erscheint.

Es ist auch die Zeit der Vorbereitungen für die Hochzeit seiner Schwester Valli. Alles was dazugehört, erlebt er aus nächster Nähe, in der Wohnung der Eltern, die auch seine Wohnung ist. Es macht ihn traurig, daß die Schwester weggeht, er fühlt darin das Abbröckeln der Familie, die er doch gleichzeitig haßt. Aber er hat sich in diesem Hasse eingerichtet und braucht ihn. Die vielen ungewohnten Vorkommnisse, die einen ganzen Monat vor der Hochzeit ausfüllen, empfindet er als Störung. Er fragt sich, warum er unter diesen Verlobungen in dieser sonderbaren Art leide, als träfe ihn augenblicklich und unmittelbar ein Unglück, während die Hauptbeteiligten selbst unerwartet glücklich seien.

Seine Abneigung gegen die Lebensform der Ehe, für die so umfangreiche Vorbereitungen getroffen worden waren, ist jetzt akuter, und er läßt seiner Reaktion dagegen dort freien Lauf, wo man diese Lebensform von ihm erwarten könnte: Er beginnt Felice als Gefahr zu empfinden, seine einsamen Nächte sind bedroht, und er läßt es sie fühlen.

Aber bevor berichtet wird, wie er sich dieser Gefahr zu erwehren sucht, ist es notwendig, Genaueres über die Natur seiner Bedrohtheit zu erfahren.

»Meine Lebensweise ist nur auf das Schreiben hin eingerichtet ... Die Zeit ist kurz, die Kräfte sind klein, das Bureau ist ein Schrecken, die Wohnung ist laut und man muß sich mit Kunststücken durchzuwinden suchen, wenn es mit einem schönen, geraden Leben nicht geht.« So schreibt Kafka schon in einem frühen, seinem 9. Brief an Felice vom 1. November 1912. Er erklärt ihr dann seine neue Zeiteinteilung, mit deren Hilfe es ihm gelingt, sich Nacht für Nacht um 1/2 11 zum Schreiben niederzusetzen und je nach Kraft, Lust und Glück bis 1, 2, 3 Uhr dabei zu bleiben.

Aber schon vorher, im selben Brief, hat er eine Äußerung über sich getan, über die man schwer hinwegkommt, sie ist an dieser Stelle ungeheuerlich: »Ich bin der magerste Mensch, den ich kenne, was etwas sagen will, da ich schon viel in Sanatorien herumgekommen bin ...« Dieser um Liebe werbende Mensch – denn natürlich nimmt man erst an, daß er um Liebe wirbt –, der gleich davon spricht, daß er der *magerste* Mensch sei! Warum eigentlich erscheint einem eine solche Äußerung, zu diesem Zeitpunkt, so unangemessen, ja beinahe sträflich? Zur Liebe gehört Gewicht, es geht um Körper. Sie müssen da sein, es ist lächerlich, wenn ein

Nicht-Körper um Liebe wirbt. Große Gelenkigkeit, Mut, Stoßkraft können für Gewicht einspringen. Aber sie müssen aktiv sein, sich darstellen, sozusagen immerzu verheißen. Kafka setzt statt dessen eines ein, sein Eigentliches: die Fülle des Gesehenen, an der Erscheinung des umworbenen Menschen Gesehenen; diese Fülle ist *sein* Leib. Das kann aber nur auf einen Menschen von verwandter Fülle des Gesehenen wirken, an jedem anderen fällt es vorbei, oder es ist ihm unheimlich.

Wenn er gleich von seiner Magerkeit spricht, und mit so starkem Ton darauf, kann das nur bedeuten, daß er sehr unter ihr gelitten hat: er steht unter einem Zwang, sie mitzuteilen. Es ist so, als hätte er von sich zu sagen: ›ich bin taub‹ oder ›ich bin blind‹, da die Unterschlagung einer solchen Tatsache ihn zum Betrüger stempeln müßte.

Man muß nicht lange in seinen Tagebüchern und Briefen suchen, um sich davon zu überzeugen, daß man hier den Kern, die Wurzel seiner ›Hypochondrie‹ erfaßt hat. Unter dem 22. November 1911 findet sich in seinem Tagebuch folgende Eintragung: »Sicher ist, daß ein Haupthindernis meines Fortschritts mein körperlicher Zustand bildet. Mit einem solchen Körper läßt sich nichts erreichen ... Mein Körper ist zu lang für seine Schwäche, er hat nicht das geringste Fett zur Erzeugung einer segensreichen Wärme, zur Bewahrung inneren Feuers, kein Fett, von dem sich einmal der Geist über seine Tagesnotdurft hinaus ohne Schädigung des Ganzen nähren könnte. Wie soll das schwache Herz, das mich in der letzten Zeit öfters gestochen hat, das Blut über die ganze Länge dieser Beine hin stoßen können ...«

Am 3. Januar 1912 macht er sich im einzelnen eine Aufstellung darüber, was er dem Schreiben geopfert habe: »Als es in meinem Organismus klar geworden war, daß das Schreiben die ergiebigste Richtung meines Wesens sei, drängte sich alles hin und ließ alle Fähigkeiten leerstehen, die sich auf die Freuden des Geschlechts, des Essens, des Trinkens, des philosophischen Nachdenkens, der Musik zuallererst richteten. Ich magerte nach allen diesen Richtungen ab. Das war notwendig, weil meine Kräfte in ihrer Gesamtheit so gering waren, daß sie nur gesammelt dem Zweck des Schreibens halbwegs dienen konnten ...«

Am 17. Juli 1912 schreibt er Max Brod aus der schon erwähnten Naturheilanstalt Jungborn: »Ich habe die dumme Idee, mich dick machen zu wollen und von da aus mich allgemein zu kurieren, als ob das zweite oder auch nur das erste möglich wäre.«

Die zeitlich nächste Äußerung, die sich auf seine Magerkeit bezieht, ist dann die bereits zitierte im Brief an Felice vom 1. November desselben Jahres. Wenige Monate später, am 10. Januar 1913, schreibt er wieder an Felice: »Wie war es im Familienbad? Hier muß ich leider eine Bemerkung unterdrücken (sie bezieht sich auf mein Aussehen im Bad, auf meine Magerkeit). Ich sehe im Bad wie ein Waisenknabe aus.« Dann erzählt er, wie er als kleiner Junge in einer Sommerfrische an der Elbe die sehr kleine, volle Badeanstalt mied, weil er sich seines Aussehens schämte.

Im September 1916 entschließt er sich, einen Arzt aufzusuchen, ein für ihn sehr ungewöhnliches Unternehmen, da er Ärzten mißtraut, und berichtet über diesen Besuch an Felice. »Der Arzt, bei dem ich war..., war mir sehr angenehm. Ein ruhiger, etwas komischer aber durch Alter, Körpermasse (wie Du zu einem so mageren, langen Ding wie ich es bin Vertrauen bekommen konntest, wird mir immer unbegreiflich bleiben) also durch Körpermasse... vertrauenerweckender Mann!«

Ich zitiere noch einige Stellen aus den sieben letzten Jahren seines Lebens, als er seine Beziehung zu Felice endgültig gelöst hatte. Es ist von Bedeutung zu erkennen, daß diese Idee von seiner Magerkeit bis zum Schluß in ihm potent blieb und alle Erinnerung färbte.

Im berühmten ›*Brief an den Vater*‹ vom Jahre 1919 findet sich wieder eine Stelle über frühes Baden: »Ich erinnere mich zum Beispiel daran, wie wir uns öfters zusammen in einer Kabine auszogen. Ich mager, schwach, schmal, Du stark, groß, breit. Schon in der Kabine kam ich mir jämmerlich vor, und zwar nicht nur vor Dir, sondern vor der ganzen Welt, denn Du warst für mich das Maß aller Dinge.«

Am eindrucksvollsten ist der Hinweis in einem der ersten Briefe an Milena aus dem Jahre 1920. Auch hier unterliegt er dem Zwang, sich einer Frau, um die er wirbt – und um Milena wirbt er leidenschaftlich –, sehr bald in seiner Magerkeit vorzustellen: »Vor einigen Jahren war ich viel im Seelentränker auf der Moldau, ich ruderte hinauf und fuhr dann ganz ausgestreckt mit der Strömung hinunter, unter den Brücken durch. Wegen meiner Magerkeit mag das von der Brücke sehr komisch ausgesehen haben. Ein Beamter aus meiner Anstalt, der mich eben so einmal von der Brücke sah, faßte seinen Eindruck, nachdem er das Komische genügend hervorgehoben hatte, so zusammen: es hätte so ausgesehen, wie vor dem

Jüngsten Gericht. Es wäre wie jener Augenblick gewesen, da die Sargdeckel schon abgehoben waren, die Toten aber noch still lagen.«

Die Figur des Mageren und die des Toten sind in eins gesehen: in Verbindung mit der Vorstellung vom Jüngsten Gericht ergibt sich ein Bild von seiner Leiblichkeit, wie es trostloser und schicksalhafter gar nicht zu denken wäre. Es ist, als hätte der Magere oder der Tote, die hier eins sind, gerade Leben genug, um sich von der Strömung treiben zu lassen und sich dem Jüngsten Gericht zu stellen.

Während der letzten Wochen seines Lebens im Sanatorium Kierling war Kafka von den Ärzten angeraten worden, nicht zu sprechen. Auf Gesprächsblättern, die erhalten sind, beantwortete er Fragen schriftlich. Er wurde einmal nach Felice gefragt und schrieb folgende Antwort nieder: »An die Ostsee hätte ich mit ihr einmal (mit ihrer Bekannten) fahren sollen, habe mich aber wegen Magerkeit und sonstiger Ängstlichkeit geschämt.«

Die besondere Empfindlichkeit für alles, was mit seinem Körper zusammenhing, hat Kafka nie verlassen. Sie muß sich, wie aus den angeführten Äußerungen klar wird, schon in seiner Kindheit bemerkbar gemacht haben. Durch die Magerkeit ist er früh auf seinen Körper aufmerksam geworden. Er gewöhnte sich daran, auf alles zu achten, was diesem *fehlte*. An seinem Körper hatte er einen Gegenstand der Beobachtung, der ihm nie abhanden kam, der sich ihm nie entziehen konnte. Hier war, was er sah und was er empfand, ihm immer nah, das eine ließ sich vom anderen nicht lösen. Von seiner Magerkeit ausgehend, gewann er eine unerschütterliche Überzeugung von Schwäche, und es ist vielleicht gar nicht so wichtig zu wissen, ob sie tatsächlich immer bestand. Denn was sicher bestand, war ein auf diese Überzeugung gegründetes Gefühl von Bedrohtheit. Er fürchtet das Eindringen feindlicher Kräfte in seinen Körper, und um das zu verhüten, verfolgt er wachsam den Weg, den sie nehmen könnten. Allmählich drängen sich Gedanken an einzelne Organe bei ihm vor. Eine besondere Empfindlichkeit für diese beginnt sich zu entwickeln, bis schließlich jedes von ihnen unter separater Bewachung steht. Damit aber vervielfachen sich die Gefahren – es gibt zahllose Symptome, auf die ein mißtrauischer Geist achtzugeben hat, sobald er sich einmal der Besonderheit der Organe und ihrer Verwundbarkeit bewußt ist. Schmerzen da und dort erinnern an sie, es wäre vermessen und sträflich, keine Notiz von ihnen zu nehmen. Sie kündigen Gefahren an, es sind die Vorboten des Feindes. Hypochondrie ist die kleine Münze der Angst; es ist die Angst, die sich zu ihrer Zerstreuung Namen sucht und findet.

Seine Lärmempfindlichkeit ist wie ein Alarm, sie meldet überflüssige, noch unartikulierte Gefahren. Diesen kann man sich entziehen, indem man den Lärm wie den Teufel meidet – es ist genug an den erkannten Gefahren, deren wohlformierte Attacken er abwehrt, indem er sie *benennt*.

Sein Zimmer ist ein Schutz, es wird zu einem äußeren Leib, man kann es den Vor-Leib nennen. »Ich muß allein in einem Zimmer schlafen ... Es ist nur Ängstlichkeit, die plädiert: ebenso, wie man, wenn man auf dem Boden liegt, nicht fallen kann, kann einem auch nichts geschehen, wenn man allein ist.« Besuche in seinem Zimmer sind ihm unerträglich. Selbst das Zusammenleben mit seiner Familie in einer Wohnung bereitet ihm Qual. »Ich kann nicht mit Menschen leben, ich hasse unbedingt alle meine Verwandten, nicht deshalb, weil es meine Verwandten sind, nicht deswegen, weil sie schlechte Menschen wären ..., sondern einfach deshalb, weil es die Menschen sind, die mir zunächst leben.«

Am häufigsten klagt er über Schlaflosigkeit. Vielleicht ist die Schlaflosigkeit nichts anderes als die Wachsamkeit über den Körper, die sich nicht abstellen läßt, die noch Drohungen vernimmt, auf Signale lauert, sie deutet und verbindet, Systeme von Gegenmaßnahmen entwirft und erst einen Punkt erreichen muß, in dem sie gesichert erscheinen: den Punkt des Gleichgewichts der Drohungen, die sich die Waage halten, den Punkt der Ruhe. Der Schlaf wird dann zur eigentlichen Erlösung, in dem seine Empfindlichkeit, diese unermüdliche Qual, ihn endlich losläßt und schwindet. Es findet sich eine Art Anbetung des Schlafes bei ihm, er sieht ihn als Allheilmittel, das Beste, was er Felice empfehlen kann, wenn ihr Zustand ihn beunruhigt, ist: »Schlafe! Schlafe!« Selbst der Leser vernimmt diesen Zuspruch wie eine Beschwörung, einen Segen.

Zu den Bedrohungen des Körpers gehören alle Gifte, die in ihn eingehen: als Atem; als Speise und Trank; als Arzneien.

Schlechte Luft ist gefährlich. Es ist oft bei Kafka von ihr die Rede. Man denke an die Kanzleien auf dem Dachboden, im ›Prozeß‹, oder an das überheizte Atelier des Malers Titorelli. Die schlechte Luft wird als Unglück empfunden und führt bis an den Rand von Katastrophen. Die Reisetagebücher sind erfüllt vom Kult der guten Luft; aus seinen Briefen wird klar, wieviel er sich von frischer Luft erwartet. Er schläft, auch im kältesten Winter, immer bei offenem Fenster. Rauchen ist verpönt; Heizung verbraucht die Luft, er schreibt im ungeheizten Zimmer. Er turnt regelmäßig nackt vor dem offenen Fenster. Der Körper bietet sich der frischen Luft dar, so daß sie über Haut und Poren streichen kann. – Die wahre Luft aber ist draußen auf dem Land; das Landleben, zu dem er seine Lieblingsschwester Ottla ermutigt, macht er sich später für lange Monate selbst zu eigen.

Er sucht nach Nahrung, von deren Ungefährlichkeit er sich selbst überzeugen kann. Während längerer Perioden lebt er vegetarisch. Anfänglich wirkt diese Haltung nicht eigentlich als Askese; auf eine besorgte Anfrage von Felice schickt er ihr eine Liste der Früchte, von denen er abends zu sich nimmt. Gifte und Gefahren sucht er von seinem Körper fernzuhalten. Kaffee, Tee, Alkohol hat er sich selbstverständlich verboten.

Es ist etwas wie Leichtigkeit und Übermut in seinen Sätzen, wenn er von diesem Aspekt seines Lebens schreibt, während aus den Nachrichten über Schlaflosigkeit immer Verzweiflung spricht. Dieser Kontrast ist so auffallend, daß man sich versucht fühlt, ihn zu erklären. Zu den Empfehlungen der Naturheiler zieht ihn ihre Auffassung vom Körper als einer Einheit; ihre Ablehnung der Organtherapie macht er sich ganz zu eigen. Er, der in schlaflosen Stunden in seine Organe zerfällt, auf deren Signale er lauert, deren ominöse Regungen er bedenkt, bedarf einer Methode, die seinem Körper die Einheit vorschreibt. Die offizielle Medizin scheint ihm schädlich, weil sie sich zu sehr auf die vereinzelten Organe einläßt. In seiner Ablehnung der Medizin ist allerdings auch ein wenig Selbsthaß: auch er findet sich auf der Symptomsuche, wenn er nachts schlaflos daliegt.

So stürzt er sich denn mit einer Art von Glücksgefühl in jede Aktivität, die die Einheit des Körpers verlangt und wiederherstellt. Schwimmen, Nacktturnen, zuhause wilde Sprünge die Treppen hinab, Laufen, lange Wanderungen im Freien, bei denen es sich gut atmen läßt, beleben ihn und geben ihm Hoffnung, daß er dem Zerfall der überwachen Nacht für einmal oder gar für länger entkommen könnte.

Gegen Ende Januar 1913 hat Kafka das Schreiben an seinem Roman nach wiederholten unglücklichen Versuchen endgültig aufgegeben, und so verschiebt sich der Akzent in den Briefen mehr und mehr auf die Klage. Man möchte sagen, daß die Briefe nun überhaupt nur noch der Klage dienen. Seine Unzufriedenheit wird durch nichts mehr aufgewogen; die Nächte, in denen er zu sich kam, seine Rechtfertigung, sein einziges, wahres Leben, gehören vorerst der Vergangenheit an. Es hält ihn nun nichts mehr zusammen als Klage, statt des Schreibens wird sie zu seiner – um vieles geringerwertigen – Einheit, aber ohne sie würde er ganz verstummen und in seine Schmerzen zerfallen. Er hat sich an die Freiheit der Briefe gewöhnt, in denen er alles aussprechen kann, wenigstens hier lockert sich die Verstocktheit, unter der er im Umgang mit Menschen leidet. Er braucht die Briefe der Felice, die ihm wie früher von ihrem Berliner Leben berichtet, und kann er sich nicht an ein frisches Wort von ihr hängen, »ist er wie im Leeren«. Denn trotz der Unsicherheit, »die hinter dem Nichtschreiben hergeht als sein böser Geist«, bleibt er sich selber immer Gegenstand der Beobachtung; und hat man sich einmal damit abgefunden, die Litanei der Klage als eine Art von Sprache hinzunehmen, in die alles übrige gerettet ist, so vernimmt man, in diesem nie verstummenden Medium, die merkwürdigsten Dinge über ihn, Aussagen von einer Präzision und Wahrheit, wie sie nur wenigen gegeben waren.

Es ist ein unvorstellbares Maß von Intimität in diesen Briefen: sie sind intimer, als es die vollkommene Darstellung eines Glückes wäre. Es gibt keinen vergleichbaren Bericht eines Zaudernden, keine Selbstentblößung von solcher Treue. Für einen primitiven Menschen ist dieser Briefwechsel kaum zu lesen, er müßte ihm als das schamlose Schauspiel einer seelischen Impotenz erscheinen; denn alles findet sich immer wieder, was dazu gehört: Entschlußlosigkeit, Ängstlichkeit, Gefühlskälte, detailliert dargestellter Mangel an Liebe, eine Hilflosigkeit von solchen Ausmaßen, daß sie nur durch ihre übergenaue Schilderung glaubwürdig wird. Aber es ist alles so gefaßt, daß es auf der Stelle zu Gesetz und Erkenntnis wird. Ein wenig ungläubig anfangs, doch mit rapid zunehmender Sicherheit erlebt man, daß nichts davon sich je wieder vergißt, als sei es einem, wie in der ›*Strafkolonie*‹, in die Haut geschrieben. Es gibt Dichter, allerdings nur wenige, die so ganz sie selbst sind, daß einem jede Äußerung über sie, die man sich herausnimmt, als

Barbarei vorkommen möchte. Ein solcher Dichter war Franz Kafka; so muß man sich, auf die Gefahr hin, unfrei zu erscheinen, so eng wie möglich an seine eigenen Äußerungen halten. Gewiß empfindet man Scham, wenn man damit beginnt, in die Intimität dieser Briefe einzudringen. Aber sie selber sind es dann, die einem diese Scham nehmen. Denn an ihnen geht einem auf, daß eine Erzählung wie die ›Verwandlung‹ noch intimer ist als sie, und man weiß endlich, was daran anders ist als an jeder anderen Erzählung.

Das Wichtige an Felice war, daß es sie gab, daß sie nicht erfunden war und daß sie so, wie sie war, nicht von Kafka zu erfinden gewesen wäre. Sie war so verschieden, so tätig, so kompakt. Solange er sie aus der Ferne umkreiste, vergötterte und quälte er sie. Seine Fragen, seine Bitten, seine Ängste, seine winzigen Hoffnungen häufte er auf sie, um Briefe zu erzwingen. Was sie ihm an Liebe zuwende, gehe ihm als Blut durch das Herz, er habe kein anderes. Ob ihr nicht auffalle, daß er sie in seinen Briefen nicht eigentlich liebe, denn dann müßte er doch nur an sie denken und von ihr schreiben, sondern daß er sie eigentlich anbete und irgendwie Hilfe und Segen in den unsinnigsten Dingen von ihr erwarte. »Manchmal denke ich, Du hast doch, Felice, eine solche Macht über mich, verwandle mich doch zu einem Menschen, der des Selbstverständlichen fähig ist.« In einem guten Augenblick sagt er ihr Dank: »Was für ein Gefühl, bei Dir aufgehoben zu sein, vor dieser ungeheuren Welt, mit der ich es nur in Nächten des Schreibens aufzunehmen wage.«
Er spürt die kleinste Wunde des anderen an sich. Seine Grausamkeit ist die des Nicht-Kämpfenden, der die Wunde *vorher* fühlt. Er scheut den Zusammenstoß, alles schneidet *ihm* ins Fleisch, und dem Feind geschieht nichts. Wenn in einem seiner Briefe etwas steht, das Felice kränken könnte, macht er sie im nächsten darauf aufmerksam, stößt sie darauf, wiederholt seine Entschuldigung, sie bemerkt nichts, sie weiß meist nicht einmal, wovon die Rede ist. So hat er sie auf seine Weise als Feind behandelt.
In wenigen Worten gelingt es ihm, das Wesen seiner Unentschlossenheit zu fassen: »Hast Du jemals . . . Unsicherheit gekannt, gesehen, wie sich für dich allein, ohne Rücksicht auf andere, verschiedene Möglichkeiten hierhin und dorthin eröffnen und damit eigentlich ein Verbot entsteht, Dich überhaupt zu rühren . . .«
Die Bedeutung dieser verschiedenen Möglichkeiten, die sich hier-

hin und dorthin eröffnen, die Tatsache, daß er sie alle gleichzeitig sieht, ist gar nicht zu überschätzen. Sie erklären seine eigentliche Beziehung zur Zukunft. Denn aus tastenden Schritten in immer andere Möglichkeiten von Zukunft besteht zum guten Teil sein Werk. Er anerkennt nicht *eine* Zukunft, es sind ihrer viele, ihre Vielheit lähmt ihn und beschwert seinen Schritt. Nur beim Schreiben, wenn er zögernd auf eine von ihnen zugeht, faßt er sie unter Ausschluß der andern ins Auge, aber es ist nie mehr von ihr zu erkennen, als der nächste Schritt erlaubt. Die Verdecktheit des Ferneren ist dann seine eigentliche Kunst. Wahrscheinlich ist es dieser Fortgang in eine Richtung, die Ablösung von allen anderen Richtungen, die möglich wären, was ihn beim Schreiben glücklich macht. Das Maß der Leistung ist das Gehen selbst, die Deutlichkeit der Schritte, die gelingen, und daß keiner übersprungen wird, daß keiner, sobald er einmal getan wurde, zweifelhaft bleibt. »Ich kann ... nicht eigentlich erzählen, ja fast nicht einmal reden; wenn ich erzähle, habe ich meistens ein Gefühl, wie es kleine Kinder haben könnten, die die ersten Gehversuche machen.«

Über die Schwierigkeiten des Redens, seine Verstocktheit unter Menschen klagt er immer wieder und beschreibt sie mit unheimlicher Klarheit: »Wieder einen unnötigen Abend mit verschiedenen Leuten verbracht ... Ich biß mir in die Lippen, um mich bei der Sache zu halten, war aber trotz aller Anstrengung doch nicht da, war aber auch durchaus nicht anderswo; existierte ich also vielleicht nicht in diesen zwei Stunden? Es muß so sein, denn hätte ich dort auf meinem Sessel geschlafen, meine Gegenwart wäre überzeugender gewesen.« »Ich glaube wirklich, ich bin für den menschlichen Verkehr verloren.« Er versteigt sich sogar bis zu der befremdlichen Behauptung, daß er auf all den wochenlangen Reisen mit Max Brod nicht *ein* großes, zusammenhängendes, sein ganzes Wesen heraushebendes Gespräch mit ihm geführt habe.

»Am erträglichsten bin ich noch in bekannten Räumen mit 2 oder 3 Bekannten, da bin ich frei, es besteht kein Zwang zu fortwährender Aufmerksamkeit und Mitarbeit, aber wenn ich Lust habe, kann ich wenn ich will an dem Gemeinsamen mich beteiligen, so lang oder so kurz ich will, niemand vermißt mich, niemandem werde ich unbehaglich. Ist noch irgendein fremder Mensch da, der mir ins Blut geht, desto besser, da kann ich scheinbar von geborgter Kraft ganz lebendig werden. Bin ich aber in einer fremden Wohnung, unter mehreren fremden Leuten oder solchen, die ich als fremd fühle, dann liegt mir das ganze Zimmer auf der Brust und ich kann mich nicht rühren . . .«

Solche Schilderungen wendet er immer als Warnung gegen sich, und so zahllos diese nun werden, er faßt sie immer wieder neu. »Ich ruhe eben nicht in mir, ich bin nicht immer ›etwas‹, und wenn ich einmal ›etwas‹ war, so bezahle ich es mit dem ›Nichtsein‹ von Monaten.« Er vergleicht sich einem Vogel, der durch irgendeinen Fluch von seinem Nest abgehalten, dieses gänzlich leere Nest immerfort umfliege und niemals aus dem Auge lasse.

»Ich bin ein anderer Mensch, als ich in den ersten 2 Monaten unsres Briefwechsels war; es ist keine neue Verwandlung, sondern eine Rückverwandlung und wohl eine dauernde.« – »Mein gegenwärtiger Zustand . . . ist kein Ausnahmezustand. Ergib Dich, Felice, nicht solchen Täuschungen. Nicht 2 Tage könntest Du neben mir leben.« – »Schließlich bist Du doch ein Mädchen und willst einen Mann und nicht einen weichen Wurm auf der Erde.«

Zu den Gegenmythen, die er sich zum Schutze hingestellt hat, durch die er die physische Annäherung und das Eindringen von Felice in sein Leben zu verhindern sucht, gehört der von seiner Abneigung gegen Kinder.

»Ich werde niemals ein Kind haben«, schreibt er schon früh, am 8. November, aber er drückt es noch als Neid gegen eine seiner Schwestern aus, die eben ein Mädchen geboren hat. Ernster wird es Ende Dezember, als seine Enttäuschung über Felice sich in vier Nächten hintereinander zu immer düsterer und feindlicher werdenden Briefen steigert. Den ersten kennt man, es ist jener Ausbruch von Eifersucht gegen Eulenberg, ebenso den zweiten, in dem er ihr das Fehlen jeder Reaktion auf seine ›Betrachtung‹ vorwirft. Im dritten zitiert er aus einer Sammlung von Aussprüchen Napoleons den Satz: »Es ist fürchterlich, kinderlos zu sterben.« Er fügt hinzu: »Und das auf mich zu nehmen, muß ich mich bereit machen, denn . . . dem Wagnis, Vater zu sein, würde ich mich niemals aussetzen dürfen.« Im vierten Brief aus der Silvesternacht fühlt er sich verlassen wie ein Hund und schildert beinahe gehässig den Silvesterlärm auf der Straße. Am Schluß des Briefes erwidert er dann auf einen Satz von ihr, »wir gehören unbedingt zusammen«, das sei tausendfach wahr, und er hätte jetzt in den ersten Stunden des neuen Jahres keinen größeren und keinen närrischeren Wunsch, »als daß wir an den Handgelenken Deiner linken und meiner rechten Hand unlösbar zusammengebunden wären. Ich weiß nicht recht, warum mir das einfällt, vielleicht weil vor mir ein Buch über die Französische Revolution mit Berichten von Zeitgenossen steht und weil es immerhin möglich ist..., daß einmal auf solche Weise zusammengebunden ein Paar zum Schafott geführt wurde. – Aber was läuft mir denn da alles durch den Kopf... Das macht die 13 in der neuen Jahreszahl.«

Die Ehe als Schafott – mit dieser Vorstellung hatte das neue Jahr für ihn begonnen. Daran hat sich, allen Schwankungen und widerstreitenden Ereignissen zum Trotz, während des ganzen Jahres nichts für ihn geändert. Am quälendsten in seiner Vorstellung von Ehe muß es für ihn sein, daß man nicht ins Kleine verschwinden kann: man muß da sein. Die Angst vor der Übermacht ist zentral für Kafka, und sein Mittel, sich ihrer zu erwehren, ist die Verwandlung ins Kleine. Die Heiligung der Orte und der Zustände, die sich bei ihm so erstaunlich auswirkt, daß man sie als zwanghaft empfindet, ist nichts anderes als die Heiligung des Menschen. Jeder Ort, jeder Moment, jeder Zug, jeder Schritt ist ernst und wichtig und eigentümlich. Der Vergewaltigung, die ungerecht ist, muß man sich entziehen, indem man so weit wie möglich entschwindet. Man wird sehr klein oder verwandelt sich in ein Insekt, um den anderen die Schuld zu ersparen, die sie durch Lieblosigkeit und Tötung auf sich laden; man ›enthungert‹ sich den anderen, die mit ihren eklen Gebräuchen von einem nicht ablassen wollen. Es gibt aber keine Situation, in der diese Entziehung weniger möglich wäre als die Ehe. Man muß immer da sein, ob man will oder nicht, einen Teil des Tages und einen Teil der Nacht, in einer Größenordnung, die der des Partners entspricht, die nicht zu ändern ist, sonst ist es keine Ehe. Die Position des Kleinen aber, die es auch da gibt, ist usurpiert von den Kindern.

An einem Sonntag erlebt er zuhause »das wahnsinnige, einförmige, ununterbrochene, immer wieder mit frischer Kraft einsetzende Geschrei und Singen und Händeklatschen«, mit dem sein Vater am Vormittag einen Großneffen, am Nachmittag einen Enkel belustigt. Die Tänze der Neger sind ihm verständlicher. Aber vielleicht, meint er, sei es gar nicht das Geschrei, das ihn so angreife, es gehöre überhaupt Kraft dazu, Kinder in der Wohnung zu ertragen. »Ich kann es nicht, ich kann nicht an mich vergessen, mein Blut will nicht weiterströmen, es ist ganz verstockt«, und dieses Verlangen des Blutes sei es ja, das sich als Liebe zu Kindern darstelle.

Es ist also schon auch Neid, was Kafka in Gegenwart von Kindern empfindet, aber ein Neid anderer Art, als man vielleicht erwarten würde, ein Neid, der mit Mißbilligung gepaart ist. Erst scheinen die Kinder die Usurpatoren des Kleinen zu sein, in das er selber schlüpfen möchte. Es zeigt sich aber, daß sie nicht das eigentlich Kleine sind, das verschwinden will wie er. Sie sind das falsche Kleine, das dem Lärm und den peinlichen Einwirkungen der Erwachsenen ausgesetzt ist, das Kleine, das dazu angereizt wird, größer zu werden, und es dann auch werden will, der tiefsten Tendenz seiner Natur entgegengesetzt: kleiner, leiser, leichter werden, bis man verschwindet.

Sucht man nun auch nach seinen Möglichkeiten des Glücks, oder wenigstens des Wohlbefindens, so ist man nach allen Zeugnissen des Verzagens, der Verstocktheit und des Versagens beinahe überrascht, welche zu finden, die Kraft und Bestimmtheit haben.

Da ist vor allem die Einsamkeit des Schreibens. Mitten in der Niederschrift der ›*Verwandlung*‹, in seiner erfülltesten Zeit, bittet er Felice, ihm nicht nachts noch im Bett zu schreiben, sondern lieber zu schlafen. Sie soll *ihm* das Schreiben in der Nacht überlassen, diese kleine Möglichkeit des Stolzes auf die Nachtarbeit; und zum Beweis dessen, daß die Nachtarbeit überall, auch in China, den Männern gehört, schreibt er ein kleines chinesisches Gedicht für sie ab, das er besonders liebt. Ein Gelehrter hat über seinem Buch die Stunde des Zubettgehens vergessen. Seine Freundin, die mit Mühe bis dahin ihren Zorn beherrschte, reißt ihm die Lampe weg und fragt ihn: »Weißt Du, wie spät es ist?«

So sieht er seine Nachtarbeit, solange es ihm gut geht, und als er das Gedicht zitiert, ist er sich noch keiner Spitze gegen Felice bewußt. Später, am 14. Januar, als die Situation sich verändert, Felice ihn enttäuscht hat und das Schreiben zu versagen beginnt, fällt ihm der chinesische Gelehrte wieder ein; aber nun wird er zur Abgrenzung gegen Felice verwendet: »Einmal schriebst Du, Du wolltest bei mir sitzen, während ich schreibe; denke nur, da könnte ich nicht schreiben ... Schreiben heißt ja sich öffnen bis zum Übermaß ... Deshalb kann man nicht genug allein sein, wenn man schreibt, deshalb kann es nicht still genug um einen sein, wenn man schreibt, die Nacht ist noch zu wenig Nacht. Deshalb kann nicht genug Zeit einem zur Verfügung stehen, denn die Wege sind lang, und man irrt leicht ab ... Oft dachte ich schon daran, daß es die beste Lebensweise für mich wäre, mit Schreibzeug und einer

Lampe im innersten Raume eines ausgedehnten, abgesperrten Kellers zu sein. Das Essen brächte man mir, stellte es immer weit von meinem Raum entfernt hinter der äußersten Tür des Kellers nieder. Der Weg um das Essen, im Schlafrock, durch alle Kellergewölbe hindurch wäre mein einziger Spaziergang. Dann kehrte ich zu meinem Tisch zurück, würde langsam und mit Bedacht essen und wieder gleich zu schreiben anfangen. Was ich dann schreiben würde! Aus welchen Tiefen ich es hervorreißen würde!«

Man muß diesen herrlichen Brief ganz lesen, es ist nie etwas über das Schreiben gesagt worden, das reiner und strenger wäre. Alle Elfenbeintürme der Welt stürzen ein angesichts dieses Kellerbewohners, und das mißbrauchte, entleerte Wort von der ›Einsamkeit‹ des Dichters hat plötzlich wieder Gewicht und Bedeutung.

Dies ist das einzige und eigentliche Glück, das für ihn gilt, zu dem es ihn mit jeder Faser hinzieht. Eine zweite Situation, ganz anderer Art, die ihn befriedigt, ist die des Danebenstehens, die Betrachtung der Lust anderer, die ihn auslassen, die nichts von ihm erwarten. So findet er sich zum Beispiel gern unter Menschen, die alles essen und trinken, was er sich selbst versagt. »Wenn ich an einem Tisch mit 10 Bekannten sitze und alle trinken schwarzen Kaffee, habe ich bei diesem Anblick eine Art Glücksgefühl. Fleisch kann um mich dampfen, Biergläser können in großen Zügen geleert werden, diese saftigen jüdischen Würste ... können von allen Verwandten rings herum aufgeschnitten werden ... – alles das und noch viel Ärgeres macht mir nicht den geringsten Widerwillen, sondern tut mir im Gegenteil überaus wohl. Es ist ganz gewiß nicht Schadenfreude ..., es ist vielmehr die Ruhe, die gänzlich neidlose Ruhe beim Anblick fremder Lust.«

Vielleicht sind diese beiden Situationen des Wohlbefindens die, die man bei ihm erwarten würde, wenn auch die zweite stärker akzentuiert ist, als man sich vorgestellt hätte. Wirklich überraschend ist es aber zu finden, daß ihm auch das Glück der Expansion gegeben ist, und zwar im *Vorlesen*. Wann immer er Felice berichtet, daß er aus seinen Sachen vorgelesen hat, ist der Ton seiner Briefe ein anderer. Er, der nicht weinen kann, hat am Ende der Vorlesung des ›Urteils‹ Tränen in den Augen. Der Brief vom 4. Dezember, unmittelbar nach dieser Vorlesung, ist in seiner Wildheit geradezu erstaunlich: »Liebste, ich lese ... höllisch gerne vor, in vorbereitete und aufmerksame Ohren der Zuhörer zu brüllen, tut dem armen Herzen so wohl. Ich habe sie aber auch tüchtig angebrüllt und die

Musik, die von den Nebensälen her mir die Mühe des Vorlesens abnehmen wollte, habe ich einfach fortgeblasen. Weißt Du, Menschen kommandieren oder wenigstens an sein Kommando glauben – es gibt kein größeres Wohlbehagen für den Körper.« Noch vor wenigen Jahren habe er gern davon geträumt, in einem großen, mit Menschen angefüllten Saal die ganze ›Education sentimentale‹ – das Buch Flauberts, das er am leidenschaftlichsten liebte – ohne Unterbrechung so viele Tage und Nächte lang, als sich für notwendig ergeben würde, französisch vorzulesen – »und die Wände sollten widerhallen«.

Es ist nicht wirklich das ›Kommandieren‹ – hier drückt er sich einmal infolge der Exaltation, in der er sich noch befindet, nicht ganz genau aus –, es ist als *Gesetz*, das er verkünden möchte: ein endlich gesichertes Gesetz, und wenn es gar Flaubert ist, ist es für ihn wie das Gesetz Gottes, und er wäre sein Prophet. Aber er fühlt auch das Befreiende und Erheiternde dieser Art von Expansion, mitten im Elend des Februar und März berichtet er plötzlich einmal kurz Felice: »Ein schöner Abend bei Max. Ich las mich an meiner Geschichte in Raserei.« (Es handelt sich wahrscheinlich um den Schlußteil der ›*Verwandlung*‹.) »Wir haben es uns dann wohl sein lassen und viel gelacht. Wenn man Türen und Fenster gegen diese Welt absperrt, läßt sich doch hie und da der Schein und fast der Anfang einer Wirklichkeit eines schönen Daseins erzeugen.« –

Gegen Ende Februar bekommt Kafka von Felice einen Brief, über den er erschrickt, er klingt so, als habe er nichts gegen sich vorgebracht, als habe sie nichts gehört, nichts geglaubt, nichts begriffen. Er geht nicht gleich auf die Frage ein, die sie ihm stellt, antwortet aber dafür später mit ungewöhnlicher Schroffheit: »Letzthin fragtest Du mich ... nach meinen Plänen und Aussichten. Ich habe über die Frage gestaunt ... Ich habe natürlich gar keine Pläne, gar keine Aussichten, in die Zukunft gehen kann ich nicht, in die Zukunft stürzen, in die Zukunft mich wälzen, in die Zukunft stolpern, das kann ich und am besten kann ich liegen bleiben. Aber Pläne und Aussichten habe ich wahrhaftig keine, geht es mir gut, bin ich ganz von der Gegenwart erfüllt, geht es mir schlecht, verfluche ich schon die Gegenwart, wie erst die Zukunft!«

Es ist eine rhetorische Antwort, keine genaue, schon die völlig unglaubwürdige Art, wie er seine Beziehung zur Zukunft darstellt, beweist es. Es ist eine Abwehr in Panik; einige Monate später lernt man andere rhetorische Ausbrüche dieser Natur von ihm kennen, sie stechen von der sonst bei ihm üblichen ausbalancierten, gerechten Art seiner Sätze sehr auffallend ab.

Aber seit diesem Brief beginnt sich der Gedanke eines Besuches in Berlin, mit dem er Wochen früher zu spielen anfing, zu befestigen. Er will Felice wiedersehen, um sie durch seine Person von sich abzuschrecken, da seine Briefe das nicht vermocht haben. Er wählt Ostern für den Besuch, er hat dann zwei freie Tage. Die Art, wie er den Besuch ankündigt, ist für seine Unentschlossenheit so charakteristisch, daß man aus diesen Briefen der Woche vor Ostern zitieren muß. Es ist das erstemal seit mehr als sieben Monaten, daß sie sich sehen sollen, ihr wirklich erstes Wiedersehen nach jenem einzigen Abend.

Am 16., dem Sonntag vor Ostern, schreibt er ihr: »Rundheraus gefragt, Felice, hättest du Ostern, also Sonntag oder Montag, irgendeine beliebige Stunde für mich frei, und wenn Du sie frei hättest, würdest du es für gut halten, wenn ich komme?«

Am Montag schreibt er: »Ich weiß nicht, ob ich werde fahren können, heute ist es noch unsicher, morgen kann es schon gewiß sein ... Mittwoch um 10 Uhr dürftest Du es schon bestimmt wissen.«

Am Dienstag: »An und für sich besteht das Hindernis für meine Reise noch und wird, fürchte ich, weiter bestehen, als Hindernis aber hat es seine Bedeutung verloren und ich könnte also, soweit dieses in Betracht kommt, kommen. Das wollte ich nur in Eile melden.«

Am Mittwoch: »Ich fahre nach Berlin zu keinem anderen Zweck, als um Dir, der durch Briefe Irregeführten, zu sagen und zu zeigen, wer ich eigentlich bin. Werde ich es persönlich deutlicher machen, als ich es schriftlich konnte? ... Wo kann ich Dich also Sonntag vormittag treffen? Sollte ich doch noch an der Fahrt verhindert werden, so würde ich Dir spätestens Samstag telegraphieren.«

Am Donnerstag: »... und zu den alten Drohungen neuerdings auftretende Drohungen möglicher Hindernisse der kleinen Reise. Jetzt Ostern gibt es gewöhnlich – ich hatte nicht daran gedacht – Kongresse aller möglichen Vereinigungen ...« An einem solchen Kongreß müßte er vielleicht als Vertreter seiner Versicherungsgesellschaft teilnehmen.

Am Freitag: »... Dabei ist es noch gar nicht sicher, ob ich fahre; erst morgen vormittag entscheidet es sich ... Wenn ich fahre, werde ich höchstwahrscheinlich im Askanischen Hof wohnen ... Ich muß mich aber ordentlich ausschlafen, ehe ich vor Dich trete.«

Diesen Brief wirft er erst Samstag früh, am 22., ein. Auf dem Umschlag steht, als letzte Nachricht: »Noch immer unentschieden.« – Aber dann, am selben Tag, steigt er in den Zug nach Berlin und trifft spätabends dort ein.

Am Ostersonntag, dem 23., schreibt er ihr vom Askanischen Hof: »Was ist denn geschehn, Felice? ... Nun bin ich in Berlin, muß nachmittag um 4 oder 5 Uhr wegfahren, die Stunden vergehen und ich höre nichts von Dir. Bitte schicke mir Antwort durch den Jungen ... Ich sitze im Askanischen Hof und warte.«

Felice hatte, was nach den widerstreitenden Ankündigungen der Woche begreiflich war, kaum noch an sein Kommen geglaubt. Er lag etwa 5 Stunden auf dem Kanapee in seinem Hotelzimmer, ihren ungewissen Anruf erwartend. Sie wohnte weit weg, schließlich sah er sie doch, sie hatte wenig Zeit, sie trafen sich im ganzen zweimal für wenige Augenblicke. Das war das erste Wiedersehen nach über sieben Monaten.

Aber selbst diese wenigen Augenblicke scheint Felice gut genützt zu haben. Sie nimmt die Verantwortung für alles auf sich. Er sei ihr unentbehrlich geworden, sagt sie. Das wichtige Ergebnis dieses Besuches ist der Beschluß eines Wiedersehens zu Pfingsten. Statt 7 Monaten soll die Trennung diesmal nur 7 Wochen dauern. Man hat den Eindruck, daß Felice ihnen beiden nun ein Ziel gesetzt hat und versucht, ihm Kraft zu einem Entschlusse einzuflößen.

14 Tage nach seiner Rückkehr überrascht er sie mit der Nachricht, daß er bei einem Gärtner draußen in einer Vorstadt von Prag gearbeitet habe, im kühlen Regen, nur in Hemd und Hose. Es habe ihm gut getan. Sein Hauptzweck sei, sich »für ein paar Stunden von der Selbstquälerei zu befreien, im Gegensatz zu der gespensterhaften Arbeit im Bureau ... eine stumpfsinnige, ehrliche, nützliche, schweigsame, einsame, gesunde, anstrengende Arbeit zu leisten«. So wolle er sich auch für die Nacht einen ein wenig besseren Schlaf verdienen. Kurz vorher hat er ihr einen Brief von Kurt Wolff beigelegt, in dem dieser um den ›Heizer‹ und die ›Verwandlung‹ bittet. Es wirkt wie die Wiederbelebung der Hoffnung, von ihr als Dichter gewertet zu werden.

Aber er hat ihr auch, schon am 1. April, einen ganz anderen Brief geschrieben, einen jener Gegenbriefe, die er vorher anzukündigen pflegt, um ihre Endgültigkeit zu unterstreichen. »Meine eigentliche Furcht – es kann wohl nichts Schlimmeres gesagt und angehört werden – ist die, daß ich Dich niemals werde besitzen können ... Daß ich neben Dir sitzen werde und wie es schon geschehen ist, das Atmen und Leben Deines Leibes an meiner Seite fühlen werde und im Grunde entfernter von Dir sein werde als jetzt in meinem Zimmer ... Daß ich für immer von Dir ausgeschlossen bleibe, ob Du Dich auch so tief zu mir herunterbeugst, daß es Dich in Gefahr bringt...« Dieser Brief deutet auf eine Furcht vor Impotenz, aber man darf sie nicht überschätzen, sie ist nur als eine seiner vielfachen Körper-Ängste zu verstehen, von denen schon ausführlich die Rede war. Felice reagiert nicht darauf, als verstünde sie gar nicht, was gemeint sei, oder als kenne sie ihn nun schon zu gut, um verstehen zu wollen.

Aber während 10 Tagen, die sie in Frankfurt für ihre Firma verbringt, auf einer Ausstellung, hat er wenig Nachrichten von ihr, Postkarten etwa und ein Telegramm aus der Festhalle. Auch von Berlin, nach ihrer Rückkehr, schreibt sie seltener und kürzer. Vielleicht hat sie erkannt, daß es ihr einziges Mittel ist, auf ihn einzuwirken, und durch den Entzug von Briefen treibt sie ihn näher zu dem Entschluß, den sie von ihm erwartet. Er zeigt sich alarmiert. »Deine letzten Briefe sind anders. Meine Sachen sind Dir nicht mehr so wichtig und was noch viel ärger ist: es liegt Dir nicht mehr daran, mir von Dir zu schreiben.« Er bespricht die Pfingstreise mit ihr. Er will ihre Eltern kennenlernen, ein wichtiger Schritt. Er beschwört sie, ihn in Berlin nicht von der Bahn abzuholen, er komme immer in einem schrecklichen Zustand an.

Am 11. und 12. Mai sieht er sie wieder in Berlin. Er verbringt diesmal mehr Zeit mit ihr als zu Ostern und wird von ihrer Familie empfangen. Sie habe, schreibt er kurz danach, den Anblick vollständiger Resignation in bezug auf ihn dargeboten. »Ich fühlte mich so klein, und alle standen so riesengroß um mich herum mit so einem fatalistischen Zug im Gesicht. Das entsprach alles den Verhältnissen, sie besaßen Dich und waren deshalb groß, ich besaß Dich nicht und war deshalb klein ... Ich muß einen sehr häßlichen Eindruck auf sie gemacht haben ...!« Merkwürdig ist an diesem Brief die Übersetzung der Besitz- und Machtverhältnisse in physische Kleinheit und Größe. Das Kleine als das Ohnmächtige ist einem wohlvertraut aus seinen Werken. Das Gegenbild dazu hat man hier in den riesengroßen, für ihn übermächtigen Mitgliedern der Familie Bauer.

Es ist aber nicht nur die Familie, besonders die Mutter, die ihn erschreckt und lähmt, er ist auch beunruhigt über die Art seiner Wirkung auf Felice selbst: ».... Du bist doch nicht ich, Dein Wesen ist Handeln, Du bist tätig, denkst rasch, bemerkst alles, ich hab Dich zuhause gesehen, ... ich habe Dich unter fremden Leuten in Prag gesehn, immer warst Du anteilnehmend und doch sicher – mir aber gegenüber erschlaffst Du, siehst weg oder ins Gras, läßt meine dummen Worte und mein viel begründeteres Schweigen über Dich ergehen, willst nichts ernstlich von mir erfahren, leidest, leidest, leidest nur ...« Kaum ist sie mit ihm allein, benimmt sie sich wie er: sie verstummt, sie wird unsicher und unlustig. Allerdings ist es wahrscheinlich, daß er den Grund zu ihrer Unsicherheit nicht richtig erfaßt hat. Sie kann nichts ernstlich von ihm erfahren wollen, denn sie weiß, was es wäre, das sie erfahren würde: neue und sehr beredte Zweifel, denen sie nichts entgegenzusetzen hätte als ihre einfache Entschlossenheit zur Verlobung. Es ist übrigens auffallend, wie sehr seine Vorstellung von ihr noch von jenem einen Abend in Prag »unter fremden Leuten« bestimmt ist. Man wird nun vielleicht einsehen, warum zu Beginn von jenem ersten Abend so ausführlich die Rede war.

Doch wie immer die neuen Bedenken lauten, die durch ihr Verhalten in seiner Gegenwart entstanden sind, er verspricht, ihrem Vater einen Brief zu schreiben, den er ihr vorher zur Beurteilung einschicken will. Am 16. Mai kündigt er ihn an, am 18. wieder, am 23. verzeichnet er ausführlich, was darin stehen wird, aber er kommt nie, er gelingt ihm nicht, er kann ihn nicht schreiben. Sie bedient sich indessen ihrer einzigen Waffe: Schweigen, und läßt ihn 10 Tage lang ohne Nachricht. Es kommt »das Gespenst eines Briefes«, über den er sich bitter beklagt, er zitiert ihn: »Wir sitzen alle zusammen hier im Restaurant am Zoo, nachdem wir den ganzen Tag im Zoo gesessen haben. Ich schreibe jetzt hier unter dem Tisch und unterhalte mich nebenbei über Reisepläne für den Sommer.« Er fleht sie an um Briefe wie früher: »Liebste Felice, bitte, schreibe mir wieder von Dir wie in früherer Zeit, vom Bureau, von Freundinnen, von der Familie, von Spaziergängen, von Büchern, Du weißt nicht, wie ich das zum Leben brauche.« Er will wissen, ob sie im ›Urteil‹ irgendeinen Sinn findet. Er schickt ihr den eben erschienenen ›Heizer‹. Einmal schreibt sie ausführlicher und diesmal selber zweifelnd. Er bereitet eine »Abhandlung« zur Beantwortung vor, die aber noch nicht fertig ist, nach dieser Meldung von ihm stocken ihre Briefe wieder. Am 15. Juni, in Verzweiflung über ihr Schweigen, schreibt er: »Was will ich denn nur von Dir? Was treibt mich hinter Dir her? Warum lasse ich nicht ab, folge keinem Zeichen? Unter dem Vorwand, Dich von mir befreien zu wollen, dränge ich mich an Dich . . .« Dann, am 16. Juni, schickt er ihr endlich die »Abhandlung« ein, an der er eine ganze Woche mit Stockungen geschrieben hat. Es ist der Brief, in dem er sie darum bittet, seine Frau zu werden.

Es ist der sonderbarste aller Heiratsanträge. Er häuft darin die Schwierigkeiten, er sagt unzählige Dinge über sich, die einem Zusammenleben in einer Ehe im Wege stehen, und verlangt von ihr, daß sie auf alle diese Dinge eingehe. In Briefen, die diesem folgen, fügt er weitere Schwierigkeiten hinzu. Sein eigener Widerstand gegen ein Zusammenleben mit einer Frau kommt darin sehr klar zum Ausdruck. Aber ebenso klar ist es auch, daß er die Einsamkeit fürchtet und an die Kraft denkt, die ihm die Gegenwart eines anderen Menschen geben könnte. Er stellt im Grunde unerfüllbare Bedingungen für eine Ehe und er rechnet mit einer Absage, die er wünscht und provoziert. Aber er hofft auch auf ein starkes, unbeirrbares Gefühl bei ihr, das alle Schwierigkeiten beiseite fegt und es ihnen zum Trotz mit ihm aufnimmt. Sobald sie Ja sagt, wird ihm klar, daß er diese Entscheidung ihr gar nicht hätte überlassen dürfen. »Die Gegenbeweise sind nicht zu Ende, denn ihre Reihe ist unendlich.« Er geht wie zum Schein auf ihr Ja ein und nimmt sie als seine »liebe Braut. Und gleich darauf . . . sage ich, daß ich eine unsinnige Angst vor unserer Zukunft habe und vor dem Unglück, daß sich durch meine Natur und Schuld aus unserem Zusammenleben entwickeln kann und das zuerst und vollständig Dich treffen muß, denn ich bin im Grunde ein kalter, eigennütziger und gefühlloser Mensch trotz aller Schwäche, die das mehr verdeckt als mildert.«

Und nun beginnt sein unerbittlicher Kampf gegen die Verlobung, der sich über die nächsten zwei Monate erstreckt und mit seiner Flucht endet. Für die Art dieses Kampfes ist der eben zitierte Satz charakteristisch. Während er sich früher – man möchte sagen: redlich – geschildert hat, kommt nun mit zunehmender Panik ein rhetorischer Ton in seine Briefe. Er wird zu einem Advokaten gegen sich selbst, der mit allen Mitteln arbeitet, und es ist nicht zu leugnen, daß diese manchmal beschämender Natur sind. Er läßt – auf Veranlassung seiner Mutter – durch ein Detektivbureau in Berlin Erkundigungen über Felicens Ruf einziehen und schildert ihr dann das »ebenso grausliche wie urkomische Elaborat. Wir werden noch darüber lachen«. Sie scheint das, vielleicht wegen des lustigen Tons, dessen Falschheit sie nicht durchschaut, ruhig hinzunehmen. Aber gleich danach, am 3. Juli, seinem 30. Geburtstag, teilt er ihr mit, daß seine Eltern den Wunsch geäußert hätten, Erkundigungen auch über ihre Familie einzuziehen, und er habe seine Einwilligung dazu gegeben. Damit aber hat er sie tief verletzt, Felice liebt ihre Familie. Er verteidigt seinen Schritt mit sophistischen Argumenten, sogar seine Schlaflosigkeit muß wieder herhalten, und obwohl er sein Unrecht keineswegs zugibt, bittet er sie um Entschuldigung, weil er sie gekränkt habe, und zieht die Einwilligung zur Einholung der Auskunft bei seinen Eltern zurück. Diese Affäre steht in solchem Widerspruch zu seinem sonstigen Charakter, daß sie nur durch seine panische Angst vor den Folgen der Verlobung zu erklären wäre.

Wenn es um Errettung von der Ehe geht, bleibt ihm nur Beredsamkeit gegen sich. Sie ist auf der Stelle als solche zu erkennen, ihr Hauptzeichen ist die Verkleidung seiner eigenen Ängste in Besorgnisse um Felice. »Winde ich mich nicht seit Monaten vor Dir wie etwas Giftiges? Bin ich nicht bald hier, bald dort? Wird Dir noch nicht elend bei meinem Anblick? Siehst Du noch immer nicht, daß ich in mich eingesperrt bleiben muß, wenn Unglück, Dein, Dein Unglück, Felice, verhütet werden soll?« Er fordert sie auf, für ihn *Gegenwerbung* bei ihrem Vater zu betreiben, selbst durch Preisgabe seiner Briefe: »Sei, Felice, ehrlich Deinem Vater gegenüber, wenn ich es schon nicht war, sag ihm, wer ich bin, zeig ihm Briefe, steige mit seiner Hilfe aus dem fluchwürdigen Kreis, in den ich, verblendet durch Liebe wie ich war und bin, Dich mit meinen Briefen und Bitten und Beschwörungen gedrängt habe.« Der rhapsodische Ton ist hier beinahe wie von Werfel, er kannte ihn gut und fühlte sich auf heute unerklärlich scheinende Art von ihm angezogen.

An der Wahrhaftigkeit seiner Qual ist nicht zu zweifeln, und wenn er Felice aus dem Spiel läßt, die hier nur noch als ein Blendwerk erscheint, sagt er Dinge über sich, die einen ins Herz treffen. Seine Einsicht in seine Verfassung und Natur ist erbarmungslos und furchtbar. Ich führe unter vielen Sätzen hier einen nur an, der mir als der wichtigste und schrecklichste erscheint: daß nämlich Angst neben Gleichgültigkeit das Grundgefühl sei, das er gegenüber Menschen habe.

Daraus würde sich die Einzigartigkeit seines Werkes erklären, in dem die meisten Affekte, von denen die Literatur geschwätzig und chaotisch wimmelt, *fehlen*. Bedenkt man es mit einigem Mut, so ist unsere Welt eine geworden, in der Angst und Gleichgültigkeit vorherrschen. Indem Kafka sich ohne Nachsicht ausgedrückt hat, hat er als erster das Bild *dieser* Welt gegeben.

Am 2. September, nach zwei Monaten unaufhörlich sich steigernder Qual, kündigt Kafka ganz plötzlich Felice seine Flucht an. Es ist ein langer Brief, und er ist in beiden Sprachen, der rhetorischen wie der seiner Einsicht, geschrieben. Für sie »das größte menschliche Glück« – es ist ihm natürlich keines –, auf das er für das Schreiben verzichte. Für sich die Lehre, die er von seinen Vorbildern bezieht: »Von den vier Menschen, die ich ... als meine eigentlichen Blutsverwandten fühle, von Grillparzer, Dostojewski, Kleist und Flaubert, hat nur Dostojewski geheiratet, und vielleicht nur Kleist, als er sich im Gedränge innerer und äußerer Not erschoß, den richtigen Ausweg gefunden.« Er fahre Samstag zu dem Internationalen Kongreß für Rettungswesen und Hygiene nach Wien, bleibe dort wahrscheinlich bis nächsten Samstag, fahre dann nach Riva ins Sanatorium, bleibe dort und werde dann in den letzten Tagen vielleicht eine kleine Reise durch Oberitalien machen. Sie solle die Zeit dazu verwenden, ruhig zu werden. Für den Preis ihrer Ruhe wolle er auf Briefe überhaupt verzichten. Es ist das erste Mal, daß er nicht um Briefe bittet. Auch er werde ihr nicht eigentlich schreiben. Vielleicht aus Takt verschweigt er ihr, daß der Kongreß in Wien, der ihn wirklich hinzieht, der Zionistenkongreß ist: es ist ein Jahr her, daß die gemeinsame Palästinareise besprochen wurde.

Er verbrachte schlimme Tage in Wien. Der Kongreß und die vielen Menschen, die er sah, waren in seinem desolaten Zustand für ihn unerträglich. Er versuchte vergeblich, sich mit Hilfe einiger Tagebuchaufzeichnungen zu fassen, und er fuhr weiter nach Venedig. In einem Brief an Felice aus Venedig wirkt seine Ablehnung einer Verbindung mit ihr dezidierter. Dann folgten die Tage in einem Sanatorium in Riva, wo er die ›Schweizerin‹ kennen lernte. Er näherte sich ihr rasch, es wurde eine Liebe daraus, die er bei aller Zartheit seiner Diskretion nie verleugnete; sie dauerte nicht länger als zehn Tage. Es scheint, daß sie ihn für eine Weile von seinem Selbsthaß erlöste. Während sechs Wochen, zwischen Mitte September und Ende Oktober, war die Verbindung zwischen

Kafka und Felice abgebrochen. Er schrieb ihr nicht mehr, alles war damals für ihn erträglicher als ihr Drängen auf Verlobung. Da sie nichts mehr von ihm hörte, schickte sie ihm ihre Freundin Grete Bloch nach Prag, mit der Bitte, zwischen ihnen zu vermitteln. Über einen dritten Menschen begann nun eine neue und sehr merkwürdige Phase ihrer Beziehung.

Sobald Grete Bloch auf den Plan trat, spaltete sich Kafka. Die Briefe, die er im Jahr zuvor an Felice schrieb, richtet er jetzt an Grete Bloch. Es ist nun sie, über die er alles wissen will, und er stellt dieselben alten Fragen. Er will sich vorstellen, wie sie lebt, ihre Arbeit, ihr Bureau, ihre Reisen. Er will sofortige Antworten auf seine Briefe, und da sie manchmal mit Verspätung, wenn auch ganz geringer, kommen, bittet er sie um einen regelmäßigen Turnus, den sie allerdings ablehnt. Er interessiert sich für Fragen ihrer Gesundheit; er will wissen, was sie liest. In manchem hat er es leichter als mit Felice, Grete Bloch ist beweglicher, empfänglicher, leidenschaftlicher. So geht sie auf seine Anregungen ein; selbst wenn sie nicht gleich liest, was er ihr empfiehlt, sie merkt sich's und kommt später darauf zurück. Obschon sie ungesünder und unordentlicher lebt als Felice, denkt sie doch über seine Ratschläge in diesen Dingen nach, erwägt sie in ihren Antworten und stachelt ihn dadurch zu noch entschiedeneren Vorschlägen auf, er muß nicht fühlen, daß seine Einwirkung ganz unergiebig bleibt. Er ist in diesen Briefen sicherer; wenn es nicht um ihn ginge, wäre man versucht zu sagen: herrischer. Die Abbreviatur jener früheren Korrespondenz fällt ihm natürlich leichter als damals das Original, es ist eine Klaviatur, auf der er sich eingeübt hat. Etwas Spielerisches ist an diesen Briefen, was die früheren sehr selten hatten, und er wirbt ganz unverhohlen um ihre Neigung.

Zweierlei aber ist wesentlich anders als früher. Er klagt viel weniger, er ist beinahe sparsam mit Klagen. Da Grete Bloch sich ihm bald eröffnet und von ihren eigenen Schwierigkeiten berichtet, wird er von ihrer Traurigkeit ergriffen und spricht ihr zu, sie wird ein wenig zu seiner Leidensgenossin, ja schließlich zu ihm selbst. Er sucht sie mit seinen eigenen Abneigungen zu erfüllen, gegen Wien zum Beispiel, das er seit seiner Unglückswoche im vergangenen Sommer haßt und wohin er ihr schreibt. Er tut alles, um sie von Wien wegzubringen, und es gelingt ihm. Bei alledem hat sie das Glück, sehr geschäftstüchtig zu sein, wenigstens hält er sie dafür, es ist der einzige Zug, den sie mit Felice gemeinsam hat, und er kann sich daran wie früher stärken.

Der Hauptgegenstand dieser Briefe bleibt aber doch Felice. Als ihre Botin ist Grete Bloch zuerst in Prag erschienen. Von Anfang an kann er alles, was ihm in dieser Sache geschieht, offen mit ihr besprechen. Sie versteht sich darauf, die ursprüngliche Quelle seines Interesses an ihr immer weiter zu speisen. Schon im ersten Gespräch teilt sie ihm Dinge über Felice mit, die seinen Widerwillen erregen: die Geschichte ihrer Zahnbehandlung zum Beispiel, man wird über die neuen Goldzähne noch einiges hören. Aber sie vermittelt auch, wenn er in Not ist, und wenn nichts sonst mehr verfängt, gelingt es ihr, Felice zu einer Postkarte oder sonst einer Nachricht an ihn zu bewegen. Seine Dankbarkeit dafür steigert seine Neigung zu Grete Bloch, er macht es aber sehr klar, daß sein Interesse an Grete nicht nur mit ihrer beider Beziehung zu Felice zusammenhängt. Seine Briefe werden immer wärmer, soweit es um Grete geht, Felice aber schildert er darin mit Ironie und Abstand.

Eben diese Distanz, die er durch die Korrespondenz mit Grete Bloch erlangt, und gewiß auch die Gespräche mit dem Dichter Ernst Weiss, seinem neuen Freunde, der Felice nicht mag und von einer Heirat mit ihr abrät, verstärken Kafkas Eigensinn, der erneut um sie wirbt. Er zeigt sich entschlossen, die Verlobung und Heirat jetzt durchzusetzen und kämpft mit einer Zielsicherheit darum, die man ihm nach seinem früheren Verhalten nie zugetraut hätte. Seiner Schuld vom vorigen Jahre bleibt er sich wohl bewußt, als er Felice im letzten Augenblick vor einer öffentlichen Verlobung plötzlich stehen ließ und nach Wien und Riva davonfuhr. In einem großen 40-Seiten-Brief von der Jahreswende 1913 auf 14 berichtet er Felice auch von der Schweizerin und hält zugleich zum zweitenmal um ihre Hand an.

Ihr Widerstand ist nicht weniger hartnäckig als seine Werbung, nach ihrer Erfahrung mit ihm wäre das ihr schwerlich zu verargen. Aber gerade an diesem Widerstand wird er sicherer und obstinater. Er erträgt Demütigungen und peinliche Schläge, weil er sie Grete Bloch schildern kann, alles wird ihr sofort und ausführlich berichtet. Ein sehr beträchtlicher Teil seiner Selbstquälerei verwandelt sich in Anklage gegen Felice. Wenn man die Briefe liest, die oft am selben Tag gleich hintereinander an Grete und Felice geschrieben werden, ist es nicht zweifelhaft, wem seine Liebe gilt. Die Liebesworte, die in den Briefen an Felice stehen, klingen falsch und unglaubwürdig, in den Briefen an Grete Bloch fühlt man sie, meist unausgesprochen, aber um so gültiger, zwischen den Zeilen.

Felice aber bleibt 2½ Monate lang hart und gleichgültig. Alles Peinliche, was er im Vorjahr über sich geäußert hat, empfängt er jetzt, auf ihre primitiven Sätze reduziert, von ihr zurück. Meist aber äußert sie sich gar nicht; bei einem plötzlichen Besuch, den er ihr in Berlin macht, kommt es auf einem Spaziergang im Tiergarten zu seiner tiefsten Demütigung. Er erniedrigt sich vor ihr »wie ein Hund« und erlangt nichts. Der Bericht über diese Demütigung und die Wirkung, die sie auf ihn hatte, auf mehrere Briefe an Grete Bloch verteilt, ist auch abgesehen vom Zusammenhang dieser Verlobungsaffäre von Bedeutung. Er macht es evident, wie schwer Kafka unter Demütigungen litt. Gewiß war es seine eigenartigste Gabe, sich in Kleines zu verwandeln, aber er verwendete diese Begabung, um Demütigungen zu verringern, und die geglückte Verringerung war es, was ihm daran Lust machte. In dieser Hinsicht unterscheidet er sich sehr von Dostojewski, im Gegensatz zu diesem ist er einer der stolzesten Menschen. Da er von Dostojewski durchtränkt ist und sich oft in dessen Medium äußert, wird man manchmal verführt, ihn in diesem Punkt mißzuverstehen. Er sieht sich aber nie als Wurm, ohne sich dafür zu hassen.

Der Verlust ihres schönen, von ihr bewunderten Bruders, der – wie es scheint – wegen einer mißlichen Geldaffäre Berlin verlassen und nach Amerika auswandern mußte, hat Felice dann unsicher gemacht, und ihre Abwehr zerbröckelte. Kafka sieht seinen Vorteil sofort, und nach weiteren vier Wochen gelingt es ihm, sie endlich zur Verlobung zu zwingen. Ostern 1914 kommt es in Berlin zur inoffiziellen Verlobung.

Gleich nach seiner Rückkehr nach Prag berichtet er darüber an Grete Bloch: »Ich wüßte von nichts, das ich mit solcher Bestimmtheit jemals getan hätte.« Aber es gab auch etwas anderes, was er ihr nicht bald genug schreiben kann: »Meine Verlobung oder meine Heirat ändert nicht das Geringste an unserem Verhältnis, in welchem wenigstens für mich schöne und ganz unentbehrliche Möglichkeiten liegen.« Er äußert wieder seine Bitte um eine Zusammenkunft mit ihr, die er schon früher öfters ausgemalt hatte, am liebsten in Gmünd, halbwegs zwischen Prag und Wien. Während es früher von ihm so gedacht war, daß sie sich allein am Samstagabend in Gmünd treffen sollten und dann am Sonntagabend jeder wieder in seine Stadt zurückfahre, denkt er jetzt an eine Begegnung gemeinsam mit Felice.

Seine Wärme für Grete steigert sich seit der Osterverlobung. Ohne sie hätte er die Verlobung nicht zustande gebracht, das weiß er. Sie hat ihm Kraft und Distanz zu Felice gegeben. Aber jetzt, da es soweit ist, wird sie ihm noch unentbehrlicher. Seine Bitten um Fortsetzung der Freundschaft bekommen einen für seine Verhältnisse stürmischen Charakter. Sie verlangt ihre Briefe zurück, er will sie ihr nicht geben. Er hängt an ihnen, als wären es die seiner Braut. Er, der eigentlich niemand in Zimmer und Wohnung erträgt, lädt sie schon dringlich für den Winter in die gemeinsame Wohnung mit Felice ein. Er beschwört sie, nach Prag zu kommen und statt seines Vaters mit ihm zusammen nach Berlin zur offiziellen Verlobung zu fahren. Er nimmt weiter, vielleicht noch etwas intensiver, Anteil an ihren persönlichsten Affären. Sie meldet ihm, daß sie im Wiener Museum das Grillparzerzimmer besucht hat, wozu er sie schon lange gedrängt hatte. Er bedankt sich für diese Nachricht mit folgenden Sätzen: »Es war sehr lieb von Ihnen, daß Sie ins Museum gegangen sind . . . Ich hatte das Bedürfnis zu wissen, daß Sie im Grillparzerzimmer gewesen sind und daß dadurch auch zwischen mir und dem Zimmer eine körperliche Beziehung entstanden ist.« Sie hat Zahnschmerzen, er reagiert darauf mit vielen besorgten Fragen und schildert bei dieser Gelegenheit die Wirkung des »fast vollständigen Goldgebisses« der Felice auf ihn: »In der ersten Zeit mußte ich, um die Wahrheit zu sagen, vor F.'s Zähnen die Augen senken, so erschreckte mich dieses glänzende Gold (an dieser unpassenden Stelle ein wirklich höllenmäßiger Glanz) . . . Später sah ich, wenn es nur anging, absichtlich hin, . . . um mich zu quälen und um mir schließlich zu glauben, daß das alles wirklich wahr sei. In einem selbstvergessenen Augenblick fragte ich F. sogar, ob sie sich nicht schäme. Natürlich schämte sie sich glücklicherweise nicht. Jetzt aber bin ich damit . . . fast ganz ausgesöhnt. Ich würde die Goldzähne nicht mehr wegwünschen, . . . weggewünscht habe ich sie eigentlich niemals. Nur scheinen sie mir heute fast passend, besonders präcis . . . ein ganz deutlicher, freundlicher, immer aufzuzeigender, für die Augen niemals wegzuleugnender, menschlicher Fehler, der mich vielleicht F. näher bringt, als es ein, im gewissen Sinn auch fürchterliches, gesundes Gebiß imstande wäre.«

Mit ihren Fehlern, die er jetzt sah, es gab noch andere als die

Goldzähne, wollte er Felice nun zur Frau nehmen. Er hatte sich ihr im vergangenen Jahr mit all seinen Fehlern auf die furchtbarste Weise dargestellt. Er hatte sie mit diesem Bilde von sich nicht abschrecken können, aber seine Wahrheit hatte solche Gewalt über ihn bekommen, daß er ihr und Felice nach Wien und dann nach Riva entfloh. Dort, in seiner Einsamkeit und im tiefsten Elend, traf er die ›Schweizerin‹ und vermochte, wozu er sich außerstande gefühlt hatte, zu lieben. Damit war seine ›Konstruktion‹ über sich, wie er es später nannte, erschüttert. Ich glaube, es wurde nun auch zu einer Frage seines Stolzes, sein Versagen gutzumachen und Felice doch zur Frau zu gewinnen. Aber nun erfuhr er die Wirkung seiner Selbstdarstellung als zähen Widerstand bei ihr. Ein Ausgleich war nur möglich, wenn er sie mit all ihren Fehlern, nach denen er nun begierig suchte, zur Frau nahm, so wie sie ihn zum Mann. Aber Liebe war es nicht, obwohl er's ihr anders sagte. Im Verlauf des sehr harten Kampfes um Felice entstand seine Liebe zu der Frau, ohne deren Hilfe er diesen Kampf nicht bestanden hätte, zu Grete Bloch. Die Ehe war nur vollständig, wenn er sie dabei mitdachte. Alle seine instinktiven Handlungen in den sieben Wochen zwischen Ostern und Pfingsten gehen in diese Richtung. Sicher hoffte er auch auf ihre Hilfe in den peinlichen äußeren Situationen, in denen er sich nun bald befinden würde und die er fürchtete. Aber es spielte die umfassendere Vorstellung mit, daß eine Ehe, die er als eine Art Pflicht, als moralische Leistung empfand, nicht gelingen konnte ohne Liebe, und durch die Gegenwart von Grete Bloch, für die er sie fühlte, hätte er Liebe in die Ehe mitgebracht.

In diesem Zusammenhang ist zu sagen, daß Liebe bei Kafka, der sich im Gespräch nur selten frei fühlte, durch sein geschriebenes Wort entstand. Als die drei wichtigsten Frauen in seinem Leben muß man Felice, Grete Bloch und Milena nennen. Bei jeder der drei entstanden seine Gefühle durch Briefe.

Was zu erwarten war, geschah dann: die offizielle Verlobung in Berlin wurde Kafka zum Schrecken. Beim Empfang, den die Familie Bauer am 1. Juni 1914 gab, fühlte er sich trotz der Anwesenheit Grete Blochs, die er sich so gewünscht hatte, »gebunden wie ein Verbrecher. Hätte man mich mit wirklichen Ketten in einen Winkel gesetzt und Gendarmen vor mich gestellt und mich nur auf diese Weise zuschauen lassen, es wäre nicht ärger gewesen. Und das war meine Verlobung, und alle bemühten sich, mich zum Leben zu bringen, und da es nicht gelang, mich zu dulden, wie ich war.« Dies die Eintragung in seinem Tagebuch wenige Tage danach. In einem fast zwei Jahre späteren Brief an Felice schildert er einen anderen Schrecken jener Tage, der ihm noch immer in den Knochen lag, wie sie nämlich damals in Berlin zusammen »Möbel für die Prager Einrichtung eines Beamten« einkaufen gingen. »Schwere Möbel, die, einmal aufgestellt, kaum mehr wegzubringen schienen. Gerade ihre Solidität schätztest Du am meisten. Die Kredenz bedrückte mir die Brust, ein vollkommenes Grabdenkmal oder ein Denkmal Prager Beamtenlebens. Wenn bei der Besichtigung irgendwo in der Ferne des Möbellagers ein Sterbeglöckchen geläutet hätte, es wäre nicht unpassend gewesen.«

Schon am 6. Juni, einige Tage nach jenem Empfang, schrieb er, wieder in Prag, einen Brief an Grete Bloch, der den Leser der Korrespondenz des Vorjahres unheimlich vertraut anmutet: »Liebes Frl. Grete, gestern war wieder ein Tag, an dem ich vollständig gebunden war, unfähig mich zu rühren, unfähig, den Brief an Sie zu schreiben, zu dem mich alles drängte, was an mir noch Rest des Lebens war. Manchmal – Sie sind die Einzige, die es vorläufig erfährt – weiß ich wirklich nicht, wie ich es verantworten kann, so wie ich bin zu heiraten.«

Grete Blochs Einstellung zu ihm hatte sich aber entscheidend verändert. Sie lebte nun in Berlin, wie er es selber wollte, und fühlte sich hier nicht mehr so verlassen wie in Wien. Sie hatte ihren Bruder, an dem sie hing, aber auch andere Menschen von früher, sie sah Felice. Ihre Mission, an die sie wohl geglaubt hatte, nämlich das Zustandebringen der Verlobung, war ihr gelungen. Aber sie hatte noch bis knapp vor ihrer Übersiedlung nach Berlin Kafkas Briefe entgegengenommen, die kaum verhüllte Liebesbriefe an sie waren, sie hatte sie beantwortet, es gab zwischen ihnen Geheimnisse, die Felice betrafen, und sicher war auch in ihr ein starkes Gefühl für ihn entstanden. Das Kleid, das sie für die Verlobung tragen sollte, wurde in ihren Briefen besprochen, es ist, als wäre sie die Braut. »Verbessern Sie nichts mehr daran«, schreibt er von *ihrem* Kleid, »es wird, wie es auch sein mag mit den, nun, mit den zärtlichsten Augen angesehen werden.« Diesen Brief schrieb er ihr einen Tag vor der Reise und der Verlobung.

Die Verlobung, bei der sie dann doch nicht die Braut war, muß für Grete ein Schock gewesen sein. Als er sich bald darauf in einem Brief bei ihr darüber beklagte, daß es noch drei Monate bis zur Hochzeit dauern solle, schrieb sie ihm: »Drei Monate werden Sie doch noch erleben können.« Diese Äußerung allein, man kennt so wenige von ihr, ist Beweis genug für die Eifersucht, unter der sie gewiß zu leiden hatte. In der Nähe von Felice, wo sie jetzt lebte, mußte sie sich besonders schuldig fühlen. Sie vermochte sich von dieser Schuld nur zu befreien, indem sie zu Felice überging. So war sie nun plötzlich Kafkas Feindin und begann den Ernst seines Entschlusses zur Heirat argwöhnisch zu belauern. Er aber schrieb ihr vertrauensvoll weiter und entlud seine Angst vor der bevorstehenden Ehe mit Felice mehr und mehr in seinen Briefen. Sie begann ihm zuzusetzen, er wehrte sich mit den alten Argumenten seiner Hypochondrie und erklärte sich, da sie es war, zu der er sprach, überzeugender und überlegener als in den Briefen des Vorjahres an Felice. Es gelang ihm, sie zu alarmieren, sie warnte Felice, er wurde vors ›Gericht‹ nach Berlin zitiert.

Mit dem ›Gericht‹ im Askanischen Hof im Juli 1914 ist die Krise der Doppelbeziehung zu den beiden Frauen erreicht. Die Auflösung der Verlobung, zu der alles in Kafka drängte, ist ihm scheinbar von außen auferlegt worden. Aber es ist, als hätte er sich die Mitglieder dieses Gerichtshofes selbst ausgesucht, er hat sie präpariert wie noch kein Angeklagter. Der Schriftsteller Ernst Weiss, der selbst in Berlin lebte, war seit sieben Monaten sein Freund, zu seinen literarischen Qualitäten brachte er in die Freundschaft etwas mit, was für Kafka unschätzbar war: seine unerschütterliche Ablehnung von Felice, er war von Anfang an ein Feind der Verlobung. Um die Liebe von Grete Bloch hatte Kafka ebensolange geworben. Er hatte sie durch seine Briefe verzaubert und mehr und mehr auf seine Seite gezogen. In der Zeit zwischen der privaten und der offiziellen Verlobung waren seine Liebesbriefe statt an Felice an Grete Bloch gerichtet. Sie geriet dadurch in eine Zwangslage, aus der es eine einzige Befreiung für sie gab: eine Umkehrung, in der *sie* zu seiner Richterin wurde. Sie spielte die Punkte der Anklage Felice in die Hand; es waren Stellen in Kafkas Briefen an sie, die sie rot unterstrich. Felice brachte ihre Schwester Erna mit zum ›Gericht‹, vielleicht als Gegengewicht gegen ihren Feind Ernst Weiss, der auch zugegen war. Die Anklage, die hart und gehässig war, brachte Felice selbst vor, es ist aus den spärlichen Zeugnissen nicht klar, ob und wieweit Grete Bloch auch dann noch direkt eingriff. Aber sie war da, und Kafka empfand sie als die eigentliche Richterin. Er sagte kein Wort, er verteidigte sich nicht, und die Verlobung ging in Trümmer, wie er sich's gewünscht hatte. Er verließ Berlin und verbrachte in Gesellschaft von Ernst Weiss zwei Wochen am Meer. In seinem Tagebuch schildert er die Lähmung der Berliner Tage.

Nachträglich läßt es sich sehr wohl auch so sehen, daß Grete Bloch auf diese Weise die Verbindung verhinderte, auf die sie eifersüchtig war. Es läßt sich auch sagen, daß Kafka sie in einer Art von vorsorglicher Ahnung nach Berlin dirigiert und dort mit seinen Briefen in einen Zustand versetzt hat, in dem sie statt seiner die Kraft fand, ihn aus der Verlobung zu erretten.

Aber die Art dieser Auflösung, ihre konzentrierte Form als ›Gericht‹ – er hat es seither nie anders genannt –, hatte eine überwältigende Wirkung auf ihn. Anfang August begann seine Reaktion darauf sich zu formulieren. Der Prozeß, der sich bis jetzt im Verlauf von zwei Jahren zwischen Felice und ihm in Briefen abgespielt hatte, verwandelte sich nun in jenen anderen ›*Prozeß*‹, den jeder kennt. Es ist derselbe Prozeß, er hatte ihn eingeübt; daß er unendlich viel mehr einbezog, als man aus den Briefen allein zu erkennen vermöchte, darf über die Identität der beiden Prozesse nicht hinwegtäuschen. Die Kraft, die er früher bei Felice gesucht hatte, gab ihm jetzt der Schock des ›Gerichts‹. Gleichzeitig tagte das Weltgericht – der erste Weltkrieg war ausgebrochen. Sein Abscheu gegen die Massenereignisse, die diesen Ausbruch begleiteten, steigerte seine Kraft. Er kannte für die privaten Vorgänge in ihm nicht jene Mißachtung, durch die sich nichtssagende Schreiber von Dichtern unterscheiden. Wer meint, daß es ihm gegeben sei, seine innere Welt von der äußeren zu trennen, hat gar keine innere, von der etwas zu trennen wäre. Aber bei Kafka war es so, daß die Schwäche, unter der er litt, das zeitweilige Aussetzen seiner Lebenskräfte, ein Herausstellen und Objektivieren seiner ›privaten‹ Vorgänge nur sehr sporadisch möglich machte. Um die Kontinuität zu erlangen, die er für unerläßlich hielt, war zweierlei nötig: ein sehr starker, aber irgendwie doch falscher Schock wie jenes ›Gericht‹, der seine Genauigkeitsqualen zur Abwehr nach außen mobilisierte, und eine Verknüpfung der äußeren Hölle der Welt mit seiner inneren. Das war im August 1914 der Fall, er hat diesen Zusammenhang selbst erkannt und auf seine Weise deutlich ausgesprochen.

II.

Zwei entscheidende Ereignisse in Kafkas Leben, die er sich nach seiner Art besonders privat gewünscht hätte, hatten sich in peinlichster Öffentlichkeit abgespielt: die offizielle Verlobung in der Wohnung der Familie Bauer am 1. Juni, und sechs Wochen danach am 12. Juli 1914 das ›Gericht‹ im Askanischen Hof, das zur Entlobung führte. Es läßt sich zeigen, daß der emotionelle Gehalt beider Ereignisse unmittelbar in den ›Prozeß‹ einging, mit dessen Niederschrift er im August begann. Die Verlobung ist zur Verhaftung des ersten Kapitels geworden, das ›Gericht‹ findet sich als Exekution im letzten.

Einige Stellen in den Tagebüchern machen diesen Zusammenhang so klar, daß man sich wohl erlauben darf, ihn unter Beweis zu stellen. Die Integrität des Romans wird dadurch nicht berührt. Wenn die Notwendigkeit bestünde, seine Bedeutung zu erhöhen, so wäre die Kenntnis des vorliegenden Briefbandes dazu ein Mittel. Diese Notwendigkeit besteht zum Glück nicht. Aber auf keinen Fall wird dem Roman durch die folgende Überlegung, die immerhin ein Eingriff ist, etwas von seinem seit jeher wachsenden Geheimnis genommen.

Die Verhaftung von Josef K. findet in einer ihm wohlbekannten Wohnung statt. Sie setzt ein, als er sich noch im Bett befindet, der jeder Person vertrautesten Stätte. Um so unverständlicher ist, was an diesem Morgen geschieht, da ein völlig unbekannter Mensch vor ihm steht und ein zweiter sehr bald danach ihm die Verhaftung mitteilt. Diese Mitteilung ist aber eine vorläufige, und der eigentliche rituelle Akt der Verhaftung findet vor dem Aufseher im Zimmer von Frl. Bürstner statt, wo niemand von den Anwesenden, auch K. selber nicht, etwas zu suchen hätte. Man fordert ihn auf, sich für diesen Akt feierlich anzuziehen. Im Zimmer von Frl. Bürstner befinden sich außer dem Aufseher und den zwei Wächtern drei junge Leute, die K. nicht erkennt, oder erst viel später, Beamte der Bank, in der er eine höhere Stelle bekleidet. Aus der Wohnung gegenüber schauen fremde Leute zu. Ein Grund für die Verhaftung wird nicht angegeben, und was das Sonderbarste ist, er bekommt, obschon sie ausgesprochen ist, die Erlaubnis, sich zur Arbeit in seine Bank zu begeben und darf sich auch weiterhin frei bewegen.

Dieser Umstand der Bewegungsfreiheit nach der Verhaftung ist es, der zuerst an jene Verlobung Kafkas in Berlin erinnert. Kafka hatte damals das Gefühl, daß ihn die Sache gar nichts anginge. Er fühlte sich gefesselt und wie unter Fremden. Die bereits zitierte Stelle aus dem Tagebuch, die sich darauf bezieht, lautet: »War gebunden wie ein Verbrecher. Hätte man mich mit wirklichen Ketten in einen Winkel gesetzt und Gendarmen vor mich gestellt und mich nur auf diese Weise zuschauen lassen, es wäre nicht ärger gewesen. Und das war meine Verlobung...« Das Peinliche, das beiden Vorgängen gemeinsam ist, ist ihre Öffentlichkeit. Die Anwesenheit beider Familien bei der Verlobung – er hatte es schon immer schwer gehabt, sich gegen seine eigene abzugrenzen – trieb ihn mehr als je auf sich zurück. Infolge des Zwangs, den sie auf ihn ausübten, empfand er sie als Fremde. Unter den Anwesenden waren Mitglieder der Familie Bauer, die er wirklich noch nicht kannte, und auch andere ihm fremde Gäste, zum Beispiel der Bruder der Grete Bloch. Andere hatte er vielleicht ein- oder zweimal flüchtig gesehen, aber selbst die Mutter der Felice, mit der er schon gesprochen hatte, war ihm nie geheuer. Was aber seine eigenen Angehörigen betrifft, so ist es, als hätte er die Fähigkeit, sie zu erkennen, verloren, weil sie sich an einer Art von Gewaltakt gegen ihn beteiligten.

Eine ähnliche Mischung von Fremden und Bekannten verschiedenen Grades findet sich bei der Verhaftung Josef K.s. Da waren die zwei Wächter und der Aufseher, völlig neue Figuren; die Leute aus dem Hause gegenüber, die er gesehen haben mochte, ohne daß sie ihn etwas angingen; und die jungen Männer aus seiner Bank, die er zwar täglich sah; aber während des Aktes der Verhaftung, an dem sie durch ihre Anwesenheit beteiligt waren, wurden sie für ihn zu Fremden.

Noch wichtiger aber ist die Lokalität der Verhaftung, das Zimmer von Frl. Bürstner. Ihr Name beginnt mit B wie Bauer, aber mit B beginnt auch der Name der Grete Bloch. Es finden sich Familienphotos im Zimmer, an der Fensterklinke hängt eine weiße Bluse. Keine Frau ist bei der Verhaftung im Zimmer zugegen, nur die Bluse ist ein auffälliger Stellvertreter.

Aber das Eindringen in Frl. Bürstners Zimmer, ohne daß sie davon weiß, beschäftigt K., der Gedanke an die dort verursachte Unordnung läßt ihn nicht los. Als er abends von der Bank nach Hause kommt, bespricht er sich mit seiner Zimmervermieterin, Frau Grubach. Sie hat den Ereignissen des Vormittags zum Trotz das Vertrauen in ihn nicht verloren. »Es handelt sich ja um Ihr Glück«, so beginnt einer ihrer beschwichtigenden Sätze. Das Wort ›Glück‹ an dieser Stelle berührt sonderbar, es ist ein Eindringling hier, es erinnert an die Briefe an Felice, wo ›Glück‹ immer auf zweideutige Weise gebraucht wurde, es klang da, als würde es zugleich und vorzüglich ›Unglück‹ bedeuten. – K. bemerkt, daß er sich bei Frl. Bürstner entschuldigen möchte, weil er ihr Zimmer in Anspruch genommen habe. Frau Grubach beruhigt ihn und zeigt ihm das Zimmer, wo alles schon wieder in Ordnung gebracht war. »Auch die Bluse hing nicht mehr an der Fensterklinke.« Es ist schon spät und Frl. Bürstner ist noch nicht zu Hause. Frau Grubach läßt sich zu Bemerkungen über das Privatleben des Fräuleins hinreißen, die etwas Aufreizendes haben. K. wartet die Heimkehr von Frl. Bürstner ab, verwickelt sie, ein wenig gegen ihren Willen, in ihrem Zimmer in ein Gespräch über die Ereignisse des Vormittags und wird bei deren Schilderung so laut, daß im Nebenzimmer einigemal stark geklopft wird. Frl. Bürstner fühlt sich kompromittiert und ist unglücklich darüber, K. küßt, als wolle er sie trösten, ihre Stirn. Er verspricht ihr, vor der Zimmervermieterin alles auf sich zu nehmen, aber sie will nichts davon hören und drängt ihn ins Vorzimmer. K. »faßte sie, küßte sie auf den Mund und dann über das ganze Gesicht, wie ein durstiges Tier mit der Zunge über das endlich gefundene Quellwasser hinjagt. Schließlich küßte er sie auf den Hals, wo die Gurgel ist, und dort ließ er die Lippen lange liegen.« – In sein Zimmer zurückgekehrt, schlief er sehr bald ein, »vor dem Einschlafen dachte er noch ein Weilchen über sein Verhalten nach, er war damit zufrieden, wunderte sich aber, daß er nicht noch zufriedener war«.

Es fällt schwer, sich des Gefühls zu erwehren, daß in dieser Szene Frl. Bürstner für Grete Bloch steht. Das Verlangen, das Kafka nach ihr empfunden hatte, ist stark und unvermittelt da. Die Verhaftung, die sich aus jenem qualvollen Vorgang der Verlobung mit Felice herleitet, ist in das Zimmer der anderen Frau verlegt worden. K., der sich am Vormittag noch keiner Schuld bewußt war, ist durch sein Verhalten in der Nacht darauf, durch seinen Überfall auf Frl. Bürstner schuldig geworden. Denn »er war damit zufrieden«.

Die komplexe und beinah unentwirrbare Situation, in der Kafka sich bei der Verlobung befand, ist so von ihm im ersten Kapitel des ›Prozeß‹ auf berückend klare Weise auseinandergelegt worden. Er hatte sich die Anwesenheit Grete Blochs bei der Verlobung sehr gewünscht und selbst Interesse für das Kleid gezeigt, das sie zu dieser Gelegenheit tragen würde. Es ist nicht ausgeschlossen, daß dieses Kleid sich in die weiße Bluse verwandelt hat, die in Frl. Bürstners

Zimmer hing. Trotz seiner Bemühungen im weiteren Verlauf des Romans gelingt es K. nicht, sich mit Frl. Bürstner über das Vorgefallene auszusprechen. Sie entzieht sich ihm geschickt, sehr zu seinem Verdruß, und der Überfall jener Nacht bleibt beider unberührtes Geheimnis.

Auch das erinnert an Kafkas Beziehung zu Grete Bloch. Was immer zwischen ihnen vorgefallen war, es ist Geheimnis geblieben. Es ist auch nicht anzunehmen, es gibt keinerlei Anzeichen dafür, daß dieses Geheimnis beim ›Gericht‹ im Askanischen Hof zur Sprache gekommen wäre. Denn da ging es um seine zweifelhafte Stellung zur Verlobung, die Partien in seinen Briefen an Grete Bloch, die diese öffentlich preisgab, bezogen sich auf Felice und die Verlobung, das eigentliche Geheimnis, das zwischen Grete und Kafka bestand, ist von keinem der beiden angetastet worden. Im Briefband, wie er heute vorliegt, fehlt alles, was Klarheit darüber zu schaffen vermöchte: es ist offenkundig, daß einige der Briefe von ihr vernichtet wurden. –

Um nun weiterhin zu begreifen, wie aus dem ›Gericht‹, das Kafka mit enormer Wucht traf, die Exekution im letzten Kapitel des *Prozeß* wurde, ist es notwendig, einige Stellen aus Tagebüchern und Briefen anzuführen. Gegen Ende Juli sucht er den Ablauf der Vorgänge eilig und vorläufig, man möchte sagen von außen, zu verzeichnen:

»Der Gerichtshof im Hotel ... Das Gesicht F.s. Sie fährt mit den Händen in die Haare, gähnt. Rafft sich plötzlich auf und sagt gut Durchdachtes, lange Bewahrtes, Feindseliges. Der Rückweg mit Frl. Bl. ...

Bei den Eltern. Vereinzelte Tränen der Mutter. Ich sage die Lektion auf. Der Vater erfaßt es richtig von allen Seiten ... Sie geben mir recht, es läßt sich nichts oder nicht viel gegen mich sagen. Teuflisch in aller Unschuld. Scheinbare Schuld des Frl. Bl. ...

Warum haben mir die Eltern und die Tante so nachgewinkt? ...

Nächsten Tag zu den Eltern nicht mehr gegangen. Nur Radler mit Abschiedsbrief geschickt. Brief unehrlich und kokett. ›Behaltet mich nicht in schlechtem Angedenken.‹ Ansprache vom Richtplatz.«

So hatte sich schon damals, am 27. Juli, zwei Wochen nach den Ereignissen, der ›Richtplatz‹ in seinem Geiste festgesetzt. Mit dem Worte ›Gerichtshof‹ hatte er die Sphäre des Romans betreten. Mit ›Richtplatz‹ ist sein Ziel und sein Ende vorweggenommen. Diese frühe Festsetzung des Ziels ist bemerkenswert. Sie erklärt die Sicherheit in der Entfaltung des ›*Prozeß*‹.

Ein Mensch in Berlin war »über alle Begriffe gut« zu ihm, und er hat es nie vergessen, Erna, die Schwester der Felice. Über sie steht folgendes im Tagebuch vom 28. Juli: »Ich denke an die Strecke, die wir, E. und ich, von der Elektrischen zum Lehrter Bahnhof gingen. Keiner sprach, ich dachte an nichts anderes, als daß jeder Schritt ein Gewinn für mich sei. Und E. ist lieb zu mir; glaubt sogar unbegreiflicherweise an mich, trotzdem sie mich vor dem Gericht gesehen hat; ich fühlte sogar hie und da die Wirkung dieses Glaubens an mich, ohne diesem Gefühl allerdings ganz zu glauben.«

Ernas Güte und das rätselhafte Nachwinken der Eltern, nachdem alles vorüber war, haben sich auf der letzten Seite des ›*Prozeß*‹, knapp vor der Exekution, zu jenem über alle Maßen herrlichen Passus verdichtet, den keiner, der ihn gelesen hat, je wieder verliert:

»Seine Blicke fielen auf das letzte Stockwerk des an den Steinbruch angrenzenden Hauses. Wie ein Licht aufzuckt, so fuhren die Fensterflügel eines Fensters dort auseinander, ein Mensch, schwach und dünn in der Ferne und Höhe, beugte sich mit einem Ruck weit vor und streckte die Arme noch weiter aus. Wer war es? Ein Freund? Ein guter Mensch? Einer, der teilnahm? Einer, der helfen wollte? War es ein einzelner? Waren es alle? War noch Hilfe?«

(Einige Sätze weiter stand in der ursprünglichen Fassung: »Wo war der Richter? Wo war das Hohe Gericht? Ich habe zu reden. Ich hebe die Hände.«)

Kafka hat sich im Askanischen Hof nicht verteidigt. Er hat geschwiegen. Er hat das Gericht über sich nicht anerkannt und diese Nichtanerkennung durch Schweigen bekundet. Dieses Schweigen hat lange gedauert: drei Monate lang war die Verbindung zwischen ihm und Felice ganz abgebrochen. Aber er schrieb manchmal ihrer Schwester Erna, die an ihn glaubte. Im Oktober besann sich Grete Bloch auf ihre ursprüngliche Vermittlerrolle und versuchte wiederanzuknüpfen. Ihr Brief an ihn ist nicht erhalten, wohl aber seine Antwort darauf. »Sie sagen zwar, daß ich Sie hasse«, heißt es darin, »es ist aber nicht wahr . . . Sie saßen zwar im Askanischen Hof als Richterin über mir – es war abscheulich für Sie, für mich, für alle – aber es sah nur so aus, in Wirklichkeit saß ich auf Ihrem Platz und habe ihn bis heute nicht verlassen.«

Es läge nahe, den Schluß dieses Satzes als Selbstanklage zu verstehen, als Selbstanklage, die lange schon eingesetzt hat und nie endet. Ich glaube aber nicht, daß sein Sinn damit erschöpft ist. Viel wichtiger scheint mir daran, daß er Grete Bloch von ihrem Richterplatz absetzt, er verdrängt sie und setzt sich selbst an ihre angemaßte Stelle. Es gibt kein äußeres Gericht, das er anerkennt, er ist sein eigenes Gericht, er ist es aber sehr, und es wird immer tagen. Über ihre Usurpation sagt er zwar nichts Stärkeres als »es sah nur so aus«, aber das ›Durchschauen‹ ihrer Anmaßung wirkt so, als wäre sie überhaupt nie wirklich auf jenem Richtsitz gesessen. Statt sie mit Gewalt zu verdrängen, erweist er sie als Illusion. Er weigert sich, mit ihr zu kämpfen, aber hinter der Noblesse seiner Antwort verbirgt sich, wie wenig er ihr einräumt, nicht einmal den Haß des Kampfes. Es ist ihm bewußt, daß er seinen Prozeß gegen sich selber führt, keinem anderen steht es zu, ihn zu führen, und als er diesen Brief schrieb, war er noch lange nicht zu Ende.

Vierzehn Tage später, in seinem ersten, sehr langen Brief an Felice, schreibt er, daß er im Askanischen Hof nicht aus Trotz geschwiegen habe, eine nicht ganz überzeugende Behauptung. Denn schon im nächsten Satz heißt es: »Was Du sagtest, war doch so deutlich, ich will es nicht wiederholen, aber es waren Dinge darunter, die fast unter 4 Augen zu sagen unmöglich hätte sein sollen . . . Ich sage auch jetzt nichts mehr dagegen, daß Du Frl. Bl. mitgenommen hattest, ich hatte Dich ja in dem Brief an sie fast entwürdigt, sie durfte dabeisein. Daß Du allerdings auch Deine Schwester, die ich damals kaum kannte, hinkommen ließest, verstand ich nicht . . .«

Der Ausgang der Sache, die Entlobung, war, was er sich gewünscht hatte, darüber konnte er nur Erleichterung empfinden. Was ihn aber traf, was ihn zutiefst beschämte, war die Öffentlichkeit des Vorgangs. Die Scham über diese Demütigung, deren Schwere nur an seinem Stolz gerecht zu messen wäre, blieb gesammelt in ihm, sie trug den ›*Prozeß*‹ und floß ganz ins letzte Kapitel. K. läßt sich beinah schweigend, beinah widerstandslos zur Exekution führen. Jene Abwehr, die in ihrer Hartnäckigkeit den Gang des Romans ausmacht, gibt er plötzlich vollkommen auf. Der Weg durch die Stadt ist wie die Zusammenfassung aller früheren Wege, die der Abwehr galten. »Da stieg vor ihnen aus einer tiefer gelegenen Gasse auf einer kleinen Treppe Fräulein Bürstner zum Platz empor. Es war nicht ganz sicher, ob sie es war, die Ähnlichkeit war freilich groß.« Er setzte sich in Gang und bestimmte jetzt die Wegrichtung. »Er bestimmte sie nach dem Weg, den das Fräulein vor ihnen nahm, nicht etwa, weil er sie einholen, nicht etwa, weil er sie möglichst lange sehen wollte, sondern nur deshalb, um die Mahnung, die sie für ihn bedeutete, nicht zu vergessen.« Es ist die Mahnung an sein Geheimnis und die nie ausgesprochene Schuld. Sie ist unabhängig vom Gericht, das sich ihm entzogen, sie ist unabhängig von der Anklage, die er nie in Erfahrung gebracht hat. Doch sie bestärkt ihn in der Aufgabe jener Abwehr auf seinem letzten Gang. Jene Demütigung aber, von der die Rede war, reicht noch länger, bis in die allerletzten Sätze:

»Aber an K.s Gurgel legten sich die Hände des einen Herrn, während der andere das Messer ihm ins Herz stieß und zweimal dort drehte. Mit brechenden Augen sah noch K., wie die Herren nahe vor seinem Gesicht, Wange an Wange aneinandergelehnt, die Entscheidung beobachteten. ›Wie ein Hund!‹ sagte er, es war, als sollte die Scham ihn überleben.«

Die letzte Demütigung ist die Öffentlichkeit dieses Todes, den die beiden Henker, nahe vor seinem Gesicht, Wange an Wange aneinandergelehnt, beobachteten. K.s brechende Augen sind Zeugen dieser Öffentlichkeit seines Todes. Sein letzter Gedanke gilt der Scham, die stark genug wäre, ihn zu überleben, und der letzte Satz, den er ausspricht, lautet »Wie ein Hund«.

Im August 1914, wie schon erwähnt worden ist, begann Kafka mit dem Schreiben. Während dreier Monate gelang es ihm, sich ihm täglich zu widmen, nur zwei Abende fielen aus, was er nicht ohne Stolz in einem späteren Brief vermerkt. Seine Hauptarbeit war die am ›Prozeß‹, dem sein eigentlicher Impetus galt. Aber er unternahm auch anderes, eine ununterbrochene Beschäftigung mit dem ›Prozeß‹ war ihm offenbar nicht möglich. Im August begann er auch die ›Erinnerung an die Kaldabahn‹, ein Stück, das er nie vollendete. Im Oktober nahm er sich vierzehn Tage Urlaub, um den Roman vorwärtszutreiben, und schrieb statt dessen in dieser Zeit ›In der Strafkolonie‹ und das letzte Kapitel von ›Amerika‹.

Noch während dieses Urlaubs setzte der Versuch einer Wiederanknüpfung von seiten der Frauen ein. Als erstes erhält er einen Brief von Grete Bloch: aus seiner Antwort darauf ist ein Stück bereits zitiert worden. Diese Antwort »sieht unnachgiebig aus«, er trägt sie in sein Tagebuch ein und vermerkt dazu: »Ich weiß, daß es so bestimmt ist, daß ich allein bleibe.« Er denkt an seinen Widerwillen gegen Felice »bei ihrem Anblick, als sie tanzte, mit strengem gesenktem Blick, oder als sie kurz vor dem Weggehn im ›Askanischen Hof‹ mit der Hand über die Nase und in die Haare fuhr und die unzähligen Augenblicke vollständigster Fremdheit«. Aber immerhin, er hat mit dem Brief den ganzen Abend über gespielt, die Arbeit stockt, obwohl er sich zu ihr fähig fühlte. »Es wäre für uns alle das beste, wenn sie nicht antworten würde, aber sie wird antworten, und ich werde auf ihre Antwort warten.«

Schon am nächsten Tag hat sich beides, Abwehr wie Verlockung, gesteigert. Er habe ohne jede tatsächliche Verbindung mit Felice ruhig gelebt, von ihr geträumt wie von einer Toten, die niemals wieder leben könnte, »und jetzt, da ich eine Möglichkeit, an sie heranzukommen, dargeboten bekomme, ist sie wieder der Mittelpunkt des Ganzen. Sie stört wohl auch meine Arbeit. Wie kam sie mir doch, als ich in der letzten Zeit manchmal an sie dachte, als der fremdeste Mensch vor, mit dem ich jemals zusammengekommen war...«

Der »Mittelpunkt des Ganzen«, das ist seine wirkliche Gefahr, das darf sie nicht sein, das ist der Grund, warum er nicht heiraten kann, weder sie noch eine andere. Die Wohnung, die sie immer will, das ist sie, der Mittelpunkt. Er kann nur sein eigener, immer angreifbarer Mittelpunkt sein. Die Angreifbarkeit seines Körpers wie seines Kopfes ist die eigentliche Bedingung für sein Schreiben. So sehr es oft aussieht, als ob er sich um Schutz und Sicherheit gegen diese Verletzlichkeit bemühe, alle diese Bemühungen täuschen, er braucht seine Einsamkeit als *Ungeschütztheit*.

Zehn Tage später kommt eine Antwort von Grete Bloch. »Ich wegen der Beantwortung vollständig unentschieden. Gedanken so gemein, daß ich sie gar nicht aufschreiben kann.«

Was er »gemeine Gedanken« nennt, verdichtet sich ihm zur Abwehr, deren Kraft diesmal nicht zu unterschätzen ist. Ende Oktober schreibt er einen sehr langen Brief an Felice, er kündigt ihn durch ein Telegramm vorher an. Es ist ein Brief von erstaunlicher Distanziertheit. Er enthält kaum eine Klage, für seine Verhältnisse kann man ihn nur als gesund und aggressiv empfinden.

Er habe allerdings nicht daran gedacht, ihr zu schreiben – im Askanischen Hof sei die Wertlosigkeit von Briefen und allem Geschriebenen zu deutlich geworden. Viel ruhiger als in früheren Briefen erklärt er ihr, daß es seine Arbeit war, die sich gegen sie als größten Feind mit allen Kräften wehren mußte. Er gibt eine Schilderung seines jetzigen Lebens, mit dem er nicht unzufrieden scheint.

Er wohne allein in der Wohnung seiner ältesten Schwester (da der Schwager im Krieg ist, lebt sie bei seinen Eltern). In diesen stillen drei Zimmern sei er allein, komme mit niemandem zusammen, auch mit seinen Freunden nicht. Während des letzten Vierteljahres habe er täglich gearbeitet. Heute sei erst der zweite Abend, an dem er das nicht getan habe. Glücklich sei er nicht, gewiß nicht, aber doch manchmal zufrieden damit, daß er, so gut es unter diesen Umständen geht, seine Pflicht erfülle.

Es sei diese Art der Lebensführung, die er immer für sich erstrebt habe, sie aber habe die Vorstellung eines solchen Lebens mit Widerwillen gegen ihn erfüllt. Er zählt ihr alle die Gelegenheiten auf, bei denen sie diesen Widerwillen verriet, als letzte und entscheidende ihren Ausbruch im Askanischen Hof. Er hätte die Pflicht, über seiner Arbeit zu wachen, in ihrem Widerwillen habe er die größte Gefahr dafür erkannt.

Als konkretes Beispiel für die Schwierigkeiten zwischen ihnen spricht er ausführlich über ihre Nichtübereinstimmung wegen der Wohnung. »Du wolltest etwas Selbstverständliches: eine ruhige, ruhig eingerichtete, familienmäßige Wohnung, wie sie die anderen Familien Deines und auch meines Standes hatten... Was bedeutet aber die Vorstellung, die Du Dir von jener Wohnung machtest? Sie bedeutete, daß Du mit den andern übereinstimmtest, aber nicht mit mir... Diese andern sind, wenn sie heiraten, fast gesättigt und die Ehe ist für sie nur der letzte große, schöne Bissen. Für mich nicht, ich bin nicht gesättigt, ich habe kein Geschäft gegründet, das sich von Ehejahr zu Ehejahr weiterentwickeln soll, ich brauche keine endgültige Wohnung, aus deren geordneten Frieden heraus ich dieses Geschäft führen will, – aber nicht nur, daß ich eine solche Wohnung nicht brauche, sie macht mir Angst. Ich habe einen solchen Hunger nach meiner Arbeit..., meine Verhältnisse hier sind aber meiner Arbeit entgegengesetzt, und richte ich in diesen Verhältnissen eine Wohnung nach Deinem Wunsche ein, so heißt das..., daß ich den Versuch mache, diese Verhältnisse zu lebenslänglichen zu machen, also das Schlimmste, was mich treffen kann.«

Am Ende verteidigt er seinen Briefwechsel mit ihrer Schwester Erna, der er morgen schreiben werde.

Am 1. November findet sich in Kafkas Tagebuch unter anderem auch ein höchst ungewöhnlicher Satz: »Viel Selbstzufriedenheit während des ganzen Tages.« Diese Selbstzufriedenheit bezieht sich wohl auf jenen langen Brief, den er nun höchstwahrscheinlich schon abgeschickt hat. Er hatte mit Felice wieder angeknüpft, aber ihr in gar nichts nachgegeben. Seine Position war nun klar und hart, und obwohl er manchmal Zweifel darüber äußert, wird sie sehr lange dieselbe bleiben. Am 3. verzeichnet er: »Der vierte Tag seit August, an dem ich gar nichts geschrieben habe. Schuld sind die Briefe, ich werde versuchen, gar keine oder nur ganz kurze Briefe zu schreiben.«

Das Störende sind also *seine eigenen* Briefe. Das ist eine sehr wichtige und einleuchtende Erkenntnis. Solange er noch damit beschäftigt ist, den ›Prozeß‹ von Felice abzulösen, kann er sich schwerlich in dieser Ausführlichkeit wieder an sie wenden. Der Roman müßte sich daran verwirren, mit jeder genauen Betrachtung ihrer Beziehung gerät er in die Zeit zurück, bevor er den Roman begann: es ist, als würde er damit seine Wurzeln untergraben. So vermeidet er es von nun an, ihr zu schreiben, aus den nächsten drei Monaten, bis Ende Januar 1915 hat sich kein Brief von ihm gefunden. An seiner Arbeit sucht er mit aller Kraft festzuhalten; immer gelingt es nicht, aber er gibt es keineswegs auf. Anfang Dezember liest er seinen Freunden ›*In der Strafkolonie*‹ vor und ist »nicht ganz unzufrieden«. Als Ergebnis dieses Tages verzeichnet er: »Unbedingt weiterarbeiten, es muß möglich sein, trotz Schlaflosigkeit und Bureau.«

Am 5. Dezember erhält er einen Brief von Erna über die Lage ihrer Familie, die sich durch den Tod des Vaters wenige Wochen zuvor sehr verschlechtert hat. Kafka betrachtet sich als das Verderben der Familie, von der er sich im übrigen gefühlsmäßig gänzlich abgetrennt fühlt. »Nur das Verderben wirkt. Ich habe F. unglücklich gemacht, die Widerstandskraft aller, die sie jetzt so benötigen, geschwächt, zum Tode des Vaters beigetragen, F. und E. auseinandergebracht und schließlich auch E. unglücklich gemacht... Ich bin ja innerhalb des Ganzen genügend bestraft, schon meine Stellung zu der Familie ist Strafe genug, ich habe auch derartig gelitten, daß ich mich davon niemals erholen werde..., aber augenblicklich leide ich wenig durch meine Beziehung zu der Familie, jedenfalls weniger als F. oder E.«

Die Wirkung dieser umfassenden Schuld, die er sich zuschrieb – er, das Verderben der ganzen Familie Bauer –, war, wie zu erwarten, eine beruhigende. Für die Einzelheiten seines Verhaltens zu Felice war darin keine Stelle, im größeren des allgemeinen Familienverderbens ging alles einzelne auf. Während voller sechs Wochen, bis zum 17. Januar, taucht weder Felice noch Erna noch sonst ein Mitglied der unglücklichen Familie in den Tagebüchern oder Briefen auf. Im Dezember schreibt er das Kapitel ›Im Dom‹ aus dem ›Prozeß‹ und beginnt zwei neue Stücke: den ›Riesenmaulwurf‹ und den ›Unterstaatsanwalt‹. Am 31. Dezember findet sich im Tagebuch eine Bilanz über die Leistungen des vergangenen Jahres. Das ist ganz gegen seine Gewohnheit, man fühlt sich in die Tagebücher Hebbels versetzt:

»Seit August gearbeitet, im allgemeinen nicht wenig und nicht schlecht.« Dann, nach einigen Einschränkungen und Selbstermahnungen, ohne die es bei ihm nicht abgeht, folgt die Liste der sechs Werke, mit denen er beschäftigt war. Ohne die Kenntnis der Manuskripte, die mir verschlossen ist, fällt es schwer zu bestimmen, wieviel vom ›Prozeß‹ um diese Zeit schon zu Papier gebracht war. Ein sehr großer Teil davon war sicher schon da. Es ist auf alle Fälle eine eindrucksvolle Liste, und man wird nicht zögern, diese fünf letzten Monate des Jahres 1914 als die zweite große Periode in seinem Dasein als Dichter zu bezeichnen.

Am 23. und 24. Januar 1915 kamen Kafka und Felice in Bodenbach an der Grenze zusammen. Erst sechs Tage vor der Begegnung findet sich etwas über dieses Vorhaben im Tagebuch vermerkt. »Samstag werde ich F. sehen. Wenn sie mich liebt, verdiene ich es nicht ... Ich war sehr selbstzufrieden in der letzten Zeit und hatte viele Einwände zu meiner Verteidigung und Selbstbehauptung gegen F....« Drei Tage später heißt es: »Ende des Schreibens. Wann wird es mich wieder aufnehmen? In welchem schlechten Zustand komme ich mit F. zusammen ... Unfähigkeit, mich für die Zusammenkunft vorzubereiten, während ich vorige Woche wichtige Gedanken dafür kaum abschütteln konnte.«

Es war das erste Mal seit dem ›Gericht‹, daß er Felice wiedersah, und einen peinlicheren Eindruck hätte sie schwerlich auf ihn machen können. Da der ›Prozeß‹ sich schon weitgehend von ihr abgelöst hatte, sah er sie distanzierter und freier. Die Spuren, die das ›Gericht‹ in ihm hinterlassen hatte, erwiesen sich trotzdem als unauslöschlich. Mit einiger Zurückhaltung in einem Brief an sie, aber schonungslos in seinem Tagebuch, hat er seinen Eindruck von ihr verzeichnet:

»Jeder sagt es sich im stillen, daß der andere unerschütterlich und erbarmungslos ist. Ich lasse nicht ab von meiner Forderung nach einem phantastischen, nur für meine Arbeit berechneten Leben, sie will, stumpf gegen alle stummen Bitten, das Mittelmaß, die behagliche Wohnung, Interesse für die Fabrik, reichliches Essen, Schlafen von elf Uhr abends an, geheiztes Zimmer, stellt meine Uhr, die seit einem viertel Jahr um eineinhalb Stunden vorangeht, auf die wirkliche Minute ein.

Zwei Stunden waren wir allein im Zimmer. Um mich herum nur Langeweile und Trostlosigkeit. Wir haben miteinander noch keinen einzigen guten Augenblick gehabt, währenddessen ich frei geatmet hätte ... Ich habe ihr auch vorgelesen, widerlich gingen die Sätze durcheinander, keine Verbindung mit der Zuhörerin, die mit geschlossenen Augen auf dem Kanapee lag und es stumm aufnahm ... Meine Feststellung war richtig und wurde als richtig anerkannt: Jeder liebt den andern so, wie dieser andere ist. Aber so wie er ist, glaubt er mit ihm nicht leben zu können.« Ihr empfindlichster Eingriff ist der gegen seine Uhr. Daß seine Uhr anders geht als die der andern, ist ihm ein winziges Stück Freiheit. Sie stellt sie auf die wirkliche Minute ein, eine ahnungslose Sabotage dieser Freiheit, eine Anpassung an ihre Zeit, die des Büros, der Fabrik. Das Wort ›liebt‹ aber im letzten Satz klingt wie ein Schlag ins Gesicht, es könnte ebensogut ›haßt‹ heißen.

Der Charakter der Korrespondenz ändert sich von nun an vollkommen. Auf keinen Fall will er wieder in die alte Art des Schreibens verfallen. Er hütet sich davor, sie nochmals in den ›Prozeß‹ zu verwickeln, von dessen Überresten gehört ihr kaum noch etwas zu. Er beschließt, ihr alle vierzehn Tage zu schreiben, und hält sich auch daran nicht. Von den 716 Seiten Briefe, die der vorliegende Band enthält, stammen 580 aus den ersten zwei Jahren bis gegen Ende 1914. Die Briefe aus den drei Jahren 1915–1917 nehmen zusammen nicht mehr als 136 Seiten ein. Einiges wenige aus dieser Zeit ist zwar verlorengegangen, aber auch wenn es vorhanden wäre, würde sich dieses Verhältnis nicht wesentlich ändern. Es wird jetzt alles viel seltener und auch kürzer, er beginnt Postkarten zu verwenden, die Korrespondenz des Jahres 1916 spielt sich zum größten Teil auf solchen Karten ab. Ein praktischer Grund für ihre Verwendung war auch der, daß sie die Zensur, die zwischen Österreich und Deutschland während des Krieges bestand, leichter passierten. Der Ton ist verändert, es ist jetzt oft Felice, die sich über sein Nicht-Schreiben beklagt, die Werbende ist nun immer sie, er der Abwehrende. 1915, zwei Jahre nach dem Erscheinen des Buches, liest sie sogar, Wunder über Wunder, die ›*Betrachtung*‹.

Die Begegnung in Bodenbach läßt sich als Wasserscheide in der Beziehung Kafkas zu Felice betrachten. Sobald es ihm gelungen war, sie so erbarmungslos zu sehen wie sich selbst, war er der Vorstellung von ihr nicht hilflos ausgeliefert. Nach dem ›Gericht‹ hatte er den Gedanken an sie beiseite getan, wohl wissend, daß er jederzeit durch einen Brief von ihr wieder hervorspringen könnte. Aber durch den Mut, den er zu einer neuen Konfrontation mit ihr fand, ist eine Verschiebung im Machtverhältnis zwischen ihnen eingetreten. Die neue Periode möchte man als eine solche der *Korrektur* bezeichnen: er, der einmal Kraft aus ihrer Tüchtigkeit bezog, sucht nun einen anderen Menschen aus ihr zu machen.

Man mag sich fragen, ob die Geschichte eines fünfjährigen Sich-Entziehens so wichtig ist, daß man sich in solchem Detail mit ihr befaßt. Das Interesse an einem Dichter kann sehr weit gehen, gewiß, und wenn die Zeugnisse so reichlich vorhanden sind wie in diesem Falle, mag die Versuchung, von ihnen Kenntnis zu nehmen und ihren inneren Zusammenhang zu begreifen, unwiderstehlich werden; an der Reichhaltigkeit der Zeugnisse steigert sich die Unersättlichkeit des Betrachters. Der Mensch, der sich für den Maßstab aller Dinge hält, ist beinahe noch unbekannt, seine Fortschritte in der Kenntnis von sich sind minimal, jede neue Theorie verdunkelt von ihm mehr, als sie erleuchtet. Nur die unbefangen konkrete Erforschung einzelner führt allmählich weiter. Da es schon sehr lange so ist und die besten Geister es immer gewußt haben, ist ein Mensch, der sich in solcher Vollkommenheit zur Erkenntnis anbietet, unter allen Umständen ein Glücksfall ohnegleichen. Aber bei Kafka ist es mehr, und das fühlt jeder, der sich seiner privaten Sphäre nähert. Es ist etwas zutiefst Erregendes um diesen hartnäckigen Versuch eines Ohnmächtigen, sich der Macht in jeder Form zu entziehen. Bevor man den weiteren Verlauf seiner Beziehung zu Felice schildert, scheint es geraten zu zeigen, wie erfüllt er von *dem* Phänomen war, das unserer Zeit das vordringlichste und erschreckendste geworden ist. Unter allen Dichtern ist Kafka der größte Experte der Macht. Er hat sie in jedem ihrer Aspekte erlebt und gestaltet.

Eines seiner zentralen Themen ist das der Demütigung; es ist auch das Thema, das sich der Betrachtung am willigsten darbietet. Schon im ›Urteil‹, der ersten Dichtung, die für ihn zählt, läßt es sich ohne Schwierigkeiten fassen. Im ›Urteil‹ geht es um zwei Erniedrigungen, die aneinanderhängen, die des Vaters und die des Sohns. Der Vater fühlt sich gefährdet durch die vermeintlichen Umtriebe seines Sohnes, in seiner Anklagerede gegen ihn stellt er sich aufs Bett und so, noch viel größer im Verhältnis zu ihm, als er es ursprünglich war, sucht er seine eigene Erniedrigung in ihr Gegenteil, die Demütigung des Sohnes zu verkehren: er verurteilt ihn zum Tode des Ertrinkens. Der Sohn anerkennt die Berechtigung des Urteils nicht, aber er vollstreckt es an sich und gesteht so das Maß der Demütigung zu, die ihn das Leben kostet. Die Demütigung steht streng abgegrenzt nur für sich; so sinnlos sie ist, in ihrer Wirkung liegt die Kraft der Erzählung.

In der ›*Verwandlung*‹ hat sich die Erniedrigung am Körper, der sie erleidet, konzentriert: ihr Gegenstand ist kompakt von Anfang an da, statt eines Sohnes, der die Familie nährt und trägt, ist plötzlich ein Käfer vorhanden. In dieser Verwandlung ist er der Erniedrigung unentrinnbar ausgesetzt, eine ganze Familie fühlt sich dazu herausgefordert, sie aktiv zu üben. Zögernd setzt die Demütigung ein, aber es ist ihr Zeit gegeben, sich auszubreiten und zu steigern. Allmählich nehmen alle, beinahe hilflos und wider Willen, an ihr teil. Den zu Anfang gegebenen Akt führen sie noch einmal aus, erst die Familie verwandelt Gregor Samsa, den Sohn, unwiederbringlich in einen Käfer. Aus dem Käfer wird im sozialen Zusammenhang ein Ungeziefer.

Der Roman ›*Amerika*‹ ist an Erniedrigungen reich; es sind aber nicht solche unerhörter oder irreparabler Art. Sie sind in der Vorstellung vom Kontinent mitenthalten, dessen Name als Titel des Buchs figuriert: die Erhöhung Rossmanns durch den Onkel und sein ebenso plötzlicher Sturz mag als Beispiel für vieles andere genügen. Die Härte der Lebensverhältnisse im neuen Land wird durch dessen große soziale Beweglichkeit ausgeglichen. Erwartung bleibt im Erniedrigten immer lebendig; auf jeden Sturz kann ein Wunder der Erhöhung folgen. Nichts, was Rossmann trifft, hat die Fatalität der Endgültigkeit. So ist dieses Buch das hoffnungsvollste und am wenigsten verstörende Kafkas.

Im ›*Prozeß*‹ geht die Erniedrigung von einer übergeordneten Instanz aus, die um vieles komplexer ist als die Familie der ›*Verwandlung*‹. Das Gericht, sobald es sich einmal bemerkbar gemacht hat, erniedrigt durch Zurückweichen, es hüllt sich in ein Geheimnis, dem keine Bemühung beikommt. An der Zähigkeit der Bemühung erweist sich die Sinnlosigkeit des Versuchs. Jede Spur, die verfolgt wird, erscheint irrelevant. Die Frage nach Schuld oder Unschuld, die der eigentliche Existenzgrund des Gerichts wäre, bleibt unwesentlich, ja es zeigt sich, daß durch die unablässige Bemühung um das Gericht Schuld erst entsteht. Das Grundthema der Demütigung aber, wie sie sich zwischen Mensch und Mensch abspielt, wird außerdem noch in einzelnen Episoden abgewandelt. Die Szene beim Maler Titorelli, die mit dem verwirrenden Hohn der kleinen Mädchen einsetzt, endet, während K. am Luftmangel des winzigen Ateliers zu ersticken vermeint, in der Vorführung und dem Ankauf der immergleichen Bilder. K. muß auch die Demütigung anderer mit ansehen: er erlebt, wie der Kaufmann Block am Bett des Advokaten niederkniet und sich hier in eine Art von Hund verwandelt; selbst das, wie alles andere, ist letzten Endes vergeblich.

Vom Schluß des ›Prozeß‹, von der Scham der öffentlichen Hinrichtung, war früher schon die Rede.

Das Bild des Hundes in diesem Sinne erscheint bei Kafka immer wieder, auch in Briefen, wo es sich auf Ereignisse in seinem Leben bezieht. So heißt es über jenen Vorfall im Frühjahr 1914 in einem Brief an Felice: ». . . wenn ich im Tiergarten hinter Dir herlaufe, Du immer auf dem Sprung, ganz und gar wegzugehn, ich auf dem Sprung, mich hinzuwerfen; . . . in dieser Demütigung, wie sie tiefer kein Hund erleidet.« – Am Ende des ersten Absatzes von ›In der Strafkolonie‹ wird das Bild des mehrfach angeketteten Verurteilten in folgendem Satze resümiert: »Übrigens sah der Verurteilte so hündisch ergeben aus, daß es den Anschein hatte, als könnte man ihn frei auf den Abhängen herumlaufen lassen und müsse bei Beginn der Exekution nur pfeifen, damit er käme.«

›Das Schloß‹, das in eine viel spätere Periode von Kafkas Leben gehört, führt eine neue Dimension der Weite in sein Werk ein. Mehr noch als durch das Landschaftliche entsteht hier der Eindruck der Weite durch die komplettere, an Menschen viel reichere Welt, die es vorführt. Auch hier, wie im ›Prozeß‹, *entzieht* sich die Macht: Klamm, die Beamtenhierarchie, das Schloß. Man sieht sie, ohne aber dann sicher zu sein, daß man sie gesehen hat; die eigentliche Beziehung der ohnmächtigen Menschheit, die am Fuße des Schloßbergs angesiedelt ist, zu den Beamten, ist die des *Harrens aufs Obere*. Die Frage nach einem Grund für die Existenz dieses Oberen wird nie gestellt. Aber was von ihm ausgeht und sich unter den gewöhnlichen Menschen ausbreitet, ist die Demütigung durch Herrschaft. Der einzige Akt des Widerstandes gegen diese Herrschaft, Amalias Weigerung, einem der Beamten zu Willen zu sein, endet in der Ausstoßung ihrer ganzen Familie aus der Gemeinschaft des Dorfes. Die Ergriffenheit des Dichters gilt dem Niederen, das vergeblich harrt; dem Oberen, das in den Massenorgien seiner Akten waltet, gilt seine Abneigung. Das ›Religiöse‹, das so viele im ›Schloß‹ zu finden vermeinen, mag da sein, aber *nackt*, als unstillbare und unbegreifliche Sehnsucht nach Oben. Ein klarerer Angriff gegen die Unterwerfung unter das Obere, ob man nun in diesem eine höhere oder eine bloß irdische Macht zu erkennen meint, ist nie geschrieben worden. Denn *alle* Herrschaft ist hier eins geworden, und sie erscheint verwerflich, Glaube und Macht fallen zusammen, beide wirken zweifelhaft, die Ergebenheit der Opfer, denen es gar nicht in den Sinn kommt, eine Möglichkeit anderer Lebensverhältnisse auch nur zu träumen, müßte selbst den zum Empörer machen, den die landläufig abgehaspelten Ideologien, von denen etliche versagt haben, nicht im leisesten berühren.

Kafka hat sich von Anfang an auf die Seite der Gedemütigten gestellt. Viele haben das getan, und um etwas auszurichten, haben sie sich mit anderen verbunden. Das Kraftgefühl, das ihnen dieser Zusammenschluß gab, benahm ihnen bald die akute Erfahrung der Demütigung, von der kein Ende abzusehen ist, sie geht täglich und stündlich überall weiter. Kafka hielt jede dieser Erfahrungen von ähnlich gearteten, aber auch von denen anderer Menschen getrennt. Es war ihm nicht gegeben, sie durch Beteiligung und Mitteilung loszuwerden; er hütete sie mit einer Art von Verstocktheit, als wären sie sein wichtigster Besitz. Diese Verstocktheit möchte man als seine eigentliche Begabung bezeichnen.

Menschen von seiner Empfindlichkeit sind vielleicht nicht so selten; rarer ist das Maß der Verlangsamung aller Gegenreaktionen, wie sie sich bei ihm in absonderlicher Ausprägung findet. Er spricht oft von seinem schlechten Gedächtnis, aber in Wirklichkeit verliert sich ihm nichts. Die Präzision seines Gedächtnisses verrät sich in der Art, wie er ungenaue Erinnerungen Felices aus früheren Jahren korrigiert und vervollständigt. Etwas anderes ist es, daß er über seine Erinnerung nicht jederzeit frei verfügt. Seine Verstocktheit verweigert sie ihm, er kann nicht wie andere Dichter verantwortungslos mit Erinnerung spielen. Diese Verstocktheit folgt ihren eigenen harten Gesetzen, man möchte sagen, daß sie ihm dazu verhilft, mit seinen Abwehrkräften hauszuhalten. So ermöglicht sie ihm, Befehlen nicht auf der Stelle zu gehorchen; ihre Stachel trotzdem so zu fühlen, als hätte er gehorcht, und sich dieser dann erst noch zur

Stärkung seines Widerstands zu bedienen. Wenn er aber schließlich doch gehorcht, sind es nicht mehr dieselben Befehle, denn dann hat er sie aus ihrem zeitlichen Zusammenhang gelöst, hin und her erwogen, durch Überlegung geschwächt und so ihres gefährlichen Charakters entkleidet.

Dieser Vorgang würde eine genauere Betrachtung erfordern und wäre durch konkrete Beispiele zu belegen. Ich führe nur eines dafür an: seinen hartnäckigen Widerstand gegen bestimmte Speisen. Er lebt die längste Zeit bei seiner Familie, gibt aber den bei ihr herrschenden Speisegewohnheiten keineswegs nach und behandelt diese wie abzuwehrende Befehle. So sitzt er am Tisch seiner Eltern in einer eigenen Speisewelt, die ihm den tiefsten Widerwillen seines Vaters einträgt. Die Abwehr hier gibt ihm aber die Kraft zur Abwehr bei anderen Gelegenheiten und auch gegen andere Menschen. Im Kampf gegen die fatalen Ehebegriffe der Felice spielt die Betonung dieser Eigenheiten eine kardinale Rolle. Zug um Zug verteidigt er sich gegen die Anpassung, die sie von ihm erwartet. Aber kaum ist die Verlobung aufgehoben, darf er sich auch Fleischnahrung erlauben. In einem Brief an seine Prager Freunde, von jenem Ostseebad, wo er sich bald nach dem Berliner ›Gericht‹ aufhält, schildert er, nicht ohne Ekel, seine Ausschweifungen im Essen von Fleisch. Noch Monate später berichtet er mit Genugtuung in einem Brief an Felice, wie er knapp nach der Entlobung mit ihrer Schwester Erna Fleisch essen ging. Wäre sie, Felice, dabei gewesen, er hätte Krachmandeln bestellt. So führt er später, wenn er nicht mehr unter ihrem Drucke steht, Befehle aus, die nicht mehr Unterwerfung bedeuten.

Die Schweigsamkeit Kafkas, sein Hang zu Geheimnissen, die er selbst vor seinem besten Freunde hütet, sind als notwendige Übungen dieser Verstocktheit zu betrachten. Es ist nicht immer so, daß er sich des Verschwiegenen bewußt ist. Aber wenn seine Figuren, im ›Prozeß‹ oder besonders im ›Schloß‹, in ihre manchmal redseligen Plädoyers verfallen, fühlt man, daß seine eigenen Schleusen sich öffnen: er findet die Sprache. So wenig Reden ihm seine Verstocktheit sonst erlaubt, hier, in der scheinbaren Verkleidung der Figur, gönnt sie ihm plötzlich Redefreiheit. Es geht nicht zu wie bei den Beichten, die man von Dostojewski her kennt, die Temperatur ist eine andere, viel weniger heiß; es ist auch gar nichts amorph, es ist eher Geläufigkeit auf einem klar abgegrenzten Instrument, das nur bestimmter Laute fähig ist –: die Geläufigkeit eines peniblen, aber unverwechselbaren Virtuosen.

Die Geschichte des Widerstands gegen seinen Vater, der mit den üblichen banalen Deutungen nicht beizukommen ist, ist auch die frühe Geschichte dieser Verstocktheit. Es ist viel darüber gesagt worden, das völlig verfehlt erscheint, man hätte erwarten dürfen, daß Kafkas souveräne Stellung zur Psychoanalyse dazu beigetragen hätte, wenigstens ihn selbst ihrem verengenden Bereich zu entrücken. Der Kampf gegen seinen Vater war im Wesen nie etwas anderes als ein Kampf gegen Übermacht. Der Familie als Ganzer galt sein Haß, der Vater war nichts als der mächtigste Teil dieser Familie; als die Gefahr einer eigenen Familie drohte, hatte der Kampf gegen Felice dasselbe Motiv und denselben Charakter.

Es lohnt sich, noch einmal an das Schweigen im Askanischen Hof zu erinnern, das aufschlußreichste Beispiel für seine Verstocktheit. Er reagiert nicht, wie ein anderer reagieren würde, auf Beschuldigungen schlägt er nicht mit Gegenanklagen zurück. Beim Ausmaß seiner Empfindlichkeit ist kaum daran zu zweifeln, daß er alles, was gegen ihn gesagt wird, aufnimmt und verspürt. Es wird auch nicht, wie sich mit einem hier naheliegenden Ausdruck sagen ließe, ›verdrängt‹. Er verwahrte es, aber es ist ihm sehr wohl bewußt, oft denkt er daran, es drängt sich so häufig seinem Geiste auf, daß man es als das Gegenteil einer Verdrängung bezeichnen müßte. Was stockt, ist jede äußere Reaktion, die die innere Wirkung verriete. Was immer er auf diese Weise bewahrt, ist scharf wie ein Messer, aber weder Groll noch Haß, weder Zorn noch Rachsucht zwingen ihn je zu einem Mißbrauch des Messers. Es bleibt von den Affekten getrennt, ein autonomes Gebilde. Aber indem es sich den Affekten versagt, entzieht es ihn der Macht.

Man müßte sich für den naiven Gebrauch des Wortes ›Macht‹ entschuldigen, wäre es nicht Kafka selbst, der es, aller Vieldeutigkeit zum Trotz, ungescheut gebraucht. Das Wort taucht in den verschiedensten Zusammenhängen bei ihm auf. Seiner Scheu vor ›großen‹, überfüllten Worten verdankt man es, daß es kein einziges ›rhetorisches‹ Werk von ihm gibt; seine Lesbarkeit wird sich aus diesem Grunde nie verringern, der kontinuierliche Prozeß der Entleerung und Umfüllung von Worten, an dem beinahe alle Literatur veraltet, kann ihm nie etwas anhaben. Aber diese Scheu hat er nie vor ›Macht‹ und ›mächtig‹ empfunden, beide gehören zu seinen ungemiedenen, seinen unvermeidlichen Worten. Eine Auffindung aller Stellen, in Werken, Tagebüchern und Briefen, wo sie erscheinen, wäre wohl der Mühe wert.

Es ist aber nicht bloß das Wort, es ist auch die Sache, nämlich alles in ihm enthaltene unendlich Vielfältige, das er mit einem Mut und einer Klarheit ohnegleichen ausspricht. Denn da er Macht in jeder Form fürchtet, da das eigentliche Anliegen seines Lebens darin besteht, sich ihr in jeder Form zu entziehen, spürt, erkennt, nennt oder gestaltet er sie überall dort, wo andere sie als selbstverständlich hinnehmen möchten.

In einer Aufzeichnung, die sich in dem Bande ›*Hochzeitsvorbereitungen auf dem Lande*‹ findet, gibt er das Animalische der Macht wieder, ein ungeheures Weltbild in acht Zeilen:

»Ich war der Figur gegenüber wehrlos, ruhig saß sie beim Tisch und blickte auf die Tischplatte. Ich ging im Kreis um sie herum und fühlte mich von ihr gewürgt. Um mich ging ein Dritter herum und fühlte sich von mir gewürgt. Um den Dritten ging ein Vierter herum und fühlte sich von ihm gewürgt. Und so setzte es sich fort bis zu den Bewegungen der Gestirne und darüber hinaus. Alles fühlte den Griff am Hals.«

Die Drohung, der Griff am Hals, geht vom Innersten aus, da entspringt sie, eine Schwerkraft des Würgens, die einen Kreis um den andern zusammenhält, »bis zu den Bewegungen der Gestirne und darüber hinaus«. Aus der pythagoräischen Sphärenharmonie ist eine Sphärengewalt geworden, wobei das Gewicht der Menschen vorherrscht, von denen jeder einzelne eine eigene Sphäre darstellt.

Er fühlt die Drohung von Zähnen, so sehr, daß sie ihn gar schon einzeln, nicht erst in der Geschlossenheit ihrer zwei Reihen ›halten‹:

»Es war ein gewöhnlicher Tag; er zeigte mir die Zähne; auch ich war von Zähnen gehalten und konnte mich ihnen nicht entwinden; ich wußte nicht, wodurch sie mich hielten, denn sie waren nicht zusammengebissen; ich sah sie auch nicht in den zwei Reihen des Gebisses, sondern nur hier einige, dort einige. Ich wollte mich an ihnen festhalten und mich über sie hinwegschwingen, aber es gelang mir nicht.«

In einem Brief an Felice findet er das bestürzende Wort von der »Angst des Aufrechtstehens«. Er erklärt ihr einen Traum, den sie ihm mitgeteilt hat, dank seiner Erklärung fällt es nicht schwer, seinen Inhalt zu erschließen:

»Dagegen will ich Dir Deinen Traum deuten. Hättest Du Dich nicht auf den Boden unter das Getier gelegt, hättest Du auch den Himmel mit den Sternen nicht sehen können und wärest nicht erlöst worden. Du hättest vielleicht die Angst des Aufrechtstehens gar nicht überlebt. Es geht mir auch nicht anders; das ist ein gemeinsamer Traum, den Du für uns beide geträumt hast.«

Man muß sich unter das Getier legen, um erlöst zu werden. Das Aufrechtstehen ist die Macht des Menschen über die Tiere, aber eben in dieser offenkundigen Position seiner Macht ist er ausgesetzt, sichtbar, anfechtbar. Denn diese Macht ist zugleich Schuld, und nur am Boden, unter dem Getier liegend, kann man die Sterne sehen, die einen von dieser angsterregenden Macht des Menschen erlösen.

Von dieser Schuld des Menschen gegen die Tiere zeugt die *lauteste* Stelle in Kafkas Werk. Der folgende Absatz findet sich in ›*Ein altes Blatt*‹, aus der ›*Landarzt*‹-Sammlung:

»Letzthin dachte der Fleischer, er könne sich wenigstens die Mühe des Schlachtens sparen, und brachte am Morgen einen lebendigen Ochsen. Das darf er nicht mehr wiederholen. Ich lag wohl eine Stunde ganz hinten in meiner Werkstatt platt auf dem Boden und alle meine Kleider, Decken und Polster hatte ich über mir aufgehäuft, nur um das Gebrüll des Ochsen nicht zu hören, den von allen Seiten die Nomaden ansprangen, um mit den Zähnen Stücke aus seinem warmen Fleisch zu reißen. Schon lange war es still, ehe ich mich auszugehen getraute; wie Trinker um ein Weinfaß lagen sie müde um die Reste des Ochsen.«

»Schon lange war es still...« Darf man sagen, daß der Erzähler sich dem Unerträglichen entzog, daß er Stille wiedergefunden hat, da es nach diesem Gebrüll keine Stille mehr gibt? Es ist Kafkas eigene Position, aber alle Kleider, Decken und Polster der Welt wären nicht imstande, das Gebrüll in seinen Ohren für immer zum Verstummen zu bringen. Wenn er sich ihm entzog, so war es, um es dann wieder zu hören, denn es hat nie ausgesetzt. Das Wort ›entziehen‹ freilich, das hier gebraucht worden ist, ist auf Kafka angewandt, ein sehr ungenaues. In seinem Falle bedeutet es, daß er Stille suchte, um nichts anderes zu hören, nichts, das weniger war als Angst.

Mit der Macht überall konfrontiert, bot ihm jene Verstocktheit zuweilen Aufschub. Wenn sie aber nicht ausreichte oder versagte, übte er sich im *Verschwinden;* hier zeigt sich der helfende Aspekt seiner Magerkeit, für die er, wie man weiß, auch oft Verachtung fühlte. Durch leibliche Verringerung entzog er *sich* Macht und hatte dadurch weniger teil an ihr, auch diese Askese war gegen

Macht gerichtet. Derselbe Hang zum Verschwinden zeigt sich in der Beziehung zu seinem Namen. In zweien der Romane, im ›Prozeß‹ wie im ›Schloß‹, verringert er seinen Namen zum Anfangsbuchstaben K. In den Briefen an Felice kommt es vor, daß der Name immer kleiner wird und schließlich ganz verschwindet.

Am erstaunlichsten ist ein anderes Mittel, über das er so souverän verfügt wie sonst nur Chinesen: die Verwandlung ins Kleine. Da er Gewalt verabscheute, sich aber auch die Kraft nicht zutraute, die zu ihrer Bestreitung vonnöten ist, vergrößerte er den Abstand zwischen dem Stärkeren und sich, indem er im Hinblick auf das Starke immer kleiner wurde. Durch diese Einschrumpfung gewann er zweierlei: er entschwand der Drohung, indem er zu gering für sie wurde, und er befreite sich selbst von allen verwerflichen Mitteln zur Gewalt; die kleinen Tiere, in die er sich mit Vorliebe verwandelte, waren harmlos.

Auf die Genese dieser ungewöhnlichen Begabung wirft ein früher Brief an Brod ein sehr helles Licht. Er stammt aus dem Jahre 1904, als der Schreiber 21 Jahre alt war; ich nenne ihn den Maulwurfsbrief und zitiere daraus, was für das Verständnis von Kafkas Verwandlung ins Kleine notwendig erscheint. Ich schicke aber erst noch einen Satz voraus, der sich schon ein Jahr früher in einem Brief an den Jugendfreund Oskar Pollak findet: »Man ehre den Maulwurf und seine Art, aber man mache ihn nicht zu seinem Heiligen.« Das ist noch nicht sehr viel, aber immerhin: der Maulwurf ist zum erstenmal aufgetreten. Schon liegt ein besonderer Ton auf ›seiner Art‹, und in der Warnung, daß man ihn nicht zu seinem Heiligen machen möge, ist die Ankündigung von seiner späteren Bedeutung nicht zu überhören. Folgendes aber steht in jenem Brief an Max Brod:

»Wir durchwühlen uns wie ein Maulwurf und kommen ganz geschwärzt und sammethaarig aus unsern verschütteten Sandgewölben, unsere armen roten Füßchen für zartes Mitleid emporgestreckt.

Bei einem Spaziergang ertappte mein Hund einen Maulwurf, der über die Straße laufen wollte. Er sprang immer wieder auf ihn und ließ ihn dann wieder los, denn er ist noch jung und furchtsam. Zuerst belustigte es mich und die Aufregung des Maulwurfs besonders war mir angenehm, der geradezu verzweifelt und umsonst im harten Boden der Straße ein Loch suchte. Plötzlich aber als der Hund ihn wieder mit seiner gestreckten Pfote schlug, schrie er auf. Ks, kss so schrie er. Und da kam es mir vor – Nein es kam mir nichts vor.

Es täuschte mich bloß so, weil mir an jenem Tag der Kopf so schwer herunterhing, daß ich am Abend mit Verwunderung bemerkte, daß mir das Kinn in meine Brust hineingewachsen war.«

Es wäre dazu zu sagen, daß der Hund, der den Maulwurf jagte, Kafkas Hund ist, er ist sein Herr. Für den Maulwurf, der in Todesangst auf der harten Straße nach einem Loch sucht, in das er sich retten könnte, existiert er selbst nicht, das Tier hat Angst nur vor dem Hund, seine Sinne sind nur für diesen offen. Er aber, so erhaben darüber, durch seine aufrechte Stellung, seine Größe und seinen Besitz des Hundes, der ihm nie Drohung sein könnte, lacht erst über die verzweifelten und vergeblichen Bewegungen des Maulwurfs. Dieser ahnt nicht, daß er sich an ihn um Hilfe wenden könnte, er hat das Beten nicht gelernt, und alles, was er vermag, sind seine kleinen Schreie. Sie sind das einzige, was an den Gott rührt, denn hier ist er der Gott, das Oberste, der Höhepunkt der Macht, und in diesem Fall ist Gott sogar gegenwärtig. Ks, kss schreit der Maulwurf, und über diesem Schrei verwandelt er, der Beschauer, sich in den Maulwurf; und ohne sich vor dem Hund, der sein Sklave ist, fürchten zu müssen, fühlt er, was es ist, ein Maulwurf zu sein.

Der unerwartete Schrei ist nicht das einzige Vehikel zur Verwandlung ins Kleine. Ein anderes sind die »armen roten Füßchen«, wie Hände um Mitleid emporgestreckt. Im Fragment ›*Erinnerung an die Kaldabahn*‹ – vom August 1914 – findet sich ein verwandter Annäherungsversuch an eine sterbende Ratte über ihr ›Händchen‹:

»Für die Ratten, die manchmal meine Nahrungsmittel angriffen, genügte mein langes Messer. – In der ersten Zeit, als ich noch alles neugierig auffaßte, spießte ich einmal eine solche Ratte auf und hielt sie vor mir in Augenhöhe an die Wand. Man sieht kleinere Tiere erst dann genau, wenn man sie vor sich in Augenhöhe hat; wenn man sich zu ihnen zur Erde beugt und sie dort ansieht, bekommt man eine falsche, unvollständige Vorstellung von ihnen. Das Auffallendste an diesen Ratten waren die Krallen, groß, ein wenig gehöhlt und am Ende doch zugespitzt, sie waren sehr zum Graben geeignet. Im letzten Kampf, in dem die Ratte vor mir an der Wand hing, spannte sie dann die Krallen scheinbar gegen ihre lebendige Natur straff aus, sie waren einem Händchen ähnlich, das sich einem entgegenstreckt.«

Man muß kleinere Tiere vor sich in Augenhöhe haben, um sie genau zu sehen: das ist, wie wenn man sie sich durch Erhebung gleichstellen würde. Das Niederbeugen zur Erde, eine Art Herablassung, gibt einem eine falsche, unvollständige Vorstellung von ihnen. Bei der Erhebung kleinerer Tiere auf Augenhöhe denkt man auch an Kafkas Neigung, solche Geschöpfe zu vergrößern: den Käfer in der ›Verwandlung‹, das maulwurfartige Geschöpf im ›Bau‹. Die Verwandlung ins Kleine wird durch das Entgegenkommen des Tiers, durch seine Vergrößerung, anschaulicher, greifbarer, glaubwürdiger.

Ein Interesse für ganz kleine Tiere, besonders für Insekten, das dem Kafkas vergleichbar wäre, findet sich sonst nur im Leben und in der Literatur der Chinesen. Zu den Lieblingstieren der Chinesen gehören schon sehr früh Grillen. In der Sung-Zeit wurde es Sitte, Grillen zu halten, die zu Wettkämpfen erzogen und gereizt wurden. Man trug sie zum Beispiel in ausgehöhlten Walnüssen an der Brust, die mit eigenem Mobiliar für die Wohnzwecke der Grillen versehen waren. Der Besitzer einer berühmten Grille gab Mücken Blut aus seinem eigenen Arm zu trinken, und wenn sie damit vollgesogen waren, zerhackte er sie und setzte dieses Haschee, um ihre Kampflust zu steigern, seiner Grille vor. Mit besonderen Pinseln verstand man es, sie zum Angriff zu reizen, und sah dann, kauernd oder auf dem Bauche liegend, dem Kampfe der Grillen zu. Ein Tierchen, das sich durch ungewöhnliche Kühnheit auszeichnete, wurde mit dem ehrenden Namen eines Feldherrn aus der chinesischen Geschichte bedacht, wobei man annahm, daß die Seele dieses Feldherrn jetzt ihren Sitz im Körper der Grille aufgeschlagen habe. Dank dem Buddhismus galt der Glaube an die Seelenwanderung in China für die meisten als etwas sehr Natürliches, und so hatte eine solche Vorstellung nichts Abwegiges an sich. Die Suche nach geeigneten Grillen für den Kaiserhof war über das ganze Land verbreitet, und für hoffnungsvolle Exemplare wurden sehr hohe Preise gezahlt. Man erzählt, daß zur Zeit, da das Reich der Sung von den Mongolen überrannt wurde, der Oberbefehlshaber der Chinesen platt auf dem Bauche lag und einem Grillenkampf zusah, als ihm die Nachricht von der Umzingelung der Hauptstadt durch den Feind und ihrer höchsten Gefahr überbracht wurde. Er vermochte es nicht, sich von den Grillen zu trennen, erst mußte er sehen, wer hier siege; die Hauptstadt fiel, und mit dem Reich der Sung war es zu Ende.

Schon viel früher, in der Tang-Zeit, wurden Grillen um ihres Zirpens willen in kleinen Käfigen gehalten. Aber ob man sie in die Höhe hielt, um sie beim Zirpen aus der Nähe besser zu betrachten, oder um ihrer Kostbarkeit willen immer auf der Brust bei sich herumtrug und dann zu sorgfältiger Pflege ihrer Wohnung dieser entnahm, man hatte sie in Augenhöhe emporgehoben, wie Kafka es empfahl. Man sah sie mit sich auf gleich und gleich, und wenn sie miteinander kämpfen sollten, kauerte oder legte man sich zu ihnen auf den Boden. Ihre Seelen aber waren die von berühmten Feldherrn, und der Ausgang ihrer Kämpfe mochte wichtiger erscheinen als das Schicksal eines großen Reiches.

Geschichten, in denen kleine Tiere eine Rolle spielen, sind bei den Chinesen sehr verbreitet; besonders häufig sind solche, in denen Grillen, Ameisen, Bienen einen Menschen unter sich aufnehmen und wie Menschen mit ihm umgehen. Ob allerdings Kafka die ›*Chinesischen Geister- und Liebesgeschichten*‹ von Martin Buber wirklich gelesen hat, ein Buch, in dem einige solche Geschichten vorkommen, wird aus den Briefen an Felice nicht ganz klar. (Immerhin wird das Buch lobend von ihm erwähnt, und zu seinem Unmut – es ist jene Zeit seiner Eifersucht auf andere Dichter – stellt sich heraus, daß Felice es sich schon selber gekauft hat.) Aber auf jeden Fall gehört er mit manchen seiner Erzählungen in die chinesische Literatur. Chinesische Themen sind von der europäischen Literatur seit dem 18. Jahrhundert oft aufgegriffen worden. Doch der einzige, seinem Wesen nach chinesische Dichter, den der Westen aufzuweisen hat, ist Kafka.* In einer Aufzeichnung, die einem taoistischen Text entstammen könnte, hat er selbst zusammengefaßt, was ›das Kleine‹ für ihn bedeutet: »Zwei Möglichkeiten: sich unendlich klein machen oder es sein. Das zweite ist Vollendung, also Untätigkeit, das erste Beginn, also Tat.«

Es ist mir sehr wohl bewußt, daß hier nur ein geringer Teil von dem berührt worden ist, was über Macht und über Verwandlung bei Kafka zu sagen wäre. Eine Bemühung um Vollständigkeit oder Ausführlichkeit wäre nur im Rahmen eines größeren Buches möglich, und hier soll die Geschichte seiner Beziehung zu Felice, von der noch drei Jahre ausständig sind, zu Ende geführt werden.

Von allen dürren Jahren dieser Beziehung war das Jahr 1915 das dürrste. Es stand im Zeichen von Bodenbach; was Kafka einmal in Worte gefaßt, was er niedergeschrieben hatte, behielt bei ihm lange

---

* Zugunsten dieser Meinung möchte ich hier erwähnen, daß sie auch vom besten modernen Kenner der östlichen Literaturen, Arthur Waley, geteilt und in vielen Gesprächen eingehend diskutiert wurde. Kafka war, gewiß aus diesem Grund, der einzige deutsche Prosaist, den er mit Leidenschaft las, er war mit ihm so vertraut wie mit Po Chü-I und dem buddhistischen Affenroman, die er selbst übersetzt hatte. In jenen Ge-

seine Wirkung. Anfangs, als Folge des Zusammenstoßes, aber in größeren Zwischenräumen, empfing Felice noch einige Briefe. Es fanden sich Klagen darin über das Nachlassen des Schreibens – damit war es jetzt wirklich wieder zu Ende –, über den Lärm in den neuen Zimmern, die er bezog; darüber schreibt er am ausführlichsten, und es sind auch die fesselndsten Stellen. Immer schwerer findet er sich mit seinem Beamtendasein ab; unter den Vorwürfen, mit denen er Felice nicht verschont, ist der härteste der, daß sie sich gewünscht hatte, mit ihm in Prag zu leben. Prag ist ihm unerträglich, und um fortzukommen, trägt er sich mit dem Gedanken einzurücken. Am Krieg leide er meistens dadurch, daß er nicht selbst dabei sei. Es sei aber nicht ausgeschlossen, daß er selbst noch drankomme. Er komme bald zur Musterung, sie solle sich wünschen, daß er genommen werde, so wie er es wolle. – Aber es wird trotz wiederholten Versuchen nichts daraus, und er bleibt, ›verzweifelt wie eine eingesperrte Ratte‹, in seinem Prager Bureau.

Sie schickt ihm ›Salammbô‹ mit einer sehr traurigen Widmung. Es macht ihn unglücklich, das zu lesen, und er versucht es für einmal mit einem tröstenden Brief. »Nichts ist zuende, kein Dunkel, keine Kälte. Sieh, Felice, das einzige, was geschehen ist, ist, daß meine Briefe seltener und anders geworden sind. Was war das Ergebnis der häufigern und andern Briefe? Du kennst es. Wir müssen neu anfangen...«

Vielleicht ist es diese Widmung, die ihn dazu veranlaßt, sich zu Pfingsten mit ihr und Grete Bloch in der Böhmischen Schweiz zu treffen. Es ist für beide der einzige Lichtblick des Jahres. Die Anwesenheit von Grete Bloch mag zum guten Verlauf dieser zwei Tage beigetragen haben. Etwas vom starren Schrecken des ›Gerichts‹, das die beiden Frauen zusammen über ihn abgehalten hatten, dürfte sich bei dieser Gelegenheit in ihm gelöst haben. Felice hatte Zahnschmerzen, er durfte Aspirin holen und sie »auf dem Gang von Gesicht zu Gesicht lieb haben«. Sie hätte ihn sehen sollen, schrieb er ihr, gleich nach seiner Rückkehr aus Prag, wie er die lange Fahrt über im Flieder die Erinnerung an sie und ihr Zimmer suchte. Niemals sonst nimmt er etwas Derartiges auf eine Fahrt mit, er war kein

sprächen mit ihm war oft die Rede vom ›natürlichen‹ Taoismus Kafkas, aber auch, damit kein Aspekt des Chinesischen fehle, von der besonderen Färbung seines Ritualismus. Als vorzügliche Beispiele dafür galten Waley ›*Die Abweisung*‹ und ›*Beim Bau der Chinesischen Mauer*‹, aber es wurden auch andere Erzählungen in diesem Zusammenhang erwähnt.

Freund von Blumen. Und am nächsten Tag schreibt er, es sei ihm bange, er sei zu lange dort geblieben. Zwei Tage wären zu viel gewesen. Nach einem Tag könne man sich leicht loslösen, zwei Tage aber erzeugten schon Verbindungen, deren Lösung weh tue.

Schon wenige Wochen darauf, im Juni, kam es zu einer neuen Begegnung in Karlsbad. Diesmal war es kurz, und alles ging sehr schlecht. Genaueres darüber ist nicht bekannt, aber in einem späteren Brief ist die Rede von Karlsbad und der »wahrhaft abscheulichen Fahrt nach Aussig«. Es muß, so rasch nach den guten Pfingsttagen, besonders arg gewesen sein, denn Karlsbad wird in die Liste der peinlichsten Augenblicke aufgenommen, es figuriert gleich neben dem Tiergarten und dem Askanischen Hof.

Von nun an schreibt er fast gar nicht mehr, oder er wehrt ihre Klagen über sein Schweigen ab. »Warum schreibst Du nicht?« so spricht er zu sich –, »Warum quälst Du F.? Daß Du sie quälst, ist doch aus ihren Karten offensichtlich. Du versprichst zu schreiben und schreibst nicht. Du telegraphierst ›Brief unterwegs‹, aber es ist kein Brief unterwegs, sondern er wird erst 2 Tage später geschrieben. Etwas Derartiges dürften vielleicht einmal und ausnahmsweise Mädchen machen...« Die Umkehrung ist offenkundig, er tut ihr jetzt genau das, was sie vor Jahren ihm getan hat, und seine Erwähnung von Mädchen, die das machen dürfen, spricht nicht eben dafür, daß es ihm nicht bewußt ist.

Von August bis Dezember hört sie gar nichts von ihm, und wenn er später doch wieder hie und da schreibt, so ist es beinah immer nur, um ihren Vorschlag zu einer Zusammenkunft abzuwehren. »Es wäre schön zusammenzukommen, wir sollen es aber doch nicht machen. Es wäre nur etwas Provisorisches und am Provisorischen haben wir schon genug gelitten.« – »Faßt man aber alle Rücksichten zusammen, ist es besser, Du kommst nicht.« – »Solange ich nicht frei bin, will ich mich nicht sehen lassen, will Dich nicht sehn.« – »Vor der Zusammenkunft warne ich Dich und mich, denke genügend stark an frühere Zusammenkünfte und Du wirst es nicht mehr wünschen... Also keine Zusammenkunft.«

Das letzte Zitat ist schon vom April 1916 und klingt im Zusammenhang des Briefes, dem es entstammt, noch um vieles härter. Seine Abwehr hat sich nun, wenn man das karge Pfingst-Intermezzo von 1915 ausnimmt, im Verlauf von anderthalb Jahren verstärkt, und man sieht nicht, wie sich das je wieder ändern könnte. Aber eben in diesem April taucht zum erstenmal das Wort Marienbad auf einer Postkarte auf und kehrt von da ab regelmäßig wieder. Er plant einen Urlaub und möchte drei Wochen in Marienbad bleiben und da ruhig leben. Die Postkarten folgen sich nun häufiger. Mitte Mai findet er sich wirklich in Marienbad auf einer Dienstreise und schreibt ihr von dort gleich einen längeren Brief und eine Postkarte:

».. . Marienbad ist unbegreiflich schön. Ich hätte schon viel früher meinem Instinkt folgen sollen, der mir sagt, daß die Dicksten auch die Klügsten sind. Denn abmagern kann man überall auch ohne Quellenanbetung, aber in solchen Wäldern sich herumtreiben nur hier. Allerdings ist jetzt die Schönheit gesteigert durch die Stille und Leere und durch die Aufnahmebereitschaft alles Belebten und Unbelebten; dagegen kaum beeinträchtigt durch das trübe, windige Wetter. Ich denke, wenn ich ein Chinese wäre und gleich nach Hause fahren würde (im Grunde bin ich ja Chinese und fahre nachhause), müßte ich es doch bald erzwingen, wieder herzukommen. Wie würde es Dir gefallen!«

Ich habe den Inhalt dieser Postkarte fast ganz zitiert, denn es finden sich auf ihr so viele seiner wesentlichsten Neigungen und Züge auf knappstem Raum beisammen: seine Liebe zu den Wäldern, sein Hang nach Stille und Leere, die Frage der Magerheit und sein beinahe abergläubischer Respekt vor dicken Menschen. Stille und Leere, das trübe, windige Wetter, die Aufnahmebereitschaft alles Belebten und Unbelebten gemahnen an Taoismus und eine chinesische Landschaft, und so findet sich hier die meines Wissens einzige Stelle, in der er von sich sagt: »Im Grunde bin ich ja Chinese...« Der Schlußsatz »Wie würde es Dir gefallen!« ist sein erster wirklicher Annäherungsversuch an Felice nach Jahren, und ihm entspringen die Tage des Marienbader Glücks.

Die Verhandlungen – man kann es wohl nicht anders sagen – über den gemeinsamen Urlaub ziehen sich nun noch über einen Monat lang hin und beleben die Korrespondenz auf ganz erstaunliche Weise. Felice, um es ihm ja recht zu machen, schlägt sogar ein Sanatorium vor. Vielleicht spielt bei ihr dunkel die Erinnerung an das Sanatorium in Riva mit, wo drei Jahre zuvor die Nähe zur ›Schweizerin‹ ihm zum Segen wurde. Aber ihm gefällt dieser Vorschlag nicht, ein Sanatorium sei fast »ein neues Bureau im Dienst des Körpers«, er zieht ein Hotel vor. Vom 3. bis 13. Juli verbringen Kafka und Felice zehn Tage in Marienbad zusammen.

Er ließ das Büro in Prag in musterhafter Ordnung zurück, er war glückselig, es zu verlassen, wäre es Abschied für immer gewesen, er wäre »bereit gewesen, auf den Knien jede Treppenstufe vom Boden bis zum Keller zu waschen, um ihr auf diese Weise die Dankbarkeit des Abschieds zu beweisen.« In Marienbad holte ihn Felice von der Bahn ab. Die erste Nacht verbrachte er in einem häßlichen Hofzimmer. Aber am nächsten Tag übersiedelte er in ein »außerordentlich schönes Zimmer« im Hotel ›Balmoral‹. Da wohnte er Tür an Tür mit Felice, von beiden Seiten hatten sie Schlüssel. Kopfweh und Schlaflosigkeit waren schlimm, die ersten Tage und besonders die Nächte fühlte er sich gequält und verzweifelt, er trug ins Tagebuch ein, wie schlecht es ging. Am 8. machte er mit Felice einen Ausflug nach Tepl in elendem Wetter, dann aber wurde es »ein Nachmittag wunderbar leicht und schön«, und das war die Wende. Es kamen fünf glückliche Tage mit ihr, für jedes ihrer fünf Jahre, möchte man sagen, je ein einziger Tag. Ins Tagebuch schrieb er: »Ich war noch niemals, außer in Zuckmantel, mit einer Frau vertraut. Dann noch mit der Schweizerin in Riva. Die erste war eine Frau, ich unwissend, die zweite ein Kind, ich ganz und gar verwirrt. Mit F. war ich nur in Briefen vertraut, menschlich erst seit zwei Tagen. So klar ist es ja nicht, Zweifel bleiben. Aber schön der Blick ihrer besänftigten Augen, das Sich-Öffnen frauenhafter Tiefe.«

Am Vorabend der Abreise von Felice begann er einen langen Brief an Max Brod, den er erst später vollendete, als sie schon fort war:

». . . Jetzt aber sah ich den Blick des Vertrauens einer Frau und konnte mich nicht verschließen . . . Ich habe kein Recht, mich dagegen zu wehren, um so weniger als ich das, was geschieht, wenn es nicht geschähe, selbst mit freiwilliger Hand täte, um nur wieder jenen Blick zu erhalten. Ich kannte sie ja gar nicht, neben anderen Bedenken allerdings hinderte mich damals geradezu Furcht vor der Wirklichkeit jener Briefschreiberin; als sie mir im großen Zimmer entgegenkam, um den Verlobungskuß anzunehmen, ging ein Schauder über mich; die Verlobungsexpedition mit meinen Eltern war für mich eine Folterung Schritt für Schritt; vor nichts hatte ich solche Angst wie vor dem Alleinsein mit F. vor der Hochzeit. Jetzt ist es anders und gut. Unser Vertrag ist in Kürze: Kurz nach Kriegsende heiraten, in einem Berliner Vorort zwei, drei Zimmer nehmen, jedem nur die wirtschaftliche Sorge für sich lassen. F. wird weiter arbeiten wie bisher und ich, nun ich, das kann ich noch nicht sagen . . . Trotzdem – jetzt ist darin Ruhe, Bestimmtheit und damit Lebensmöglichkeit . . .«

»... Es waren seit dem Tepler Vormittag so schöne und leichte Tage, wie ich nicht mehr geglaubt hätte, sie erleben zu können. Es gab natürlich Verdunklungen dazwischen, aber das Schöne und Leichte hatte die Oberhand ...«

Kafka hatte Felice am letzten Tag ihrer Ferien nach Franzensbad gebracht, um mit ihr seine Mutter und eine seiner Schwestern dort zu besuchen. Als er abends nach Marienbad zurückkehrte, wo er weitere zehn Tage allein zu bleiben gedachte, hatte man sein Zimmer im Hotel, das besonders ruhig war, an neue Gäste vermietet, und er mußte in das viel lautere Zimmer Felices übersiedeln. So sind die ersten Postkarten nach ihrer Abreise wieder mit Klagen erfüllt, über Lärm, Kopfschmerzen und schlechten Schlaf. Aber nach wieder fünf Tagen hatte er sich an ihr Zimmer gewöhnt, und nun, mit der Verspätung, die man von ihm kennt, breitet sich eine Zärtlichkeit und ein Glücksgefühl auf den Postkarten an sie aus, die den Leser schon wegen ihrer Seltenheit bis ins Herz ergreifen. Als einen Glücksfall muß man es betrachten, daß er an ihren gemeinsamen Stätten verblieb, als sie schon fort war. Er ging auf denselben Wegen in den Marienbader Wäldern, aß die vorbestimmten Gerichte, durch die er sein Gewicht vermehren wollte, in denselben Lokalen. Nachts saß er auf ihrem Balkon, am selben Tisch, und schrieb ihr beim Licht der ihnen beiden vertrauten Lampe.

Es steht alles auf Postkarten, jeden Tag schickt er ihr eine, an manchen Tagen zwei. Die erste trägt noch die Überschrift »Meine arme Liebste«, denn er fühlt sich noch schlecht, immer wenn er Felice ›arm‹ nennt, meint er sich, er ist der Arme. »Ich schreibe mit Deiner Feder, Deiner Tinte, schlafe in Deinem Bett, sitze auf Deinem Balkon – das wäre nicht schlimm, höre aber durch die nur einfache Tür den Lärm des Ganges und den Lärm der Doppelmieter rechts und links.« Der Lärm übertönt hier noch alles, sonst hätte er sich wohl kaum mit »das wäre nicht schlimm« als Folge des Vorangegangenen so vergriffen. Die Karte endet mit dem Satz: »Ich gehe jetzt in den Dianahof, um über den Butterteller gebeugt an Dich zu denken.«

Auf einer späteren Karte teilt er ihr mit, daß er trotz Schlaflosigkeit und Kopfschmerzen dick wird, und schickt ihr den kompletten ›gestrigen Speisezettel‹. Da finden sich, genau an ihre Tageszeiten gebunden, die Dinge, die man bei ihm erwarten würde, Milch, Honig, Butter, Kirschen usw., aber bei 12 Uhr steht, man traut seinen Augen nicht: »Kaiserfleisch, Spinat, Kartoffeln.«

Er hat also tatsächlich einen Teil seines Widerstandes gegen sie aufgegeben −: der Speisezettel in dieser Liebe ist wichtig. Er wird ›dick‹, er ißt auch Fleisch; da er im übrigen lauter Dinge ißt, die er auch früher gebilligt hätte, besteht der Kompromiß zwischen ihnen in der Menge dieser Dinge und im ›Kaiserfleisch‹. So haben sie in den gemeinsamen Marienbader Tagen sich auch durch einverständliches Essen einander genähert und miteinander ausgesöhnt. Die Routine des Lebens im Kurort beruhigt Kafka und nimmt ihm die Angst vor ihr. Nach ihrer Abreise setzt er, an denselben Orten, dieselbe Art des Essens fort und teilt es ihr als eine Art von Liebeserklärung mit.

Aber er huldigt ihr auch auf weniger intime, auf gehobenere Weise: »Sieh nur, den höchsten Kurgast von Marienbad, d. h. denjenigen, auf den das größte menschliche Vertrauen gerichtet ist, haben wir gar nicht gekannt: der Belzer Rabbi, jetzt wohl der Hauptträger des Chassidismus. Er ist seit 3 Wochen hier. Gestern war ich zum erstenmal unter den etwa 10 Leuten des Gefolges bei seinem Abendspaziergang . . . Und wie geht es Dir, mein höchster Marienbader Kurgast? Habe noch keine Nachricht, begnüge mich mit den Erzählungen der alten Wege, z. B. heute der Trotz- und Geheimnis-Promenade.«

Einmal, er hatte seit zwei Tagen keine Nachricht, heißt es: »Man wurde so verwöhnt durch das Beisammensein, zwei Schritte nach links und man konnte Nachricht haben.« Auf der zweiten Karte eines Tages steht: »Liebste − übertreibe ich das Schreiben wieder wie in früheren Zeiten? Zur Entschuldigung: ich sitze auf Deinem Balkon, auf Deiner Tischseite, es ist, als wären die 2 Tischseiten Wagschalen; das an unsern guten Abenden bestehende Gleichgewicht wäre gestört; und ich, allein auf der einen Wagschale, versänke: Versänke, weil Du fern bist. Darum schreibe ich . . . Es ist jetzt hier fast die Stille, die ich will: Das Nachtlicht brennt auf dem Balkontischchen, alle anderen Balkone sind leer wegen der Kälte, nur von der Kaiserstraße her kommt das gleichmäßige, mich nicht störende Gemurmel.«

In diesem Augenblick war er frei von Angst. Er saß auf ihrer Tischseite, als wäre er sie, aber die Waagschale sank, weil sie fern war, und er schrieb ihr. Es war fast die Stille, die er wollte, das Nachtlicht brannte nur auf seinem Balkon, und es war nicht Gleichgültigkeit, von der es sich nährte. Auf allen anderen Balkonen war es kalt und leer. Das gleichmäßige Gemurmel von der Straße her war nicht Verstörung.

Jener Satz aus der Zeit, da er Felice nicht wirklich kannte: daß nämlich Angst neben Gleichgültigkeit das Grundgefühl sei, das er gegenüber Menschen habe, war entkräftet. Wenn ihm die Freiheit des Nachtlichts gegeben war, fühlte er auch Liebe. »Einer muß wachen, heißt es. Einer muß da sein.«

Jedes Leben ist lächerlich, das man gut genug kennt. Wenn man es noch besser kennt, ist es ernst und furchtbar. Als Kafka nach Prag zurückkehrte, machte er sich an ein Unternehmen, das sich der Betrachtung von beiden Seiten bietet. Das Bild, das er vor Marienbad von Felice gehabt hatte, war ihm unerträglich, und er widmete sich der herkulischen Aufgabe, es zu ändern. Schon längere Zeit, schon seit Bodenbach, hatte er sie klar gesehen und ihr ohne Rücksicht vorgehalten, was ihn an ihr peinigte. Aber er hatte es nur sporadisch und ohne Hoffnung getan, denn es gab nichts, was er zu ihrer Änderung vorbringen konnte. In Marienbad kam die Rede auf das Jüdische Volksheim in Berlin, wo man für Flüchtlinge und Flüchtlingskinder sorgte, und Felice hatte spontan den Wunsch geäußert, in ihrer freien Zeit dort zu arbeiten. Er hatte ohne Erwartung oder Absicht davon erzählt und freute sich, als sie »den Gedanken des Heims so frei und gut begriff«. Von diesem Augenblick an verspürte er Hoffnung für sie, und mit der Zähigkeit, die die Stelle von Kraft bei ihm vertrat, ermahnte er sie nun in jedem Brief an Berlin, ihren Plan einer Annäherung an das Volksheim zu verwirklichen. Während drei, vier Monaten, bis Anfang November, schrieb er ihr beinahe täglich, und der weitaus wichtigste, wenn auch nicht einzige Gegenstand seiner Briefe war das Volksheim.

Felice zog zögernd Erkundigungen ein, sie fürchtete, daß vielleicht nur Studenten zur Mitarbeit am Volksheim zugelassen würden. Er, in seiner Antwort, verstand gar nicht, wie sie zu dieser Meinung käme. »Natürlich haben Studenten und Studentinnen als die durchschnittlich selbstlosesten, entschlossensten, unruhigsten, verlangendsten, eifrigsten, unabhängigsten, weitsichtigsten Menschen die Sache angefangen und führen sie, aber jeder Lebende gehört ebensogut dazu.« (Man wird schwerlich je wieder soviel Superlative bei ihm beisammen finden.) Sich dort zur Verfügung zu stellen, sei unzähligemal wichtiger als Theater, als Klabund und was es sonst noch gäbe. Es sei auch eine der eigennützigsten Angelegenheiten. Man helfe nicht, sondern suche Hilfe, es sei aus dieser Arbeit mehr Honig zu holen als aus allen Blumen der Marienbader Wälder

– er sei geradezu gierig auf Nachrichten über ihre Beteiligung. – Wegen des Zionismus, den sie nicht genügend kenne, solle sie sich nicht fürchten. Es kämen durch das Volksheim andere Kräfte in Gang und Wirkung, an denen ihm viel mehr gelegen sei.

Noch in Marienbad hatte er ein Buch über das Leben der Gräfin Zinzendorf gelesen, er bewunderte ihre Gesinnung und ihr »fast übermenschliches Werk« bei der Leitung der Herrnhuter Brüderkirche. Er spricht öfters von ihr, und bei allen Ratschlägen, die er nun gibt, schwebt sie ihm als allerdings ganz und gar unerreichbares Vorbild für Felice vor. »Als die Gräfin nach der Hochzeit, 22 Jahre alt, in ihre neue Dresdner Wohnung kam, welche die Großmutter Zinzendorfs für das junge Paar in einer für die damaligen Verhältnisse wohlhabenden Weise hatte einrichten lassen, brach sie in Tränen aus.« Dann folgt ein frommer Satz der jungen Gräfin über ihre Unschuld an diesen Tändeleien und ihre Bitte um die Gnade Gottes, die ihre Seele festhalten und ihre Augen von aller Torheit der Welt abkehren möge. Kafka fügte folgendes hinzu: »In eine Tafel einzugraben und über dem Möbelmagazin einzulassen.«

Mit der Zeit wächst sich diese Einwirkung zu einer förmlichen Kampagne aus, und es ist klar, worum es ihm damit eigentlich geht. Er will Felice sozusagen ›entbürgerlichen‹, ihr die Möbel austreiben, die für ihn das Schreckliche und Hassenswerte der bürgerlichen Ehe verkörpern. Sie soll lernen, wie wenig Bureau und Familie, als Lebensform der Selbstsucht, bedeuten und kontrastiert diese mit der demütigen Tätigkeit der Hilfe in einem Heim für Flüchtlingskinder. Aber die Art, wie er sie damit bedrängt, verrät ein Maß geistlicher Herrschsucht, das man ihm kaum zugetraut hätte. Über jeden Schritt, der sie näher zum Volksheim führt und dann über jede Einzelheit ihrer Tätigkeit dort, sobald sie einmal aufgenommen ist, läßt er sich Bericht erstatten. Ein Brief findet sich, in dem er ihr an die zwanzig Fragen darüber stellt, seine Unersättlichkeit steigert sich, und er kann nie genug davon hören. Er spornt sie an, er kritisiert sie, er beteiligt sich an der Arbeit für ein Referat, das sie im Volksheim halten soll, und liest und studiert zu diesem Zweck die ›Jugendlehre‹ von Friedrich Wilhelm Förster. Er sucht die Lektüre für die Kinder in ihrem Heim aus, schickt ihr sogar aus Prag die Jugendausgaben mancher Werke, die er für besonders geeignet hält, kommt mit peinlicher Pedanterie in seinen Briefen immer wieder darauf zurück, verlangt Fotografien von Felice inmitten ihrer Kinder, die er durch genaue Betrachtung aus der Ferne kennenlernen will, lobt Felice überschwänglich, wenn er mit ihr zufrieden ist, und dieses Lob klingt so intensiv, daß sie es für Liebe halten muß, es stellt sich immer dann ein, wenn sie seine Anweisungen ausführt. Allmählich wird es wirklich eine Art von Unterordnung und Gehorsam, die er von ihr erwartet. Die Korrektur an ihrem Bilde, die Wandlung ihres Charakters, ohne die er sich ein künftiges Leben mit ihr nicht vorstellen kann, wird nach und nach zu ihrer Kontrolle.

So nimmt er an ihrer Tätigkeit teil, zu der ihm selber, wie er in einem Brief sagt, die Hingabe fehlen würde; was sie tut, tut sie statt seiner. Er, im Gegensatz dazu, braucht mehr und mehr Einsamkeit, auf Sonntagsspaziergängen holt er sie sich in der Umgebung Prags, anfangs in Gesellschaft seiner Schwester Ottla, die er wie eine Braut bewundert. Ein Bekannter aus der Anstalt, der sie zusammen trifft, hält Ottla für seine Braut, und er scheut sich nicht, das Felice zu erzählen. – Er hat jetzt ein neues Vergnügen für die freie Zeit: im Gras liegen. »Letzthin lag ich . . . fast im Straßengraben (das Gras ist heuer aber auch im Straßengraben hoch und dicht), als ein ziemlich vornehmer Herr, mit dem ich manchmal amtlich zu tun habe, zweispännig zu einem noch vornehmern Fest vorüberfuhr. Ich streckte mich und fühlte die Freuden . . . des Deklassiertseins.« Bei einem Gang mit Ottla in der Nähe von Prag entdeckt er zwei wunderbare Orte, beide »still wie das Paradies nach der Vertreibung der Menschen«. Später geht er auch allein: »Kennst Du eigentlich die Freuden des Alleinseins, Alleingehens, Allein-in-der-Sonne-Liegens? . . . Bist Du allein schon weit gegangen? Die Fähigkeit dazu setzt viel vergangenen Jammer und auch viel Glück voraus. Ich weiß, als Junge war ich viel allein, aber es war mehr Zwang, selten freies Glück. Jetzt aber laufe ich in das Alleinsein, wie das Wasser ins Meer.« – Ein andermal heißt es: »Bin sehr weit gegangen, 5 Stunden etwa, allein und nicht genug allein, in ganz leeren Tälern und nicht genug leer.«

Während sich so die inneren Voraussetzungen zum Landleben ausbilden, das er ein Jahr später mit Ottla in Zürau teilt, sucht er Felice immer stärker an die Gemeinschaft des Jüdischen Volksheims in Berlin zu binden. Unter der Woche führt er weiter sein Beamtendasein, das ihn mit wachsendem Abscheu erfüllt, so sehr, daß er immer noch daran denkt, ihm in den Krieg zu entrinnen, als Soldat würde man sich wenigstens nicht schonen. Indessen rechtfertigt ihn Felice durch ihre Tätigkeit im Volksheim.

Aber in seinen Briefen aus dieser Zeit erwähnt er auch oft sein Schreiben. Da es eine Periode ist, in der er sich noch zu keiner neuen Arbeit imstande fühlt, sind es Nachrichten über die Schicksale früherer Erzählungen, über Veröffentlichungen und auch über Besprechungen. Schon im September vermeldet er ihr die Einladung zu einer Lesung nach München. Er liest gern vor und hätte Lust zu fahren, er möchte, daß sie dabei ist; ihre Vorschläge, ihn in Berlin oder Prag zu treffen, lehnt er ab. Von Berlin schreckt ihn die Erinnerung an die Ereignisse der Verlobung und des ›Gerichts‹ zurück, die er allerdings nicht häufig in seinen Briefen erwähnt, zwei Jahre trennen ihn von dieser Zeit. Aber wenn ihn die Nennung einer Berliner Lokalität doch darauf bringt, scheut er sich nicht, merken zu lassen, wie lebendig die Schmerzen jener Tage noch sind. Von Prag schreckt ihn der Gedanke an seine Familie zurück: es wäre nicht zu vermeiden, daß Felice am Tische der Eltern sitzt, und ihre Einbeziehung würde das Übergewicht der Familie verstärken, jene Übermacht, gegen die er sich unaufhörlich mit schwachen Kräften zur Wehr setzt. In dieser Fernhaltung Felices von Prag verhält er sich wie ein Politiker, der die Vereinigung zweier potentieller Feinde gegen sich zu verhindern sucht. – So bleibt er hartnäckig beim Plan eines Treffens in München. Während zweier Monate wird darüber korrespondiert. Er weiß, daß eine Vorlesung Kraftquelle für ihn wäre; auch Felice, wie sie jetzt ist, bemüht und gehorsam, gibt ihm Kraft. Beide Kraftquellen sollen sich in München vereinigen und aneinander steigern. Doch an der absonderlichen Art seines *Entschließens* ändert das nichts. Wieder erlebt man das wohlbekannte Hin und Her: die Reise ist wahrscheinlich, aber noch nicht sicher, es finden sich äußere Bedrohungen, an denen sie scheitern könnte. Nach zwei Monaten Besprechungen heißt es, noch fünf Tage vorher: »Die Reise wird jetzt wahrscheinlicher mit jedem Tag. Jedenfalls telegraphiere ich Dir noch Mittwoch oder Donnerstag die schönen Worte: ›Wir fahren also‹ oder das traurige Wort: ›Nein‹.« – Am Freitag fährt er.

Es spricht für die unabdingbare Eigenart der Anlage Kafkas, daß er aus Fehlern nichts lernt. Mißlingen und Mißlingen multipliziert sich ihm nie zu Gelingen. Die Schwierigkeiten bleiben immer dieselben, als handle es sich darum, das Unüberwindliche ihrer Natur zu demonstrieren. In unzähligen Überlegungen und Berechnungen wird konsequent genau das ausgelassen, was sie zu einem günstigen Ende zu führen vermöchte. Die Freiheit zum Mißlingen wird ausgespart, eine Art oberstes Gesetz, es soll an jedem neuen Kreuzungspunkt ein Entkommen verbürgen; man möchte es die Freiheit des Schwachen nennen, der sein Heil in Niederlagen sucht. In der Verpöntheit der Siege kommt seine wahre Eigenart, seine besondere Beziehung zur Macht zum Ausdruck. Alle Berechnungen entstammen der Ohnmacht und führen wieder auf sie hin.

So hat er, allen Erfahrungen über die mißratenen kurzfristigen Begegnungen zum Trotz, die Errungenschaft der vier Monate: seine Kontrolle über Felice durch das Berliner Volksheim, an jenem einen gemeinsamen Samstag in München aufs Spiel gesetzt. Alles in München war unbekannt: die Lokalitäten, die Menschen, der Verlauf der Vorlesung am Freitag nach einer tagelangen Eisenbahnfahrt, die Folge der Ereignisse am Samstag. Aber es wurde riskiert, als läge darin eine heimliche Möglichkeit von Freiheit. Es kam zu einem Streit zwischen ihnen in einer »gräßlichen Konditorei«, über den nichts Näheres bekannt ist. Felice, die sich so lange bemüht hatte, ihm in allem zu Willen zu sein, scheint rebelliert zu haben. In ihren plötzlichen Ausbrüchen dürfte sie sich durch Subtilität kaum ausgezeichnet haben, sie warf ihm Eigensucht vor, und es war ein alter Vorwurf. Er konnte ihn nicht einfach hinnehmen; er traf ihn schwer, denn wie er selber später schrieb, war er ja richtig. Aber seine größte, weitaus größte Eigensucht war sein *Eigensinn*, und dieser erlaubte ihm nur die Vorwürfe, die er sich selber machte. »Mein Schuldbewußtsein ist immer stark genug, es braucht keine Nahrung von außen, aber meine Organisation ist nicht stark genug, um häufig solche Nahrung hinunterzuwürgen.«

Damit war die zweite Blütezeit ihrer Beziehung zu Ende: vier Monate lang hatte dieses engste Einvernehmen gewährt. Man kann diese vier Monate sehr wohl mit jener ersten Zeit vom September bis Dezember 1912 vergleichen, gemeinsam war beiden die Hoffnung und die Kraft, die Kafka von Felice bezog. Doch war jene frühe Zeit eine ekstatische des Schreibens, während es in der zweiten um die Änderung von Felices Charakter und um ihre Anpassung an seine Werte ging. An der Enttäuschung damals versiegte das Schreiben. Diesmal war die Wirkung seiner Entfremdung von ihr eine umgekehrte: sie führte ihn zurück zum Schreiben.

Er kam mit neuem Mut aus München zurück. Die Vorlesung dort war ein »großartiger Mißerfolg«, er hatte ›*In der Strafkolonie*‹ gelesen. »Ich war hingekommen mit meiner Geschichte als Reisevehikel, in eine Stadt, die mich außer als Zusammenkunftsort und als trostlose Jugenderinnerung gar nichts anging, las dort meine schmutzige Geschichte in vollständiger Gleichgültigkeit, kein leeres Ofenloch kann kälter sein, war dann, was mir hier selten geschieht, mit fremden Menschen beisammen.« Die Kritiken waren schlecht, er gab ihnen recht, es sei ein »phantastischer Übermut« von ihm gewesen, öffentlich vorzulesen, nachdem er, wie er übertreibend sagt, zwei Jahre nichts geschrieben habe. (Doch in München hatte er auch erfahren, daß Rilke viel von ihm hielt, der ›Heizer‹ besonders hatte es ihm angetan, er zog diese Arbeit der ›Verwandlung‹ und ›In der Strafkolonie‹ vor.) Aber eben dieser Übermut – das öffentliche Auftreten, die Tatsache, daß es Urteile gab und hauptsächlich negative, die Niederlage und das Großartige des Mißerfolgs inmitten neuer Menschen – hat Kafka beschwingt. Nimmt man dazu den Zwist mit Felice, der ihm die innere Distanz zu ihr gab, ohne die er nicht schreiben konnte, so wird sein neuer Mut nach der Rückkehr begreiflich.

Er machte sich gleich auf Wohnungssuche, und diesmal hatte er Glück: Ottla richtete ihm in einem Häuschen der Alchimistengasse, das sie für sich mietete, ein Zimmer zum Schreiben ein, wo es still genug war und er sich sehr bald einlebte. Er lehnte es ab, Felice zu Weihnachten zu sehen, und seit vier Jahren zum erstenmal klagte sie über Kopfschmerzen, sie hatte sie von ihm übernommen. Beinahe schnöde erwähnte er das früher viel besprochene Heim. Es sollte jetzt seine Funktion erfüllen: sie halten und festmachen, aber das war auch alles.

Er hat gute Augenblicke in Ottlas Haus. Es ist besser als jemals in den letzten zwei Jahren. »Sonderbar wenn man in dieser engen Gasse unter Sternenlicht sein Haus versperrt.« »Schön das Wohnen dort, schön das Nachhausewandern gegen Mitternacht über die alte Schloßstiege zur Stadt hinunter.« Hier entstanden ›*Ein Landarzt*‹, ›*Der neue Advokat*‹, ›*Auf der Galerie*‹, ›*Schakale und Araber*‹ und ›*Das nächste Dorf*‹, die später Aufnahme in dem Band ›*Ein Landarzt*‹ fanden. Hier wurden auch ›*Die Brücke*‹, ›*Der Jäger Gracchus*‹ und ›*Der Kübelreiter*‹ geschrieben. Gemeinsam war diesen Erzählungen Weiträumigkeit, Verwandlung (nicht mehr ins Kleine) und Bewegung.

Über die allerletzte Phase der Beziehung zu Felice ist den Briefen Kafkas an sie nicht sehr viel zu entnehmen. Der Brief von der Jahreswende 1916 auf 1917, der Vorzüge und Nachteile einer Wohnung im Schönbornpalais ausführlich und, wie er sich selber vorwerfen würde, ›rechnerisch‹ behandelt, mit sechs Punkten, die dagegen sprechen, und fünf Punkten dafür, setzt noch voraus, daß man nach dem Kriege zusammenziehen wird. Felice würde in diese Wohnung, die dann für sie fertig da wäre, sich erholen kommen, wenigstens für zwei, drei Monate. Allerdings müßte sie auf Küche und Badezimmer verzichten. Man kann nicht sagen, daß ihre Gegenwart sehr überzeugend in Rechnung gestellt wird, sie kommt nur in einem der elf Punkte für und dagegen vor. Aber immerhin, sie erscheint, und was vielleicht noch wichtiger ist: sie soll genau überlegen und einen Rat geben.

Aus dem Jahre 1917, in dem er ihr bis zum August wenigstens hie und da geschrieben haben muß, ist weder eine Postkarte noch ein Brief erhalten, der erste ist vom September. Im Februar hat Kafka die Wohnung im Schönbornpalais bezogen. Hier sind weitere Erzählungen aus dem ›*Landarzt*‹-Band entstanden, hier auch manches zu seinen Lebzeiten Ungedruckte, das sehr wichtig ist, wie ›*Beim Bau der Chinesischen Mauer*‹. Er ist mit dieser Zeit nicht ganz unzufrieden und stellt das in einem Brief an Kurt Wolff vom Juli 1917 fest.

Was zwischen ihm und Felice in diesem selben Juli geschah, läßt sich nur aus anderen Quellen erschließen; einen so präzisen Charakter wie das Frühere kann die Darstellung darum nicht haben. Dieser Juli ist der Monat der zweiten offiziellen Verlobung. Der Krieg war zwar noch lange nicht zu Ende, und es scheint, daß man dem ursprünglichen Plan ein wenig vorgegriffen hat. Felice kam nach Prag, man sollte annehmen, daß sie im Schönbornpalais gewohnt hat, doch spricht manches auch dagegen. Kafka machte offizielle Verlobungsvisiten mit ihr bei seinen Freunden. Brod verzeichnet das Steife und leicht Lächerliche eines solchen Besuches bei ihm. Man war auch wieder einmal auf Möbelkauf und Wohnungssuche aus, vielleicht war Felice mit dem Schönbornpalais nicht zufrieden und bestand schon für den Anfang auf Badezimmer und Küche. Sie trug in ihrer Handtasche 900 Kronen mit sich herum, eine ungewöhnlich hohe Summe. In einem Brief an Frau Weltsch, in dem es um den zeitweiligen Verlust eben dieser Tasche geht, spricht Kafka förmlich von seiner »Braut«. Er dürfte sich mit offiziellen Gängen und Titulierungen dieser Art wieder übernommen haben. Es wurde schon gesagt, daß es nicht seiner Natur entsprach, aus früheren Erfahrungen zu lernen. Aber vielleicht legte er es, ohne sich ganz klar darüber zu sein, auf Bedrängnisse der alten Art an, um wieder entkommen zu *müssen*. In der zweiten Julihälfte fuhr er mit Felice zu ihrer Schwester nach Arad in Ungarn. Auf dieser Reise muß es zu einem ernsten Zerwürfnis gekommen sein. Vielleicht war die Konfrontation mit einem Mitglied ihrer Familie für die Beschleunigung eines Bruches notwendig. In Budapest verließ er Felice und fuhr allein über Wien nach Prag zurück. Rudolf Fuchs, den er damals in Wien sah, vermerkt in seinen Erinnerungen Äußerungen Kafkas, die auf einen definitiven Bruch mit Felice oder doch auf eine Absicht dazu schließen lassen. Er schrieb ihr zwei Briefe aus Prag, die nicht erhalten sind, in denen er wohl sehr weit gegangen ist.

Er war jetzt wirklich zum Bruch entschlossen, aber da er sich aus eigenem die Kraft dazu nicht zutraute, erfolgte zwei Tage nach dem späteren Brief an sie, in der Nacht vom 9. auf den 10. August, sein Blutsturz. Aus einer viel späteren Schilderung gewinnt man den Eindruck, daß er die Dauer dieses Blutsturzes etwas übertrieben hat. Aber es ist nicht daran zu zweifeln, daß er plötzlich spät nachts Blut aus den Lungen verlor und daß dieses eklatante Ereignis – man möchte sagen: schon dichterisch durch die Vorstellung einer ›Blutwunde‹ – für ihn sehr ernste Folgen hatte. Obwohl er sich danach erleichtert fühlte, suchte er seinen Arzt auf, jenen durch seine ›Körpermasse‹ beruhigenden Dr. Mühlstein. Wie dieser sich wirklich dazu stellte, ist nicht klar zu entnehmen, aber Kafkas Bericht genügte, um Brod in Angst zu versetzen. Es dauerte noch einige Wochen, bis er Kafka dazu bereden konnte, einen Spezialisten aufzusuchen. Denn über die wahren Gründe seiner Erkrankung war sich Kafka von Anfang an im klaren, und nicht einmal die Aussicht auf jene Freiheit, die ihm wichtiger als alles war, machte es ihm leicht, sich der offiziellen Medizin, der er so hartnäckig mißtraut hatte, für immer auszuliefern. Mit dem Besuch beim Spezialisten am 4. September begann eine neue Periode in seinem Leben. Der Ausspruch dieser Autorität, zu deren Anerkennung er sich nun zwang, erlöste ihn von Felice, der Angst vor der Ehe und dem verhaßten Beruf. Aber er band ihn auch für immer an die Krankheit, an der er sterben sollte und die in diesem Augenblick ernsthaft vielleicht noch gar nicht da war.

Denn die früheste Äußerung über den Befund des Spezialisten, die sich in einer Aufzeichnung vom selben Tag in Brods Tagebuch findet, klingt nicht allzu gefährlich. Es ist die Rede von einem

Lungenspitzenkatarrh in beiden Lungen und einer *Gefahr* von Tuberkulose. Das Fieber, wie sich herausstellte, blieb bald ganz aus. Aber die ungewöhnlichen medizinischen Veranstaltungen verdichteten sich zum Plan einer Flucht, wie sie für Kafkas seelische Rettung unerläßlich war. Es wurde beschlossen, daß er – vorläufig auf drei Monate – aufs Land müsse. Der Ort dazu war – man kann nicht anders sagen – schon von lange her vorbereitet worden: Ottlas Landwirtschaft in Zürau. Felice erfuhr von alledem vier Wochen lang nichts. Erst als jeder Schritt unumstößlich feststand, drei Tage vor der Übersiedlung nach Zürau, am 9. September, schrieb er ihr endlich einen ersten, sehr ernsten Brief. Vielleicht hätte er ihr schon in diesem Brief den harten Entschluß, die Verbindung mit ihr für immer abzubrechen, ausdrücklich mitgeteilt. Aber sie hatte ihm, nachdem sie auf seine beiden August-Briefe lang geschwiegen hatte, versöhnlich und so, als ob nichts Ernstes zwischen ihnen stünde, wieder geschrieben, und ihre freundlichen Briefe hatte er, für ihn sehr ungelegen, am 5. September, dem Tag nach dem Besuch beim Spezialisten bekommen. »Heute«, teilt er Brod mit, »kamen Briefe von F., ruhig, freundlich, ohne jede Nachträglichkeit, so eben, wie ich sie in meinen liebsten Träumen sehe. Schwer ist es jetzt, ihr zu schreiben.«

Aber er schreibt ihr, wie gesagt, am 9. September, und berichtet ihr, dramatisch verkürzt, von den Ereignissen um seine Lungen. Es ist stark von Blut und nachdrücklich von Tuberkulose die Rede. Die Pensionierung will man ihm in seinem Interesse nicht geben, er bleibt aktiver Beamter und geht für mindestens drei Monate auf Urlaub. Vor den Eltern soll die Sache vorläufig verschwiegen werden. Das einzige, was sie für sich als auf die Dauer bedrohlich empfinden könnte, ist der Schluß. Da heißt es »arme liebe Felice«, und das »arm«, das man aus der Korrespondenz so gut kennt, klingt diesmal, da er von seiner Krankheit schreibt, zum erstenmal so, als gelte es nicht ihm selber, sondern ihr. »Soll es das ständige Schlußwort meiner Briefe werden? Es ist kein Messer, das nur nach vorn sticht, es kreist und sticht auch zurück.«

In einem Nachwort fügte er hinzu, daß er sich seit jenem Blutsturz besser fühle als früher. Das entspricht der Wahrheit, vielleicht will er damit aber auch verhindern, daß sie in plötzlichem Alarm zu ihm angefahren kommt.

Am 12. September beginnt die Zeit in Zürau. Schon der erste Brief an Brod klingt wie aus einer anderen Welt. Am ersten Tag kam er nicht zum Schreiben, weil es ihm allzu sehr gefiel, auch wollte er nicht übertreiben, wie er es hätte tun müssen. Aber auch am nächsten heißt es: »Ottla trägt mich wirklich auf ihren Flügeln durch die schwierige Welt, das Zimmer ... ist ausgezeichnet, luftig, warm und das alles bei fast vollkommener Hausstille; alles, was ich essen soll, steht in Hülle und Fülle um mich herum ... und die Freiheit, die Freiheit vor allem.«

». . . Jedenfalls verhalte ich mich heute zu der Tuberkulose, wie ein Kind zu den Rockfalten der Mutter, an die es sich hält ... Manchmal scheint es mir, Gehirn und Lunge hätten sich ohne mein Wissen verständigt. ›So geht es nicht weiter‹ hat das Gehirn gesagt und nach fünf Jahren hat sich die Lunge bereit erklärt zu helfen.«

Und im nächsten Brief heißt es: »Mit Ottla lebe ich in kleiner guter Ehe; Ehe nicht auf Grund üblichen gewaltsamen Stromschlusses, sondern des mit kleinen Windungen geradeaus Hinströmens. Wir haben eine hübsche Wirtschaft, in der es Euch, wie ich hoffe, gefallen wird.« Aber ein Schatten liegt über diesem Brief: »F. hat sich mit ein paar Zeilen angekündigt. Ich fasse sie nicht, sie ist außerordentlich ...«

Sie kam, über ihren Besuch findet sich eine Eintragung im Tagebuch, aus der ich einen Teil zitiere: »21. September. F. war hier, fährt, um mich zu sehen, dreißig Stunden, ich hätte es verhindern müssen. So wie ich es mir vorstelle, trägt sie, wesentlich durch meine Schuld, ein Äußerstes an Unglück. Ich selbst weiß mich nicht zu fassen, bin gänzlich gefühllos, ebenso hilflos, denke an die Störung einiger meiner Bequemlichkeiten und spiele als einziges Zugeständnis etwas Komödie.«

Der zweitletzte Brief an Felice, der längste, zehn Tage nach ihrem Besuch in Zürau geschrieben, ist der peinlichste Brief, den es von Kafka gibt, es kostet einen Überwindung, daraus zu zitieren. Sie hat ihm inzwischen zweimal geschrieben, erst öffnet er ihre Briefe nicht und läßt sie liegen. Das teilt er ihr gleich zu Beginn mit, auch daß er die Briefe dann schließlich doch vorgenommen habe. Was drin steht, beschämt ihn zwar, aber er sieht sich noch schärfer, als sie ihn sah, seit langer Zeit schon, und will ihr den Anblick, den er bietet, erklären.

Nun kommt der Mythos der zwei Kämpfer in ihm, es ist ein unwürdiger und falscher Mythos. Das Bild des Kampfes kann die inneren Vorgänge in ihm nicht fassen, es verzerrt sie durch eine Art von Heroisierung seines Blutverlusts, so als wäre wirklich blutig gekämpft worden. Aber selbst wenn man dieses Bild noch gelten ließe, es verführt ihn gleich auch zu einer Unwahrheit: daß der bessere der zwei Kämpfer, so schreibt er, ihr gehöre, daran zweifle er gerade in den letzten Tagen am wenigsten. Man weiß aber, daß dieser Kampf, oder wie immer man es nennt, längst zu Ende ist und ihr nichts mehr gehört, gerade in den letzten Tagen am wenigsten. Soll man in dieser lügnerischen Behauptung einen Trost für sie, etwas wie Ritterlichkeit gegen die Gedemütigte und Verstoßene erblicken? Immerhin folgt nicht weit danach ein Satz, dem es zukommt, als Satz von Kafka zitiert zu werden: »Ich bin ein lügnerischer Mensch, ich kann das Gleichgewicht nicht anders halten, mein Kahn ist sehr brüchig.« Er leitet zu einem längeren Absatz über, der seine Einsicht in sich zusammenfaßt. Der ist ihm gut gelungen, er gehört in die Literatur; er gefällt ihm so gut, daß er ihn für einen Brief an Max Brod wortwörtlich abschreibt, und dann noch einmal wortwörtlich in sein Tagebuch. Dort soll er auch stehen, aber man wird begreifen, warum man unter diesen Umständen hier auf ihn verzichtet. Dann gibt es wieder ein längeres Stück über das wechselvolle Schicksal der beiden Kämpfer und das vergossene Blut. Es führt zu einem Satz, der ihn ernsthaft beschäftigt: »Ich halte nämlich diese Krankheit im geheimen gar nicht für eine Tuberkulose, oder wenigstens zunächst nicht für eine Tuberkulose, sondern für meinen allgemeinen Bankrott.« Aber das Blut und der Kampf sind noch nicht zu Ende, und es werden noch weitere Folgerungen aus ihnen gezogen. Ganz unvermittelt scheint die Stelle auf: »Frag nicht, warum ich eine Schranke ziehe. Demütige mich nicht so.« Hier sagt er stark, daß er sie ganz von sich abtut und daß es keine Erklärung dafür gibt, und bestünde der Brief aus diesen zwei Sätzen, er hätte die Kraft einer biblischen Anrede. Er schwächt ihn dann gleich durch eine leere Geste ab, doch plötzlich findet man sich vor der Wahrheit: »Die wirkliche oder angebliche Tuberkulose«, sagt er, »ist eine Waffe, neben der die fast zahllosen früher verbrauchten, von der ›körperlichen Unfähigkeit‹ bis zur ›Arbeit‹ hinauf und bis zum ›Geiz‹ hinunter in ihrer sparsamen Zweckhaftigkeit und Primitivität dastehn.«

Schließlich sagt er ihr ein Geheimnis, an das er augenblicklich selbst gar nicht glaubt, das aber doch wahr sein muß: er wird nicht mehr gesund werden. Damit tötet er sich für sie ab und entzieht sich ihr jetzt durch eine Art von Selbstmord in der Zukunft.

So war das meiste, was dieser Brief enthielt, von dem Bestreben diktiert, weiteren Belästigungen von ihrer Seite zu entgehen. Da er nicht das Geringste mehr für sie empfand, war ihm ein wirklicher Trost für sie nicht gegeben. Aus dem Züraner Glück, das ein Glück der Freiheit war, waren keine Allüren der Trauer, ja nicht einmal welche des Bedauerns zu schöpfen.

Der letzte Brief an Felice ist vom 16. Oktober und liest sich so, als wäre er kaum mehr für sie geschrieben. Er rückt sie fort, obwohl sie schon fern ist, seine gläsernen Sätze enthalten sie nicht, sie sind wie an einen Dritten gerichtet. Er beginnt mit einem Zitat aus einem Brief an Max Brod: Kafkas Briefe, hätte der geschrieben, zeugten von großer Ruhe, und er sei in seinem Unglück glücklich. Als Bestätigung dafür liefert er nun eine Schilderung des letzten Besuches der Felice. Vielleicht ist diese Schilderung genau, gewiß ist sie kälter als Eis. »Du warst unglücklich über die sinnlose Reise, mein unbegreifliches Verhalten, über alles. Ich war nicht unglücklich.« Er fühlte den ganzen Jammer weniger, als er ihn sah und erkannte und in dieser Erkenntnis ruhig dabei verblieb, die Lippen fest, sehr fest geschlossen zu halten. Der größere Teil des Briefes besteht aus einer Antwort an Max Brod, ungefähr zitiert, sie war vor vier Tagen an ihn abgegangen. – Sein Körperzustand ist ausgezeichnet, nach ihrem wagt er kaum zu fragen. Er hat Max, Felix und Baum mit ausführlicher Begründung gebeten, ihn nicht zu besuchen, eine Warnung an *sie*, nicht wiederzukommen.

Der letzte Absatz lautet: »Kant kenne ich nicht, der Satz aber soll wohl nur für die Völker gelten, auf Bürgerkriege, auf ›innere Kriege‹ bezieht er sich kaum, hier ist der Friede wohl nur jener, den man der Asche wünscht.«

Damit wies er einen Friedenswunsch zurück, den Felice in einen Satz von Kant gekleidet hatte. Mit dem Frieden, den man der Asche wünscht, zog er sich nachdrücklicher noch als am Ende des vorangegangenen Briefes hinter den Tod zurück. In der ausführlichen Korrespondenz, die er gleichzeitig mit seinen besten Freunden führt, ist nie von Asche die Rede.

Daß die Krankheit schließlich wahr wurde, die erst ein Mittel war, kann als Rechtfertigung nicht anerkannt werden. Die Rechtfertigung findet sich in jener neuen Reihe von Aufzeichnungen, dem ›Dritten Oktavheft‹, das er zwei Tage nach dem letzten Brief an Felice begann. Das Tagebuch, das er früher zu führen pflegte, bricht auf Jahre ab. Als die vorletzte, sozusagen verspätete Eintragung finden sich darin die Sätze: »Das Entscheidende habe ich bisher nicht eingeschrieben, ich fließe noch in zwei Armen. Die wartende Arbeit ist ungeheuerlich.«

1968

Wortanfälle

Ansprache vor der Bayerischen Akademie
der Schönen Künste

Es wäre anmaßend von mir und es wäre gewiß auch müßig, Ihnen zu sagen, was man der Sprache dankt. Ich bin nur ein Gast in der deutschen Sprache, die ich erst mit acht Jahren erlernt habe, und daß Sie mich heute darin willkommen heißen, bedeutet für mich mehr, als wenn ich in ihrem Bereich geboren wäre. Ich kann es nicht einmal als Verdienst in Anspruch nehmen, daß ich an ihr festgehalten habe, als ich vor über dreißig Jahren nach England kam und dort zu bleiben beschloß. Denn daß ich in England weiter Deutsch geschrieben habe, war so selbstverständlich wie Atmen und Gehen. Ich hätte nicht anders können, eine andere Möglichkeit wurde nie auch nur erwogen. Im übrigen war ich der willige Gefangene einiger tausend Bücher, die mitzubringen ich das Glück hatte, und ich zweifle nicht daran, daß diese mich als Abtrünnigen aus ihrer Mitte verstoßen hätten, hätte sich auch nur das Geringste in meinem Verhältnis zu ihnen verändert.

Aber vielleicht darf ich Ihnen etwas darüber sagen, was unter solchen Umständen mit der Sprache geschieht. Wie setzt sie sich gegen den unablässigen Druck der neuen Umwelt zur Wehr? Ändert sich etwas an ihrem Aggregatzustand, an ihrem spezifischen Gewicht? Wird sie herrschsüchtiger, wird sie aggressiver? Oder geht sie in sich und verbirgt sich? Wird sie intimer? Es könnte ja sein, daß sie zu einer Geheimsprache wird, die man nur noch für sich verwendet.

Nun, das erste was geschah, war, daß man ihr mit einer anderen Art von Neugier begegnete. Man verglich mehr, besonders an den alltäglichsten Wendungen, wo die Unterschiede auffallend und greifbar waren. Aus literarischen Konfrontationen wurden ganz konkrete des Umgangs. Die frühere oder Hauptsprache wurde immer merkwürdiger, und zwar im einzelnen. Alles an ihr wurde auffallend, früher war es nur manches.

Zugleich war eine Verringerung der Selbstzufriedenheit zu spüren. Denn man hatte die Fälle von schreibenden Menschen vor Augen, die sich geschlagen gegeben hatten und aus praktischen Gründen zur Sprache des neuen Landes übergegangen waren. Diese lebten nun sozusagen ganz in der Eitelkeit ihrer neuen Bemühung, die überhaupt nur Sinn hatte, wenn sie gelang. Wie oft habe ich es zu hören bekommen, von begabten und unbegabten Leuten, in beinahe läppischem Stolz: »Ich schreibe jetzt Englisch!« Wer aber ohne jede Aussicht auf die Erlangung eines äußeren Ziels bei der früheren Schreibsprache verblieb, mußte sich vorkommen, als habe er für die Öffentlichkeit abgedankt. Er maß sich mit niemandem, er war allein, er war auch ein wenig lächerlich. Er war in der schwierigeren Situation, sie schien hoffnungslos, unter seinen Schicksalsgenossen mochte er als Narr gelten und unter den Leuten des Gastlandes, unter denen er schließlich leben mußte, galt er lange als Niemand.

Es ist zu erwarten, daß unter solchen Umständen vieles privater und intimer wird. Man spricht manches für sich aus, das man sonst nie hätte passieren lassen. Die Überzeugung, daß nichts je damit geschehen wird, daß es privat bleiben müsse – eine Leserschaft dafür ist ja nicht mehr denkbar –, gibt einem ein absonderliches Gefühl von Freiheit. Unter all diesen Menschen, die ihre alltäglichen Dinge englisch sagen, hat man eine geheime Sprache für sich, die keinem äußeren Zwecke mehr dient, der man sich beinah allein bedient, an der man mit steigender Hartnäckigkeit hängt, wie Menschen einem Glauben anhängen mögen, der in ihrer weiteren Umgebung von allen verpönt ist.

Nun, das ist der oberflächlichere Aspekt der Sache, es gibt auch einen anderen, der einem erst allmählich klar wird. Als Mensch mit literarischen Interessen neigt man zu der Annahme, daß es die Werke der Dichter sind, die die Sprache für einen vorstellen. Gewiß ist das auch der Fall, und letzten Endes zehrt man von ihnen, aber zu den Entdeckungen, die man durch das Leben im Bereich einer anderen Sprache macht, gehört eine ganz besonders: nämlich daß es die Worte selber sind, die einen nicht loslassen, die einzelnen Worte an sich, jenseits aller größeren geistigen Zusammenhänge. Die eigentümliche Kraft und Energie von Worten spürt man dort am stärksten, wo man oft gezwungen ist, andere an ihre Stelle zu setzen. Das Wörterbuch des fleißigen Schülers, der sich um eine andere Sprache bemüht hat, kehrt sich plötzlich um: alles will wieder so heißen, wie es früher und eigentlich hieß, die zweite Sprache, die man nun ohnehin immer hört, wird das Selbstverständliche und Banale, die erste, die sich verteidigt, erscheint in einem besonderen Licht.

Ich entsinne mich, daß ich während des Krieges in England Seiten um Seiten mit deutschen Worten vollschrieb. Sie hatten nichts mit dem zu tun, woran ich arbeitete. Sie fügten sich auch keineswegs zu Sätzen und figurieren natürlich nicht in den Aufzeichnungen jener Jahre. Es waren isolierte Worte, sie ergaben keinen Sinn. Plötzlich kam es wie ein Furor über mich, und ich bedeckte einige Seiten blitzrasch mit Worten. Sehr häufig waren es Substantive, doch nicht ausschließlich, auch Verben und Adjektive fanden sich ein. Ich schämte mich dieser Anfälle und verbarg die Blätter vor meiner Frau. Mit ihr sprach ich deutsch, sie war mit mir von Wien gekommen. Ich wüßte sonst sehr wenig, das ich vor ihr verborgen hätte.

Ich empfand diese Wortanfälle als pathologisch und mochte sie damit nicht beunruhigen, es gab wie für alle anderen Menschen in jenen Jahren genug Beunruhigendes, das sich nicht verbergen ließ. Vielleicht sollte ich auch erwähnen, daß es mir sehr widerstrebt, Worte zu zerbrechen oder in irgendeiner Weise zu entstellen, ihre Gestalt ist für mich unantastbar, ich belasse sie intakt. So kann man sich eine geistlosere Beschäftigung als diese Aneinanderreihung von unversehrten Worten schwerlich denken. Wenn ich spürte, daß ein solcher Wortanfall bevorstand, sperrte ich mich wie zur Arbeit ein. Ich bitte Sie um Entschuldigung dafür, daß ich eine solche private Narretei vor Ihnen erwähne, muß aber noch hinzufügen, daß ich mich während dieser Beschäftigung besonders glücklich fühlte. Es kann seither für mich kein Zweifel daran bestehen, daß Worte mit einer besonderen Art von Leidenschaft geladen sind. Sie sind eigentlich wie Menschen, sie lassen sich nicht vernachlässigen oder vergessen. Wie immer sie verwahrt werden, sie behalten ihr Leben, plötzlich springen sie hervor und erzwingen ihr Recht.

Wortanfälle dieser Art sind gewiß ein Zeichen dafür, daß der Druck auf die Sprache sehr groß geworden ist, daß man – in diesem Fall – das Englische nicht nur gut kennt, sondern daß es sich einem oft und öfters aufdrängt. Es hat eine Umlagerung in der Dynamik der Worte stattgefunden. Die Häufigkeit des Gehörten führt nicht nur dazu, daß man sich's merkt, sondern auch zu neuen Anlässen, Auslösungen, Bewegungen und Gegenbewegungen. Manches alte, geläufige Wort erstarrt im Ringkampf mit seinem Gegenspieler. Andere erheben sich über jeden Zusammenhang und erstrahlen in Unübersetzbarkeit.

Es geht hier, das muß man betonen, nicht um den Fall der Erlernung einer fremden Sprache bei sich, in einem Zimmer, mit einem Lehrer, mit der Rückendeckung all derer, die in der eigenen Stadt zu allen Stunden des Tages so reden, wie man's immer gewöhnt war; sondern es geht um das Ausgeliefertsein an die fremde Sprache in *ihrem* Revier, wo alle auf ihrer Seite stehen und zusammen und mit einem Anschein von Recht unbekümmert, unbeirrt, unaufhörlich mit ihren Worten auf einen losschlagen. Es geht auch darum, daß man weiß, man bleibt, man fährt nicht mehr zurück, nicht nach einigen Wochen, nicht nach Monaten, nicht nach Jahren. So liegt einem daran, alles, was man hört, zu verstehen; das ist, wie jedermann weiß, zuerst immer das Schwerste. Dann macht man es nach, so lange, bis es auch verstanden wird. Außerdem aber geschieht etwas, das sich auf die frühere Sprache bezieht: man hat dafür zu sorgen, daß sie sich nicht zur Unzeit meldet. So wird sie allmählich zurückgedrängt; man hegt sie ein, man beschwichtigt sie, man legt sie an die Leine; und sosehr man sie heimlich streichelt und liebkost, in der Öffentlichkeit fühlt sie sich vernachlässigt und verleugnet. Kein Wunder, daß sie sich manchmal rächt und einen mit Schwärmen von Worten überfällt, die isoliert bleiben, sich zu keinem Sinn zusammenfügen und deren Ansturm für andere so lächerlich wäre, daß er einen nur zu noch größerer Heimlichkeit zwingt.

Es mag sehr unangemessen erscheinen, von solchen sprachlichen Privatsituationen viel Wesens zu machen. In einer Zeit, da alles immer rätselhafter wird, da die Existenz nicht mehr einzelner Gruppen, sondern buchstäblich der Menschheit auf dem Spiel steht, da keine Entscheidung sich als Lösung erweist, denn es gibt zu viele einander widersprechende Möglichkeiten, und niemand ist imstande, die meisten von ihnen auch nur zu ahnen – es geschieht zu viel, und man erfährt's zu früh, und bevor man es aufgefaßt hat, erfährt man das nächste –, in einer Zeit, die rasch, bedrohlich und reich ist und sich anhand dieser Bedrohlichkeit immer reicher entwickelt, in einer solchen Zeit würde man von einem Menschen, der sich immerhin zu denken herausnimmt, anderes erwarten als eine Erzählung über den Agon von Worten, der sich unabhängig von ihrem Sinn ereignet.

Wenn ich doch eben darüber ein weniges gesagt habe, bin ich Ihnen eine Erklärung dafür schuldig. Es scheint mir, daß der Mensch heute, dem in seiner Faszination durch das Allgemeine immer mehr aufgegeben ist, nach einer privaten Sphäre sucht, die seiner nicht unwürdig ist, die sich deutlich vom Allgemeinen abhebt, in der dieses sich aber vollkommen und genauer spiegelt. Es geht um eine Art von Übersetzung des Einen ins Andere, nicht eine Übersetzung, die man sich als freies Spiel des Geistes aussucht, sondern eine, die so unaufhörlich wie notwendig ist, von den Konstellationen des äußeren Lebens erzwungen und doch mehr als Zwang. In dieser Übersetzung bin ich nun seit vielen Jahren begriffen, die private Sphäre, in der ich's mir aber keineswegs behaglich eingerichtet habe, in der es gewissenhaft und verantwortlich zugehen soll, ist die deutsche Sprache. Ob es mir gelingt, ihr auf diese Art zu genügen, vermag ich nicht zu sagen. Aber ich nehme die Ehre, die Sie mir heute erweisen und für die ich Ihnen danke, als günstiges Omen dafür, daß es noch gelingen könnte.

1969

Hitler, nach Speer

Größe und Dauer

Die Baupläne Hitlers, wie sie durch Speer überliefert werden, sind vielleicht der erstaunlichste Komplex seines Buchs. Da sie in Bildern vorgeführt werden und zu allem, worum eine moderne Architektur sich bemüht, in flagrantem Gegensatz stehen, haben sie das meiste Aufsehen erregt. Sie sind für jeden, der auch nur einen flüchtigen Blick auf sie geworfen hat, unvergeßlich.

Aber mit solchen billigen Feststellungen kann man sich nicht zufrieden geben. Auf die Einmaligkeit solcher Phänomene ist kein Verlaß. Es ist notwendig, sie genauer ins Auge zu fassen und zu bestimmen, woraus sie *bestehen*, was sie eigentlich ausmacht.

Als Erstes ist evident – es ist von Speer selbst hervorgehoben worden – das Nebeneinander von Bauen und Zerstörung. Die Pläne für das neue Berlin stammen aus der Zeit des Friedens. Ihre Vollendung ist für das Jahr 1950 gedacht. Selbst für Speer, den Wunderwirker, der durch die Raschheit seiner Leistungen das Vertrauen Hitlers erwarb, wäre es kein Leichtes gewesen, sie in dieser Frist fertigzustellen. Die Leidenschaft, mit der Hitler diese Pläne betrieb, macht es unmöglich, an ihrem Ernst zu zweifeln. Aber gleichzeitig entfaltete sich der Plan zur Eroberung der Welt. Schritt für Schritt und von einem Erfolg zum andern enthüllten sich der Umfang und der Ernst auch dieser Absicht. Es war undenkbar, daß sie ohne Krieg gelingen konnte, so wurde der Krieg von Anfang an in Rechnung gestellt. Wie immer stark die Position war, die sich ohne Krieg erlangen ließ, schließlich mußte es zu ihm kommen. Das Reich, das unter Heraushebung der Deutschen und vielleicht auch aller »Germanen« zur Versklavung der übrigen Erde führen sollte, konnte nur mit Schrecken operieren, viel Blut *mußte* fließen. So verstrickte er sich folgerichtig in Krieg. Die Gleichzeitigkeit dieser Verstrickung mit den Terminen für die Durchführung der Baupläne legt den Verdacht nahe, daß Hitler durch diese seine kriegerischen Absichten verdecken wollte. Es ist eine Möglichkeit, die auch Speer erwägt, und doch kann er sich mit ihrer Annahme nicht zufrieden geben. Man muß ihm beipflichten, wenn er beide Seiten von Hitlers Natur als gegeben hinnimmt und keine von ihnen der anderen unterordnet. Beides, Baulust und Zerstörung ist in Hitler nebeneinander akut vorhanden und wirksam.

Auch der starke Eindruck der Bau-Vorhaben auf den Betrachter heute ist dadurch bestimmt. Man ist sich der furchtbaren Zerstörung der deutschen Städte bewußt, während man diese Pläne betrachtet. Man kennt das Ende, und nun wird plötzlich der Anfang in seinem vollen Umfang vorgeführt. In diesem Nebeneinander liegt das eigentlich Erschütternde einer solchen Konfrontation. Sie erscheint rätselhaft und unerklärlich. Aber sie ist der konzentrierte Ausdruck für etwas, das uns jenseits von Hitler beunruhigt. Sie ist im Grunde das einzige unbestreitbare, immerwiederkehrende Ergebnis aller bisherigen »Geschichte«.

Sie zwingt uns, diese plötzliche Zuspitzung der Geschichte, als die man das Auftreten Hitlers betrachten kann, auf jede Weise zu untersuchen. Es ist unmöglich, sich mit Abscheu und Ekel davon abzuwenden, wie es einem natürlich wäre. Es genügt aber auch nicht, sich mit den üblichen Mitteln historischer Untersuchung zufrieden zu geben. Daß diese nicht ausreichen, ist evident. Wo ist der Historiker, der es vermocht hätte, die Prognose Hitler zu stellen! Selbst wenn es einer besonders gewissenhaften Geschichte heute gelänge, die ihr inhärente Bewunderung für Macht ein für allemal aus ihrem Blutkreislauf zu entfernen, so wäre sie bestenfalls dazu imstande, vor einem neuen Hitler zu warnen. Aber da er anderswo erscheinen würde, sähe er auch anders aus und die Warnung wäre müßig.

Zu einer wirklichen Erfassung dieses Phänomens sind neue Mittel unerläßlich. Man muß sie gewahren, heranholen und verwenden, wo immer sie sich bieten. Die Methode zu einer solchen Untersuchung kann noch nicht bestehen. Die Strenge der Fachdisziplinen erweist sich hier als Aberglaube. Was ihnen entschlüpft, ist eben das, worauf es ankommt. Eine unzerteilte Anschauung des Phänomens selbst ist oberste Voraussetzung. Jede Arroganz des Begriffs, wo immer sonst er sich bewährt haben mag, ist schädlich.

Hitlers Bauten sind dazu bestimmt, die größten Massen anzuziehen und zu halten. Durch die Erzeugung von solchen Massen ist er zur Macht gelangt, aber er weiß, wie leicht große Massen zum Zerfall neigen. Es gibt – von Krieg abgesehen – nur zwei Mittel, dem Zerfall der Masse entgegenzuwirken. Das eine ist ihr *Wachstum*, das andere ihre regelmäßige *Wiederholung*. Als Empiriker der Masse, wie es wenige gegeben hat, kennt er ihre Formen wie ihre Mittel.

Auf ungeheuren Plätzen, so groß, daß sie schwer auszufüllen sind, ist der Masse die Möglichkeit gegeben, zu wachsen, sie bleibt offen.

Ihre Leidenschaft, um die es ihm besonders zu tun ist, steigert sich durch ihr Wachstum. Alles was sonst zur Bildung solcher Massen gehört, Fahnen, Musik, marschierende Einheiten, die als Massenkristalle wirken, besonders aber langes Warten auf das Erscheinen der Hauptperson, ist ihm und seinen Helfern wohlbekannt. Es soll hier nicht im einzelnen beschrieben werden. Wichtig ist es, im Hinblick auf die Art der Baupläne, auf die Einsicht in die Offenheit der Masse, ihre Möglichkeit zu wachsen, zu verweisen.

Für die regelmäßige *Wiederholung* dienen Gebäude kultischer Art. Das Vorbild für sie sind Kathedralen. Der »Kuppelberg«, der für Berlin geplant ist, soll 17mal so viel Raum enthalten wie die Peterskirche. Letzten Endes dienen solche Gebäude *geschlossenen* Massen. Wie immer groß sie gedacht sind, sobald sie einmal voll sind, kann die Masse nicht mehr wachsen, sie stößt an eine Grenze. Statt weiteren Wachstums geht es dann hier darum, daß die Anlässe zu regelmäßigen werden. Die Masse, die sich beim Verlassen eines solchen Raumes auflöst, soll der nächsten Gelegenheit zu ihrer Bildung mit Vertrauen entgegensehen.

Bei sportlichen Veranstaltungen findet sich die Masse als geschlossener (oder auch halbgeschlossener) Ring beisammen; unzählige sitzen einander gegenüber, die Masse *sieht sich,* während sie den Ereignissen folgt, die sich in ihrer Mitte abspielen. Sobald zwei Parteien sich bilden, entsteht ein Zwei-Massen-System, von den vorgeführten Kämpfen angestachelt. Für diese Form stammen die Vorbilder aus der römischen Antike.

Eine andere Form der Masse, die ich als die *langsame* bezeichnet habe, bildet sich bei Prozessionen, Aufmärschen und Paraden. Ich will nicht wiederholen, was ich über diese Form in »Masse und Macht« ausgeführt habe. Aber ihrer Wichtigkeit war sich Hitler wohl bewußt. Ihr dient in seinen Plänen besonders eine 120 Meter breite Prachtstraße, die sich in einer Länge von 5 Kilometern erstreckt.

Diese Bauten und Anlagen, die auf dem Papier schon ihrer Größe wegen etwas Kaltes und Abweisendes haben, sind im Geist ihres Erbauers von Massen erfüllt, die sich je nach der Art des Gefäßes, das sie enthält, nach der Art ihrer Umgrenzung, verschieden verhalten. Um eine präzise Vorstellung von den Vorgängen zu geben, die hier zu erwarten wären, müßte man den Ablauf eines Massenereignisses in jeder einzelnen dieser Anlagen von Anfang bis Ende beschreiben. Das kann unsere Aufgabe hier nicht sein, es soll genügen, ganz allgemein die Art der Belebung dieser Gebäude und Anlagen hervorzuheben.

Es ist eine Belebung, die sich über den Tod ihres Erbauers fortsetzt. »Ihr Mann«, sagt er feierlich zu Speers Frau, am ersten Abend ihrer Bekanntschaft, »wird für mich Bauten errichten, wie sie seit vier Jahrtausenden nicht mehr entstanden sind.« Er denkt dabei an Ägyptisches, besonders die Pyramiden, ihrer Größe wegen, aber auch weil sie während dieser vier Jahrtausende immer da waren. Sie waren auf keine Weise zu verheimlichen und sind durch nichts verdeckt worden, kein Ereignis hat ihnen etwas anhaben können, es ist, als hätten sie die Jahrtausende, für die sie da waren, als Dauer in sich gespeichert. Ihre Öffentlichkeit wie ihre Dauer haben ihn auf das nachhaltigste beeindruckt; daß sie durch die Art ihrer Entstehung auch als Massensymbole dienen, war ihm vielleicht nicht klar bewußt, doch bei seinem Instinkt für alles, was mit Masse zusammenhängt, muß er es gespürt haben. Denn diese Gebilde, die durch die Mühe unzähliger Menschen zusammengeschleppt und -gefügt wurden, sind das Symbol für eine Masse, die nicht mehr zerfällt.

Seine Gebäude waren aber nicht Pyramiden und sollten von diesen nur Größe und Dauer übernehmen. Sie hatten Raum in sich, der von den lebenden Massen jeder Generation neu erfüllt worden wäre. Sie sollten aus widerstandsfähigstem Stein errichtet werden, einmal der Dauer wegen, aber auch um an die Tradition dessen, was bis zu seinen Tagen Bestand hatte, anzuknüpfen.

Das Verständnis dieser Tendenzen, vom Geiste des Erbauers her gesehen, bietet keine Schwierigkeiten. Natürlich ist die Frage der Dauer überhaupt eine prekäre Sache und wäre auf ihre Natur und ihren Wert hin erst noch wohl zu bedenken. Aber unter der Voraussetzung, daß ein Mensch von diesem Drang nach Dauer erfüllt ist, auf eine unbedenkliche Weise, die jede Erkundung ihres Sinns oder Unsinns verbietet, erscheint es wohl möglich nachzuvollziehen, daß er sich in solchen Plänen äußert.

Die Massen, durch deren Erregung er zur Macht gelangt ist, sollen immer wieder erregt werden können, auch wenn er selbst nicht mehr da ist. Da seine Nachfolger nicht auf seine Weise dazu imstande sein werden, denn er ist einzigartig, hinterläßt er die besten Hilfsmittel dafür, vorgebildete Stätten jeder Art, die der Tradition dieser Massenerregung dienen. Daß es seine Bauten sind, verleiht ihnen ihre besondere Aura: er hofft noch lange genug zu leben, um sie einzuweihen und auch während einiger Jahre mit sich zu erfüllen. Die Erinnerung an seine leibeigenen, seine von ihm selbst erregten Massen dort soll schwächeren Nachfolgern zur Hilfe gereichen. Es ist möglich, es ist sogar wahrscheinlich, daß sie diese Hinterlassenschaft nicht verdienen, aber immerhin, auf diese Weise bleibt die Macht, die er durch seine Massen erworben hat, bestehen.

Denn natürlich geht es letzten Endes um die Macht. Zu den »Massenbehältern« dazu kommt, was man das Höfische nennen könnte, der Sitz der Macht: seine Reichskanzlei – sein Palast – und nicht weit davon die Sitze der Ministerien, die ihre Macht von ihm beziehen. Als eine besondere Laune denkt er daran, das alte Reichstagsgebäude zu bewahren. Zu dieser Absicht mag ihn eben die Unterschiedlichkeit der Maßstäbe anreizen. Wie klein wird der alte Reichstag sich ausmachen, neben den neuen Kolossen!

Seine Verachtung für die Weimarer Zeit, deren einziger Sinn darin bestand, ihm zu seinem Aufstieg zu verhelfen, wird sich allen mitteilen, die den Reichstagszwerg im Schatten seiner Riesenmonumente bemerken. So klein waren wir, und so groß sind wir durch ihn geworden. Aber es spielt dabei auch Pietät für seine eigene Geschichte mit. Es hat sich viel Wichtiges für ihn in diesem Reichstag abgespielt, und so soll er unter die Stätten seines Kultes eingereiht werden.

Für seinen eigenen Aufstieg hat er eine abergläubische Verehrung. Es genügt ihm nicht, daß jede Phase davon offiziell verzeichnet wird, wie er es von einer servilen Geschichtsschreibung als natürlich erwartet, er spricht auch selbst davon, im Kreise seines weiteren und engeren Hofes. Stundenlang verbreitet er sich darüber, und immer wieder. Die Geschichten seiner Schwierigkeiten wie die Wendungen seines Glücks sind seinen Zuhörern so wohl bekannt, daß sie in der Erzählung fortfahren könnten, wenn er verstummen würde. Manchmal verstummt er wirklich und schläft darüber ein.

Seine besondere Neigung gilt der Stadt seiner Jugend, Linz. Er kann nichts vergessen und so erinnert er sich auch daran, mit welcher Verachtung Linz von der Wiener Regierung behandelt wurde. Gegen Wien fühlt er immer noch tiefen Groll, es war ihm dort sehr schlecht gegangen; auch sein triumphaler Einzug im März 1938 hat ihn mit Wien nicht ausgesöhnt, und nach wie vor interessiert ihn an dieser Stadt nur der Ring mit seinen Prachtbauten. Daß die Donau bei der Anlage Wiens links liegen blieb, findet er unverzeihlich. Linz soll im Gegensatz dazu ein zweites Budapest werden, mit großartigen Bauten auf beiden Ufern der Donau. Es wird sein Alterssitz sein und da will er sein Grabmal errichten. Linz wird schließlich wichtiger als Wien werden und die Demütigungen seiner frühen Zeit durch seine imponierenden neuen Bauten rächen. Es ist eine Lieblingsvorstellung von ihm, Wien durch Linz zu *übertreffen*.

Da dieses Wort nun gefallen ist, scheint es an der Zeit, etwas über die Rolle des Übertreffens bei Hitler zu sagen. Es bietet vielleicht die beste Gelegenheit, den Mechanismen seines Geistes näherzukommen. Jede seiner Unternehmungen, aber auch seine tiefsten Wünsche sind von einem Zwang zu übertreffen diktiert: Man kann so weit gehen, ihn als einen *Sklaven des Übertreffens* zu bezeichnen. Aber damit steht er keineswegs allein. Wenn einem bedeutet würde, das Wesen unserer Gesellschaft durch einen einzigen Zug zu bezeichnen, so könnte man nur auf diesen verfallen: den Zwang zu übertreffen. In Hitler hat dieser Zwang solche Ausmaße erreicht, daß man nicht umhin kann, unaufhörlich darauf zu stoßen. – Es wäre denkbar, daß dieser Zwang etwas von seiner inneren Leere erklärt, über die Speer gegen Ende seines Buches bemerkenswerte Worte findet.

Alles mißt sich und alles mißt sich im Kampfe, und der Übertreffer ist ein unaufhörlicher Sieger. Die Vorstellung von der Unentbehrlichkeit des Kampfes und der Legitimierung aller Arten von Ansprüchen durch Siege ist in Hitler so tief eingewurzelt, daß er zwar eine Niederlage für sich nie in Rechnung stellt, aber für den Fall, daß sie doch eintreten sollte, Untergang und Vernichtung auch für seine eigene Seite billigt. Der Stärkere ist der *Bessere*, der Stärkere verdient es zu siegen. Solange es möglich ist, erringt er, durch Überlistung der Gegner, blutlose Siege. Er betrachtet sie als Stärkung für die eigentliche Entscheidung, die blutig sein muß, ohne Blutvergießen ist nichts recht gültig. Über die so bald gebrochenen Verträge, die Ribbentrop abgeschlossen hat, auf die dieser so stolz ist, lacht er Tränen. Verträge kann er schon darum nicht ernst nehmen, weil sie kein Blut kosten, und die gegnerischen Politiker, die auf Verträge bauen, hält er für dekadent, weil sie vor Krieg zurückschrecken.

Aber die Lust am Sich-Messen und Übertreffen beweist er nicht nur in Kriegen. Er ist förmlich davon verseucht, unaufhörlich und auf jede Weise wird das Übertreffen geübt, es wird als eine Art Allheilmittel für alles angewendet. Er hält es für wichtig, ein und dieselbe Aufgabe zwei verschiedenen Leuten anzuvertrauen, damit sie einander zu übertreffen suchen.

Auf der ganzen Erde gibt es nichts Auffallendes, das Hitler nicht zum Übertreffen reizen würde. Napoleon ist zweifellos die Figur, die seine Rivalität am stärksten herausfordert. Die Champs Elysées, die auf den Arc de Triomphe hinführen, sind zwei Kilometer lang: seine Prachtstraße wird nicht nur breiter, sie wird auch fünf Kilometer lang sein. Der Arc de Triomphe ist 50 Meter hoch, sein Triumphbogen wird 120 Meter hoch sein. Die Einigung Europas war Napoleons Ziel: ihm wird sie gelingen und sie wird Bestand haben. Der Feldzug in Rußland ist ihm durch Napoleon vorgeschrieben. Die Energie, die er für dieses Unternehmen bewies, das hartnäckige Festhalten an dort eroberten Positionen, die nicht mehr zu halten waren, gegen jeden Rat und jedes bessere Wissen, sind auch durch den Zwang zu erklären, Napoleon zu übertrumpfen. Den Kaukasus will er als Basis für einen Vorstoß nach Persien halten, hier trifft er sich mit Napoleons indischen Plänen. Daß dieser wieder sich durch Alexander den Großen angestachelt fühlte, zeugt für die einzige historische Tradition, die unausrottbar scheint, die der immer wieder auftauchenden Übertreffer.

Es gibt trivialere Leistungen, die ihm ins Auge stechen. Die Ehrentribüne in Nürnberg wird von einer Figur gekrönt, die die New Yorker Freiheitsstatue um 14 Meter überragt. Das »Große Stadion« ebendort faßt zwei- bis dreimal mehr Menschen als der Circus Maximus in Rom. Von Todt wird eine Hängebrücke für Hamburg entworfen, die die Golden Gate Bridge bei San Francisco übertreffen sollte. Der Zentralbahnhof in Berlin sollte die Grand Central Station in New York aus dem Felde schlagen. Im Kuppelbau der ungeheuren Versammlungshalle hätten das Capitol in Washington, die Peterskirche in Rom und etliches andere dazu mehrfach Platz gefunden. Speer selbst unterschlägt keineswegs seine eigene Rolle bei diesen »Übertrumpfungen«. Er war, wie er sagt, von der Vorstellung berauscht, steinerne Geschichtszeugen zu schaffen. »Ich begeisterte aber auch Hitler, wenn ich ihm beweisen konnte, daß wir geschichtlich hervorragende Bauwerke zumindest in den Größenverhältnissen ›geschlagen‹ hätten.« Es ist klar, daß er von Hitlers Größenwahn angesteckt war und dem steigenden Vertrauen, das dieser ihm entgegenbrachte, nicht zu widerstehen vermochte. Aber er macht schon damals eine Beobachtung, deren volles Gewicht ihm vielleicht erst später klar wurde: »Seine Leidenschaft für Bauten der Ewigkeit ließ ihn völlig desinteressiert an Verkehrsstrukturen, Wohngebieten und Grünflächen: die soziale Dimension war ihm gleichgültig.«

Die Wahnvorstellung des Übertreffens verbindet sich, wie ich in »Masse und Macht« gezeigt habe, mit der Illusion des *Weiterwachsens*. Dieses wird aber als eine Art von Garantie für das *Weiterleben* empfunden. In Wirklichkeit sind also diese auf viele Jahre angelegten Pläne auch als Mittel zu seiner Lebensverlängerung anzusehen. Er äußert in diesen Jahren oft Zweifel an seiner Lebensdauer. »Ich werde nicht mehr lange leben. Ich dachte immer, mir für meine Pläne Zeit lassen zu können. Ich muß sie selbst durchführen!« Diese Befürchtungen, in ihrer besonderen Färbung, sind charakteristisch für eine paranoische Natur. In der scheinbaren oder wirklichen Anfälligkeit des Körpers drücken sich andere Gefahren aus, die mit dem unbezwingbaren Anspruch auf Größe zusammenhängen. Beim Fall Schreber*, dessen Paranoia viel weiter ausgebildet war, war dieser Zusammenhang sehr einleuchtend nachzuweisen. Befürchtungen solcher Art bedeuten gewiß nicht, daß das Geringste vom Anspruch auf Größe aufgegeben wird. Aber es kommt zu einer ›nützlichen‹ Wechselwirkung zwischen Befürchtungen und Anspruch. Die Pläne, für deren Durchführung man fürchtet, weil die Zeit, die einem gegeben ist, öfters zu kurz erscheint, behalten ihre Größe oder wachsen, um eine Lebensverlängerung zu *erzwingen*. Bis 1950, wenn die Pläne für das neue Berlin zu Wirklichkeit geworden sind und noch ein paar Jahre danach, damit er die Bauten für seine schwächeren Nachfahren mit sich laden, also für ihre Funktion verewigen kann, *muß* er am Leben bleiben.

Die Wirkung solcher mit größter Intensität erfaßten Ziele in der Zeit auch auf weniger ehrgeizige Menschen ist übrigens erstaunlich. Wäre es nicht zum Krieg gekommen, der die Wende zur Katastrophe in Hitlers Schicksal brachte, so ist anzunehmen, daß er sein neues Berlin im Jahre 1950, allen Befürchtungen und Anfälligkeiten zum Trotz, erlebt hätte.

---

* Siehe: »Masse und Macht« S. 500 ff.

Der Triumphbogen

Von allen Bauten, die Hitler für Berlin plant, steht – vielleicht neben der großen Kuppelhalle – der Triumphbogen seinem Herzen am nächsten. Er hat ihn schon 1925 entworfen; ein Modell nach diesem Entwurf, in fast 4 Meter Höhe, ist Speers Überraschung zu Hitlers 50. Geburtstag, im April 1939. Wenige Wochen zuvor sind seine Truppen in Prag einmarschiert. Die Zeit für einen Triumphbogen scheint besonders gelegen. Hitler ist durch dieses Geschenk auf das tiefste ergriffen. Immer wieder zieht es ihn hin, er betrachtet es lange, er führt es seinen Gästen vor, eine Aufnahme davon, die sein Entzücken beweist, ist Speers ›Erinnerungen‹ beigegeben. Schwerlich hat je ein Geschenk den Empfänger tiefer ins Herz getroffen.

Es war vorher oft zwischen Hitler und Speer von diesem Triumphbogen die Rede. Seine Höhe sollte 120 Meter betragen, damit wäre er mehr als zweimal so hoch wie der Arc de Triomphe Napoleons in Paris gewesen. ›Das wird wenigstens ein würdiges Denkmal für unsere Toten des Weltkriegs. Der Name jedes unserer 1,8 Millionen Gefallenen wird in Granit eingemeißelt werden!‹ Das sind Hitlers Worte, wie sie Speer überliefert. Es gibt nichts, was das Wesen Hitlers so knapp zusammenfaßt. Die Niederlage des Ersten Weltkriegs wird nicht anerkannt und in einen Sieg verwandelt. Sie wird durch einen Triumphbogen gefeiert, doppelt so groß wie der, den man Napoleon für alle seine Siege insgesamt zubilligte. Die Absicht, seine Siege zu übertreffen, ist damit klar angekündigt. Er wird, da seine Dauer für ewig gedacht ist, aus hartem Stein bestehen. Aber in Wirklichkeit besteht er aus etwas, das kostbarer ist, aus 1,8 Millionen Toten. Der Name jedes einzelnen dieser Gefallenen wird in Granit eingemeißelt werden. Sie werden dadurch geehrt, aber sie sind auf diese Weise auch dicht beisammen, dichter als es je in einer Masse möglich wäre. In dieser ungeheuren Zahl konstituieren sie den Triumphbogen Hitlers. Es sind noch nicht die Toten seines neuen, von ihm geplanten und gewollten Krieges, sondern die des ersten, in dem er selbst wie jeder andere gedient hat. *Er* hat ihn überlebt, aber er ist ihm treu geblieben und hat ihn nie verleugnet. Im Bewußtsein dieser Toten hat er die Kraft aufgebracht, den Ausgang jenes Krieges nie anzuerkennen. Sie waren seine Masse, als er noch keine andere hatte, er fühlt, daß sie es sind, die ihm zu seiner Macht verholfen haben; ohne die Toten des Ersten Weltkrieges hätte er nie existiert. Seine Absicht, sie in seinem Triumphbogen zusammenzubringen, ist eine Anerkennung dieser Wahrheit und seiner Schuld an sie. Aber es ist *sein* Triumphbogen und *seinen* Namen wird er tragen. Schwerlich wird jemand viele der anderen Namen lesen; selbst wenn es wirklich gelingt, 1,8 Millionen Namen einzumeißeln, wird die überwältigende Mehrzahl von ihnen nie beachtet werden. Was im Gedächtnis bleiben wird, ist ihre Zahl, und diese ungeheure Zahl gehört *seinem* Namen.

Das Gefühl für die Masse der Toten ist in Hitler entscheidend. Es ist seine *eigentliche* Masse. Ohne dieses Gefühl ist er überhaupt nicht zu verstehen, nicht sein Beginn, nicht seine Macht, nicht was er mit dieser Macht unternommen hat, nicht wozu seine Unternehmungen führten. Seine Besessenheit, die in unheimlicher Lebendigkeit erschien, sind diese Toten.

Siege! Siege!

Siege! Siege! Wenn es eine Fatalität gibt, die in Hitler jeder anderen übergeordnet war, so ist es der Glaube an Siege. Die Deutschen, sobald sie nicht mehr siegen, sind nicht wirklich sein Volk, er entzieht ihnen ohne viel Federlesens ihr Recht auf Leben. Sie haben sich als die Schwächeren erwiesen, es ist nicht schade um sie, er wünscht ihren Untergang, den sie verdienen. Hätten sie, wie es unter ihm üblich war, weiter gesiegt, so wären sie in seinen Augen ein anderes Volk. Menschen, die gesiegt haben, sind andere Menschen, auch wenn es dieselben sind. Daß soviele noch an ihn glauben, obwohl ihre Städte in Trümmern liegen und praktisch nichts sie vor den Luftangriffen des Feindes schützt, macht keinen Eindruck auf ihn. Das Versagen Görings, nach soviel leeren Versprechungen (über das er sich klar ist, denn er beschimpft ihn dafür), wird letzten Endes doch wieder der Masse der Deutschen angekreidet, denn sie sind nicht mehr imstande zu siegen.

Es ist faktisch so, daß er der Armee für jedes Stück eroberten Bodens grollt, das sie aufgibt. Solange er kann, sträubt er sich dagegen, irgendetwas aufzugeben, gleichgültig, wieviel Opfer es kostet. Denn alles, was erobert wurde, empfindet er als Stück seines eigenen Leibs. Sein leiblicher Verfall während der letzten Wochen in Berlin, den Speer sehr eindringlich schildert, ein Verfall, der trotz allem, was er gegen ihn unternommen hat, sein Mitleid erregt, ist nichts anderes als die Einschrumpfung seiner Macht. Der Leib des

Paranoikers ist seine Macht, mit ihr gedeiht oder schrumpft er. Bis zum Schluß ist ihm daran gelegen, die Desekration dieses Leibs durch den Feind zu verhindern. Zwar ordnet er die letzte Schlacht um Berlin an, um kämpfend unterzugehen, ein Cliché aus dem historischen Gerümpel, von dem sein Geist erfüllt ist. Aber ›ich werde nicht kämpfen‹, sagt er zu Speer, ›die Gefahr ist zu groß, daß ich nur verwundet werde und lebend in die Hände der Russen falle. Ich möchte auch nicht haben, daß meine Feinde mit meinem Körper Schindluder treiben. Ich habe angeordnet, daß ich verbrannt werde.‹ Ohne selber zu kämpfen, während die anderen kämpfen, wird er untergehen, und was immer den anderen geschieht, die für ihn kämpfen, – seine Sorge ist, daß seinem toten Leib nichts geschieht, denn dieser Leib war für ihn mit seiner Macht identisch, er enthielt sie.

Goebbels aber, der in seiner nächsten Nähe stirbt, gelingt es, ihn noch im Tode zu übertreffen. Er zwingt seine Frau und seine Kinder dazu, mit ihm zu sterben. ›Meine Frau und meine Kinder sollen mich nicht überleben. Die Amerikaner würden sie nur abrichten, gegen mich Propaganda zu machen.‹ Das sind seine Worte, wie Speer sie überliefert. Diesem wird nicht erlaubt, von Goebbels' Frau, mit der er befreundet war, *allein* Abschied zu nehmen. »Goebbels blieb beharrlich an meiner Seite ... Erst gegen Ende deutete sie an, was sie wirklich bewegte: ›Wie glücklich bin ich, daß wenigstens Harald (ihr Sohn aus erster Ehe) am Leben ist.‹« Der letzte Akt von Goebbels Macht besteht darin, daß er seine Kinder daran hindert, ihn zu überleben. Er fürchtet, sie könnten zu seinem eigensten Beruf, zur Propaganda – gegen ihn – abgerichtet werden. Daß er sich zum Schluß noch die Genugtuung *dieses* Überlebens verschafft, darf nicht als Sühne für seine Tätigkeit mißverstanden werden: sie kulminiert darin.

Die Gleichgültigkeit Hitlers für das Schicksal seines Volks, dessen Größe und Gedeihen er solange als den eigentlichen Sinn, als Absicht und Inhalt seines Lebens ausgab, wird aus der Darstellung Speers auf eine Weise ersichtlich, für die wohl kein vergleichbares Beispiel besteht. Speer ist es, der nun plötzlich die frühere vermeintliche Rolle Hitlers übernimmt: er sucht zu retten, was für die Deutschen noch zu retten ist. Die Hartnäckigkeit seines Kampfes gegen Hitler, der nun den vollkommenen Untergang der Deutschen beschlossen hat und kraft seiner Befehlsgewalt noch Macht genug hat, ihn zu erzwingen, nötigt einem Respekt ab. Hitler macht nicht das geringste Hehl aus seiner Absicht. ›Wenn der Krieg verloren geht‹, sagt er zu Speer, ›wird auch das Volk verloren sein. Es ist nicht notwendig, auf die Grundlagen, die das deutsche Volk zu seinem primitivsten Weiterleben braucht, Rücksicht zu nehmen. Im Gegenteil ist es besser, selbst diese Dinge zu zerstören. Denn das Volk hat sich als das schwächere erwiesen, und dem stärkeren Ostvolk gehört ausschließlich die Zukunft. Was nach diesem Kampfe übrigbleibt, sind ohnehin nur die Minderwertigen, denn die Guten sind gefallen!‹

Hier wird der Sieg ausdrücklich zur höchsten Instanz erklärt. Da sein Volk, das er selbst in den Krieg getrieben hat, sich als das schwächere erweist, sollen auch die, die von ihm übrig sind, nicht weiterleben. Das tiefere Motiv dafür ist, daß er nicht überlebt werden will. Die Feinde, die gesiegt haben, kann er nicht daran hindern, ihn zu überleben. Wohl aber kann er noch die Reste seines eigenen Volks zerstören. Nach wohlbewährtem Muster erklärt er sie für minderwertig, ›denn die Guten sind gefallen‹. Die noch da sind, sind auf bestem Wege dazu, in seinen Augen zu Ungeziefer zu werden. Aber es ist nicht einmal notwendig, den Prozeß der Entwertung bis zu seinem Ende zu treiben, es genügt ihm, sie für minderwertig zu erklären, wie früher alle Geisteskranken. Alles was er ausgerottet hat, ist wach in ihm. *Die Masse der Ermordeten ruft nach ihrer Vermehrung.*

Es ist die Größe ihrer Zahl, deren er sich sehr wohl bewußt ist: daß die Tatsache und die Art ihrer Vernichtung geheim gehalten wurde, nur denen bekannt, die daran beteiligt waren, stärkt ihre Wirksamkeit in ihm. Sie sind zur größten Masse geworden, über die er verfügt, und sie sind sein Geheimnis. Sie drängen, wie jede Masse, auf Vermehrung. Da er ihnen keine Feinde mehr hinzufügen kann, denn diese haben die Oberhand gewonnen, verspürt er einen Zwang, sie um seine eigenen Leute zu vermehren. Möglichst viele vor ihm und möglichst viele nach ihm sollen sterben. Ohne den inneren Zusammenhang dieser Vorgänge zu kennen, von denen ein Teil ihm noch verborgen war, mußte Speer über die Äußerungen, durch die sie sich verrieten, das tiefste Entsetzen empfinden. Was die Zerstörungsbefehle Hitlers bedeuteten, war sonnenklar. Aber ihre *Begründung,* wenn man sich ihm widersetzte, brachte Speer dazu, ihm den Tod zu wünschen. Es fällt heute schwer zu begreifen, daß nicht jeder Deutsche, der von diesen Befehlen erfuhr, auf dieselbe Weise empfand und reagierte.

Aber wir alle, Deutsche wie Nicht-Deutsche, sind durch die nachträgliche Kenntnis jener Dinge gegen Befehle mißtrauisch geworden. Wir *wissen* mehr, jenes ungeheuerlichste Exempel steht noch nah genug vor uns, und selbst die, die noch an Befehle glauben können, würden sie zweimal umdrehen, bevor sie ihnen gehorchen. Damals war man, eben von Hitler, noch dazu erzogen, in der blinden Ausführung jedes seiner Befehle die höchste Tugend zu sehen. Es gab keinen Wert mehr, der darüber stand, der Abbau aller Werte, die nach dem Ablauf sehr langer Zeiträume als eine Art Gesamtgut der Menschheit anerkannt waren, war unheimlich rasch gelungen. Man kann sehr wohl sagen, daß es das Bewußtsein davon war, was die Menschheit in der erstaunlichsten Koalition zum Kampf gegen Hitler vereinte. In der Verachtung dieser Werte, in der Unterschätzung ihrer Bedeutung für Menschen aller Art bewies Hitler eine Blindheit ohnegleichen. Selbst wenn er gesiegt hätte, was undenkbar ist, seine Macht wäre schon aus diesem Grunde sehr rasch zerfallen. An allen Ecken und Enden seines Reichs wäre es zu Aufständen gekommen und von diesen Aufständen wären schließlich seine eigenen Anhänger angesteckt worden. Er, der aus den Siegen Napoleons seine Zuversicht bezog, war nicht imstande, aus seinen Niederlagen zu lernen. Sein tiefster Antrieb war es, die Siege Napoleons zu übertreffen. Es ist, wie schon bemerkt wurde, unwahrscheinlich, daß Hitler auf der Eroberung Rußlands bestanden hätte, wenn Napoleon dort nicht gescheitert wäre. Hitlers Geist war allen Siegen der Geschichte wehrlos ausgeliefert. Aber auch die Niederlagen seiner Vorbilder, schon um sie zu übertreffen, mußte er für sich in Siege verwandeln.

Von Versailles und der Niederlage des ersten Weltkriegs war er ausgegangen. Durch den Kampf gegen Versailles hat er seine ersten Massen gewonnen und schließlich auch die Macht in Deutschland erobert. Schritt für Schritt gelang es ihm, die Wirkungen Versailles' rückgängig zu machen. Vom Augenblick seines Sieges über Frankreich an, der die Umkehrung von Versailles bedeutete, war er *verloren*. Denn nun war er von der Möglichkeit überzeugt, *jede* Niederlage, auch die Napoleons in Rußland, in Sieg zu verkehren.

Die Wollust der springenden Zahl

Er traut sich alles zu, das Schwierigste ist ihm recht, wenn *er* es macht, muß es gelingen. Es geht dabei um Entscheidungen, Überraschungen, Verhüllungen, Forderungen, Drohungen, feierliche Versprechungen, Vertragsbrüche, zeitweilige Nichtangriffe, schließlich um Kriege, aber es geht auch um eine Art von Allwissenheit und besonders auch um eine solche auf Spezialgebieten.

Sein Gedächtnis für Zahlen ist eine Sache für sich. Zahlen spielen bei ihm eine andere Rolle als bei anderen Menschen. Sie haben etwas von Massen, die sich sprunghaft vermehren. Seine heftigste Leidenschaft gilt der Zahl der Deutschen, die insgesamt in seinem Reich zueinander finden werden. Die Wollust der springenden Zahl in seinen Reden ist eklatant. Das stärkste Mittel zur Erregung der Masse ist die Vorspiegelung ihres Wachstums. Solange die Masse ihre Zunahme spürt, braucht sie nicht zu zerfallen. Je höher die Zahl, die man ihr als erreichbar nennt, umso tiefer ist sie von sich beeindruckt. Aber man muß ihr auch ein akutes Gefühl davon geben, wie sie zu dieser Zahl gelangt. Man klettert in immer größerer Erregung in die Höhe. 60, 65, 68, 80, 100 Millionen Deutsche! Ohne Millionen geht es dabei nicht, die Wirksamkeit dieser Zahl hat er an sich selbst erfahren. Es wird ihm gelingen, sie alle zusammenzubringen. Die Masse, von diesen Zahlen getroffen, erlebt sie als augenblicklichen Zuwachs. Ihre Intensität erreicht auf diese Weise das höchste denkbare Maß. Keiner, der von ihr ergriffen war, wird sie innerlich wieder los. Es wird zu seiner unbezwinglichen Sucht, auch äußerlich in diesen Zustand zurückzufinden.

Die anderen Mittel, die zu solchen Gelegenheiten aufgeboten werden, sind bekannt. Nicht von ihnen soll jetzt die Rede sein. Immerhin ist es bemerkenswert, welch guten Instinkt Speer zu Beginn seiner Karriere im Entwerfen von ungeheuren Fahnen und ihrer besonderen Anordnung bewies.

Was aber Hitlers Gefühl für große Zahlen betrifft, so hat es sich von Menschen auch auf vieles andere übertragen. Der enormen Kosten für seine Berliner Bauten war er sich gern bewußt, er will sie so groß wie möglich haben. Das Beispiel Ludwigs II. von Bayern erschreckt ihn nicht, im Gegenteil, es zieht ihn an. Er stellt sich vor, daß man einmal amerikanische Touristen mit der Zahl von einer Milliarde anlocken könne, die sein ›Kuppelberg‹ in Berlin gekostet habe, und es belustigt ihn zu denken, daß man ihnen zuliebe die

Summe auf anderthalb Milliarden erhöhen könnte. Zahlen, durch die irgend etwas übertroffen wird, merkt er sich besonders gern, es sind seine Lieblingszahlen.

Sobald der Krieg sich wendet, bekommt er es mit anderen Zahlen zu tun. Da man ihm nichts verheimlichen darf – er behält sich jeden Überblick wie jede Entscheidung vor –, wird es zur Pflicht seiner Minister, ihn mit den Produktionszahlen seiner Feinde bekannt zu machen. In ihrer sprunghaften Zunahme haben sie eine fatale Ähnlichkeit mit seinen eigenen Zahlen, wie er sie früher für seine Zwecke zu verwenden pflegte. Er fürchtet sie und weigert sich, von ihnen Kenntnis zu nehmen. Die Lebendigkeit der springenden Zahlen ist ihm zu wohl vertraut. Nun, da sie sich gegen ihn wenden, empfindet er ihre Feindschaft und sucht sich ihrer Ansteckung zu entziehen, indem er von ihnen wegschaut.

Verweigerte Besuche

Als die großen deutschen Städte eine nach der anderen in Trümmer versanken, war Speer nicht der Einzige, der einen Besuch Hitlers in diesen Städten für geraten, sogar für notwendig hielt. Das Beispiel Churchills stand vor aller Augen. Immer wieder *stellte* sich dieser den Opfern des Kriegs, die nicht direkt am Kampfe beteiligt waren. Er bewies ihnen nicht nur seine Furchtlosigkeit, er bewies auch seine Teilnahme. Trotz der Aufgaben, mit denen er überlastet war, fand er Zeit für sie und demonstrierte ihnen durch seine Gegenwart, wie sehr es auf sie ankam, wie sehr sie zählten. Er verlangte viel mehr von der Zivilbevölkerung, aber er nahm sie dafür auch ernst. Es ist möglich, daß ohne dieses Verhalten Churchills die Moral der Engländer während des Jahres, in dem sie allein einem Gegner gegenüberstanden, der stärker war und überall siegte, in einem gefährlichen Ausmaß gelitten hätte.

Hitler, im Gegensatz dazu, weigerte sich beharrlich, sich in den zerbombten Städten sehen zu lassen. Man kann schwerlich annehmen, daß es ihm – wenigstens während der früheren Stadien dieser Ereignisse – an physischem Mut zu einem solchen Entschluß gefehlt hätte. Seine Truppen hielten einen großen Teil Europas besetzt und es fiel ihm gar nicht ein, sich geschlagen zu geben. Aber außer den Menschen, die unmittelbare Befehle von ihm erwarteten, und den ganz wenigen anderen, die seinen engeren Hof ausmachten, war er es nur gewohnt, sich zu Massen zu stellen, und es waren Massen ganz bestimmter Art.

Er hatte die *Anklage* beherrscht, während der Jahre des Aufstiegs war sie sein eigentliches Mittel, Menschen zu Masse zu erregen. Als sie ihm dazu verholfen hatten, die Macht zu erlangen, tat er während einiger Jahre sein Bestes, die Erwartungen dieser Masse zu erfüllen und sich ihrer lustvollen Anhänglichkeit zu versichern. Es war die Zeit seiner Triumphfahrten durch Deutschland, der Atmosphäre spontanen Jubels, der nicht mehr bloß arrangiert war. Die Rückwirkung dieser Atmosphäre auf ihn selbst ist von Speer geschildert worden: er hielt sich für den vom Volk geliebtesten Mann in der ganzen deutschen Geschichte. Seit Luther habe es niemanden gegeben, dem die Bauern überall spontan zuströmten. Daraus und aus seinen organisatorischen Vorbereitungen bezog Hitler die Kraft, zum Angriff nach außen zu schreiten. Es begann die Folge der leichten Siege, umso eher als Wunder empfunden, weil sie ohne Opfer an Blut errungen wurden. Er galt als Triumphator, bevor ein Schuß gefallen war, und blieb es, als die ersten Schüsse fielen. Es war ihm natürlich, sich der Akklamation als Sieger zu stellen. Sie setzte eben die Art und Konstellation von Masse fort, an die er von Anfang an gewöhnt war. Die Masse, die ihrem Führer dankte, war stärker geworden, aber es war genau dieselbe Art von Masse, die er hervorgerufen, mit der er immer operiert hatte.

Sein Bild von sich war dadurch bestimmt, und er war außerstande, sich irgendeiner anderen Art von Masse zu stellen. Einmal wollte er es nicht, er hielt es für schädlich, das Bild, das in der Öffentlichkeit von ihm bestand, zu ändern oder zu erweitern. So wie er darüber wachte, welche Fotos von ihm ausgingen, so wie er die Existenz von Eva Braun geheimhielt, um der Anhänglichkeit der deutschen Frauen als alleinstehender Mann nicht verlustig zu gehen, so wollte er nicht in Verbindung mit zerstörten deutschen Städten erscheinen. Das Bild des Immer-Siegers hätte darunter gelitten und seine Fähigkeit zum Endsieg hätte an Glaubwürdigkeit verloren. Er zog es vor, sein Bild intakt zu erhalten, von jeder Zerstörung im Inneren seines Reiches unberührt, mit keiner kommunizierend.

Es ist nicht leicht zu entscheiden, ob er, von seinem beschränkten Standpunkt aus gesehen, darin unrecht hatte. Der Glaube an Wunderwaffen, der sich bis zum Schluß erhielt, mag auch mit der Intaktheit seines Bildes als Immer-Sieger zusammenhängen. Solange er die Zerstörung in Deutschland nicht zur Kenntnis nahm, solange er sie an seine Person nicht herankommen ließ, schien Deutschland, das seinem Wahn entsprechend in seiner Person verkörpert war, nicht zu schlagen.

Es ist aber auch zu sagen, daß er zu einem Besuch unter Menschen, die wahrhaftigen Grund zur Trauer und Klage hatten, gar nicht imstande gewesen wäre. Mit welchen Worten hätte er sich an sie wenden können? Mitleid kannte er für niemanden, außer in den letzten Stadien für sich; wem hätte er Teilnahme an einem Unglück glaubhaft beweisen können? Er war nicht einmal fähig, »schwächere« Gefühle, die er verachtete, zu spielen, geschweige denn, sie zu empfinden. Hitler unter Klagenden ist unvorstellbar. Das Fehlen von allem, was einen Menschen erst wirklich ausmacht – Regungen, die sich zwecklos und ohne Berechnung, ohne Gedanken an Erfolg und Beeinflussung, auf einen anderen, auch auf einen unbekannten Menschen beziehen –, dieser völlige Mangel, diese furchtbare Leere hätten ihn in Hilflosigkeit und Ohnmacht erscheinen lassen. Er hat es gewiß keinen Augenblick erwogen, sich in eine solche Situation zu begeben.

Geheimnis und Einzigkeit

Die engere Umgebung Hitlers auf dem Obersalzberg, einige wenige Menschen, unter denen er einen guten Teil seiner Zeit verbringt, ist von erstaunlicher Dürftigkeit. Sie besteht aus dem alterprobten Fotografen, dem Chauffeur, dem Sekretär, der Freundin, zwei weiblichen Sekretärinnen, der Diätköchin und schließlich noch einem Menschen ganz andrer Art, seinem Leibarchitekten. Alle, mit dieser einzigen Ausnahme, sind nach dem Prinzip primitivster Nützlichkeit ausgesucht. Sie hängen nicht nur vollkommen von ihm ab, sie sind einer Meinung über ihn in keiner Weise fähig. Unter ihnen fühlt er sich seiner immensen Überlegenheit immer sicher. Von dem, was ihn eigentlich erfüllt, von Plänen und Entscheidungen wissen sie nichts. Er kann ohne jede Belästigung seinem Geheimnis leben: dessen Sicherheit ist für ihn oberstes Existenzbedürfnis. Es ist das Geheimnis des großen Staates, über den er allein bestimmt, und er kann sehr wohl die Notwendigkeit absoluter Geheimhaltung vor sich rechtfertigen. Er bemerkt oft genug, daß er niemandem traut, schon gar nicht Frauen, und da er denkende Frauen nicht in seine Nähe läßt, fällt es ihm leicht, an seiner Verachtung für sie festzuhalten. In dieser Umgebung, in der niemand an ihn herankann, fühlt er sich wohl, hier lebt er unangetastet als der Einzige, für den er sich hält. Er fühlt sich, da niemand ein Recht auf ihn hat, vor Gnadenersuchen geschützt, die ihn erreichen könnten. Seine Integrität sieht er in seiner Härte. Von seiner Vorstellung von Macht weicht er nicht ab, alle Macht seiner historischen Vorbilder hat er in sich gesogen und sieht in der Konsequenz ihrer Bewahrung den Grund für seine Erfolge.

Doch ist er sich klar darüber, daß er die Macht nicht ausüben kann ohne die Hilfe der wenigen, die an seinem Aufstieg beteiligt waren, die sich bewährt haben. Diesen erlaubt er viel, solange sie ihm dienen und jede seiner Entscheidungen ohne Widerspruch hinnehmen. Für ihre Schwächen aller Art, die bis zur Korruption reichen, hat er ein scharfes Auge. Solange er sie *kennt*, solange nichts davon vor ihm verborgen wird, nimmt er sie hin, Allwissenheit auch in bezug auf sie gehört zu seinen kardinalen Forderungen. Er sorgt dafür, sich diese Allwissenheit selbst vorzubehalten, indem er die Machtbefugnisse der anderen strikt auseinanderhält. *Er* muß über alles informiert sein, aber außer ihm niemand. In dieser Abtrennung dessen, was er jedem seiner Helfer als Aufgabe zuweist, hält er sich für einen Meister. Er hütet sich davor, sie dauernd in seine Nähe zu ziehen, weil sie auf diese Weise mehr erfahren könnten, als er ihnen zubilligt. Er beweist darin, in seinem Sinn, einen richtigen Instinkt, denn der einzige, der immer um ihn ist, Bormann, der durch die Natur seiner Stellung als Sekretär vieles erfährt, bringt es dadurch wirklich zu Macht.

Man hat den Eindruck, daß Hitler die Schwächen derer, denen er eine Teilmacht delegiert hat, geradezu *braucht*. Nicht nur hat er sie so besser in der Hand und muß nicht lange nach Gründen suchen, wenn er sie absetzt. Er behält ihnen gegenüber ein Gefühl moralischer Überlegenheit. Es ist ihm ein Bedürfnis, sich sagen zu können, daß er von landläufigen Schwächen wie Habgier, Lüsternheit, Eitelkeit, allem, was zum gewöhnlichen ›kleinen‹ Leben gehört, frei ist. Wenn er sein Bild für die Öffentlichkeit kontrolliert, kann er es politisch begründen. Es erfüllt ihn mit Sorge, daß er zunehmen könnte, aber das hat mit Eitelkeit nichts zu tun: ein Führer mit Bauch ist unmöglich. Seine ungeheuren Bauten sollen andere Potentaten beeindrucken und leichter gefügig machen. Hauptsächlich aber sind sie, wie er sagt, für die Ewigkeit gedacht: sie sollen das Selbstbewußtsein seines Volkes stärken, wenn er nicht mehr da ist. Alles, was er unternimmt, auch das Maßloseste, dient seiner Aufgabe, und da er mit der Begabung des Paranoikers für *Gründe* reichlich ausgestattet ist, findet er nichts an sich, das er nicht vor anderen wie vor sich überzeugend rechtfertigen könnte.

Im harmlosen engeren Kreis kann er sich frei über seine Helfershelfer ergehen, da tut er sich keinen Zwang an, und es ist amüsant, aber auch aufschlußreich, bei Speer zu lesen, wie er sich über sie äußert. Göring verspottet er für seine Jagdleidenschaft: wie leicht ist es, Tiere aus der Ferne abzuschießen. Tiere zu töten ist die Aufgabe eines Metzgers. Über Menschentöter äußert er sich nicht. Kann er es wirklich in jedem Fall für gefährlicher halten? Rosenbergs ›Philosophie‹ erscheint ihm unverständlich. Er hält gar nichts davon, aber man hat den Eindruck, daß er ihm die Verbreitung, die riesigen Auflagen seines Buches mißgönnt. Zwar sind die seines eigenen um ein Vielfaches größer, aber er mag nichts, was ihm auf irgendeinem Gebiete in die Nähe rückt und seine Einzigkeit auch nur von ferne antastet. Himmlers Germanentümelei geht ihm auf die Nerven. Soll man die Welt daran erinnern, daß sie als Zeitgenossen des römischen Reiches in Lehmhütten hausten? Er scheint sich des Zustandes dieser alten Germanen zu schämen, die ohne Kunst und Kultur lebten. Er, der für Grützner und die Wiener Ringstraße Sinn hat, fühlt sich hoch über sie erhaben. Mit einiger Schärfe äußert er sich über Himmler, als dieser Karl den Großen als Sachsenschlächter bezeichnet. Er *billigt* die Abschlachtung der Sachsen, denn durch das Frankenreich sei Kultur nach Deutschland gekommen. Es ist wie ein Vorzeichen seiner späteren Gleichgültigkeit für das Schicksal der Deutschen, daß er das Massaker germanischer Sachsen billigt. Auf Karl den Großen läßt er aber schon darum nichts kommen, weil er ihn als Vorläufer betrachtet. Im Grunde respektiert er die Germanen erst seit ihrem Heiligen Römischen Reich, die Anziehungskraft von Reichen auf ihn, der daran ist, *sein* Weltreich zu begründen, ist unwiderstehlich.

Seine Beziehung zu Speer unterscheidet sich wesentlich von jeder anderen. Er sieht, wie dieser selbst erkannt hat, in ihm seine eigene Jugend. Nicht nur wird durch ihn der Bau-Ehrgeiz seiner Jugend eine vollkommene Erfüllung finden. Im Umgang mit ihm gewinnt er etwas von jener Begeisterung wieder, die ihn damals in seiner Einsamkeit erfüllte. Vielleicht ahnt er auch etwas von der relativen Reinheit jener frühen Jahre der fleißig-aussichtslosen Skizzen, die Ausdruck einer Bewunderung für *Anderes,* bereits Vorhandenes war. Wahrscheinlich hat er nichts so sehr bewundert wie ›große‹

Architektur. Aber er wäre nicht fähig zu erkennen, daß er das einzig Wertvolle an dieser Bewunderung, ihren Traum- und Verehrungscharakter, durch die Realisierung dieser Skizzen zerstört. Alle ›Realisierung‹ hat jetzt eine Art von rabiater Macht über ihn gewonnen und er unterwirft ihr jede Regung seines Lebens, die er bewahrt hat.

Zerstörung

Die Doppel-Lust an Dauer und an Zerstörung, die für den Paranoiker charakteristisch ist, ist im ›Fall Schreber‹ eingehend behandelt worden. Der Bedrohung der eigenen Person, die akut empfunden wird, so als wäre sie immerwährend vorhanden, wird in zweierlei Richtungen entgegengearbeitet: einmal durch Erstreckung über sehr große Räume, die der eigenen Person sozusagen eingegliedert werden, und dann durch die Erlangung von ›ewiger‹ Dauer. Die Formel vom ›tausendjährigen Reich‹ wäre für eine vollentwickelte Paranoia nicht als unbescheiden zu bezeichnen. Alles, was man nicht selber ist, wird ausgemerzt oder unterworfen, wobei die Unterwerfung nur als vorläufige Lösung gilt, die leicht in völlige Ausrottung umschlägt. Jeder Widerstand im eigenen Machtbereich wird als unerträglich empfunden: Widerstand, sagt Speer, konnte Hitler bis zur Weißglut reizen. Nur dort, wo er noch keine absolute Macht erlangt hat, ist er anpassungsfähig, denn da handelt es sich noch um Prozesse, die der Erlangung dieser Macht gelten. Das Reich in seiner Ausdehnung ist die endlich nicht mehr gefährdete eigene Person, und solange sie sich nicht über die ganze Erde erstreckt, kann sie nicht wirklich zur Ruhe kommen. Die Absicht auf Dauer gehört wie selbstverständlich dazu, an Zeugnissen für beides ist in Speers ›Erinnerungen‹ kein Mangel.

Ganz oben auf Hitlers Berliner Kuppelberg in 290 Meter Höhe soll ein Adler kommen. Im Frühsommer 1939 äußert er sich darüber zu Speer: »Hier soll nicht mehr der Adler über dem Hakenkreuz stehen, hier wird er die Weltkugel beherrschen! Die Bekrönung dieses größten Gebäudes der Welt muß der Adler über der Weltkugel sein!«

Schon zwei Jahre früher, 1937, bei der Besprechung des Großen Stadions, sagt er fast nebenbei: »1940 finden die Olympischen Spiele noch einmal in Tokio statt. Aber danach, da werden sie für alle Zeiten in Deutschland stattfinden.«

Die Bücher, mit denen er sich am eingehendsten beschäftigt, handeln von Krieg oder von Architektur, sie bilden seine Leiblektüre. Auf diesen Gebieten überrascht er auch Fachleute durch seine genaue Kenntnis, bei seinem Gedächtnis ist es ihm ein leichtes, sie in Gesprächen darüber aus dem Feld zu schlagen. Seine Architektur ist nur verständlich durch ihre Absicht auf ›ewige‹ Dauer, er haßt, was nicht Stein ist, und Glas, hinter dem man sich nicht verbergen kann, und obendrein zerbrechlich, erregt als Material für größere Bauten seinen tiefsten Abscheu.

Seine Zerstörungslust hält er anfangs besser verborgen. Umso ungeheuerlicher wirkt sie, wenn sie sich äußert. Gegen Ende Juli 1940, drei Tage nach Eintritt des Waffenstillstands in Frankreich, nimmt er Speer mit wenigen anderen auf einen Besuch nach Paris mit, wo er noch nie war. In drei Stunden besichtigt er die große Oper, als deren gründlicher Kenner er sich erweist (›Da sehen Sie, wie ich mich hier auskenne!‹); die Madeleine, die Champs Elysées, den Arc de Triomphe, den Eiffelturm, den Invalidendom, wo er Napoleon seine Reverenz erweist, das Pantheon, den Louvre, die Rue de Rivoli und schließlich Sacré Cœur auf dem Montmartre. Nach diesen drei Stunden sagt er: »Es war der Traum meines Lebens, Paris sehen zu dürfen. Ich kann nicht sagen, wie glücklich ich bin, daß er sich erfüllt hat.«

Am selben Abend, zurück in seinem Hauptquartier, in der kleinen Stube eines Bauernhauses, beauftragt er Speer mit der Wiederaufnahme der Bauten in Berlin und fügt hinzu: »War Paris nicht schön? Aber Berlin muß viel schöner werden! Ich habe mir früher oft überlegt, ob man Paris nicht zerstören müsse; aber wenn wir in Berlin fertig sind, wird Paris nur noch ein Schatten sein. Warum sollen wir es zerstören?« Speer ist betroffen, daß er mit so großer Ruhe, ›als handele es sich um die selbstverständlichste Sache von der Welt‹, von der Zerstörung von Paris spricht. Hier zeigt sich die Nähe von Übertreffen und Zerstörung. Das Übertreffen steht für Sieg und wenn es rasch gelingt, verschiebt es die Zerstörung. Der leichte Sieg über Frankreich hat Paris vorläufig gerettet. Paris soll noch bestehen bleiben, um als Schatten für das neue Berlin zu dienen.

Bald danach, im selben Jahr 1940, erlebt Speer, wie Hitler sich bei einem Abendessen in der Reichskanzlei ›zunehmend in einen Zerstörungsrausch hineinredet‹. »Haben Sie einmal eine Karte von London angesehen? Es ist so eng gebaut, daß ein Brandherd allein ausreichen würde, die ganze Stadt zu zerstören, wie schon einmal vor über 200 Jahren. Göring will durch zahllose Brandbomben mit einer ganz neuen Wirkung in den verschiedensten Stadtteilen von London Brandherde schaffen, überall Brandherde. Tausende davon. Die werden sich dann zu einem riesigen Flächenbrand vereinigen. Göring hat dazu die einzig richtige Idee: die Sprengbomben wirken nicht, aber mit den Brandbomben kann man das machen: London total zerstören! Was wollen die noch mit ihrer Feuerwehr ausrichten, wenn das erst einmal losgeht?«

Hier gilt die Zerstörungslust schamlos einer Stadt mit 8 Millionen Menschen, und eben die Zahl dieser Menschen dürfte zur Steigerung dieser Lust beigetragen haben. Die Vereinigung von Tausenden von Brandherden zu einem riesigen Flächenbrand wird in der Art einer Massenbildung vorgeführt. Feuer dient oft als Massensymbol für die zerstörende Masse. Hitler begnügt sich nicht mit dem Symbol, er verwandelt es wieder in die Wirklichkeit, für die es steht und bedient sich des Feuers als Masse zur Zerstörung Londons.

Auf zwei verschiedene Weisen wirkt dieser ›Zerstörungsrausch‹, der erst in Hitlers Kopf bestand, auf Deutschland zurück. Was er für London geplant hat und was dort mißlang, ist in den deutschen Städten Wirklichkeit geworden. Es ist, als hätten Hitler und Göring ihre Feinde zur Anwendung dieser Waffe, die sie selbst erfanden, verführt und überredet. Aber das Zweite und nicht weniger Furchtbare war, daß Hitler mit solchen Gedanken an totale Zerstörung so sehr vertraut war, daß diese ihn nicht mehr tief genug beeindrucken konnte. Das Entsetzlichste kam ihm nicht mehr überraschend, er hatte es sich selber ausgedacht und sich lange damit getragen. Die Zerstörungen ganzer Städte begannen in seinem Kopf und waren schon zu einer neuen Tradition des Krieges geworden, als sie sich ernsthaft gegen Deutschland wandten. Sie mußten dann, wie alles andere, ›durchgestanden‹ werden. Er weigerte sich, von ihnen durch persönlichen Augenschein Kenntnis zu nehmen, und die Zerstörung weder Hamburgs noch Berlins hätte ihn dazu bestimmen können, ein Fußbreit eroberten Bodens in Rußland aufzugeben.

So ergab sich die heute ungeheuerlich erscheinende Situation, daß sein Reich sich territorial noch über einen guten Teil Europas erstreckte, während eine der großen Städte Deutschlands nach der anderen in Trümmer sank. Für die Unverletzlichkeit seiner Person im engeren Sinne war gesorgt. Die größere Person bestand in ihrer Erstreckung.

Von der Zerstörung, die sich im Kopfe eines Paranoikers ereignet, macht man sich keine zureichende Vorstellung. Seine Gegenarbeit, die seiner Ausdehnung und Verewigung dient, richtet sich eben gegen diese Infektion durch Zerstörung. Sie ist aber in ihm, denn sie ist ein Teil von ihm, und erscheint sie plötzlich in der äußeren Welt, auf welcher Seite immer, so kann sie ihn in keiner Weise verwundern oder befremden. Die Heftigkeit der Vorgänge in ihm selbst ist es, was er der Welt als Vision aufzwingt. Sein Geist kann so unbedeutend sein wie der Hitlers, er kann sozusagen gar nichts aufzuweisen haben, was vor einer unparteiischen Instanz Wert hätte, – die Intensität seiner inneren Zerstörungsvorgänge läßt ihn als Visionär oder Propheten, als Erlöser oder Führer erscheinen.

Divisionen, Sklaven, Vergasungen

Während des Krieges läßt Hitlers Freude an der akuten Masse um ihn rasch nach. Er hat sich daran gewöhnt, durch das Radio seine größtmögliche Masse, alle Deutschen nämlich, zu erreichen. Er hat auch keine Gelegenheit mehr, von der friedlichen Zunahme der Zahl der Deutschen zu sprechen. Er ist mit Krieg beschäftigt, den er neben der Architektur als sein eigentliches Handwerk betrachtet. Er operiert nun mit Divisionen. Sie sind fertig geformt da, unter seinem Befehl, er kann mit ihnen schalten und walten, wie er will. Sein Hauptziel ist es nun, die Generalität in der Hand zu behalten. Die Fachleute des Krieges sind es jetzt, die er überzeugen muß. Es gelingt ihm vorerst, sie sich durch überraschende und leichte Siege gefügig zu machen. Die Siege, zu denen er die Massen früher aufgerufen hat, durch deren Verheißung ihm die Bildung von Masse recht eigentlich gelang, werden nun zu Wirklichkeit: das nächste Stadium.

Es ist ihm nichts so wichtig, als daß er gegen die Bedenken der Fachleute recht behält. Jede eingetroffene Voraussage wird zu einem inhärenten Stück seines Selbstbewußtseins. Die Paranoia, die zwei Gesichter hat, legt das eine, das der Verfolgung, vorläufig ab und besteht nun ganz aus dem der Größe.

Sein Kopf ist nie von Massen frei, aber ihre Zusammensetzung wie ihre Funktion hat sich geändert. Seine Deutschen hat er gewonnen, jetzt gewinnt er *Sklaven*. Sie sind nützlich, und es wird ihrer viel mehr als Deutsche geben. Sobald aber die Führung des

Krieges auf Schwierigkeiten stößt, in Rußland also, und sobald seine eigenen Städte von Bomben bedroht sind, wird eine andere Masse in ihm akut: die der auszurottenden Juden. Er hat sie gesammelt, jetzt kann er sie vernichten. Er hat es schon früh klar genug gesagt, was er mit ihnen vorhat, aber als es ernsthaft an die Ausrottung geht, sorgt er dafür, daß sie geheim bleibt.

Es war möglich, der Quelle der Macht so nah zu sein wie Speer, ohne mit dieser Vernichtung direkt konfrontiert zu werden. Hier scheint mir das Zeugnis Speers von besonderer Bedeutung. Vom Stadium der Sklaverei, der Zwangsarbeit, hat er nicht nur gewußt, er hat es in seinen eigenen Bereich miteinbezogen. Seine Pläne waren zum Teil auf sie gegründet. Von der Ausrottung hat er erst viel später bewußt erfahren, zu einer Zeit, als der Krieg schon verloren schien. Die eigentlichen Enthüllungen über die Lager treffen Speer zuletzt, als er im Kampf gegen Hitler begriffen war, ihre vollste Wirkung haben sie auf ihn erst in Nürnberg. Das ist schon darum glaubwürdig, weil es ihn dazu bringt, eine Kollektivschuld der Führung zu postulieren. Die Entschlossenheit seiner Haltung, unter schwierigen Umständen – er hat sich gegen die Mitangeklagten zu behaupten, die ihn als Verräter betrachten –, die Offenheit seiner Aussagen, er beschönigt nichts, sein Hauptunternehmen, das er dann über Jahre mit der Niederschrift seiner Erinnerungen im Gefängnis betreibt und das darauf abzielt, die Bildung einer Legende um Hitler unmöglich zu machen, – alles das setzt den späten Schock der Enthüllungen voraus.

Es ist also Hitler im großen und ganzen gelungen, sein ungeheuerlichstes Unternehmen, die Vergasungen, aus dem Bewußtsein der meisten Deutschen fernzuhalten. Aber in *seinem* Bewußtsein war es dafür umso wirksamer. Jeder Weg zurück war ihm dadurch versperrt. Es gab keine Möglichkeit mehr für ihn, Frieden zu schließen. Es blieb ein einziger Ausweg: Sieg, und je unmöglicher er schien, umso mehr war er der einzige.

Wahn und Wirklichkeit

Wahn und Wirklichkeit sind bei Hitler schwer zu trennen, sie gehen unaufhörlich ineinander über. Aber darin allein unterscheidet er sich kaum von andern. Der Unterschied liegt in der Kraft seines Wahns, der sich nicht wie bei den meisten anderen Menschen mit kleinen Genugtuungen begnügt. Sein Wahn in seiner Geschlossenheit ist das Primäre und er ist nicht bereit, das Geringste von ihm zu opfern. Alles, was in der Wirklichkeit erscheint, wird auf den Wahn als Ganzes bezogen. Sein Inhalt ist derart, daß er nur durch eines zu speisen ist: Erfolge. Mißerfolg kann ihn nicht eigentlich berühren; er hat eine einzige Funktion, er stachelt zu neuen Rezepten für Erfolg an. Diese Unbeirrbarkeit seines Wahns empfindet er als seine Härte. Es bleibt alles da, was er einmal ergriffen hat, und nichts zerbröckelt. Kein Bau, den er je zu errichten gedenkt, ist so fest gegründet wie sein Wahn. Es ist kein Wahn, der ihm erlaubt, sich auf sich zurückzuziehen und neben der Welt zu leben: er ist so beschaffen, daß er ihn seiner Umwelt aufzwingen muß. Der Weg, den andere in allerdings nur scheinbar verwandten Fällen geben, Erfinder etwa oder besonders besessene schöpferische Menschen, der Weg, der darin besteht, einzelne Leute zu überzeugen oder Werke herauszustellen, denen sie die Leistung der Überzeugung sozusagen anvertrauen, ist nicht der seine. Dieser Weg wäre nicht nur viel zu langsam, er entspricht auch nicht dem Inhalt seines Wahns. Seit dem katastrophalen Ausgang des ersten Weltkriegs ist er von der Masse der gefallenen deutschen Soldaten erfüllt, die für ihn nicht vergeblich gefallen sein können und darum auf eine Weise, die nur ihm eigentümlich ist, lebendig bleiben. Er will sie in jene frühere Masse, die zur Zeit des Kriegsausbruchs bestand, zurückverwandeln. Es ist diese Masse, die seine Kraft konstituiert, mit ihrer Hilfe, indem er sich unaufhörlich auf sie bezieht, vermag er es, neue Massen zu erregen und um sich zu versammeln. Er ist sich sehr bald der Wirksamkeit dieser Kraft bewußt, und in unablässiger Übung und Steigerung entwickelt er sich zu einem Meister der Massen. Soweit es um diese geht, erfährt er, daß es ihm durchaus möglich ist, seinen Wahn in Wirklichkeit zu verwandeln. Er hat sozusagen den schwachen Punkt der Wirklichkeit entdeckt, den Teil von ihr, wo sie am flüssigsten ist, vor dem die meisten, die die Masse fürchten, zurückschrecken.

Sein Respekt vor der anderen, der *statischen* Wirklichkeit, wird dadurch nicht größer. Die Macht, die sich von Massen nährt, die Macht im Rohzustand, bleibt lange die einzige, über die er verfügt, und obwohl sie sich rasch steigert, ist keineswegs sie es, was er eigentlich will: sein Wahn erfordert die absolute politische Macht im Staate. Sobald er sie erlangt hat, kann er der Wirklichkeit ernsthaft an den Leib rücken. Er vermag es sehr wohl, sie von seinem Wahn zu unterscheiden. Sein Realitätssinn, auf den er sich viel zugute hält, besteht in der Ausübung der Macht. Er verwendet sie dazu, den

Inhalt seines Wahns schrittweise seiner Umgebung, seinen Instrumenten aufzuzwingen. Solange es gut geht, ist es für diese unmöglich und auch nicht wünschbar, den wahnhaften Charakter dieser Struktur, in die sie einbezogen sind, an der sie partizipieren, zu erkennen. Erst mit den Mißerfolgen beginnt die unabänderliche Starrheit, eben das Wahnhafte seines Unternehmens, auffallend deutlich sichtbar zu werden. Die Kluft zwischen Wahn und Wirklichkeit erweitert sich, und nun erweist sich die Festigung seines Glaubens an sich in der Zeit seines Glücks als das Unglück Deutschlands, wie es von Anfang an das Unglück der übrigen Welt war.

Er besteht weiterhin auf seinem Recht der Voraussage. Er allein, niemand anderer darf voraussagen, was geschehen wird. Die Richtigkeit seiner Voraussagen hat sich oft genug bewiesen. Die Wirklichkeit der Zukunft gehört ihm, er hat sie in seinen Machtbereich einbezogen. Warnungen empfindet er als eine Störung seiner Zukunft. Sie erbittern ihn, selbst wenn sie von seinen bewährtesten Helfern kommen. Er weist sie mit aller Schärfe zurück, als eine Art von Insubordination. Seine Voraussagen haben für ihn nun den Charakter von Befehlen angenommen, die er der Zukunft erteilt.

Das Durchschauen, das zum Paranoiker wie zum Machthaber gleichermaßen gehört, beginnt seinen wahnhaften Charakter zu erweisen. Es war ihm in seiner Einschätzung von Feinden nützlich gewesen. Ihre Absichten vermochte er schon zu erkennen, als sie noch völlig verborgen waren. Darauf und auf seine richtige Voraussage bezieht sich sein ›sechster Sinn‹. Nun, da er bedrängt ist, zeigt sich, wie falsch sein Durchschauen sein kann. Die Landung in der Normandie hält er lange für eine Finte, die eigentliche Landung muß in der Gegend von Calais kommen. Die Maßnahmen, die er gegen den Feind trifft, werden von diesem falschen Durchschauen bestimmt, von dem ihn nichts abzubringen vermag, an dem er unerschütterlich festhält, bis es zu spät ist.

Das mißglückte Attentat des 20. Juli hat die letzte, wirksame Steigerung seines Machtgefühls zur Folge. Er hat wie durch ein Wunder überlebt, es *ist* ein Wunder. Für einmal wird Stalin zu seinem Vorbild. Er billigt dessen Ausrottung der russischen Generalität, und obwohl ihm nichts Faktisches über deren Verrat bekannt ist, nimmt er an, daß sie schuldig sein müssen, weil er seine eigenen Generäle haßt. Er ordnet ihre härteste Verfolgung an und läßt sie auf die entwürdigendste Weise hinrichten. Aus ihrer Exekution bezieht er die primitivste Art von Macht, die des Überlebens von Feinden. Er genießt die Filme von diesen Exekutionen und läßt sie in seinem intimen Kreis vorführen. Aber er hebt auch einige Opfer für später auf und ordnet von Zeit zu Zeit, je nach der Lage und seinem Bedürfnis, weitere Hinrichtungen von Opfern an.

Am 12. April 1945, 18 Tage vor seinem Tod, wird Speer dringlich zu Hitler berufen. »Er sah mich und stürzte mit einer bei ihm seltenen Lebhaftigkeit wie besessen auf mich zu, mit einer Zeitungsnachricht in der Hand: ›Hier, lesen Sie! Hier! Sie wollten es nie glauben! Hier!‹ Seine Worte überstürzten sich: ›Hier haben wir das große Wunder, das ich immer vorhergesagt habe. Wer hat nun recht? Der Krieg ist nicht verloren. Lesen Sie! Roosevelt ist tot!‹ Er konnte sich gar nicht beruhigen.«

Die Verlängerung des Krieges bis zu diesem Zeitpunkt erscheint gerechtfertigt. Die Ereignisse zu Ende des Siebenjährigen Krieges, als Friedrich durch den Tod seiner ärgsten Feindin aus schwerster Gefahr errettet wurde, scheinen sich zu wiederholen. Weniges hat so stark zur völlig sinnlosen Verlängerung des Krieges beigetragen als der Gedanke an diese Wende eines historischen Schicksals. Friedrich der Große war eines der frühen *bleibenden* Vorbilder Hitlers: zum Schluß war er das einzige.

In seinem Bunker, den Speer mit einem Gefängnis vergleicht, nichts als Ruinen um sich, mit den Russen vor Berlin, von dem wenig mehr besteht, ist er imstande, vom Tode *eines persönlichen Feindes* eine Wendung im Krieg zu erhoffen. Bis zum Schluß spielt sich für ihn das eigentliche Geschehen zwischen einigen, ganz wenigen Mächtigen ab, nur auf sie kommt es an, der Weltlauf hängt davon ab, wer von ihnen wen überlebt, – nichts zeugt klarer von den Verheerungen, die die Vorstellung von Macht und seine Verfallenheit an diese Vorstellung in seinem Geist bewirkt hat. An das Verschwinden desselben Roosevelt, den er als ›Paralytiker‹ verhöhnt und verachtet hat, hängt sich jetzt seine letzte Hoffnung.

Was aber die Wirkung historischer Vorbilder betrifft, ihre noch immer nicht begriffene Gefährlichkeit, so wäre es geraten, diese Szene im Bunker in Speers Worten in alle Lesebücher der Welt aufzunehmen. Es ist uns vorläufig wenig mehr gegeben, als gegen die ungeschwächte Wirkung fataler Vorbilder Gegenbilder von vollkommener Wahrheit aufzustellen. Die Scham über diese Situation, die Einsicht in ihre Schändlichkeit, das Wesen der falschen Vision, – alles fände sich hier zu einem unzerstörbaren Eindruck zusammen.

1971

Konfuzius in seinen Gesprächen

Die Abneigung des Konfuzius gegen Beredsamkeit: das Gewicht der gewählten Worte. Er fürchtet ihre Schwächung durch leichten und glatten Gebrauch. Die Zögerung, die Überlegung, die Zeit *vor* dem Wort ist alles, aber auch die Zeit danach. Es ist etwas im Rhythmus der isolierten Frage und Antwort, das ihren Wert erhöht. Das rasche Wort der Sophisten, das eifrige Ballspiel des Wortes ist ihm verhaßt. Nicht auf den Schlag der raschen Antwort kommt es an, sondern auf das Einsinken des Wortes, das seine Verantwortung sucht.

Er liebt es, sich an etwas Vorhandenes zu halten und es zu erklären. Längere Wechselreden von ihm sind nicht überliefert, man empfände sie als widernatürlich.

Seine Schüler, im Gegensatz zu ihm, werden den Regierenden mehr noch als durch ihr Wissen durch ihre Beredsamkeit nützlich. So sind die unter ihnen, die in der Welt durch Reden vorankommen, nicht wirklich Schüler nach seinem Herzen.

Sehr eindrucksvoll an Konfuzius ist seine Erfolglosigkeit, besonders in der Periode der Wanderung von Stadt zu Stadt. Schwerlich könnte man ihn ernstnehmen, wäre er irgendwo effektiv Minister geworden und geblieben. Von der Macht, wie sie faktisch ist, sieht er ab, ihn interessieren nur ihre Möglichkeiten. Sie ist ihm nie Selbstzweck, sondern eine Aufgabe, die Verantwortung für die Gesamtheit. Er wird so zum Meister des Nein-Sagens und versteht sich ganz zu bewahren. Aber er ist kein Asket, er nimmt Anteil an allen Aspekten dieses Lebens und zieht sich nie wirklich aus ihm zurück. Nur in den Perioden der Trauer um Tote anerkennt er etwas wie Askese, sie dient der lebendigeren Bewahrung des Toten.

Sein Glück, das nie endet, ist das Lernen. Seine antiquarischen Interessen beziehen sich immer auf Menschliches und dienen der Ordnung des Lebens. Der Hang nach Ordnung bei ihm geht sehr weit. Ihr ritueller Charakter wird für ihn schließlich zu etwas Eingefleischtem. »Auf eine Matte, die nicht richtig lag, setzte er sich nicht.« Er hat eine Witterung für Abstände und gibt ihnen ihr Gewissen.

Konfuzius erlaubt keinem Menschen, Werkzeug zu sein. Damit hängt seine Abneigung gegen das Spezialistentum zusammen, ein ganz besonders wichtiger Zug, wichtig, weil er sich bis zum heutigen Tag in China auswirkt. Es kommt nicht darauf an, daß man dies oder jenes kann, es kommt darauf an, daß man mit jedem vereinzelten Können ein Mensch ist.

Aber es wird auch großer Nachdruck darauf gelegt, daß man nicht aus Berechnung handelt; das heißt, genau besehen, daß man Menschen nicht als Werkzeuge behandelt. Wie immer man über den gesellschaftlichen Ursprung dieser Gesinnung denkt, die eine Verachtung der kommerziellen Tätigkeit in sich schließt –, daß sie klar ausgesprochen ist, daß sie durch das Studium der Gespräche des Konfuzius, wenn auch gewiß nicht entscheidend, doch irgendwie wirksam blieb, ist für das, was man als das Residuum der chinesischen Kultur als Ganzes bezeichnen könnte, von großer Bedeutung.

Der vorbildliche Mensch bleibt der, der nicht aus Berechnung handelt.

Konfuzius ist geduldig in seinen Bemühungen um das Ohr derer, die die Macht haben, die regierenden Fürsten. Man kann nicht sagen, daß er ihnen schmeichelt, und wenn er ihre Autorität anerkennt, so nur, weil er von ihnen in der Ausübung dieser Autorität viel fordert.

Von der Natur der Macht, dem, was sie in ihrem Innersten ist, verrät er überhaupt keine Kenntnis. Diese Kenntnis liefern seine späteren Feinde, die Legalisten, nach. Es ist sehr merkwürdig, daß alle Denker in der Geschichte der Menschheit, die von der faktischen Macht etwas verstehen, sie *bejahen*. Die Denker, die *gegen* die Macht sind, dringen kaum in ihr Wesen ein. Ihr Abscheu vor ihr ist so groß, daß sie sich mit ihr nicht befassen mögen, sie fürchten eine Befleckung durch sie, ihre Haltung hat etwas Religiöses.

Eine Wissenschaft von der Macht haben nur solche Denker ausgebildet, die sie billigen und sich als ihre Ratgeber gefallen. Wie gewinnt und hält man sie besser? Worauf hat man zu achten, um sie zu bewahren? Welche Skrupel legt man ab, die an ihrer Ausübung behindern?

Der Interessanteste unter diesen Kennern der Macht, die ihr positiv gesinnt sind, ist Han Fei Tse (der 250 Jahre nach Konfuzius lebte). Sein Studium ist gerade für den eingefleischten Gegner der Macht unerläßlich.

Die ›Gespräche‹ des Konfuzius sind das älteste vollkommene geistige Porträt eines Menschen. Man empfindet es als ein modernes

Buch, nicht nur alles, was es enthält, auch alles, was in ihm *fehlt*, ist wichtig.

Es ist ein sehr kompletter Mensch, den man da kennenlernt, aber nicht *irgendein* Mensch. Es ist ein Mensch, der auf seine Vorbildlichkeit bedacht ist und mit ihrer Hilfe auf andere einwirken will. Jeder einzelne Zug, und es finden sich sehr viele hier verzeichnet, hat seinen Sinn. Aus einer lockeren Anordnung, nach keinem erkennbaren Prinzip gefügt, ergibt sich insgesamt ein glaubwürdig agierendes, ein denkendes, atmendes, sprechendes, verstummendes Wesen, das vor allem eines ist: ein *Vorbild*.

An Konfuzius läßt sich mit besonderer Klarheit lernen, wie ein Vorbild entsteht und sich bewahrt. Es gehört dazu vor allem, daß man selbst von einem Vorbild erfüllt ist, an dem man unter allen Umständen festhält, an dem man nicht zweifelt, das man nie aufgibt, das man erreichen möchte und doch nie ganz erreicht. Selbst wenn man's erreicht hätte, dürfte man nie wahrhaben wollen, daß es erreicht ist. Denn das erreichte Vorbild verliert seine Kraft. Es nährt nur den, der sich in Distanz dazu sieht. Der Versuch zur Überwindung dieser Distanz, der Versuch, dem Vorbild sozusagen auf den Leib zu rücken, soll wohl immer erneuert werden, aber er darf nie gelingen. Solange er nicht gelingt, solange die Spannung der Distanz erhalten bleibt, kann der Sprung in seine Richtung immer von neuem unternommen werden. Auf diese scheinbar vergeblichen Versuche kommt es an, scheinbar vergeblich, denn in ihrem Verlauf gewinnt man eine Erfahrung, eine Fähigkeit, eine Eigenschaft um die andere.

Konfuzius setzt sich sein Vorbild in weiter Distanz, es ist der Herzog von Dschou, der 500 Jahre vor ihm gelebt hat, dem ein Großteil der Einrichtungen dieser damals neuen Dynastie zugeschrieben wurde. Um ihn zu begreifen, befaßt er sich mit allem, was damals und seither geschah, mit den geschichtlichen Urkunden, den Liedern, den Riten. Er prüft diese Überlieferungen, sichtet und ordnet sie; man nahm später an, daß alles, was man davon kannte, von ihm so festgelegt war. Sein Vorbild erscheint ihm im Traum, in späteren Jahren wird er unruhig, wenn es ihm eine Weile nicht erscheint. Daß es ausbleibt, nimmt er als Zeichen der Mißbilligung, zuviel ist ihm mißlungen, was dem Herzog gelungen war.

Aber es ist nicht sein einziges Vorbild. Man möchte sagen, daß er die ganze chinesische Geschichte, so weit er sie zu kennen glaubt, um Vorbilder gruppiert, an den Anfang jeder der drei überlieferten

Dynastien, aber auch unmittelbar *vor* die erste von ihnen setzt er ein oder zwei Figuren, die durch ihre Vorbildlichkeit die Zeit nach ihnen auf lange hin bestimmen. Er ist sich nicht nur der ungeheuren Bedeutung von Vorbildern bewußt, er weiß auch, daß sie sich abnutzen, und sorgt darum für ihre Erneuerung. Seine Kenntnis von ihrer Wirkung gewinnt er an sich selbst und seinen Schülern. An den Fürsten, die er zu beraten versucht und die nicht hören wollen, gewinnt er die Kenntnis von Gegenbildern. So unangenehm ihm diese sind, er unterschlägt sie nicht. Er führt sie in die Geschichte ein und setzt sie mit Vorliebe an das Ende von Dynastien. Aber er sorgt auch immer dafür, daß sie in der Geschichte von Vorbildern besiegt und abgesetzt werden.

Unter dieser Befassung mit seinen Vorbildern ist er selbst zu einem geworden, und es ist merkwürdig, daß er es viel mehr geworden ist und auf viel längere zeitliche Distanz als sie.

»Ein junger Mensch«, sagt Konfuzius, »sollte mit größter Achtung behandelt werden. Wie weißt du, daß er nicht eines Tages genau so viel wert ist wie du jetzt. Wer 40 oder 50 Jahre alt geworden ist, ohne sich durch irgendetwas ausgezeichnet zu haben, der verdient keine Achtung.«

Diesen Ausspruch hat Konfuzius im langen Umgang mit seinen Schülern wahrgemacht. Wie er sie beobachtet! Wie vorsichtig er sie einschätzt! Er hütet sich davor, ihnen durch zu frühes Lob zu schaden. Er läßt sich gehen und ist glücklich, wenn sie uneingeschränktes Lob verdienen. Er tadelt nicht, ohne dem Tadel seine schädliche Spitze zu nehmen. Er läßt sich von seinen Schülern kritisieren und antwortet ihnen. Bei allen Prinzipien, von denen er ausgeht, bleibt seine Einschätzung von Charakter eine empirische. Wenn zwei von ihnen beisammen sind, fragt er sie nach ihren innersten Wünschen und äußert dann seine eigenen. Es ist kaum ein Tadel dabei zu spüren, eher eine Konfrontierung unterschiedlicher Naturen.

Aber er macht auch kein Hehl aus seiner tiefen Liebe für Yen-Hui, den Reinen und in der Welt Erfolglosen; und als dieser Lieblingsschüler mit 32 Jahren stirbt, verbirgt er nicht seine Verzweiflung.

Ich kenne keinen Weisen, der den Tod so ernst nahm wie Konfuzius. Auf Fragen nach dem Tod verweigert er die Antwort. »Wenn man noch nicht das Leben kennt, wie sollte man den Tod kennen.« Ein Satz, der angemessener wäre, ist über diesen Gegenstand nie ausgesprochen worden. Er weiß sehr wohl, daß alle solchen Fragen einer Zeit *nach* dem Tode gelten. Jede Antwort darauf setzt sich mit einem Sprung über den Tod hinweg, und er selber wie seine Unbegreiflichkeit werden dadurch eskamotiert. Wenn *nachher* etwas ist, so wie *vorher* etwas war, verliert der Tod als solcher sein Gewicht. Zu diesem unwürdigsten aller Taschenspielerstücke gibt Konfuzius sich nicht her. Er sagt nicht, daß nachher nichts ist, er kann es nicht wissen. Aber man hat den Eindruck, daß ihm gar nicht daran läge, es in Erfahrung zu bringen, selbst wenn das möglich wäre. Aller Wert wird damit auf das Leben selbst verlegt, was man dem Leben an Ernst und Glanz genommen hat, indem man einen guten, vielleicht den besten Teil seiner Kraft *hinter* den Tod verlegte, wird ihm wieder zurückerstattet. So bleibt das Leben ganz, was es ist, und auch der Tod bleibt intakt, sie sind nicht austauschbar, nicht vergleichbar, sie mischen sich nicht, sie bleiben verschieden.

Die Reinheit und der menschliche Stolz dieser Gesinnung ist sehr wohl vereinbar mit jener emphatischen Steigerung des Gedenkens an die Toten, wie sie sich im Li-Ki, dem Buch der Riten der Chinesen findet. Das Glaubwürdigste, was ich über die Annäherung an die Toten je gelesen habe, über das Gefühl ihrer Gegenwart an den Tagen, die zu ihrem Gedächtnis bestimmt sind, findet sich in diesem Buch der Riten. Es ist ganz im Sinne des Konfuzius, es ist, obwohl in dieser Form erst später aufgezeichnet, das, was man bei der Lektüre seiner Gespräche schon immer empfindet. In einer Verbindung von Zartheit und Zähigkeit, die sich anderswo schwerlich findet, bemüht er sich, das Gefühl der Verehrung für gewisse Tote zu steigern. Es ist zu wenig beachtet worden, daß er damit die Lust am Überleben zu verringern sucht, eine der heikelsten Aufgaben, die bis zum heutigen Tage noch in keiner Weise gelöst ist.

Wer drei Jahre für seinen Vater trauert, den Lauf seiner gewohnten Tätigkeit so vollkommen und so lang unterbricht, kann keine Freude am Überleben fühlen, jede Genugtuung am Überleben, selbst wenn sie noch möglich wäre, wird durch den Gang der Verpflichtungen zur Trauer von Grund auf ausgemerzt. Denn in dieser Zeit hat es sich auch zu erweisen, daß man des Vaters würdig ist. Man übernimmt sein Leben in allen Einzelheiten, man wird zu ihm, aber durch fortgesetzte Verehrung. Nicht nur verdrängt man ihn nicht, man sehnt sich nach seiner Rückkehr und in bestimmten Riten erlangt man ein Gefühl davon. Als Figur und Vorbild besteht er weiter. Man hütet sich davor, es ihm nicht recht zu tun, man hat sich vor ihm zu bewähren.

»Nach drei Tagen ißt man wieder, nach drei Monaten wäscht man sich wieder, nach einem Jahr trägt man unter dem Trauergewand wieder Rohseide. Die Selbstqual darf nicht bis zur Vernichtung des Wesens gehen, damit nicht durch den Tod das Leben geschädigt werde. Die Trauer überschreitet nicht drei Jahre.«

»Die Opfer sollen nicht zu häufig sein, sonst werden sie lästig, und ihre Feierlichkeit wird beeinträchtigt. Sie sollen aber auch nicht zu selten sein, sonst wird man träge und vergißt die Toten.«

»Am Tage des Opfers dachte der Sohn an seine Eltern, er vergegenwärtigte sich ihre Wohnung, ihr Lächeln, den Ton ihrer Stimme, ihre Gesinnung; er dachte an das, worüber sie sich freuten und an das, was sie gern aßen. Wenn er drei Tage auf diese Weise gefastet und meditiert hatte, so erblickte er die, für die er fastete.«

»Am Tag des Opfers, wenn er in den Ahnenraum eintrat, war er gespannt darauf, daß er sie wieder an ihrem Ahnensitz erblicken werde; beim Umhergehen, Aus- und Eingehen war er ernst, als werde er sicher hören, wie sie sich bewegen oder reden; wenn er zur Tür hinausging, lauschte er mit verhaltenem Atem, als hörte er sie seufzen.«

Es ist, von allen Zivilisationen, der einzige ernsthafte Versuch, der mir bekannt ist, die Lüsternheit des Überlebens aufzulösen. Als solchen wird man den Konfuzianismus in seinem Ursprung, all seinen späteren Entartungen zum Trotz, wenigstens in diesem Aspekt, sehr vorurteilslos bedenken müssen.

Bei aller Achtung, die Konfuzius dafür gebührt, wird man nicht leugnen können, daß ein anderes Anliegen ihm wichtiger war. Es ging ihm darum, das Gedenken an die Toten zu einer Festsetzung der Tradition zu verwenden. Er zog dieses Mittel den Sanktionen, den Gesetzen und Strafen vor. Die Überlieferung von Vater zu Sohn schien ihm wirksamer, aber nur so, daß der Vater als volle Person, als nie abbröckelndes Vorbild dem Sohn vor Augen stand. Drei Jahre Trauer schienen ihm notwendig, damit der Sohn vollkommen zu dem wurde, was der Vater gewesen war.

Es setzt viel Vertrauen in das voraus, was der Vater war. Es will eine *Verschlechterung* von Vater zu Sohn verhindern. Immerhin bleibt zu bedenken, ob es eben damit nicht auch eine Verbesserung erschwert.

1971

Tolstoi, der letzte Ahne

Tolstois Manie der Selbstanklage schon in frühen Jahren ist eine Verseuchung durch Rousseau. Aber seine Anklagen schlagen an ein kompaktes Selbst. Er kann sich vorwerfen, was er will, er zerstört sich nicht. Es ist eine Selbstanklage, die ihm Bedeutung gibt, sie macht ihn zum Zentrum der Welt. Erstaunlich, wie früh er die Geschichte seiner Jugend schreibt, seine schriftstellerische Tätigkeit beginnt damit.

Er kann von keinem neuen Gegenstand hören, ohne gleich »Regeln« dafür niederlegen zu wollen. Die Gesetze, die er immer finden muß, sind sein Hochmut, aber es ist auch eine Beständigkeit, die er darin sucht. Diese braucht er, wegen des Todes, den er früh und gehäuft erlebt hat. Mit zwei Jahren verliert er die Mutter, mit neun den Vater; sehr bald danach die Großmutter, die er im Sarg betrachtet und tot küßt.

Aber er ist nicht frühreif. Er sammelt lange seinen Trotz. Alle seine Erfahrungen tauchen unverändert in seine Erzählungen, Romane, Dramen ein. Es sind starke Erfahrungen, und da sie nie abbröckeln, geben sie ihm etwas Monumentales. Jeder Mensch, der sich so bewahrt, ist eine Art von Ungeheuer. Die andern schwächen sich, indem sie sich davonfließen.

Er sieht die Wahrheit zu sehr als Gesetz und räumt seinen Tagebüchern etwas wie Allmacht ein. Durch die Lektüre seiner frühen Tagebücher, die von peinlichen, aber überschätzten Wahrheiten über sich wimmeln, will er seine achtzehnjährige Frau erziehen, sie zu seinem eigenen, noch schwankenden Gesetze führen. Der Schock, den er ihr damit verursacht, wirkt fünfzig Jahre lang nach.

Er zählt zu denen, die nie eine Beobachtung, einen Gedanken oder ein Erlebnis aufgeben. Alles bleibt merkwürdig bewußt. Spontan ist er in seinen Antipathien, im Abstoßen; naiv im Festhalten von überkommenen Sitten und Vorstellungen. Seine Stärke ist, daß er sich nicht überreden läßt, er braucht heftige eigene Erlebnisse, um zu neuen Überzeugungen zu gelangen. Seine Rechenschaften nach Franklinschem Muster, mit denen er so früh beginnt, hätten etwas Lächerliches, wenn sich nicht alles in ihnen mit so erschreckender Zähigkeit wiederholen würde.

Aber es gibt hinreißende Äußerungen von ihm, die für vieles in den Tagebüchern entschädigen, so wenn er in einem Brief an seine

Frau den Russisch-Türkischen Krieg von 1877/78 vollkommen in sein Dasein einbezieht: »Solange es dauert, werde ich nicht schreiben können. Es ist, als ob die Stadt brennen würde. Man weiß nicht was tun. Man kann an nichts anderes denken.«

Die religiöse Entwicklung des *späten* Tolstoi steht unter einem unentrinnbaren Zwang. Was er für eine freie Entscheidung seines Geistes hält, ist bestimmt von einer ungeheuerlichen Gleichsetzung: mit Christus. Sein Glück, jede bäurische Arbeit, diese Herrschaft des Manuellen über ihn, hat aber mit Christus wenig gemein.

Viel eher als Christus ist er ein rückläufiger Gutsbesitzer, der Herr, der wieder zum Bauern wird. Um alles gutzumachen, was Herren verbrochen haben, bedient er sich der Evangelien. Christus ist seine Krücke. Es ist ihm um die ganz persönliche Rückverwandlung in einen Bauern zu tun. Es geht ihm nicht um das Recht, sondern um das Dasein des Bauern, das mittels Gewalt nicht zu erlangen wäre. Aber es geht ihm auch darum, als Bauer *anerkannt* zu werden.

Seine Familie, die ihn an dieser Verwandlung hindert, wird ihm lästig. Seine Frau hat den Grafen und Dichter geheiratet, vom Bauern will sie nichts wissen. Sie umstellt ihn mit acht lebenden Kindern, die nichts weniger als Bauernkinder sind.

Sein Besitz wird zu seinen Lebzeiten aufgeteilt. Er will ihn los sein und alle Streitigkeiten, wie sie unter Erben üblich sind, spielen sich zwischen der Frau und den Kindern vor seinen Augen ab. Es ist, als hätte er es darauf abgesehen, das Häßlichste in seinen Angehörigen hervorzulocken.

Die Frau ernennt sich zur Verlegerin seiner Werke. Mit der Witwe Dostojewskis, die sie eigens dazu kennenlernt, berät sie sich über das Geschäft. Man meint, zwei Witwen, sehr tüchtige Witwen, säßen beisammen.

In den letzten Jahren seines Lebens wird Tolstoi bei lebendem Leibe von zwei Unternehmungen in Stücke gerissen, zwei Geschäften, könnte man sagen, Ergebnissen dessen, was er während Jahrzehnten wirklich war.

Seine Frau vertritt das Verlagsgeschäft und will aus dem Verkauf seiner Gesammelten Werke möglichst viel herausschlagen. Tschertkow, sein Sekretär, vertritt seinen Glauben, die neu gegründete Religion oder Sekte. Auch er ist tüchtig, er wacht über jede Äußerung Tolstois und weist ihn zurecht. Die Pamphlete und Traktate verbreitet er billig in alle Welt. Er usurpiert jeden Satz des Stifters, der dem Glauben zugute kommen könnte, und verlangt Kopien des Tagebuchs in statu nascendi. Tolstoi hängt an dem Lieblingsjünger und erlaubt ihm alles. An diesem Unternehmen ist ihm gelegen, für das seiner Frau hat er weniger übrig, oft nur bitteren Haß. Aber die beiden Gründungen haben ihr Eigenleben und scheren sich überhaupt nicht um ihn selbst.

Wenn er einen schweren Anfall hat und es so aussieht, als könnte er im nächsten Augenblick sterben, ruft die Frau plötzlich: »Wo sind die Schlüssel?« und meint die Schlüssel zu seinen Manuskripten.

Die ganze Nacht habe ich in einer Art von Verzauberung mit dem Leben Tolstois zugebracht. Im Alter, als das Opfer seiner Angehörigen und Anhänger, als Gegenstand all dessen, was er am meisten bekämpft, hat sein Leben eine Bedeutung, die keines seiner Werke erreicht. Er zerreißt den Betrachter, jeden Betrachter, denn jeder findet in diesem Leben Überzeugungen verkörpert, die ihm die wichtigsten sind, hart neben solchen, die er auf das tiefste verabscheut. Alle sind artikuliert, werden ohne Schonung hervorgestoßen, vergessen sich nicht, kehren wieder. In ihm scheint vereinbar, was sich in einem selber heftig bekämpft. Am glaubwürdigsten machen ihn seine Widersprüche. Er ist die einzige Figur des Alters in unserer Moderne, die man ernst nehmen kann. Da er *alles* laut werden läßt, sich keinen Tadel, kein Urteil, kein Gesetz versagen kann, scheint er nach allen Seiten hin, selbst da, wo er sich am schroffsten abgrenzt, offen.

Für mich ist es ein scharfer Schmerz zu erleben, daß ein Mann, der die Macht in jeder Form durchschaut und erbarmungslos ablehnt, Krieg, Gericht, Regierung, Geld, daß ein Mann von dieser unerhörten und unbestechlichen Klarheit mit dem Tod, den er lange gefürchtet hat, eine Art von Pakt schließt. Auf religiösen Umwegen nähert er sich dem Tod und betrügt sich so lange über ihn, bis er imstande ist, ihm zu schmeicheln. Es gelingt ihm auf diese Weise, den größten Teil seiner Todesangst zu verlieren. Mit dem Verstand akzeptiert er ihn, als wäre er etwas moralisch Gutes. Er übt sich darin, es ruhig mit anzusehen, wenn seine liebsten Menschen sterben. Seine Tochter Mascha, die einzige erwachsene Tolstojanerin in seiner Familie, stirbt mit 35. Er sieht ihre Krankheit und ihr Sterben mit an, er ist bei ihrem Begräbnis. Was er darüber verzeichnet, ist zufrieden, er ist mit seinen Todesübungen weiter gekommen, er hat Fortschritte gemacht, er billigt das Furchtbare; was er sich noch einige Jahre zuvor, als der siebenjährige Lieblingssohn Wanitschka starb, abzwingen mußte, fällt ihm jetzt nicht einmal schwer.

Er selbst *überlebt* dabei wieder und wird immer älter. Er hat keine Einsicht in den Prozeß des Überlebens. Er wäre entsetzt zu erfahren, daß der Tod junger Mitglieder seiner Familie sein Lebensgefühl stärkt, faktisch sein eigenes Leben verlängert. Zwar wünscht er, in Gedanken an Christus, das Los eines Märtyrers für sich, aber die Mächte dieser Welt, die er verabscheut, hüten sich davor, ihn anzutasten. Alles, was ihm geschieht, ist, daß er von der Kirche exkommuniziert wird. Seine treuesten Anhänger werden verbannt, *er* wird auf seinem Gut belassen und darf sich auch sonst überall frei bewegen. Er schreibt weiter, was er will, irgendwo wird es gedruckt, er ist nicht zum Schweigen zu bringen. Auch die schwersten Krankheiten übersteht er.

Was der Staat ihm nicht antut, geschieht ihm von seiner Familie. Seine Frau ist es, die offen Wächter auf seinem Gut aufstellt, nicht die Regierung. Der Kampf auf Leben und Tod, den er mit ihr zu bestehen hat, gilt nicht seinen Pamphleten und Aufrufen, – er gilt der intimsten täglichen Abrechnung, die er mit sich führt, seinem Tagebuch. Sie ist es, seine Frau, im Bündnis mit seinen Söhnen, die ihn zu Tode hetzt. Sie rächt sich für seinen Krieg gegen ihr Geschlecht und gegen das Geld, und es ist zu sagen, daß es ihr dabei am allermeisten ums Geld geht. Den Verfolgungswahn, den eigentlich er angesichts seines kompromißlosen Kampfes gegen mächtige Feinde entwickeln müßte, entwickelt *sie* statt seiner. Sie macht ihn, den offensten aller Menschen, im höchsten Alter zum Verschwörer. Seine Lehre, auf groteske Weise im Sekretär Tschertkow verkörpert, liebt er bis zum Schluß. Er liebt sie so sehr, daß die Beziehung zu Tschertkow in den Augen seiner wahnsinnigen Frau homosexuellen Charakter annimmt. Die Tagebücher, die mit dem Anfang ihrer Ehe verbunden sind, stellen für sie den eigentlichen Tolstoi vor. Seine Manuskripte, die sie mühselig kopiert hat, hat sie sich dadurch zu eigen gemacht. Ihre Paranoia sagt ihr, daß nichts von Tolstoi übrigbleiben wird als die Manuskripte und Tagebücher; diese muß sie haben.

Die Vorbildlichkeit seines Lebens aber, die unaufhörliche Auseinandersetzung mit sich, in die sie einbezogen ist, haßt sie. Es gelingt ihr, mit dämonischer Kraft, die letzten Jahre dieses Lebens zu verwüsten. Man kann nicht sagen, daß sie ihm überlegen ist, denn schließlich, nach unsäglichen Qualen, flieht er. Aber auch die letzten Tage, die er frei von ihr zu sein glaubt, ist sie heimlich in seiner nächsten Nähe, in seinen allerletzten Augenblicken flüstert sie ihm ins Ohr, daß sie die ganze Zeit über da war.

Zehn Tage lang war ich mit dem Leben Tolstois beschäftigt. Gestern starb er in Astapowo und wurde in Jasnaya Polyana zu Grabe getragen.

Eine Frau tritt in sein Krankenzimmer, er glaubt, es ist seine verstorbene Lieblingstochter und ruft laut: »Mascha! Mascha!« So hat er das Glück empfunden, eine von seinen Toten wiederzufinden, und wenn sie es auch nicht war, der trügerische Augenblick dieses Glücks war einer der letzten seines Lebens.

Tolstoi starb schwer; welch ein zähes Leben. Seinen Frieden mit der Kirche hat er nicht gemacht. Allerdings war er von seinen Jüngern umgeben und diese haben ihn vor den letzten Emissären der Kirche geschützt.

Seine Frau und seine Söhne, von denen mit Ausnahme Sergejs, des Ältesten, alle verächtliche Subjekte waren, wohnten in einem Luxuswagen auf dem Bahnhof von Astapowo, in seiner unmittelbaren Nähe. Er spürte die Blicke seiner Frau vor dem Fenster und man zog einen Vorhang darüber. Sechs Ärzte, gewiß nicht zu viele, waren um ihn, er hatte sie nicht wenig verachtet, aber der Pflege seiner Frau zog er sie vor.

Ich kenne nichts Ergreifenderes als das Leben dieses Mannes. Was ist es, das mich daran so bezwingt, das mich seit zehn Tagen nicht losläßt?

Es ist ein *vollständiges* Leben, bis zum letzten Augenblick, bis zum Tod ist *alles* da, was in ein Leben gehört. Es ist um nichts verkürzt, betrogen, verfälscht worden. Alle Widersprüche, deren ein Mensch fähig ist, sind in dieses Leben eingegangen. Vollkommen, in jeder Einzelheit bekannt, liegt es vor einem da, von Jugend auf bis in die letzten Tage ist alles in irgendeiner Form verzeichnet.

Was mich an seinem Werk oft stört, eine gewisse Nüchternheit und Verständigkeit, kommt der Selbstdarstellung seines Lebens zugute. Es hat *einen* Ton, es ist glaubhaft, man überschaut es und erliegt tatsächlich der Täuschung, daß ein Leben sich überschauen läßt.

Vielleicht gibt es keine wichtigere Täuschung. Denn daß das Leben eines Menschen in unzählige Einzelheiten zerfällt, die gar nichts miteinander zu tun haben, mag auch eine Auffassung sein, die sich vertreten läßt, aber sie hat sich zu breit gemacht und hat keine guten Folgen. Es nimmt dem Menschen den Mut zu widerstehen, denn dazu braucht er das Gefühl, daß er sich gleich bleibt. Es muß etwas in einem geben, dessen man sich nicht schämt und das die Beschämungen, die notwendig sind, vornimmt und verzeichnet. Dieser undurchdringliche Teil der inneren Natur hat etwas relativ Konstantes und läßt sich, wenn man ernsthaft danach sucht, schon früh aufspüren. Je länger man dieses Konstante verfolgen kann, je länger der Zeitraum ist, über den seine Aktivität sich erstreckt, desto gewichtiger ist ein Leben. Ein Mensch, der es 80 Jahre besessen und gekannt hat, bietet ein ebenso furchterregendes wie notwendiges Schauspiel. Er macht die Schöpfung auf eine neue Weise wahr, so als könne er sie durch Einsicht, Widerstand und Geduld rechtfertigen.

Ich habe mich diesmal nur mit dem *Leben* Tolstois befaßt und nicht mit seinen Werken.* So konnte mich, was ich an seinen Werken manchmal langweilig finde, nicht beirren. Sein Leben ist es nie, sein Leben ist ungeheuer, mit diesem Ende ist es ein exemplarisches Leben. Seine religiöse und moralische Entwicklung wäre wertlos, wenn sie ihn nicht in die furchtbare Situation seiner späten und spätesten Jahre gebracht hätte.

Daß er noch geflohen ist, daß er nicht zuhause starb, hat aus diesem Leben eine Legende gemacht. Aber die Zeit *vor* seiner Flucht ist vielleicht höher zu bewerten. Der Widerstand gegen alles, das ihm nicht wahr erschien, machte seine nächsten Menschen, seine Frau und seine Söhne, zu Feinden. Hätte er seine Frau sofort verlassen, hätte er nicht um ihr Leben gebangt, hätte er, wozu Grund genug war, ihr den Rücken gekehrt, sobald das Dasein bei ihr unerträglich wurde, – er wäre nicht ernstzunehmen. Aber er ist geblieben und hat sich als sehr alter Mann ihren teuflischen Drohungen ausgesetzt. Seine Geduld hat das Staunen der Bauern um ihn geweckt und manche, mit denen er sprach, haben es ihm *gesagt*. Ihre Meinung war nicht verächtlich für ihn, von allen Menschen schienen sie ihm noch die besten.

In den Kämpfen, die er zu erdulden hatte, wurde er, wie er selber schrieb, zu einem *Gegenstand*, das war ihm das Unerträglichste.

* Viel Anregung verdanke ich der Biographie von *Troyat*, die Material, das nur in russischer Sprache zugänglich ist, reichlich heranzieht.

Ganz allein war er nicht. Er hatte treue Jünger und einen, den er besonders liebte, weil er die Strenge seiner Lehre gegen ihn selber wandte. Er hatte auch eine blind ergebene Tochter. Das aber gerade ist es, was die Vorgänge um ihn so anschaulich und konkret macht. Es spielt sich nicht alles in ihm allein ab. Es geht zu wie unter Menschen.

Tolstois Leben spielt sich zum Schluß wie in der »Blendung« ab: der Kampf um das Testament, das Herumwühlen in Papieren. Eine Ehe, die mit Verehrung und Verständnis begann, mit unaufhörlichem, wiederholtem Kopieren jeder Seite, die er schrieb, endet im furchtbarsten Krieg absoluter Verständnislosigkeit. In den letzten Jahren sind sich die beiden, Tolstoi und seine Frau, so fern wie Kien und Therese. Ihre Quälerei ist allerdings intimer, weil sie nach Jahrzehnten ihres Zusammenlebens mehr voneinander *wissen*. Es gibt Kinder dieser Ehe, es gibt Anhänger des Propheten, und so ist die Bühne der Ereignisse nicht so schauerlich leer wie in Kiens Wohnung. Die Darstellung des Konflikts in der »Blendung« ist abgelöster und darum vielleicht klarer, aber da sie mit Mitteln operiert, die Tolstoi verwirft, wird sie Menschen seiner ›Natur‹-Anschauung unglaubwürdiger erscheinen. Er hätte sich, auch mitten in der ärgsten Bedrängnis, bestimmt nicht als Kien erkannt, wahrscheinlich aber doch seine Frau als Therese.

In Korsakows Lehrbuch der Psychiatrie sucht er im höchsten Alter nach den Symptomen für den Irrsinn seiner Frau. Er müßte sie alle schon auf das genaueste kennen. Aber er hat sich dem Irrsinn nie wirklich gestellt, er ist ihm ausgewichen, er hat ihn verächtlich Dostojewski überlassen.

Knapp vor seiner Flucht liest er in den »Karamasows«, und zwar über Mitjas Haß gegen seinen Vater, also jedenfalls über Haß. Er lehnt es ab, er anerkennt es nicht; kann es sein, daß seine moralische Verwerfung des Hasses ihm den Blick für die bezwingende Darstellung bei Dostojewski trübt?

Immerhin bestellt er sich bei seiner Tochter Sascha den zweiten Band der »Karamasows« für die Flucht.

1971

Dr. Hachiyas Tagebuch
aus Hiroshima

Die weggeschmolzenen Gesichter von Hiroshima, der Durst der Blinden. Weiße vorstehende Zähne in einem verschwundenen Gesicht. Straßen von Leichen gesäumt. Auf einem Fahrrad ein Toter. Teiche ausgefüllt von Toten. Ein Arzt mit 40 Wunden. »Sie sind am Leben? Sie sind am Leben?« Wie oft muß er es hören. Hoher Besuch: die Exzellenz. Ihr zu Ehren richtet er sich im Bett auf und denkt, es geht ihm besser.

Nachts als einziges Licht die Feuer der Stadt, brennende Leichen. Geruch wie von brennenden Sardinen.

Als es geschah, war das Erste, was er plötzlich an sich merkte: daß er vollkommen nackt war.

Die Stille, alle Figuren bewegen sich lautlos, es ist wie in einem Stummfilm.

Die Besuche beim Kranken im Spital: erste Berichte über das Geschehene, die Vernichtung Hiroshimas.

Die Stadt der 47 Ronin, wurde sie darum ausgesucht?

Das Tagebuch des Arztes Michihiko Hachiya umfaßt 56 Tage in Hiroshima, vom 6. August, dem Tage der Atombombe, bis zum 30. September 1945.

Es ist geschrieben wie ein Werk der japanischen Literatur: Präzision, Zartheit und Verantwortung sind seine Wesenszüge.

Ein moderner Arzt, der so sehr Japaner ist, daß er unerschüttert an den Kaiser glaubt, selbst wenn dieser die Kapitulation verkündet.

In diesem Tagebuch ist beinahe jede Seite zu bedenken. Man erfährt hier mehr als aus jeder späteren Darstellung, weil man die Rätselhaftigkeit des Geschehens von Anfang an miterlebt: es ist alles völlig unerklärlich. In der Mühsal seines eigenen Zustandes, unter Toten und Verletzten, sucht sich der Autor erst Stück um Stück des Tatbestandes zusammen; mit zunehmender Kenntnis wechseln seine Vermutungen und wandeln sich in Theorien, die Experimente erfordern.

Es ist kein falscher Strich in diesem Tagebuch; auch keine Eitelkeit, die nicht auf Scham gegründet ist.

Wenn es Sinn hätte, darüber nachzudenken, welche Form von

Literatur heute unentbehrlich ist, einem wissenden und sehenden Menschen unentbehrlich, so ist es diese.

Da alles in einem Spital spielt, hängt die Beobachtung durchwegs an Menschen; denen, die es aufsuchen, und denen, die es betreiben. Menschen werden genannt, innerhalb von Tagen sind sie gestorben. Andere, von äußeren Orten und Städten, kommen zu Besuch. Die Freude, Totgeglaubte am Leben zu finden, ist überwältigend. Das Spital ist das beste in der Stadt, eine Art von Paradies im Vergleich zu den anderen, jeder sucht hineinzukommen und vielen gelingt es. Die einzigen Lichter nachts sind die von den Feuern in der Stadt; Tote, die verbrannt werden, sind die Spender dieses Lichts. Später bildet sich um eine einzige Kerze eine Gruppe von drei, die vom »Pikadon«, dem Ereignis sprechen.

Jeder sucht sein Eigenes durch den Bericht eines anderen zu ergänzen, es ist, als hätte man zerstreute und zufällige Aufnahmen zu einem Film zusammenzustückeln und da und dort kommt ein Stück dazu. Man geht in die Stadt, windet sich einen Weg durch die Zerstörung oder gräbt nach Schätzen, kehrt zurück in die neue Gemeinschaft von Sterbenden und hofft.

Nie ist mir ein Japaner nähergekommen als in diesem Tagebuch. Wieviel habe ich früher über sie gelesen. Erst jetzt habe ich das Gefühl, daß ich sie wirklich kenne.

Ist es wahr, daß man Menschen nur in ihrem größten Unglück so erlebt wie sich selbst? Ist Unglück das, was die Menschen am meisten gemeinsam haben?

Die tiefe Abneigung gegen alle Idylle, die Unerträglichkeit idyllischer Literatur mag damit zusammenhängen.

Im Falle von Hiroshima geht es um die konzentrierteste Katastrophe, die je über Menschen hereinbrach. Dr. Hachiya denkt an einer Stelle des Tagebuchs an Pompeji. Aber auch das gibt keinen Vergleich ab. Über Hiroshima ist eine Katastrophe hereingebrochen, die von Menschen genau berechnet und bewirkt wurde. Die »Natur« ist aus dem Spiel.

Der Anblick der Katastrophe ist verschieden, je nachdem, ob man sie im Inneren der Stadt erlebt, wo man nur sieht und nichts hört, »Pika«, oder außen, wo man es auch hört, »Pikadon«. Sehr spät im Tagebuch kommt die Schilderung eines Mannes, der die »Wolke« *gesehen* hat, ohne ihr unmittelbar ausgesetzt zu sein. Er ist von ihrer Schönheit überwältigt: der farbige Glanz der Wolke, ihre scharfen

Ränder, die geraden Linien, die sich von ihr in den Himmel verbreiten.

Was bedeutet *Überleben* in einer Katastrophe von solchen Ausmaßen? Die Aufzeichnungen dieses Tagebuches stammen, wie ich schon sagte, von einem Arzt, einem besonders gewissenhaften, modernen Arzt, der wissenschaftlich zu denken gewöhnt ist und angesichts eines Phänomens von dieser Neuartigkeit nicht begreift, womit er es zu tun hat. Erst am siebenten Tag erfährt er durch einen Besuch von außen, daß es eine Atombombe war, von der Hiroshima heimgesucht wurde. Ein befreundeter Hauptmann bringt ihm einen Korb mit Pfirsichen zum Geschenk: »Es ist ein Wunder, daß Sie überlebt haben«, sagt er zu Dr. Hachiya, »schließlich ist die Explosion einer Atombombe eine schreckliche Sache.«

»›Eine Atombombe!‹ rief ich und setzte mich im Bette auf, ›aber das ist doch die Bombe, von der ich gehört habe, daß sie Formosa in die Luft sprengen könnte, mit nicht mehr als zehn Gramm Wasserstoff!‹«

Sehr früh schon kommen Besucher, die Hachiya beglückwünschen, weil er noch am Leben ist. Er ist ein geachteter und beliebter Mann, es gibt dankbare Patienten, Schulkameraden, Studienkollegen, Verwandte. Ihre Freude über sein Überleben ist grenzenlos, sie staunen und sind glücklich, vielleicht gibt es kein reineres Glück. Sie hängen an ihm, aber es ist auch eine Art von Wunder, das sie bestaunen.

Es ist eine der Situationen des Tagebuchs, die am häufigsten wiederkehrt. So wie seine Freunde und Bekannten sich freuen, wenn sie ihn am Leben finden, so freut er sich über andere, wenn er dasselbe von ihnen erfährt. Es gibt verschiedene Varianten dieses Erlebnisses: er erfährt zum Beispiel, daß er und seine Frau schon totgesagt waren. – Ein Insasse des Spitals, der aus seinem brennenden Haus entkam, ohne seine Frau retten zu können, hält sie für tot. Er kehrt bald in sein zerstörtes Haus zurück und sucht nach ihren Überresten. An der Stelle, von wo er sie zuletzt um Hilfe schreien hörte, findet er Knochen, bringt sie ins Spital zurück und legt sie voller Pietät vor den Hausaltar. Als er, vielleicht zehn Tage später, die Knochen zur Familie seiner Frau aufs Land bringt, findet er sie selbst dort vor, gerettet und unverletzt. Sie war irgendwie aus dem brennenden Haus entkommen und von einem vorbeifahrenden Militärlastwagen in Sicherheit gebracht worden.

Hier ist es schon mehr als Überleben, es ist ein Wiederkehren von den Toten, das stärkste und wunderbarste Erlebnis, das Menschen überhaupt haben können.

Zu den merkwürdigsten Phänomenen in diesem Spital, dessen Leiter Dr. Hachiya war und in dem er jetzt als ein Zwitter zwischen Arzt und Patient liegt, gehört die Irregularität des Todes. Von Menschen, die verbrannt und gezeichnet ins Spital kommen, erwartet man, daß sie sterben oder wieder gesund werden. Es ist sehr schwer mitanzusehen, wie es ihnen schlechter und schlechter geht; aber manche scheinen es zu überstehen und fühlen sich allmählich besser. Man hält sie schon für gerettet, da erkranken sie unerwartet wieder und sind nun plötzlich erst recht in Gefahr. Es gibt aber auch welche, Pflegerinnen und Ärzte darunter, die anfangs unverletzt wirken. Sie arbeiten Tag und Nacht mit aller Kraft, plötzlich zeigen sie die Zeichen der Krankheit, sie wird schlimmer und schlimmer und sie sterben.

Man ist nie sicher, ob jemand der Gefahr entkommen ist, die Verzögerungen in der Wirkung der Bombe werfen alle normalen medizinischen Prognosen über den Haufen. Der Arzt weiß sehr bald, daß er völlig im Dunkeln tappt. Er bemüht sich auf jede Weise, aber solange er nicht weiß, um was für eine Krankheit es sich handelt, kommt er sich vor wie in einem vormedizinischen Zeitalter und muß sich damit begnügen zu trösten statt zu heilen.

Dr. Hachiya ist, während er an den Krankheitserscheinungen der anderen herumrätselt, selbst Patient. Jedes Symptom, das er an anderen entdeckt, beunruhigt ihn auch für sich, und er sucht heimlich danach an seinem eigenen Körper. – Das Überleben ist *prekär* und noch lange nicht gesichert.

Er verliert nie den Respekt für Tote und ist entsetzt darüber, daß er bei anderen schwindet. Wenn er in die Holzhütte geht, wo ein von außen gekommener Kollege Autopsien macht, versäumt er nicht, sich vor der Leiche zu verbeugen.

Vor den Fenstern seines Spitalzimmers werden jeden Abend Tote verbrannt. Gleich neben der Stelle, wo das geschieht, findet sich eine Wanne zum Baden. Das erste Mal, das er einer Kremation unten beiwohnt, hört er jemand aus der Badewanne rufen: »Wieviele hast du heute verbrannt?« Die Pietätlosigkeit dieser Situation: hier ein Mensch, der noch vor kurzem gelebt hat und jetzt verbrannt wird, und dort ein anderer nackt in einer Badewanne gleich daneben, empört ihn aufs tiefste.

Aber nach wenigen Wochen verzehrt er während einer solchen

Verbrennung in seinem Spitalzimmer oben mit einem Freund zusammen sein Abendessen. Er bemerkt den Geruch »wie nach verbrannten Sardinen« und ißt weiter.

Die Redlichkeit und Aufrichtigkeit dieses Tagebuches ist über jeden Zweifel erhaben. Der Schreiber ist ein Mensch von hoher moralischer Kultur. Er ist, wie jeder, in den Traditionen seiner Herkunft befangen, er bezweifelt davon nichts. Seine Fragen und Zweifel bewegen sich innerhalb der Sphäre der Medizin, wo sie erlaubt und notwendig sind. Er hat an den Krieg geglaubt, die militaristische Politik seines Landes hat er hingenommen und obwohl er am Verhalten der Offizierskaste manches beobachtet hat, das ihm nicht gefiel, hat er es für seine patriotische Pflicht gehalten, darüber zu schweigen. Aber eben dieser Sachverhalt macht sein Tagebuch um vieles interessanter. Denn man erlebt nicht nur die Zerstörung Hiroshimas durch die Atombombe, – man ist Zeuge der Wirkung, die das Bewußtwerden der Niederlage Japans auf ihn hat.

In dieser ganz und gar zerstörten Stadt handelt es sich nicht um Feinde, die man überlebt, sondern um Familie, Kollegen und Mitbürger. Es ist noch Krieg und die Feinde, denen man den Tod wünscht, sind woanders. Man fühlt sich von ihnen bedroht und der Untergang der eigenen Leute steigert die Drohung. Im Falle der Bombe kommt der Tod von oben, zurückschlagen läßt sich nur auf die Ferne, und man müßte davon *erfahren*.

Der Wunsch danach ist sehr stark, darum geht es scheinbar in Erfüllung. Nach wenigen Tagen kommt ein Mann aus einem anderen Ort und berichtet als ganz sicher, er hat es aus der verläßlichsten Quelle, daß die Japaner mit derselben Waffe zurückgeschlagen und nicht eine, nein mehrere große Städte Amerikas auf dieselbe Weise verwüstet haben.

Die Stimmung im Spital schlägt auf der Stelle um, ein Hochgefühl bemächtigt sich selbst der Schwerverletzten. Man wird wieder zu Masse und glaubt sich durch diese Ablenkung des Todes von ihm gerettet. Es ist wahrscheinlich, daß viele, solange dieses Hochgefühl anhält, des Glaubens sind, sie müßten nun nicht sterben.

Um so schwerer schlägt dann, am zehnten Tage nach der Bombe, die Nachricht von der Kapitulation ein. Der Kaiser hat noch nie übers Radio gesprochen. Zwar bleibt auch jetzt seine Rede unverständlich, sie ist in der archaisierenden Sprache des Hofes gehalten.

Aber von den Oberen, die es wissen müssen, wird die Stimme als seine erkannt und der Inhalt der Proklamation wird übersetzt. Bei der Erwähnung des kaiserlichen Namens verbeugen sich alle im Spital Versammelten. Nie hat man früher die Stimme des Kaisers zu hören bekommen, nicht sie hat den Krieg befohlen. Aber sie ist es jetzt, die ihn widerruft. Ihr glaubt man die Niederlage, an der man sonst gezweifelt hätte.

Die Insassen des Spitals sind davon stärker betroffen als von der Zerstörung ihrer Stadt, ihrem Siechtum, dem qualvollen Tod, den viele von ihnen vor Augen haben. Nun ist keine Ablenkung mehr denkbar, Verletzung und Tod hat man in ungeminderter Schwere zu tragen. Es ist alles ungewiß, aber hoffnungslos. Viele wehren sich gegen diese Hoffnungslosigkeit, die passiv ist, und wollen lieber weiter kämpfen. Es entstehen zwei Parteien, eine für, eine gegen das Ende des Kampfes. Die Masse der Geschlagenen, bevor sie sich ganz auflöst, spaltet sich in eine Doppelmasse. Aber der Teil, der für die Fortsetzung des Krieges ist, hat es zu schwer: er steht gegen den Befehl des Kaisers.

Es ist merkwürdig, im Laufe der nächsten Tage mitzuerleben, wie im Bewußtsein Dr. Hachiyas die Macht, die während des Krieges aufs höchste zentralisiert war, sich spaltet: in eine böse Macht, das Militär, die zum Unglück des Landes geführt hat, und eine gute, den Kaiser, die das Gute des Landes will. Auf diese Weise bleibt eine Machtinstanz für Hachiya bestehen und die eigentliche Struktur seines Daseins ist nicht angetastet. Seine Gedanken kreisen nun unaufhörlich um den Kaiser. Er, wie das Land, war das Opfer der Militärs. Er ist auf das tiefste zu bedauern; sein Leben ist noch kostbarer geworden. Für etwas, das er gar nicht wollte, den Krieg, ist er gedemütigt worden. Das erlaubt jedem loyalen Untertan, auch in sich nach etwas zu suchen, das den Krieg nicht gewollt hat. Die Beobachtungen, die man immer schon an den Militärs gemacht hatte, ohne daß man gewagt hätte, sie auszusprechen: ihre Arroganz, ihre Stupidität, ihre Mißachtung aller, die nicht zu ihrer eigenen Kaste gehörten, werden plötzlich potent. Statt des Feindes, gegen den man nicht mehr kämpfen soll, werden *sie* zum Feind.

Der Kaiser war aber die ganze Zeit da, die Kontinuität des Lebens ist von seiner abhängig: selbst während der Katastrophe, die die Stadt betraf, ist sein Bild gerettet worden.

Gegen Ende des Tagebuchs – am 39. Tage eingetragen, denn Dr. Hachiya hat erst dann davon erfahren – findet sich die Geschichte von der Errettung des Kaiserlichen Bildes. Sie wird in allen Einzelheiten ausgemalt. Mitten durch die Sterbenden und Schwerverletzten der Stadt, wenige Stunden nach der Explosion der Atombombe, wird das Bild des Kaisers zum Fluß getragen. Die Sterbenden machen Platz: »Das Bild des Kaisers! Das Bild des Kaisers!« Tausende verbrennen noch, *nachdem* das Bild auf ein Boot gerettet und entführt ist.

Dr. Hachiya ist durch die erste Erzählung über diese Errettung noch nicht gesättigt. Es läßt ihm keine Ruhe, er sucht nach weiteren Zeugen, besonders solchen, die an der hohen Handlung beteiligt waren. Einen weiteren Bericht fügt er in sein Tagebuch ein. Es ist während dieser Tage viel in Hiroshima geschehen, das Lob verdient. Hachiya ist gerecht und unterschlägt kein Verdienst. Mit Sorgfalt und Bedacht verteilt er sein Lob. Aber mit überschwänglicher Begeisterung spricht er von der Rettung des Kaiserlichen Bildes. Man spürt, daß es für ihn von allem, was geschehen ist, das Hoffnungsvollste ist: es klingt, als wäre es das *Überleben* des Kaisers.

Immer noch kommen Menschen, die darüber staunen, daß er am Leben ist und ihn dazu beglückwünschen. Ihre Freude ist noch in seinen Aufzeichnungen zu spüren und teilt sich dem Leser mit. Noch lange werden vor den Fenstern des Spitals Patienten, die erlegen sind, verbrannt, das Sterben geht weiter. Es ist wie eine neue, unbekannte Seuche. Ihre genaue Ursache, ihr Verlauf ist noch nicht erforscht. Erst durch die Autopsien beginnt man allmählich zu begreifen, womit man es zu tun hat. Von seiner Begier nach der Erforschung dieser neuen Krankheit wird Hachiya keinen Augenblick verlassen. So intakt die traditionelle Struktur des Landes, die im Kaiser gipfelt, in ihm bestehen bleibt, so unversehrt ist er auch als moderner Mediziner. Wie natürlich beides zusammengehen kann, wie wenig das eine durch das andere gestört wird, habe ich hier zum erstenmal ganz begriffen.

Das Unantastbarste an diesem Mann ist aber sein Respekt für die Toten. Es war die Rede davon, wie schwer er es erträgt, daß man sich an den Tod gewöhnt, er bleibt für ihn immer etwas sehr Ernstes. Man hat nicht das Gefühl, daß die Toten für ihn zu einer Masse verschmelzen, in der kein Einzelner mehr zählt. Er denkt an sie als *Personen*. Man vergesse nicht, daß er Arzt ist, der Abstumpfung gegen den Tod schon beruflich ausgesetzt. Aber was immer geschehen ist, man gewinnt den Eindruck, daß es ihm auf jeden ankommt.

der gelebt hat, auf jeden, so wie er wirklich war, so wie er ihn in seiner Erinnerung trägt.

Am 49. Tag nach dem Unglück findet ein Gedenktag für die Toten statt. Auf seinem Fahrrad begibt er sich in die Stadt und sucht jede Stelle auf, die durch Tote geheiligt ist, seine eigenen und auch solche, von denen er erfahren hat.

Er schließt die Augen, um eine Nachbarin zu sehen, die umgekommen ist, und sie erscheint ihm. Sobald er die Augen öffnet, schwindet das Bild, er schließt sie wieder und nochmals erscheint sie. Er sucht seinen Weg durch die Überreste der Stadt und man kann nicht sagen, daß er herumirrt, denn er weiß genau, was er sucht und er findet es: die Orte der Toten. Er schenkt sich nichts. Er stellt sich alles vor. Er sagt, daß er für jeden betet. Ich frage mich, ob es in den Städten Europas Menschen gab, die die Verwüstung nach den Orten der Toten absuchten und auf diese Weise, mit dem klaren Bild der Umgekommenen im Aug, für sie beteten, nicht für die engste Familie, sondern für Nachbarn, Freunde, Bekannte, ja selbst für solche, die sie nie gesehen, von deren Tod man ihnen nur erzählt hatte. Ich empfand Scheu davor, das Wort »beten« im Zusammenhang mit den Unternehmungen Hachiyas an diesem Tage zu gebrauchen, aber er gebraucht es selbst und nennt sich nicht nur bei dieser Gelegenheit einen Buddhisten.

1971

Georg Büchner

Rede zur Verleihung des
Georg Büchner-Preises

Meine Damen und Herren, für eine Ehrung zu danken, die im Namen Büchners geschieht, erscheint mir als tollkühnes Unterfangen. Denn man dankt in Worten, und wer hätte die seinen nicht im Kopf, wenn dieser Name genannt wird, und wen gibt es, in irgendeinem Lande der Erde, der ein Recht darauf hätte, neben diese Worte eigene zu setzen!

So möchte ich nur etwas sehr Einfaches sagen, nämlich daß ich von keiner Ehrung weiß, die ich so sehr als Auszeichnung empfinde wie diese, und daß ich glücklich bin, sie noch zu erleben. Ich danke der Deutschen Akademie für Sprache und Dichtung, ich danke dem Lande Hessen, ich danke der Stadt Darmstadt, denen man als der Heimat zweier der klarsten und freiesten Geister der Menschheit, Lichtenbergs und Büchners, von Jahr zu Jahr, wie sich erweist, *mehr* schuldet.

Ich bin kein Kenner der wissenschaftlichen Literatur über Büchner, und es ist sehr fraglich, ob mir ein Recht darauf zusteht, mich vor Ihnen, die Sie wohl alle auch Kenner dieser Literatur sind, über ihn zu äußern. Wenn überhaupt etwas für mich spricht, das ich als Entschuldigung anführen könnte, so ist es die Tatsache, daß er mein Leben verändert hat wie kein anderer Dichter.

Die eigentliche Substanz eines Dichters, das, was unverwechselbar an ihm erscheint, bildet sich, meine ich, in einigen wenigen Nächten, die sich durch Intensität und Leuchtkraft vor allen übrigen auszeichnen. Es sind jene seltenen Nächte, in denen er bedrängt, aber doch ganz bei sich ist, so sehr, daß er imstande ist, sich in seiner Vollständigkeit zu verlieren. Das dunkle Weltall, aus dem er besteht, für das er Raum fühlt, ohne noch fassen zu können, was es enthält, durchdringt sich plötzlich mit einer anderen, einer artikulierten Welt und der Zusammenstoß ist so heftig, daß alle Materie, die zerstreut und sich selbst überlassen in ihm treibt, an ein- und demselben Zeitpunkt aufleuchtet. Es ist der Augenblick, in dem seine inneren Sterne über entsetzliche Leeren hinweg einander bemerken. Nun, da sie wissen, daß sie da sind, ist alles möglich. Nun kann die Sprache ihrer Signale beginnen.

Eine solche Nacht habe ich im August 1931 erlebt, als ich zum erstenmal den »Woyzeck« las. Das ganze vorangegangene Jahr hatte ich in der »Blendung« gelebt. Es war ein eingezogenes Leben, eine Art von Fron, es gab nichts außerhalb, was immer sonst in diesem Jahr geschah, wurde fortgestoßen. Aber nun hatte sich Kien mit seinen Büchern verbrannt, auf eine undurchsichtige Weise fühlte ich meine eigenen Bücher in dieses Schicksal einbezogen; war es Schuld, daß ich Kien erlaubt hatte, Hand an Bücher zu legen: war es Gerechtigkeit, daß ich meine eigenen Bücher nun für seine opfern mußte: was immer es war, sie versagten sich mir und ich fand mich leergebrannt und blind in meiner selbstgeschaffenen Wüste.

Damals also, in einer Nacht, schlug ich den Büchner auf, und er öffnete sich mir im »Woyzeck«, in der Szene Woyzecks mit dem Doktor. Ich war wie vom Donner gerührt, und es kommt mir jämmerlich vor, etwas so Schwaches darüber zu sagen. Ich las alle Szenen des sogenannten Fragments, die sich in jenem Band befanden, und da ich nicht wahrhaben konnte, daß es so etwas gab, da ich es einfach nicht glaubte, las ich sie alle vier-, fünfmal durch. Ich wüßte nicht, was mich in meinem Leben, das an Eindrücken nicht arm war, je so getroffen hätte. Als es Tag wurde, ertrug ich es nicht mehr, damit allein zu bleiben. Ich fuhr frühmorgens nach Wien hinein, zu ihr, die mehr als meine Frau war, die es auch wurde und die ich heute, da sie nicht mehr am Leben ist, hier anwesend wissen möchte. Sie war viel belesener als ich, *sie* hatte Büchner mit 20 gelesen. Nun beschimpfte ich sie, daß sie nie, kein einziges Mal den »Woyzeck« vor mir genannt hatte, und es gab doch kaum etwas, worüber wir nicht zueinander gesprochen hätten. »Sei doch froh, daß Du es nie gekannt hast«, sagte sie, »wie hättest Du sonst selber etwas schreiben können! Aber da es jetzt passiert ist, könntest Du endlich auch den ›Lenz‹ lesen!«

Das tat ich dann bei ihr, am selben Vormittag, und über diesem »Lenz« schrumpfte mir die »Blendung«, auf die ich doch auch stolz war, fürchterlich ein und ich begriff, wie gut sie an mir gehandelt hatte.

Das ist meine einzige Legitimation dafür, daß ich heute zu Ihnen über Büchner zu sprechen wage.

Ich denke an die Stationen von Büchners Leben: Darmstadt, Straßburg, Gießen, Darmstadt, Straßburg, Zürich, und es fällt mir auf, wie nah sie beieinander liegen. Es ist auch für damals alles recht nachbarlich. Wie sehr man das, zumindest für Straßburg, in Darmstadt empfand, zeigt sich im letzten Brief der Mutter an Büchner. Trotz ihrer Erleichterung über seine Ankunft in Zürich schreibt sie: »Ich meine, seit Du von Straßburg weg bist, seist Du erst in der Fremde, in Straßburg glaubte ich Dich immer in meiner Nähe.« Erst Zürich, das wahrhaftig nicht weit ist, erscheint ihr als die Fremde. Es ist gewiß bezeichnend für den Elan von Büchners Werk, daß man nie an diese Nähen denkt. Andere Dichter mögen nicht weiter gekommen sein, es erscheint ihnen angemessen, bei Büchner staunt man.

Immerhin ist auch zu bedenken, *wie viel* Straßburg war: die Brutstätte der neuen deutschen Literatur, Herder und Goethe jung, und wie eine späte Gerechtigkeit zu sagen erfordert, in jenen Jahren nicht weniger einschneidend Lenz. Erinnerungen, die für Büchner nicht weiter als 60 Jahre zurückliegen, Erinnerungen, so nah, wie etwa was unsereiner heute sich aus der Zeit vor dem ersten Weltkrieg zu holen vermöchte. Aber dazwischen stand das folgenreichste Ereignis der modernen Geschichte, das erst in unserer Generation von folgenreicheren abgelöst wurde, die Französische Revolution. In Straßburg sind die Wirkungen dieser Revolution nicht erstickt wie im damaligen Deutschland. Büchner kommt in der Zeit des Bürgerkönigtums nach Frankreich, als in vielerlei Richtungen ein geistiges Leben sich zu entfalten begann, das von der Politik durchtränkt, von Meinungen über die öffentlichen Dinge befruchtet war, ein Leben, so rege und modern, daß wir in mancher Hinsicht auch heute noch davon zehren.

In Straßburg hat Büchner sein erstes Massenerlebnis: wenige Wochen nach seiner Ankunft der Empfang Ramorinos, des polnischen Freiheitskämpfers, durch Studenten- und Bürgerschaft. Drei- bis vierhundert Studenten, mit einer schwarzen Fahne an der Spitze des Zuges, ziehen in die Stadt, begleitet von einer ungeheuren Volksmenge unter Absingung der Marseillaise und der Carmagnole; überall erschallt der Ruf: »Vive la liberté! Vive Ramorino! à bas les ministres! à bas le juste milieu!«

Auf dem Straßburger Münster trifft er einen langhaarigen, bärtigen jungen Saint-Simonisten, der ihn seinem bunten Kostüm zum Trotz nicht wenig beeindruckt. – In Straßburg erlebt er, wie die Polizei auf eine demonstrierende, protestierende Menge losschlägt. Zwei Jahre stand Büchner in dieser offenen Welt. Was er von zu Hause dorthin mitgebracht hatte, war unschätzbar. Nicht als wehleidiger Jüngling kam er nach Straßburg, sondern mit dem genauen

Blick für das Körperliche, das Einzelne, das Konkrete, den er Generationen von ärztlichen Vorfahren und den Eindrücken im väterlichen Hause verdankte. Es ist eine nicht unempfindliche, aber doch geradere und festere Note in seiner Jugend: von dichterischen Entwürfen kaum eine Spur, keine Selbstbespiegelung, keine überheblichen Allüren der Schwäche. Er ist der älteste Sohn eines kräftigen, umsichtigen Vaters, der dann ein Alter von 75 erreicht, und es scheint nicht müßig, daran zu erinnern, welches Alter seine drei Brüder erreichen: 76, 75, 77. Auch Mutter und Schwestern sterben nicht jung. In dieser großen Familie ist er der Einzige, der infolge einer unglückseligen Infektion jung sterben muß.

In Straßburg lernt er es, sich mit völliger Freiheit im Französischen zu bewegen, die eine Sprache wird durch die andere nicht zurückgedrängt. Er gewinnt Freunde, er lernt das Elsaß gut kennen, die Vogesen. Die neue Stadt, das neue Land sind nicht so, daß man in ihnen ertrinkt. Zwei Jahre in Paris wären gewiß ganz anders verlaufen. An Büchners Leben fällt auf, daß nichts verschwendet wird. Eine Natur, die ihre Gegenstände zusammenhält, sie wohl unterscheidet, wie einzelne Menschen, wie Organe im Menschen; der das Spielerische nicht zum Selbstzweck wird, auch der Traum, auch die Leichtigkeit haben ihre Schärfe. Eine Natur, die bei allem Reichtum von Verwicklungen frei ist, der nichts unauflöslich wird, darin, aber nur darin sehr von Lenz unterschieden und eher an Goethe erinnernd.

So wenig wie Menschen und Dinge gehen Impulse, die er einmal empfangen hat, verloren: alles wirkt sich aus, er kennt keine längeren Verstockungen. Es ist erstaunlich, wie rasch und energisch er auf neue Umstände reagiert. Die Rückkehr von Straßburg in die engen Verhältnisse von Darmstadt und Gießen quält ihn wie eine schwere Erkrankung. Aber auf die einzig mögliche Weise findet er aus der drückenden Enge heraus, indem er die revolutionären Impulse, die er empfangen hat, weitergibt, und zwar ohne Ansehen der Person, unverfälscht, ihrem Wesen gemäß an die, die nicht auf hochmütige Absonderung aus sind. Er gründet die »Gesellschaft der Menschenrechte«, die Zeit der Verschwörung beginnt und damit beginnt sein Doppelleben.

Es läßt sich zeigen, in welcher Form sich dieses Doppelleben nach dem Scheitern seiner Aktion fortsetzt, wie fruchtbar es wird, wie man ihm seine Werke verdankt, wie es in seinen »Lenz« und sogar noch in den »Woyzeck« mündet. So wie er die Weite der französischen Zustände, die er in Straßburg erlebt, in die Heimat trägt, in die Enge, so nimmt er das Engste, das Gefängnis, das ihm droht, auf der Flucht aus der Heimat nach Straßburg mit und erhält die Angst davor noch wach in sich, als es ihm gelungen ist, das Züricher Paradies zu erreichen.

Büchners Angst, die ihn nie mehr verließ, hat darum einen besonderen Charakter, weil es die eines Menschen ist, der aktiv gegen die Gefahr gekämpft hat. Sein dreistes Verhalten vor dem Untersuchungsrichter, seine Bemühungen, den Freund Minnigerode aus dem Gefängnis zu befreien, das Vorschieben seines Bruders Wilhelm, als er zur Untersuchung zitiert wird, sein Brief an Gutzkow, schließlich die gelungene Flucht, – alles beweist einen kraftvollen Charakter, der seine Situation vollkommen erkennt und sich ihr nicht ergibt.

Aber man sieht die Sache zu einfach, läßt man den »Danton« außer acht, den er im Monat der Vorbereitung zu seiner Flucht zu Papier warf. Auch Danton ist wohl imstande, seine Situation zu erkennen: in seinem Gespräch mit Robespierre tut er sogar sein Bestes dazu, sie zu verschlechtern. Er will sie irreparabel, er will sie akut; aber wenn es darum geht, einen Entschluß zur Rettung oder zur Flucht zu fassen, *lähmt* er sich mit einem Satz, der häufig wiederkehrt: »Sie werden's nicht wagen.« Es ist der Satz im Stück, der am obsessivsten wirkt; schon beim ersten Mal weckt er im Leser ein Unbehagen und schließlich, nach einigen Wiederholungen, empfindet er ihn, wie man ein Schlagwort der Revolution empfinden möchte, aber mit umgekehrtem Vorzeichen. Er verrät den eigentlichen Gegenstand des Stücks, nämlich: soll man sich retten? Danton will *bleiben:* es ist eine Beharrungslust in ihm, die stärker ist als die Gefahr. »Eigentlich muß ich über die ganze Geschichte lachen«, sagt er. »Es ist ein Gefühl des Bleibens in mir, was mir sagt, es wird morgen sein wie heute, und übermorgen und weiter hinaus ist alles wie eben. Das ist leerer Lärm, man will mich schrecken, sie werden's nicht wagen!«

Die Figur dieses Mannes, der sich nicht retten will, muß Büchner aufstellen, um sich selbst zu retten. Es handelt sich um seine eigene Gefahr, Conciergerie und Arresthaus zu Darmstadt sind eins. Er schreibt im Fieber, er hat keine Wahl, er kann sich keine Ruhe gönnen, bis er nicht den Danton unter der Guillotine hat. Das sagt er zu Wilhelm, dem jüngeren Bruder, dem nächsten Vertrauten dieser Wochen, und er sagt ihm auch, daß er flüchten müsse. Aber verschiedene Gründe halten ihn noch zurück: der Gedanke an das Zerwürfnis mit dem Vater, die Sorge um die in Gefangenschaft befindlichen Freunde, der Glaube, man könnte nicht an ihn heran, und der Mangel an Geld.

›Der Glaube, man könnte nicht an ihn heran‹, – in Dantons Mund lautet das: »Sie werden's nicht wagen!« Durch diesen Satz Dantons sucht Büchner sich von seiner eigenen Lähmung zu befreien, er stachelt ihn dazu an, ihm entgegenzuhandeln. Es scheint mir unzweifelhaft, daß Büchner das Schicksal Dantons akzeptiert, es wie unter Zwang nachvollzieht, um seinem eigenen zu entkommen.

Büchners Taten haften ihm an, lange nachdem sie getan sind, er blickt auf sie zurück, als wären sie zugleich ungetan und getan. Seine Flucht, das zentrale Ereignis seines Daseins, ist äußerlich geglückt, aber der Schrecken vor dem Gefängnis hat ihn nie mehr losgelassen. Seine Schuld an die Freunde, die er in Darmstadt zurückließ, trägt er ab, indem er sich an ihre Stelle versetzt. Die Briefe, die er aus Straßburg an die Familie richtet, die ihrer Beruhigung dienen sollen und von seinen Arbeiten und Aussichten berichten, sind in Wahrheit von einer immerwährenden Unruhe erfüllt. Durch Flüchtlinge erfährt er von neuen Verhaftungen zuhause und teilt alle diese Nachrichten detailliert der Familie mit. Obwohl er oft besser informiert ist als sie, erwartet er auch von ihnen Nachrichten darüber. Nichts geht ihm näher, nichts interessiert ihn mehr. Er, der sich des Wertes der Freiheit sehr wohl bewußt ist, der durch Arbeit alles dazu tut, sie sich zu erhalten, aber auch durch Wachsamkeit und hellsichtige Einschätzung von Gefahren, fühlt sich zugleich bei seinen Freunden im Gefängnis. Ihre Furcht ist seine, man spürt es, wenn er von Hinrichtungen schreibt, die gar nicht stattgefunden haben. Seit seiner zweiten Ankunft in Straßburg kann man von einem neuen Doppelleben Büchners sprechen, das das frühere zuhause, in der Zeit der Verschwörung, auf eine andere Weise fortsetzt. Das eine Leben, das äußere, faktische führt er in der Emigration und sucht es peinlich von allen Anlässen zu einer Auslieferung frei zu halten. Das andere führt er in Gefühl und Geist zuhause, bei seinen unglücklichen Freunden. Die Notwendigkeit zur Flucht steht noch unaufhörlich vor ihm, der Monat der Vorbereitungen zu ihr in Darmstadt ist nie zu Ende gegangen.

Es ist das Schicksal des Emigranten, daß er sich gerettet glauben möchte. Er kann es nicht sein, denn was er hinterlassen hat, – die andern –, ist nicht gerettet.

Zwei Monate nach seiner Ankunft in Straßburg erwähnt Gutzkow in einem Brief an ihn »Ihre Novelle Lenz«. Büchner muß ihm ziemlich bald nach seiner Ankunft vom Plan zu einer solchen Novelle geschrieben haben.

Über die Bedeutung dieser Erzählung, über das, was Büchner mit Lenz verbindet, wäre unendlich viel zu sagen. Ich möchte hier nur Eines, und gemessen am Ganzen, das zu sagen wäre, gewiß nur ein Geringes bemerken: wie sehr sie durch die Flucht genährt und gefärbt ist. Die Vogesen, Büchner durch Wanderungen mit seinen Freunden wohlvertraut, vor zwei Jahren auch in einem Brief an die Eltern beschrieben, verwandeln sich am 20., da Lenz durchs Gebirg ging, in eine Landschaft der Angst. Lenzens Zustand, wenn er sich überhaupt in *eines* zusammenfassen läßt, ist einer der Flucht, die aber in viele, kleine, scheinbar sinnlose Einzelfluchten zerfällt. Ihm droht kein Gefängnis, aber er ist ausgestoßen, er ist aus seiner Heimat verbannt. Seine Heimat, die einzige Region, in der er frei zu atmen vermochte, war Goethe, und Goethe hat ihn aus sich verbannt. Jetzt flüchtet er sich an Orte, die mit Goethe zusammenhängen, weniger entfernt oder entfernter; kommt, knüpft an und versucht zu bleiben. Aber die Verbannung, die in ihm ist und weiterwirkt, zwingt ihn, alles wieder zu zerstören. In kleinen, zerfahrenen, immer wiederholten Bewegungen flüchtet er ins Wasser oder zum Fenster hinaus, ins nächste Dorf, in die Kirche, in ein Bauernhaus, zu einem toten Kind. Gerettet hätte er sich geglaubt, wäre ihm dessen Wiedererweckung gelungen.

In Lenz hat Büchner seine eigene Unruhe gefunden, die Angst vor der Flucht, die ihn überkam, wann immer er ins Gefängnis trat, zu seinen Freunden. Ein Stück seines brüchigen Wegs ist er mit Lenz gegangen, in ihn verwandelt und zugleich sein Begleiter, der ihn als *Anderer* unbeirrbar von außen sah. Ein Ende gab es dafür nicht, nicht für die Ausgestoßenheit, nicht für die Flucht, es gab nur dasselbe immer weiter. »So lebte er hin«, er schrieb diesen letzten Satz und verließ ihn.

Der Andere aber, als den man Büchner in seiner damaligen Umwelt kannte, erwarb sich in strenger und zäher wissenschaftlicher Arbeit über das Nervensystem der Barben den Respekt der Naturwissenschaftler Straßburgs und Zürichs. Er erlangte die Doktorwürde und fuhr zu einer Probevorlesung nach Zürich.

In der Züricher Zeit, die nicht länger als vier Monate dauert, gelingt es ihm, sich zu behaupten und zu bewähren. Er wird auf der

Stelle Dozent, bedeutende Männer finden sich unter seinen Hörern. Ein langer Brief an ihn zeugt von der Vergebung des Vaters. Die Schweiz gefällt ihm: »überall freundliche Dörfer mit schönen Häusern!« Er lobt das »gesunde, kräftige Volk« und die »einfache, gute, rein republikanische Regierung«.

Unmittelbar danach, im selben Brief, dem letzten an die Familie, der erhalten ist, vom 20. November 1836, zückt wie ein Blitz die Nachricht auf, die ihm die furchtbarste war: »Minnigerode ist tot, wie man mir mitteilt, das heißt, er ist drei Jahre lang totgequält worden. Drei Jahre!« So nahe beisammen die Rettung in das Züricher Paradies und die tödliche Qual des Freundes zuhause.

Ich glaube, es ist diese Nachricht, die die endgültige Niederschrift des »Woyzeck« in ihm ausgelöst hat. Wie in keinem seiner Werke ist es eine Hinwendung zu den Menschen zuhause. Daß die Nachricht irrig war, mag er nie mehr erfahren haben. Ihre Wirkung hat sie in ihm auf jeden Fall getan. Es sind zwei Jahre und vier Monate her seit Minnigerodes Verhaftung; daß sie sich ihm, der eigentlich immer auch in Darmstadt geblieben war, zu drei Jahren verlängern, ist nicht erstaunlich. Und doch erinnert diese emphatische Drei an die Gefangenschaft eines Anderen, die des historischen Woyzeck nämlich. Über drei Jahre waren vergangen zwischen der Ermordung seiner Geliebten und seiner öffentlichen Hinrichtung. Der Fall war Büchner natürlich bekannt, aus den Gutachten des Hofrats Clarus über den Mörder Woyzeck.

Außer der Nachricht vom Tode seines gefangenen Freundes, außer der akuten Erinnerung an die gedrückten wie die auftrumpfenden Menschen zuhause ist in die Konzeption des »Woyzeck« etwas eingeflossen, woran man nicht ohne weiteres denken würde, die Philosophie.

Zur Vollständigkeit Büchners gehört es, daß er sich zähneknirschend der Philosophie gestellt hat. Eine Anlage dazu bringt er mit; Lüning, der ihn als Student in Zürich traf, bemerkt an ihm »eine gewisse, äußerst dezidierte Bestimmtheit im Aufstellen von Behauptungen«. Aber er fühlt sich abgestoßen von der philosophischen *Sprache*. Schon früh, in einem Brief an den elsässischen Freund August Stöber, schreibt er: »Ich werfe mich mit aller Gewalt in die Philosophie. Die Kunstsprache ist abscheulich, ich meine, für menschliche Dinge müßte man auch menschliche Ausdrücke finden.« Und an Gutzkow, als er diese Sprache schon beherrschte, zwei Jahre später: »Ich werde ganz dumm in dem Studium der

Philosophie, ich lerne die Armseligkeit des menschlichen Geistes wieder von einer neuen Seite kennen.« Er befaßt sich mit der Philosophie, ohne ihr zu verfallen, und opfert ihr kein Gran der Wirklichkeit. Ernst nimmt er sie, wo sie im Geringsten operiert, in Woyzeck, und verhöhnt sie in denen, die sich über Woyzeck erhaben fühlen.

Woyzeck, Soldat, wie der Aff des Marktschreiers »unterste Stuf von menschliche Geschlecht«, von Stimmen wie von Befehlen gehetzt, ein Gefangener, der frei herumläuft, zum Gefangenen vorbestimmt, auf Gefangenenkost gesetzt, immer dasselbe, Erbsen, vom Doktor zum Tier degradiert, der ihm zu sagen wagt: »Woyzeck, der Mensch ist frei, in dem Menschen verklärt sich die Individualität zur Freiheit«, und damit nicht mehr meint, als daß Woyzeck fähig sein müßte, sich den Harn zu verhalten, – Freiheit zur Ergebenheit in jede Art von Mißbrauch seiner menschlichen Natur, Freiheit zur Versklavtheit um dreier Groschen willen, die er für seine Fütterung mit Erbsen bekommt. Und wenn man staunend aus dem Mund des Doktors vernimmt: »Woyzeck, Er philosophiert wieder«, – wie die Huldigung des Budenbesitzers an das dressierte Pferd, – so reduziert sich diese Huldigung schon im nächsten Satz zu einer »Aberratio« und im wieder nächsten, wissenschaftlich präzisiert, zu einer »Aberratio mentalis partialis«, mit Zulage.

Der Hauptmann aber, der gute, gute Mensch, der sich gut vorkommt, weil es ihm zu gut geht, der sich vorm geschwinden Rasieren wie vor allem Geschwinden um der ungeheuren Zeit, um der Ewigkeit willen fürchtet, hält Woyzeck vor: »Du denkst zu viel, das zehrt, du siehst immer so verhetzt aus.«

Auf eine andere, verborgenere Weise hat Büchners Befassung mit den Einzellehren der Philosophen auf die Gestaltung des »Woyzeck« miteingewirkt. Ich denke an die frontale Präsentation wichtiger Figuren, etwas, was man als ihre *Selbstanprangerung* bezeichnen könnte.

Die Sicherheit, mit der sie alles ausschließen, was nicht sie selber ist, das aggressive Bestehen auf sich, bis in die Wahl ihrer Worte, der unbekümmerte Verzicht auf die eigentliche Welt, in der sie aber kräftig und gehässig um sich schlagen, – das alles hat etwas von der beleidigenden Selbstbehauptung der Philosophen. Schon in ihren ersten Sätzen stellen sich diese Figuren ganz dar. Der Hauptmann so gut wie der Doktor und erst recht der Tambourmajor erscheinen als Ausrufer ihrer eigenen Person. Höhnisch oder prahlerisch oder neidisch ziehen sie ihre Grenzen und ziehen sie gegen ein- und dasselbe verachtete Geschöpf, das sie unter sich sehen und das dazu da ist, ihnen als ein Unteres zu dienen.

Woyzeck ist das Opfer aller drei. Der angelernten Philosophie des Doktors, des Hauptmanns, hat er wahrhaftige Gedanken entgegenzusetzen. *Seine* Philosophie ist konkret, an Angst und Schmerz und Anschauung gebunden. Er fürchtet sich, wenn er denkt, und die Stimmen, von denen er gehetzt ist, sind wirklicher als die Rührung des Hauptmanns über seinen Rock, der dahängt, und die unsterblichen Erbsen-Experimente des Doktors. Im Gegensatz zu ihnen wird er nicht frontal präsentiert, von Anfang zu Ende besteht er aus lebendigen, oft unerwarteten Reaktionen. Da er immer ausgesetzt ist, ist er immer wach, und die Worte, die er in seiner Wachheit findet, sind noch Worte im Stande der Unschuld. Sie sind nicht zerrieben und mißbraucht, sie sind nicht Münze, Waffe, Vorrat, es sind Worte, als wären sie eben entstanden. Selbst wenn er sie unbegriffen übernommen hat, gehen sie in ihm ihre eigenen Wege: die Freimaurer höhlen ihm die Erde aus: »Hohl, hörst du? Alles hohl da unten! Die Freimaurer!«

In wieviel Menschen ist die Welt im »Woyzeck« aufgespalten! In »Dantons Tod« haben die Figuren noch vielzuviel gemein, von einer hinreißenden Beredsamkeit sind sie alle, und es ist keineswegs Danton allein, der Geist hat. Man mag das damit zu erklären versuchen, daß es eine beredte Zeit ist, und die Wortführer der Revolution, unter denen das Stück spielt, sind schließlich alle durch den Gebrauch von Worten zu Ansehen gekommen. Aber dann erinnert man sich an die Geschichte der Marion – auch sie ein Plädoyer, wie es perfekter in ihrer Sache nicht zu denken wäre, und findet sich nicht ohne Widerstreben damit ab: »Dantons Tod« ist ein Stück aus der Schule der Rhetorik, allerdings der unermeßlichsten dieser Schulen, der Shakespeares.

Von den Stücken anderer Schüler unterscheidet es sich durch Dringlichkeit und Rapidität, und durch eine besondere Substanz, wie es sie in der deutschen Literatur kein zweites Mal gibt, die aus Feuer und Eis zu gleichen Teilen gemischt ist. Es ist ein Feuer, das einen zum Laufen zwingt, und ein Eis, in dem alles durchsichtig scheint, und man läuft, um Schritt mit dem Feuer zu halten, und verharrt, um ins Eis zu schauen.

Keine zwei Jahre später ist Büchner mit dem »Woyzeck« der vollkommenste Umsturz in der Literatur gelungen: die Entdeckung des

Geringen. Diese Entdeckung setzt Erbarmen voraus, aber nur wenn dieses Erbarmen verborgen bleibt, wenn es stumm ist, wenn es sich nicht ausspricht, ist das Geringe *intakt*. Der Dichter, der sich mit seinen Gefühlen spreizt, der das Geringe mit seinem Erbarmen öffentlich aufbläst, verunreinigt und zerstört es. Von Stimmen und von den Worten der Anderen ist Woyzeck gehetzt, doch vom Dichter ist er unberührt geblieben. In dieser Keuschheit fürs Geringe ist bis zum heutigen Tage niemand mit Büchner zu vergleichen.

In den letzten Tagen seines Lebens wird Büchner von Fieberphantasien geschüttelt, über deren Art und Inhalt nur wenig und nur Angenähertes bekannt ist. Dieses Wenige findet sich in den Aufzeichnungen der Caroline Schulz, in ihren Worten. Es heißt da:

»14ten (Februar)... Gegen 8 Uhr kam das Delirieren wieder, und sonderbar war es, daß er oft über seine Phantasien sprach, sie selbst beurteilte, wenn man sie ihm ausgeredet hatte. Eine Phantasie, die oft wiederkehrte, war die, daß er wähnte, ausgeliefert zu werden...

15ten... Er sprach, wenn er bei sich war, etwas schwer, sobald er aber delirierte, sprach er ganz geläufig. Er erzählte mir eine lange zusammenhängende Geschichte: wie man ihn gestern schon vor die Stadt gebracht habe, wie er zuvor eine Rede auf dem Markte gehalten u.s.w.

16ten... Der Kranke wollte mehrere Male fort, weil er wähnte, in Gefangenschaft zu geraten, oder schon darin zu sein glaubte und sich ihr entziehen wollte.«

Ich glaube, wenn man diese Phantasien in ihrem wahren Wortlaut hätte, wäre man Woyzeck sehr nahe, selbst in diesem durch Trauer und Liebe gemilderten, verringerten Bericht, in dem der Schrecken der Gehetztheit fehlt, ist etwas von Woyzeck zu spüren. Büchner hatte Woyzeck noch in sich, als er am 19. starb.

Es ist nicht müßig, über ein späteres Leben Büchners zu grübeln, weil es einen daran hindert, in seinem Tod einen Sinn zu suchen. Er war so sinnlos wie jeder Tod, aber der seine macht diese Sinnlosigkeit besonders sichtbar. Er war nicht vollendet, trotz dem Gewicht und der Reife jeder Dichtung, die er hinterließ. Zu seiner Natur gehört es, daß sie nie, auch später nicht, je vollendet gewesen wäre. Er steht da als das reine Beispiel des unvollendbaren Menschen. Die Vielfalt seiner Anlagen, die alternierend füreinander einspringen, bezeugen eine Natur, die in ihrer Unerschöpflichkeit ein endloses Leben fordert.

1972

Das erste Buch: Die Blendung

Der Titel ist irreführend, denn was mein erstes Buch werden sollte, war als eines von acht Büchern gedacht, die während eines Jahres, vom Herbst 1929 bis zum Herbst 1930, alle zugleich entworfen wurden. Das Manuskript des ersten dieser Romane, auf den ich mich dann konzentrierte und der in einem weiteren Jahre entstand, trug den Titel »Kant fängt Feuer«. Unter diesem Titel lag es vier Jahre als Manuskript bei mir, und erst als es erscheinen sollte, 1935, gab ich ihm den Titel, den es seither trägt, »Die Blendung«.

Die Hauptfigur dieses Buches, heute als Kien bekannt, war in den ersten Entwürfen mit B. bezeichnet, was kurz für »Büchermensch« stand. Denn als solchen, als Büchermenschen, hatte ich ihn vor Augen, so sehr, daß seine Verbindung mit Büchern weit wichtiger war als er selbst. Daß er aus Büchern bestand, war damals seine einzige Eigenschaft, er hatte vorläufig keine anderen. Als ich schließlich daranging, seine Geschichte zusammenhängend niederzuschreiben, gab ich ihm den Namen Brand. In diesem Namen war sein Ende enthalten: Er sollte in einem Feuer enden. Während ich im einzelnen überhaupt noch nicht wußte, wie der Roman sich entwickeln würde, war eins zu Beginn schon sicher: Er würde sich mitsamt seinen Büchern anzünden und in diesem selbstgeschaffenen Feuer mit seiner Bibliothek zusammen verbrennen. Drum hieß er Brand, und so waren die beiden frühesten Bezeichnungen für ihn, »Büchermensch« und »Brand«, das einzige, was von allem Anfang an über ihn selber feststand.

Es stand aber auch etwas anderes fest, und das muß man wohl als das für das Buch Entscheidende bezeichnen: die Gegenfigur der beschränkten Haushälterin Therese. Das Urbild zu ihr war so wirklich wie der Büchermensch selbst unwirklich. Im April 1927 hatte ich außerhalb von Wien auf einem Hügel über Hacking in der Hagenberggasse ein Zimmer gemietet. Ich hatte schon einige Studentenzimmer in der Stadt bewohnt und wollte nun zur Abwechslung einmal draußen wohnen. Der Lainzer Tiergarten mit seinen alten Bäumen zog mich an, und die Annonce eines Zimmers ganz in der Nähe der Mauer des Tiergartens stach mir in die Augen. Ich ging mir das Zimmer ansehen, die Hausfrau öffnete und führte mich in den zweiten Stock, der nichts als dieses Zimmer enthielt. Sie selber wohnte mit ihrer Familie im Parterre unten. Ich war begeistert von der Aussicht, über einen Spielplatz hinüber sah man auf die Bäume des großen erzbischöflichen Gartens, und auf der anderen Seite des Tals, auf der Höhe des Hangs gegenüber, hatte man die von einer Mauer umgebene Stadt der Irren, Steinhof, vor Augen. Mein Entschluß war auf den ersten Blick gefaßt, in diesem Zimmer mußte ich sein, vorm offenen Fenster besprach ich die Einzelheiten mit der Hausfrau. Ihr Rock reichte bis zum Boden, sie hielt den Kopf schief und warf ihn manchmal auf die andere Seite; die erste Rede, die sie mir hielt, findet sich wörtlich im dritten Kapitel der »Blendung«: über die Jugend von heute und die Kartoffeln, die bereits das Doppelte kosten. Es war eine ziemlich lange Rede, und sie irritierte mich so sehr, daß ich sie gleich im Kopf behielt. Es ist wahr, daß ich sie im Laufe der nächsten Jahre oft im gleichen Wortlaut wieder zu hören bekam. Ich hätte sie aber schon nach dem ersten Mal keinesfalls wieder vergessen können.

Bei dieser ersten Besichtigung bedang ich mir aus, daß meine Freundin mich besuchen dürfe. Die Hausfrau bestand darauf, daß es immer nur das gleiche »Fräulein Braut« sein dürfe. Die Empörung, mit der ich darauf entgegnete, daß es nur eine sei, beruhigte sie. Ich hätte auch viele Bücher. »Ich bitt' Sie«, sagte sie, »bei einem Herrn Studenten muß das so sein.« Mehr Schwierigkeiten hatte ich mit meinem letzten Ansinnen: ich müsse mir die Bilder, die ich immer bei mir hätte, aufhängen können. Sie sagte: »Die schöne Tapete. Müssen es Reißnägel sein?« Ich sagte hartherzig ja. Ich lebte seit Jahren mit großen Reproduktionen von den Fresken der Sixtinischen Kapelle, und so sehr war ich den Propheten und Sibyllen Michelangelos verfallen, daß ich sie nicht einmal für dieses Zimmer geopfert hätte. Sie sah meine Entschlossenheit und gab ungern nach.

Diesem Zimmer, in dem ich sechs Jahre lebte, verdanke ich nicht nur die Figur der Therese. Der tägliche Blick auf Steinhof, wo 6000 Irre lebten, war der Stachel in meinem Fleische. Ich bin ganz sicher, daß ich ohne dieses Zimmer die »Blendung« nie geschrieben hätte.

Aber es war noch lange nicht soweit, noch war ich Student der Chemie, der täglich ins Laboratorium ging und nur die Abende mit Schreiben verbrachte. Auch möchte ich nicht die falsche Vorstellung geben, daß die Figur der Therese, die erst 3½ Jahre später entstand, mehr als ihre Art zu sprechen und eine äußere Ähnlichkeit mit der Hausfrau gemein hatte. Sie war eine pensionierte

Postbeamtin, auch ihr Mann war bei der Post gewesen, und mit ihnen zusammen wohnten zwei erwachsene Kinder. Nur die erste Rede der Therese entstammt der Wirklichkeit, alles übrige ist vollkommen frei erfunden.

Wenige Monate, nachdem ich in dieses neue Zimmer eingezogen war, geschah etwas, das auf mein späteres Leben, aber auch auf die Gestaltung der »Blendung« den tiefsten Einfluß hatte. Es war eines von jenen nicht zu häufigen öffentlichen Ereignissen, die eine ganze Stadt so sehr ergreifen, daß sie danach nie mehr dieselbe ist.

Am Morgen des 15. Juli 1927 war ich nicht wie sonst immer im Chemischen Institut in der Währingerstraße, sondern fand mich zu Hause. Ich las im Kaffeehaus in Ober-St. Veit die Morgenzeitungen. Ich spüre noch die Empörung, die mich überkam, als ich die »Reichspost« in die Hand nahm; da stand als riesige Überschrift: »Ein gerechtes Urteil.« Im Burgenland war geschossen, Arbeiter waren getötet worden. Das Gericht hatte die Mörder freigesprochen. Dieser Freispruch wurde im Organ der Regierungspartei als »gerechtes Urteil« bezeichnet, nein ausposaunt. Es war dieser Hohn auf jedes Gefühl von Gerechtigkeit noch mehr als der Freispruch selbst, was eine ungeheure Erregung in der Wiener Arbeiterschaft auslöste. Aus allen Bezirken Wiens zogen die Arbeiter in geschlossenen Zügen vor den Justizpalast, der durch seinen bloßen Namen das Unrecht für sie verkörperte. Es war eine völlig spontane Reaktion, wie sehr, spürte ich an mir selbst. Auf meinem Fahrrad fuhr ich schleunigst in die Stadt hinein und schloß mich einem dieser Züge an.

Die Arbeiterschaft, die sonst gut diszipliniert war, die Vertrauen zu ihren sozialdemokratischen Führern hatte und es zufrieden war, daß die Gemeinde Wien von ihnen in vorbildlicher Weise verwaltet wurde, handelte an diesem Tage *ohne* ihre Führer. Als sie den Justizpalast anzündete, stellte sich ihnen der Bürgermeister Seitz auf einem Löschwagen der Feuerwehr mit hocherhobener Rechten in den Weg. Seine Geste blieb wirkungslos: der Justizpalast *brannte*. Die Polizei erhielt Schießbefehl, es gab neunzig Tote.

Es sind 46 Jahre her, und die Erregung dieses Tages liegt mir heute noch in den Knochen. Es ist das Nächste zu einer Revolution, was ich am eigenen Leib erlebt habe. Hundert Seiten würden nicht ausreichen, um zu schildern, was ich selber sah. Seither weiß ich ganz genau, ich müßte kein Wort darüber lesen, wie es beim Sturm auf die Bastille zuging. Ich wurde zu einem Teil der Masse, ich ging vollkommen in ihr auf, ich spürte nicht den leisesten Widerstand gegen das, was sie unternahm. Es wundert mich, daß ich in dieser Verfassung dazu imstande war, alle konkreten Einzelszenen, die sich vor meinen Augen abspielten, aufzufassen. Eine davon will ich erwähnen.

In einer Seitenstraße, nicht weit vom brennenden Justizpalast, aber doch eben abseits, sich sehr deutlich von der Masse absetzend, stand ein Mann mit hochgeworfenen Armen, der überm Kopf verzweifelt die Hände zusammenschlug und ein übers andere Mal jammernd rief: »Die Akten verbrennen! Die ganzen Akten!« »Besser als Menschen!« sagte ich zu ihm, doch das interessierte ihn nicht, er hatte nur die Akten im Kopf, mir fiel ein, daß er vielleicht selbst mit den Akten dort zu tun hätte, ein Archivbeamter, er war untröstlich, ich empfand ihn, sogar in dieser Situation, als komisch. Aber er ärgerte mich auch. »Da haben sie doch Leute niedergeschossen!« sagte ich zornig, »und Sie reden von den Akten!« Er sah mich an, als wäre ich nicht da, und wiederholte jammernd: »Die Akten verbrennen! Die ganzen Akten!« – Er hatte sich zwar abseits gestellt, aber es war für ihn nicht ungefährlich, seine Wehklage war unüberhörbar, ich hatte sie ja auch gehört.

Wenige Jahre später, als ich die »Comédie Humaine an Irren« entwarf, gab ich B., dem Bücherwurm, den Namen Brand. Daß sein Name und sein Schicksal jenem Tag des 15. Juli entsprangen, war mir damals nicht bewußt, es wäre mir gewiß peinlich gewesen, hätte ich den Zusammenhang erkannt, und vielleicht hätte ich sogar den ganzen Plan verworfen. Immerhin begann mich der Name Brand während der Niederschrift des Romans zu beengen. Es geschah noch so viel, und das Ende, an das man gar nicht denken sollte, schien in diesem Namen überdeutlich. Ich taufte ihn zu Kant um, und diesen Namen trug er dann ungestört längere Zeit. Im August 1931, vier Jahre nach dem 15. Juli, legte Kant Feuer an seine Bibliothek und ging in ihrem Brand zugrunde.

Aber das war eine späte, unvorhergesehene Folge des 15. Juli. Hätte mir jemand damals eine solche literarische Auswirkung angekündigt, ich hätte ihn in der Luft zerrissen. Denn unmittelbar danach, in den Tagen tiefster Niedergeschlagenheit, als man an nichts anderes denken konnte und die Ereignisse, deren Zeuge man gewesen war, sich immer wieder vor einem abspielten, sie verfolgten einen Nacht für Nacht bis in den Schlaf, gab es einen einzigen legitimen Zusammenhang mit Literatur, und das war Karl Kraus. Meine abgöttische Verehrung für ihn erreichte damals ihren höchsten Stand. Diesmal war es Dankbarkeit für eine ganz bestimmte öffentliche Tat, ich wüßte nicht, wem ich je für etwas so dankbar gewesen wäre. Er hatte, unter dem Eindruck des Massakers dieses Tages, überall in Wien Plakate anschlagen lassen, in denen er den Polizeipräsidenten Johann Schober, der für den Schießbefehl und neunzig Tote verantwortlich war, aufforderte »abzutreten«. Er tat es allein, er war die einzige öffentliche Figur, die es tat, und während die übrigen Berühmtheiten, an denen es in Wien nie mangelte, sich nicht exponieren oder vielleicht auch nicht lächerlich machen wollten, fand er allein den Mut zu seiner Empörung. Seine Plakate waren das einzige, was einen in diesen Tagen aufrechterhielt. Ich ging von einem zum anderen, blieb vor jedem stehen, und es war mir, als sei alle Gerechtigkeit dieser Erde in die Buchstaben seines Namens eingegangen.

Das Jahr, das diesem Ereignis folgte, war völlig davon beherrscht. Bis in den Sommer 1928 hinein kreisten meine Gedanken um nichts anderes. Mehr als je war ich entschlossen, herauszufinden, was die Masse, die mich von innen und außen überwältigt hatte, eigentlich sei. Scheinbar setzte ich zwar das Chemiestudium fort und begann die Arbeit an der Dissertation, aber die Aufgabe, die man mir stellte, war so uninteressant, daß sie kaum die Haut meines Geistes ritzte. Jeden freien Augenblick verwandte ich auf das Studium der Dinge, die mir wirklich wichtig waren. Auf den verschiedensten, scheinbar sehr abliegenden Wegen suchte ich mich dem zu nähern, was ich als Masse erlebt hatte. Ich suchte sie in der Geschichte, aber in der Geschichte *aller* Kulturen. Mehr und mehr faszinierte mich die Geschichte und frühe Philosophie Chinas. Mit den Griechen hatte ich schon viel früher, in der Frankfurter Zeit, begonnen: Ich vertiefte mich nun in die antiken Historiker, Thukydides ganz besonders, und in die Philosophie der Vorsokratiker. Es war natürlich, daß ich die Revolutionen studierte, die Englische, Französische, Russische, aber auch die Bedeutung von Massen in Religionen begann mir zu dämmern, und jene Begierde nach einer Kenntnis aller Religionen, die mich seither nie verlassen hat, setzte zu dieser Zeit ein. Ich las Darwin in der Hoffnung, etwas bei ihm über Massenbildungen unter Tieren zu finden, und recht gründlich schon Bücher über Insektenstaaten. Ich muß wenig geschlafen haben, denn ich las ganze Nächte durch. Etliches schrieb ich auf und versuchte mich an einigen Abhandlungen. Es waren alles tastende Vorarbeiten für das Buch über die Masse, aber ich sehe jetzt, da ich es vom Standpunkt des Romans aus bedenke, wieviel Spuren diese passionierten und vielseitigen Studien in der »Blendung«, die wenige Jahre später entstand, hinterlassen haben.

Im Sommer 1928 kam ich zum erstenmal nach Berlin, und das war das nächste entscheidende Ereignis. Wieland Herzfelde, der Begründer des Malik-Verlages, suchte nach einem jungen Menschen, der ihm bei seiner Arbeit an einem Buch behilflich sein konnte, und hatte durch eine Freundin von mir erfahren. Er lud mich ein, während der Semesterferien nach Berlin zu kommen, bei ihm zu wohnen und auch da zu arbeiten. Er empfing mich mit großer Herzlichkeit und ließ mich meine Unerfahrenheit und Unbekanntheit nicht fühlen. Ich fand mich plötzlich in einem Knotenpunkt des Berliner geistigen Lebens. Er nahm mich überall mit, ich lernte seine Freunde und unzählige andere Menschen kennen, manchmal, etwa bei Schlichter oder bei Schwanecke, gleich ein Dutzend von ihnen auf einmal. Ich nenne nur die drei, die mich am meisten beschäftigten: George Grosz war darunter, dessen Zeichnungen ich seit meinen Frankfurter Schultagen bewunderte; Isaak Babel, dessen beide Bücher ich kurz vorher gelesen hatte, sie hatten von allen Büchern der neueren russischen Literatur den tiefsten Eindruck auf mich gemacht; Brecht, von dem ich erst wenige Gedichte kannte, aber es war so viel von ihm die Rede, daß man neugierig auf ihn war, dazu kam, daß er einer der ganz wenigen jüngeren Dichter war, die Karl Kraus gelten ließ. Grosz schenkte mir seine Ecce-Homo-Mappe, die verboten war, Babel nahm mich überallhin mit, besonders zu Aschinger, wo er sich am wohlsten fühlte. Ich war von der Offenheit beider, die über alles mögliche mit mir sprachen, überwältigt. Brecht, der meine Naivität sofort erkannte und dem meine »hohe Gesinnung« begreiflicherweise auf die Nerven ging, suchte mich mit zynischen Bemerkungen über sich vor den Kopf zu stoßen. Ich sah ihn nie, ohne daß er mir etwas über sich sagte, das mich verstörte. Ich spürte, daß Babel, dem ich doch schwerlich etwas zu bieten hatte, mich für eben die Unschuld mochte, die Brecht zu Zynismen reizte. Grosz, der wenig gelesen hatte, fragte mich am liebsten nach Büchern aus und ließ sich, ohne sich im geringsten zu zieren, alles mögliche zum Lesen empfehlen.

Es wäre über diese Berliner Zeit unendlich viel zu sagen, und ich sage jetzt eigentlich nichts. Das einzige, das ich heute erwähnen möchte, betrifft den Gegensatz zu Wien. In Wien kannte ich keine

Dichter, ich lebte allein, da alles von Karl Kraus verpönt war, hätte ich gar keine kennen wollen. Von Musil und Broch wußte ich damals noch nichts. Vieles, sogar das meiste, was in Wien Geltung hatte, war wenig wert, und erst heute weiß man, wie Wichtiges zu dieser Zeit da entstand, fast unter Ausschluß der Öffentlichkeit, von dieser beiseite geschoben und mißachtet, wie etwa die Werke von Berg und Webern.

Nun fand ich mich ganz plötzlich in Berlin, wo alles offen war, wo das Neue und Interessante auch das Berühmte war. Ich bewegte mich nur unter diesen Menschen, die sich alle kannten. Sie führten ein rasches und heftiges Leben. Sie besuchten dieselben Lokale, sprachen übereinander ohne jede Scheu, liebten und haßten sich in aller Öffentlichkeit, ihre Eigenart stellte sich in den ersten Sätzen dar, es war, als würden sie mit sich auf einen losschlagen. Artikulierte Menschen von solcher Unterschiedlichkeit und Eigenheit hatte ich nie zuvor auf einem Haufen beisammen gesehen. Es war ein Kinderspiel, auf der Stelle zu erkennen, an wem etwas dran war, und gerade an solchen, im Gegensatz zu Wien, war kein Mangel. Ich war in der expansivsten Erregung, und zugleich war ich erschreckt. Ich nahm so viel auf, daß es mich verwirren mußte. Ich war aber entschlossen, mich nicht verwirren zu lassen, und diese Weigerung, einer unvermeidlichen Verwirrung nachzugeben, hatte peinigende Folgen.

Das schwierigste für einen jungen Puritaner, und das war ich durch die besonderen Umstände meiner frühen Jahre noch geblieben, war die härtere Sexualität. Ich sah vieles, das ich immer verabscheut hatte. Es wurde einem unaufhörlich vorgeführt, es gehörte zum Charakter des damaligen Berliner Lebens. Alles war möglich, alles *geschah*, das Wien Freuds, in dem über so vieles *gesprochen* wurde, kam einem verglichen damit harmlos geschwätzig vor. Ich hatte nie zuvor das Gefühl gehabt, der ganzen Welt an jeder ihrer Stellen zugleich so nah zu sein, und diese Welt, die ich in drei Monaten nicht bewältigen konnte, schien mir eine Welt von Irren.

Sie faszinierte mich so sehr, daß ich unglücklich war, als ich im Oktober nach Wien zurück mußte. Alles lag ungeschieden und unbewältigt in mir, ein ungeheurer Knäuel. Ich schloß im Winter das Studium ab und bestand im Frühjahr die Prüfungen. Es war ein wenig, als wüßte ich nicht, was ich tat, denn unter allem war das neue Chaos, das sich nicht einschläfern ließ. Ich hatte meinen Freunden versprochen, daß ich im Sommer 1929 wieder nach Berlin kommen würde. Der zweite Aufenthalt, der wieder ungefähr drei Monate dauerte, war etwas weniger fiebrig. Ich wohnte für mich und zwang mich zu einer ruhigeren Lebensführung. Ich sah viele Menschen wieder, aber nicht alle. Ich ging in andere Viertel Berlins, ich ging allein in Kneipen und lernte da eine andere Art von Menschen kennen, Arbeiter besonders, aber auch Bürger und Kleinbürger, die keine Intellektuellen oder Künstler waren. Ich ließ mir Zeit und schrieb mir manches auf.

Als ich diesmal im Herbst nach Wien zurückkehrte, begann der amorphe Knäuel sich zu entwirren. Mit der Chemie war es für immer aus, ich wollte nur noch schreiben. Meinen Lebensunterhalt hatte ich mir durch einige Bücher von Upton Sinclair gesichert, die ich für den Malik-Verlag übersetzen sollte. Ich war ein freier Mann, und ich setzte die vielfältigen Studien fort, die mir am Herzen lagen, die ich schon vor Berlin begonnen hatte, eben jene Vorarbeiten für das Buch über die Masse. Aber was mich nach meiner Rückkehr aus Berlin am meisten beschäftigte, was mich nicht mehr losließ, waren die extremen und besessenen Menschen, die ich da kennengelernt hatte. In Wien lebte ich wieder allein in jenem Zimmer, von dem ich schon gesprochen habe. Ich sah fast niemand, und vor mir, auf dem Hügel gegenüber, hatte ich immer die Stadt der Irren, Steinhof.

Eines Tages kam mir der Gedanke, daß die Welt nicht mehr so darzustellen war wie in früheren Romanen, sozusagen vom Standpunkt *eines* Schriftstellers aus, die Welt war *zerfallen*, und nur wenn man den Mut hatte, sie in ihrer Zerfallenheit zu zeigen, war es noch möglich, eine wahrhafte Vorstellung von ihr zu geben. Das bedeutete aber nicht, daß man sich an ein chaotisches Buch zu machen hätte, in dem nichts mehr zu verstehen war, im Gegenteil, man mußte mit strengster Konsequenz extreme Individuen erfinden, so wie die, aus denen die Welt ja auch bestand, und diese auf die Spitze getriebenen Individuen in ihrer Geschiedenheit nebeneinanderstellen. Ich faßte jenen Plan einer Comédie Humaine an Irren und entwarf acht Romane, um je eine Figur am Rande des Irrsinns angelegt, und jede dieser Figuren war bis in ihre Sprache, bis in ihre geheimsten Gedanken hinein von allen anderen verschieden. Was sie erlebte, war so, daß keine andere dasselbe hätte erleben können. Nichts durfte austauschbar sein, und nichts durfte sich vermischen. Ich sagte mir, daß ich acht Scheinwerfer baue, mit denen ich die Welt von außen ableuchte. Ein Jahr lang schrieb ich an diesen acht Figuren durcheinander, je nachdem, welche mich im Augenblick am meisten reizte. Es gab einen religiösen Fanatiker darunter; einen technischen Phantasten, der nur in Weltraumplänen lebte; einen Sammler; einen von der Wahrheit Besessenen; einen Verschwender; einen Feind des Todes und schließlich auch einen reinen Büchermenschen.

Teile dieser ausschweifenden Entwürfe, leider nur geringe Teile, besitze ich noch, und als ich kürzlich darin las, erwachte in mir der Elan jener Zeit, und ich begriff, warum ich jenes Jahr als das reichste meines Lebens in Erinnerung behalten habe. Denn im Frühherbst 1930 trat eine Änderung ein. Der Büchermensch wurde mir plötzlich so wichtig, daß ich alle anderen Entwürfe beiseite schob und mich ganz auf ihn konzentrierte. Das Jahr, in dem ich mir alles erlaubt hatte, wurde von einem Jahr geradezu asketischer Disziplin abgelöst. Jeden Morgen, ohne einen einzigen Tag auszulassen, schrieb ich am »Brand«, wie er nun hieß, weiter. Es bestand kein Plan, aber ich hütete mich vor der Hitze des vergangenen Jahres. Um mich nicht zu weit fortreißen zu lassen, las ich immer wieder in Stendhals »Rot und Schwarz«. Ich wollte Schritt für Schritt vorgehen und sagte mir, daß es ein strenges Buch sein müsse, erbarmungslos gegen mich selbst wie gegen den Leser. Vor allem, was angenehm oder gefällig sein könnte, war ich durch einen tiefen Widerwillen gegen die damals herrschende Wiener Literatur gefeit. Was am höchsten im Kurs stand, war von opernhafter Sentimentalität, und darunter gab es noch die erbärmlichen Feuilletonisten und Plauderer. Ich kann nicht sagen, daß mir irgendeiner dieser Leute etwas bedeutete, ihre Prosa erfüllte mich mit Ekel.

Wenn ich mich heute frage, woher ich die Strenge der Arbeitsweise nahm, so gelange ich zu sehr heterogenen Einflüssen. Stendhal habe ich genannt, er war es zweifellos, der mich zu Klarheit anhielt. Ich hatte das achte Kapitel der »Blendung«, das heute »Der Tod« heißt, beendet, als mir Kafkas »Verwandlung« in die Hand fiel. Etwas Glücklicheres hätte mir zu diesem Zeitpunkt nicht geschehen können. Da fand ich in höchster Vollkommenheit das Gegenstück zur literarischen Unverbindlichkeit, die ich so haßte, da war die Strenge, nach der ich mich sehnte. Da war etwas schon erreicht, was ich für mich allein finden wollte. Ich beugte mich vor diesem reinsten aller Vorbilder, wohl wissend, daß es unerreichbar war, aber es gab mir Kraft.

Ich glaube, daß auch die Vertrautheit mit der Chemie, mit ihren

Prozessen und Formeln in diese Strenge eingeflossen ist. So kann ich die 4½ Jahre, die ich im Laboratorium verbrachte, eine Beschäftigung, die ich damals als ungeistig und beengend empfand, im Rückblick keineswegs bedauern. Diese Zeit war nicht verloren, sie hat sich als eine eigentümliche Disziplin fürs Schreiben erwiesen.

Auch das Jahr der Entwürfe war nicht verloren. Da ich an all diesen Entwürfen zugleich schrieb, hatte ich es mir angewöhnt, mich in verschiedenen Welten, die nichts miteinander gemein hatten, die bis ins Letzte auch ihrer Sprache voneinander gesondert waren, simultan zu bewegen, von einer in die andere zu springen. Das kam nun der konsequenten Trennung der Figuren in der »Blendung« zugute. Was früher die Trennung von Roman zu Roman war, wurde nun zu den Trennungen innerhalb eines einzigen Buches. Obwohl also die Materie jener Entwürfe zum größten Teil ungenützt blieb, bildete sich die Methode der »Blendung« an ihnen aus. Auch das, was von den acht Romanen ungeschrieben geblieben ist, die geheimen Säfte der Comédie Humaine an Irren, ist in die »Blendung« eingeflossen.

Trotz der Genugtuung darüber, daß es täglich mit dem Schreiben weiterging, daß es mich nicht losließ und ich nie aufhören mochte, fühlte ich mich von der konkreten Wirklichkeit der Sätze, wie ich sie zu Papier brachte, gepeinigt. Die Grausamkeit dessen, der sich zu einer Wahrheit zwingt, quält am meisten ihn selbst, hundertmal mehr als dem Leser tut der Schreiber sich selber an. Es gab Augenblicke, in denen diese Empfindlichkeit mich dazu überreden wollte, den Roman – gegen bessere Einsicht – schon abzuschließen. Daß ich dieser Versuchung nie erlag, verdanke ich auch den Lichtdrucken des Isenheimer Altars, die die Fresken der Sixtina in meinem Zimmer abgelöst hatten. Ich schämte mich vor Grünewald, der etwas ungeheuer Schweres unternommen hatte und vier Jahre daran festhielt. Das kommt mir heute bombastisch vor. Aber jede Anbetung von wirklich großen Dingen, die zu intim wird, hat etwas von Überhebung. Damals waren diese Details von Grünewald, die ich immer um mich hatte, ein unentbehrlicher Ansporn.

Im Oktober 1931, nach einem Jahr, war der Roman beendet. Brand hatte, wie man nun schon weiß, im Laufe der Arbeit seinen Namen gewechselt, er hieß jetzt Kant. Aber ich hatte Bedenken wegen der Namensgleichheit mit dem Philosophen und wußte, daß es bei diesem Namen nicht bleiben würde. So war auch der Titel, den das Manuskript trug, ein vorläufiger: »Kant fängt Feuer.«

Der Roman behielt in jeder Einzelheit die Form, die er nun hatte.

Außer dem Titel und dem Namen des Sinologen ist nichts daran geändert worden. Ich ließ die drei Teile, aus denen er besteht, separat in schwarze Leinwand binden und sandte die drei schweren Bände in einem enormen Paket an Thomas Mann. Er muß beim Aufmachen den Eindruck gehabt haben, daß es sich gleich um eine Trilogie handle. Im Begleitbrief schlug ich einen hochmütig-würdevollen Ton an. Es ist kaum zu glauben, aber ich war der Meinung, daß ich ihm mit dieser Sendung eine Ehre erwies. Ich war sicher, daß er einen der Bände nur aufzuschlagen brauche, um nie mehr mit dem Lesen aufhören zu können. In wenigen Tagen kamen die drei Bände ungelesen zurück, er entschuldigte sich mit der Unzulänglichkeit seiner Kräfte. Ich war felsenfest davon überzeugt, daß ich ein besonderes Buch geschrieben hatte, und es ist mir bis zum heutigen Tage ein Rätsel, woher ich diese Gewißheit bezog. Meine Reaktion auf die schmähliche Abfuhr war, daß ich beschloß, das Manuskript nun liegenzulassen und nichts damit zu unternehmen.

Ziemlich lange blieb ich konsequent. Dann ließ ich mich hie und da erweichen. Durch Vorlesungen aus dem Manuskript trat ich mehr und mehr aus der Isoliertheit meines Wiener Lebens heraus. Ich las Musil und Broch, war tief von ihrem Werk beeindruckt und lernte sie auch kennen. Es kam zu anderen Begegnungen, die mir viel bedeuteten: Alban Berg, Georg Merkel und Fritz Wotruba. Für sie und manche andere war mein Buch da, bevor es noch für die Öffentlichkeit existierte. Nur vor diesen, den wirklichen Figuren Wiens, wollte ich bestehen, und einige von ihnen wurden mir gute Freunde. Ich empfand es keineswegs als Demütigung, daß sich vier Jahre lang kein Verleger fand, der eine Publikation des Romans gewagt hätte. Hie und da, ziemlich selten, gab ich dem Drängen eines Freundes nach und reichte ihn bei einem Verlag ein. Ich bekam Briefe, die mir das Riskante einer Publikation auseinandersetzten, aber es waren fast immer respektvolle Briefe. Nur Peter Suhrkamp ließ mich seinen tiefen Widerwillen gegen den Roman sehr deutlich fühlen. Jede Absage bestärkte mich in der Sicherheit, daß dieses Buch später leben würde. Als es dann 1935 so weit war, daß es erscheinen sollte, drängte Broch mit einer für ihn ungewöhnlichen Hartnäckigkeit darauf, daß ich den Namen Kant aufgeben solle. Das hatte ich schon immer vorgehabt, aber nun geschah es endlich. Er hieß jetzt Kien, etwas von seiner Brennbarkeit geriet wieder in seinen Namen. Mit Kant verschwand auch »Kant fängt Feuer«, und ich entschloß mich zum neuen, endgültigen Titel »Die Blendung«.

Vielleicht sollte ich nicht unerwähnt lassen, daß Thomas Mann das Buch nun sofort las. Er schrieb, es habe ihn von allen Büchern des Jahres zusammen mit dem »Henri Quatre« seines Bruders Heinrich am meisten beschäftigt. Sein Brief, in dem einige kluge und viele schmeichelhafte Dinge standen, bewegte mich auf zwiespältige Weise, erst als ich ihn gelesen hatte, wußte ich, wie unsinnig die Wunde war, die seine Weigerung mir vor vier Jahren geschlagen hatte.

1973

Der Neue Karl Kraus

Vortrag, gehalten in der
Berliner Akademie der Künste

»*Die Volkszählung* hat ergeben, daß Wien 2030834 Einwohner hat. Nämlich 2 030 833 Seelen und mich.« – Es gibt keine Äußerung von Karl Kraus, die seine Stellung und sein Wesen besser bezeichnet als der karge einzige Satz dieser Glosse. Es geht um eine Bevölkerungszahl, um die Bevölkerungszahl Wiens, als so-und-soviel Seelen bezeichnet, wobei dieses Wort das Gegenteil dessen bedeutet, was ursprünglich und auch heute noch den Inhalt von ›Seele‹ ausmacht. Der Plural rückt es in die Nähe der Toten Seelen Gogols, es sind Seelen, die eben keine mehr sind. In ihrer Vielzahl wird ihnen ihr Leben abgesprochen. Alle zusammen werden einem Einzigen entgegengestellt, der ›Ich‹ heißt, und dieses Ich wiegt sie auf, das Gewicht und der Wert dieses Ich sind größer als die aller übrigen Bewohner zusammengenommen.

So nackt ist ein solcher Anspruch noch nie angemeldet worden, man möchte es als einen Glücksfall bezeichnen, daß es ihn in dieser knappsten aller Fassungen gibt. Er steht hinter den 30 000 Seiten der ›Fackel‹, denen es trotz ihrer gepanzerten Sprache an Leben nicht mangelt. Er bedeutet, daß der Eine es mit diesen Millionen aufnehmen kann, er enthält die mörderische Absicht dieses Einen, der sich der kompletten Bevölkerung einer Weltstadt stellt, allen und jedem einzelnen von ihnen, und es ist wichtig, daß diese Stadt bei Namen genannt ist: Wien.

Die ›Fackel‹, in der sich diese unscheinbare Glosse findet, trägt das Datum 26. Januar 1911. Es ist – nachträglich besehen – eine relativ harmlose Zeit, und man mag es als unangemessen empfinden, daß ich dem Schreiber dieses simplen Satzes eine mörderische Absicht unterschiebe. Auf den ersten Blick drückt er nicht mehr als einen Hang zur *Absonderung* aus. Es ist unerträglich, in einer Volkszählung als Nummer mitgezählt zu werden. Je größer die Zahl ist, um so unvergleichbarer fühlt sich der, der sie zur Kenntnis nimmt – der atmet, lebt, liest, urteilt, haßt –, denen, die in ihr bloß als Nummern mitgezählt sind. Mehr scheint in dieser Gegenüberstellung nicht ausgedrückt zu sein, und man muß schon in jahrelanger Vertrautheit mit seinem Werk von Karl Kraus selbst angesteckt sein, um mehr dahinter zu wittern. Mißtrauen galt ihm als oberste Tugend, als er die ›Fackel‹ zu schreiben begann, er war auf erbarmungsloses Durchschauen aus, und es ist ihm während der 36 Jahre ihres Bestandes wie keinem anderen gelungen, diese Tugend zu üben. Angesteckt hat er viele, und manche mögen durch ihn zu ihrer eigenen Art des Durchschauens gelangt sein und daran so lange festgehalten haben wie er an seiner.

So kann er davon nicht ausgenommen sein, durchschaut zu werden, und muß es sich gefallen lassen, zum Gegenstand derselben Übung zu werden, die er zeit seines Lebens mit unvergleichlicher Meisterschaft betrieb. So beharre ich darauf, in jener mageren Glosse eine mörderische Absicht zu wittern, die sich auf die gesamte statistisch erfaßte Bevölkerung Wiens richtet, und belege diese Behauptung durch einige von vielen Sätzen, die er im Jahre 1911 oder früher schon niederschrieb.

Kein tönendes ›Was wir bringen‹, aber ein ehrliches »*Was wir umbringen*« hat sich die ›Fackel‹ in ihrer ersten Nummer als Leitwort gewählt. Das könnte man noch auf die Lust am Wortspiel zurückführen und müßte ihm keine allzu große Bedeutung beimessen. Aber beim Blättern in späteren Nummern der ›Fackel‹ stößt man auf Sätze folgender Art:

»Wenn er vor meinen Augen krepiert, höhnt er mich ob der Winzigkeit meiner Trophäen.« Eine Seite weiter: »Was gehen mich denn die Ereignisse an? Mag der Stein, der niederfällt, wie immer geformt sein: wie die österreichische Gehirnjauche aufspritzt, ist noch das einzige Schauspiel, dem zuliebe ich diesem Staat eine Erwerbssteuer bezahle.« Das steht in der Revue des Sommers 1907.

In den Angriffen auf Kerr vom Jahre 1911 finden sich in vier aufeinanderfolgenden Nummern der ›Fackel‹ folgende Überschriften: ›Der kleine Pan ist tot.‹ ›Der kleine Pan röchelt noch.‹ ›Der kleine Pan stinkt schon.‹ ›Der kleine Pan stinkt noch.‹ Da stehen Sätze wie: »Denn während andere Polemiker sich dadurch beliebt machen, daß ihnen der Atem ausgeht, regt mich das Fortleben meiner Objekte immer von neuem an. Sie mögen bedenken, daß ich die Großen bis zu den Schatten verfolge und auch dort nicht freigebe.« – »Es ist mein Verhängnis, daß mir die Leute, die ich umbringen will, unter der Hand sterben.« – »Nun ist er hin, und läßt mir nichts übrig, als ihn aufzubahren.«

Es ist durchaus keine Verfälschung seiner Art, wenn ich die Mordgelüste von Karl Kraus an die Spitze dieser Betrachtung über ihn stelle. Ein moralischer Traktat ist hier nicht beabsichtigt. Ich will versuchen, ihn zu fassen, wie er war. Aber um jedem Mißverständnis vorzubeugen, um bei seinen Verkleinerern, an denen es nie gemangelt hat, keine falsche Vorstellung zu wecken, will ich gleich bekennen, daß ich ihn für den größten deutschen Satiriker halte, den einzigen in der Literatur dieser Sprache, den man neben Aristophanes, Juvenal, Quevedo, Swift und Gogol zu nennen ein Recht hat. Das sind gezählte Namen. Man könnte noch Ben Jonson und Nestroy hinzufügen. Es bleibt trotzdem eine sehr kleine Liste, und es ist offenkundig, daß sie nicht die Schreiber einer im engeren Sinne literarischen Gattung umfaßt. Was sie gemeinsam haben, ist eine ganz bestimmte Art von Substanz, die ich eben als die mörderische bezeichnen würde. Sie wenden sich gegen ganze Gruppen von Menschen, aber sie greifen auch einzelne an, mit einem Haß, der unter anderen Umständen, nämlich wenn sie nicht zu schreiben imstande wären, bis zum Mord führen müßte. Ihre Opfer sind nicht immer namentlich bekannt, aber die Geister derer unter ihnen, die uns auch heute noch etwas bedeuten, wie Sokrates oder Euripides, könnten Zeugnis ablegen für die Raserei des an ihnen begangenen Überfalls.

Der Fall von Karl Kraus ist darum besonders merkwürdig, weil sein ganzes enormes Werk für uns greifbar ist. Es ist, wo immer man es aufschlägt, von der Lust und Unersättlichkeit des Angriffs erfüllt. So kümmerlich uns viele der Gegenstände und Anlässe erscheinen, es läßt sich noch alles über sie eruieren. Sie sind uns zeitlich noch nicht so weit entrückt, daß sie nur auf den Seiten der ›Fackel‹ existieren. Viele der Opfer, davongekommen, waren bis vor kurzem am Leben, manche sind es noch. Nicht wenige von ihnen habe ich gekannt und immer wieder mit den Figuren verglichen, zu denen sie bei Kraus geworden waren. Eine unerschöpfliche Faszination ging von diesen Konfrontationen aus, über den Prozeß der Satire war auf diese Weise unendlich viel zu lernen.

Was heute den Leser der ›Fackel‹ oft verdrießt, was sie ihm über lange Strecken hin unerträglich macht, ist das Gleichmaß der Attacke. Alles geschieht mit derselben Kraft, alles wird als gleich wichtig in ein und dieselbe Sprache einbezogen, man spürt, wie es dem Angriff immer auf sich selber ankommt, eine überlegene Kraft wird dort demonstriert, wo gar keine Kraft vonnöten wäre, unter den unaufhörlichen Schlägen verschwindet das Opfer, es ist längst nicht mehr da, und der Kampf geht weiter.

Auch sind uns Siege suspekt geworden. Es ist in unserem Jahrhundert so viel gesiegt worden, so kostspielig, so sinnlos, so unergiebig – die meisten, nicht nur die, die es überdenken können, hat ein Überdruß am Siegen erfaßt, wie er vielleicht noch nie da war. Selbst die Geste des Siegens bereitet Ekel, etwas am Automatismus seiner Aktionen, die während seiner ganzen uns bekannten Geschichte an Siegen ausgerichtet waren, ist daran, sich im Menschen von Grund auf zu verändern.

So sind einem auch die im Geistigen angesiedelten Sieger, die unaufhörlich angreifen, kämpfen und gewinnen müssen, die nicht anders können, die immer Überlegenheit demonstrieren, keineswegs geheuer, man empfindet sie als lästig, man wendet sich von ihnen ab. Es gibt manche, die aus diesem Grunde von Karl Kraus nichts wissen mögen, und ich würde sagen, das sind die Besten unter seinen Verächtern. Aber sie übersehen etwas, das wohl entscheidend ist: niemand, buchstäblich niemand hat für die Verbreitung eben dieser Gesinnung so viel getan wie Karl Kraus.

Denn er war es, der den Ersten Weltkrieg, in dem die Sieger auf allen Seiten aufs Podest erhoben wurden, als einziger von Anfang bis Ende und in jeder seiner Einzelheiten bekämpft hat. Er hat es nicht theoretisch getan, an gedanklichen Ablehnungen des Krieges war kein Mangel; er hat auch nicht den Standpunkt einer Partei vertreten. So wichtig solche Parteien waren, so unermeßlich die Folgen ihrer Haltung, wenn sie nur konsequent war: er hat wirklich den Kampf als einzelner geführt, und wenn unter den mehr als 2 000 000 Seelen jener Wiener Volkszählung bald viele so empfinden mochten wie er – er hat sich jeder Einzelerscheinung des Krieges gestellt, nicht *eine* Stimme gibt es, die er überhört hätte, von jedem spezifischen Tonfall des Krieges war er besessen und gab ihn zwingend wieder. Was er in diesem Falle satirisch verkürzte, war gut verkürzt, was er übertrieb, so präzis übertrieben, daß es eben in dieser Übertreibung erst Bestand hatte und unvergeßlich wurde. Der Weltkrieg ist vollständig, ohne Trost und Schonung, ohne Verschönerung, Verringerung, und vor allem, was das Wichtigste ist, ohne Gewöhnung in die ›*Letzten Tage der Menschheit*‹ eingegangen. Was sich darin wiederholte, blieb in jeder seiner Wiederholungen gleich entsetzlich. Man staunt darüber, daß es einen Haß von solchen Ausmaßen je gegeben hat, einen Haß, der selbst dem Weltkrieg gewachsen war, der sich mit sehender Wut in ihn verbiß und vier Jahre lang nicht losließ.

Schwach ist verglichen damit der Haß der Kombattanten selbst, die sich in einen Feind verbissen hatten, der für sie aufgestellt und tagtäglich in den falschesten Farben gemalt wurde. Sie stützten sich aneinander, ihre Gesinnung war eine allgemeine, sie standen auch unter einer doppelten Todesdrohung, der des Feindes, dem genau so wie ihnen mitgespielt worden war, und der ihrer eigenen Vorgesetzten. Karl Kraus trug den Ätna an Haß in sich allein, in den 14 Jahren der ›Fackel‹ hatte er ihn eingeübt, in großen, in kleinen, in kleinlichen Aktionen hatte er alles erlernt, was ihm nun zustatten kam. Er hatte ein Arsenal der verschiedenartigsten Waffen angelegt, ohne ahnen zu können, wozu er sie noch verwenden würde, seine Waffenübungen liegen alle in der ›Fackel‹ vor, es ist nicht notwendig, jede von ihnen als sakrosankt zu betrachten, manche von ihnen wie die Erledigung von Maximilian Harden oder der großartige Aufsatz ›Nestroy und die Nachwelt‹ sind bewundernswert, andere verfehlt oder langweilig. Aber insgesamt kamen sie der Sache zugute, die man immer als seine eigentliche Leistung bezeichnen wird und um derentwillen man ihn unter die gezählten großen, die tödlichen Satiriker der Menschheit einreiht.

Ich habe mir heute nicht die Aufgabe gestellt, Sie von der Größe dieser Leistung zu überzeugen. Wohl wäre unendlich viel darüber zu sagen, aber es fällt mir schwer zu glauben, daß es auch nur einen einzigen unter Ihnen gibt, der von diesem Werk nicht überwältigt war – falls er sich ihm gestellt hat. Schwerlich dürfte sich jemand herausnehmen wollen, eine Einführung in die ›*Letzten Tage*‹ zu geben. Sie wäre so anmaßend wie überflüssig. Die Einführung trägt jeder in sich, der in diesem Jahrhundert geboren wurde und dazu verurteilt war, in ihm zu leben. Die ungeheuerliche Nachgeburt des Ersten Weltkrieges, eben jene Bewegung, die zum Zweiten geführt hat, samt seinem Ausgang, steht uns allen noch vor Augen, und der Drohung, mit der er geendet hat, sind wir uns wohl bewußt. Sie ist in die Vorstellung von der Zukunft eingegangen, in die, zum erstenmal, wir alle zusammen verstrickt sind. Eine Blindheit darüber ist nicht mehr möglich. Ich will Sie nicht mit einer Wiederholung dessen ermüden, was ich über die ›gespaltene Zukunft‹ gesagt habe. Wer die Hoffnung hat – und ich wüßte nicht, wen es gibt, der sie nicht haben müßte –, wer die Hoffnung hat, daß es uns noch gelingen könnte, der schwarzen Hälfte dieser Zukunft, die Vernichtung droht, in die andere, die des guten Lebens, zu entkommen, die nicht weniger Möglichkeit und dazu alle Wünschbarkeit auf ihrer Seite hat, der weiß auch, daß es zuallererst auf die Kenntnis unserer Verfassung ankommt, die Kenntnis dessen, wozu Menschen, in keiner Hinsicht anders als wir selbst, imstande sind. Diese Kenntnis kann nicht vollkommen genug, sie kann nicht extrem genug sein.

Es gibt zwei Arten, die ›Letzten Tage der Menschheit‹ zu lesen: einmal als die peinigende Einleitung zu den wirklich letzten Tagen, die uns bevorstehen; dann aber auch als ein Gesamtbild dessen, was wir von uns abtun müssen, wenn es nicht zu diesen wirklich letzten Tagen kommen soll. Am besten wäre es, man fände die Kraft, dieses Werk zu verschiedenen Gelegenheiten verschieden, nämlich auf beide Weisen zu erleben.

Aber wie immer man es erlebt hat – rätselhaft war es bisher, wie es zu einem solchen Werk kommen konnte. Es sagt sich so leicht, daß einer einen Ätna an Haß in sich trägt, besonders wenn er es selbst von sich gesagt hat. Aber was hat ihn dazu instand gesetzt, diesen Haß vier Jahre lang zu nähren, diesen ungemein komplexen Haß, der sich nicht wie in den früheren Satiren der ›Fackel‹ jeweils gegen einen einzelnen Feind oder irgend ein vermeintliches Ungeheuer richtet. Wie besteht man volle vier Jahre lang aus Hunderten und aber Hunderten von Stimmen, die ihre Niedertracht und ihre Verdammnis zugleich akut in sich enthalten, wie erträgt sich ungezähltes Entsetzen? Ich habe Karl Kraus in hundert Vorlesungen gehört, während neun Jahren habe ich jedes gesprochene und geschriebene Wort von ihm auf mich einwirken lassen, in fünf davon ohne Widerstand, in vier mit wachsender Kritik, aber ich habe nie gewußt, wer er war, er blieb mir der unbegreiflichste aller Menschen, während ich ihm verfallen war so gut wie in der Zeit der einsetzenden Zweifel, seine Wirkung auf andere und auf mich konnte ich fassen, aber wer er in sich war und wie er bestand, das blieb mir ein unauflösliches Rätsel.

Seit kurzem nun hat sich der Schlüssel zu Karl Kraus gefunden, seit der Veröffentlichung der Briefe an Sidonie von Nádhérny* gibt

---

*Karl Kraus: Briefe an Sidonie Nádhérny von Borutin. Hrsg. von Heinrich Fischer und Michael Lazarus, Redaktion: Walter Methlagl und Friedrich Pfäfflin. Bd. I: Briefe. Mit einem Nachwort von Michael Lazarus, 695 Seiten. Bd. II: Editorischer Bericht, Bildteil und Erläuterungen von Friedrich Pfäfflin. Kösel Verlag, München 1974, 440 Seiten, zusammen DM 150.–

es einen *Neuen* Karl Kraus, und dieser ist es, über den ich heute zu Ihnen sprechen möchte. Vorausschicken möchte ich, wieviel Dank ich den eigentlichen Herausgebern dieser Briefe schulde, denen nämlich, die die faktische, sehr schwierige Arbeit geleistet haben, Walter Methlagl und Friedrich Pfäfflin. Die Erläuterungen von Friedrich Pfäfflin, die fast den ganzen zweiten Band der Publikation füllen, zeichnen sich durch Gewissenhaftigkeit und durch Takt aus; ein Verständnis ist ohne diese Erläuterungen nicht möglich, und man muß eine gute Weile mit den Briefen gelebt haben, um den hohen Wert dieser Leistung ermessen zu können.

Am 8. September 1913 wurde Karl Kraus Sidonie von ihrem Vetter, dem Grafen Max Thun im Café Imperial vorgestellt. Es gibt kaum etwas von ihm selbst über die erste Begegnung, um so dankbarer ist man für die Stelle aus Sidonies Tagebuch einige Tage später, die Pfäfflin zitiert. Es sind wenige Stichworte, aber manches darunter erleuchtet die Kraft der ersten Begegnung. – Man sprach über die Dichter, die zu dieser Zeit viel genannt wurden. Etwas verwundert liest man von einem Einfluß Sidonies auf Rilkes Gedichte. Vielleicht handelte es sich um ein überschwengliches Kompliment von Kraus, gleich danach steht der Satz: »Nichts für Sie, ich werde jetzt arbeiten.«

Noch in dieser ersten Nacht fuhr man zusammen in den Prater. Fiaker, Prateralleé, gleitende Sterne, so steht es bei ihr. Er sprach von ihrer Stimme, klagend, hell und doch kaum vernehmbar, verschollen. Von ihrem Blick, der auf etwas in der Ferne gerichtet war. Könnte man dort sein, wo diese Augen hinsehen! Schon vorher, beim Nachtmahl in der Bar eines Hotels, hatte sie von der Wüste gesprochen, in der sie jetzt lebte. Seit dem Tod ihres Lieblingsbruders Johannes waren erst drei Monate vergangen. Auf einer Reise in München hatte er Hand an sich gelegt. Sie kam darüber nicht hinweg, ihre Eltern waren früher gestorben, dieser Bruder Johannes, ein Jahr älter als sie, war ihr der wichtigste Mensch gewesen. Er war 29 Jahre alt, als er sich das Leben nahm. Nun war ihr noch der Zwillingsbruder Karl geblieben, mit dem zusammen sie auf Janowitz lebte. So wie man sie später kennenlernt, meint man ihren Kummer als eine Art von Erstarrung zu sehen: alles Gefühl vertrocknet, alles sinnlos, was vermöchte einen noch zu bewegen nach einem so entsetzlich plötzlichen Tod. So sah sie ihr Leben jetzt im Bild einer Wüste. Er, mit einer eigentümlichen Empfindlichkeit für den Tod begabt, mit 17 untröstlich über den Tod seiner Mutter, später über den der 22jährigen Annie Kalmar, die er so vergötterte wie sie ihren Bruder Johannes, von ihrem Gram, der sich als Wüste um sie ausgebreitet hatte, wie von ihrer Schönheit überwältigt, von Erbarmen und Bewunderung für sie erfüllt – er faßte auf die blitzartige Weise, die seinen entscheidenden Reaktionen eignete, den Entschluß, sie aus der Wüste zu führen. Die Kraft, mit der er sie sah und begriff, die Art, wie er sich dem Toten in ihr zuwandte, mit Zartheit und Ehrfurcht für ihn, als habe er ihn selber gekannt und wisse, wie sehr er diese Trauer verdiene – die Zweifellosigkeit dieses Vorgangs, die Heftigkeit und Bedachtheit einer Bewunderung, der nichts entging, die sie ganz umfaßte –, das alles bezwang sie, und sie fühlte, mit *seiner* Sicherheit, daß sie dem Menschen begegnet war, den sie am meisten brauchte.

Auf der raschen Nachtfahrt im Prater sagte er ihr Dinge über sie, die etwas Traumwandlerisches haben: sie brauche Freiheit, Reisen, Bewegung. »Er erkennt mein Wesen«, schreibt sie dazu. Was ihm später die größten Qualen bereiten sollte, gestand er ihr in den ersten Stunden zu. Sie aber sagte auf dieser Fahrt den Satz, den sie nicht selbst verzeichnete, acht Jahre später lernt man ihn aus einem seiner Briefe kennen, sie sagte: »Begleiten Sie mich!« und meinte damit, daß er sie in ihre Freiheit begleiten möge. In all diesen Jahren war es ihre einzige Herausforderung, das einzig Aktive gewesen, das von ihr ausging.

Ende November besuchte er sie zum erstenmal auf Janowitz. Ein Schloß, in einem wunderbaren Park gelegen, mit uralten Bäumen, unter denen eine 500jährige Pappel es ihm besonders antat. Da lebte Sidonie als Herrin der Tiere, mit Pferden und Hunden, Schwänen und Nachtigallen. Wer eine Vorstellung davon gewinnen will, wie Sidonie wirkte, wenn sie einen Gast auf Janowitz willkommen hieß, der lese Rilkes Brief darüber[*], der sieben Jahre zuvor Janowitz besucht hatte. Daß Kraus es anders erlebte, erstaunter und erregter, als den paradiesischen Gegensatz zur fluchwürdigen Welt, die er nachtaus, nachtein durchwühlte und peitschte, nimmt Rilkes Schilderung nichts von ihrem Wert. Denn auch sie ist ein Zeugnis dafür, daß es sich nicht um irgendein Schloß, um irgendeinen Park, um irgendwelche Bewohner einer solchen Örtlichkeit handelte. Auch er empfand die Einheit von Bewohnerin und Park und war

---

[*] Rainer Maria Rilke: Briefe an Sidonie Nádhérny von Borutin. Hrsg. von Bernhard Blume. Insel Verlag, Frankfurt/Main 1974, 383 Seiten, DM 32.–

davon auf eine tiefere Weise berührt, als er es vor manchen seiner einflußreicheren Schloßgönnerinnen wahrhaben mochte. Der Briefwechsel, den er während 20 Jahren mit Sidonie führte, galt Janowitz nicht weniger als ihr, er liebte es, daran als einen letzten möglichen Zufluchtsort zu denken, von dem er allerdings nicht mehr Gebrauch machen mochte, seit er Karl Kraus dort wußte.

Die Jahreswende von 1913 auf 14 verbrachte Karl Kraus wieder auf Janowitz. Von Herrin wie Örtlichkeit und allen ihren Bewohnern fühlt er sich auf seine emphatische Weise ergriffen. Sie rücken in sein Zentrum, alles bezieht er von nun an auf sie, Janowitz wird zum festen Glaubenspol seines Daseins. Hier ist alles vollkommen und gut, hier ist nichts verdorben. Hier ist nichts zu durchschauen, alles ist, wie es erscheint, aber erhöht und verklärt. Es gibt in der Welt von Karl Kraus nichts, das gleichgültig wäre. Es gibt das Verächtliche und das Hohe, dazwischen ist nichts. Das Matte und Mittlere, aus dem die Welt der meisten besteht, ist ihm unbekannt, der Lebensstoff, den er sich auf gewalttätige Weise aneignet, enthält nichts Gleichgültiges. »Weißt Du noch, wie ich *sehe*?« schreibt er in einem Brief und meint damit den Blick, dem es gegeben ist, für *immer* zu erfassen. Diesem Blick entgeht nichts, aber er ist zugleich *Entscheidung*, er enthält Anbetung oder Verdammnis, und da das meiste Verdammnis ist, wird es zu seinem Schicksal, sich nach Anbetung zu sehnen.

Doch die Verdammnis ist Bewegung, ein unaufhörlicher Höllensturz, den er bewirkt – um so mehr braucht er die Ruhe, die Unantastbarkeit und Unverrückbarkeit dessen, was vor seinem Auge besteht.

Sidonie lebt nicht allein auf Janowitz, sie lebt mit ihrem Zwillingsbruder Karl, der in den Briefen als Charley figuriert. Sie hängt sehr an ihm, er ist der einzige, der von ihrer engeren Familie übriggeblieben ist. Sie steht aber auch unter einer Art von Vormundschaft, es ist die Aufgabe des Bruders, über sie als junge Frau zu wachen. Von jeher gilt es als ausgemacht, daß sie eine standesgemäße Ehe eingehen solle, eine Zukunft dieser Art erscheint auch ihr als natürlich, in ihrem Tagebuch ist oft davon die Rede. Diesen konventionellen Teil ihrer Natur verkörpert der Bruder, und so sehr Sidonie Freiheit braucht, das Recht ihres Bruders bestreitet sie nicht, sie fügt sich seiner Überwachung. Die eigentliche Natur ihrer Beziehung zu Karl Kraus muß ein Geheimnis bleiben.

Es ist ein Geheimnis, das schwer zu hüten ist. Er schleicht nachts in ihr Zimmer, wenn er auf dem Schloß zu Besuch ist, die Dienerschaft und der Bruder schlafen. Es kommt zu nächtlichen Spaziergängen im Park, eine Wiese besonders ist es, die er liebt, sie wird zum Schlüsselwort in den Briefen und scheint in seinen Gedichten auf. Während dieses Winters ist Sidi von ihrer Liebe überkommen und nennt Karl Kraus öfters in ihren Briefen an Rilke. Es scheint ihr natürlich, bei einem Dichter Verständnis für den anderen zu suchen, als vermöchte sie sich durch ein Bündnis der Geister gegen die Vorurteile ihres Standes zu stärken. Vielleicht hat sie in dieser Zeit mit dem Gedanken einer öffentlichen Verbindung mit Kraus gespielt. Rilke, der ihr Vertrauen besitzt, weil er bei allen Huldigungen an sie doch immer Distanz gewahrt hat, spürt die Gefahr und erweist sich als der wirksamste Feind von Karl Kraus. In seinem vielbesprochenen Brief vom Februar 1914 warnt er sie vor einer zu großen Nähe zu Kraus. Auf ausführlich behutsame Weise, es ist einer der längsten Briefe, insinuiert er ihr, ohne das Wort Jude zu gebrauchen, die naturgegebene Fremdheit von Karl Kraus. Es ist ein peinlicher Brief, am peinlichsten wohl durch die Vorsicht, die sich hinter wohlerwogenen Andeutungen verbirgt. Auch spürt man, daß die zur Schau getragene Sorge um Sidi eine andere verdeckt, die um Janowitz nämlich, das Rilke sich als Zuflucht bewahren und von jedem anderen, stärkeren Einfluß freihalten möchte.

Immerhin erfordert es die Gerechtigkeit, daran zu erinnern, daß Kraus, wenn auch auf seine offenere Art, schon am Abend seiner ersten Begegnung mit Sidi die Kriegshandlungen gegen den Rivalen eröffnet hatte. Als damals von Rilke die Rede war, sagte er: »Nichts für Sie. Ich werde jetzt arbeiten.« Diese Worte, die schon erwähnt wurden, finden sich in Sidis Tagebuch, man mag an der Genauigkeit ihrer Wiedergabe zweifeln, dem Sinn nach sind sie sicher gefallen. Es gibt Anzeichen dafür, daß Rilkes Warnung gewirkt hat, im Ton ihrer Briefe an Karl Kraus hat sich etwas geändert. Er vermerkt es, ohne vom Angriff Rilkes etwas zu ahnen. An eine Heirat mit Kraus hat Sidi von nun an bestimmt nie mehr gedacht. Um so wichtiger wird es für beide, das Geheimnis ihrer Liebe zu hüten. Die Wachsamkeit von Kraus ist stupend. Sein Mißtrauen, das sie selber ausspart, richtet sich auf jeden, der mit ihr in Berührung kommt; Äußerungen über Sidi in seiner Gegenwart, aber auch solche, die ihm von Zwischenträgern hinterbracht werden, rächt er mit demselben vernichtenden Haß, den er an öffentliche Affären wendet.

Die meiste Zeit über sind die beiden getrennt, und so ist als erstes hervorzuheben, in welcher Erregung er auf ihre Briefe wartet. »Ich habe den gestrigen Tag mit Warten verbracht. Lauern, ob in den Kasten ein Telegramm fällt ... Über zwanzigmal lief ich ins Vorzimmer, wenn ich die Klappe fallen zu hören glaubte.« Er empfängt ihre Briefe auf akustische Weise: er hört sie in den Briefkasten fallen.

Diese bis zum Extrem gesteigerte Abhängigkeit von Briefen ist einer der wenigen Züge der Korrespondenz, der an Kafkas Beziehung zu Felice erinnert. Seine Erwartung wird oft getäuscht, wie die Kafkas: dann fordert er wieder Briefe von ihr und wirkt mit den stärksten, mit tyrannischen Mitteln auf sie ein, um das Gewünschte zu erzwingen. Vom Ton der Anbetung, in dem seine Briefe sonst gehalten sind, stechen diese Forderungen merkwürdig ab.

Die Geheimhaltung dieser Liebe vor jedermann, besonders aber vor Sidis Zwillingsbruder Charley, führt oft zu demütigenden Bedingungen für ihn, die er aber alle um ihretwillen akzeptiert. Auch für ihre Besuche in Wien muß sie vor ihrem Bruder plausible Beweggründe finden. Ihre Bedingungen machen oft ihre Liebe unmöglich und steigern seine Passion. Da sie die Umstände diktiert, denn nur ihr sind die genaueren Janowitzer Verhältnisse bekannt, bleibt *sie* die Herrin. Geistig ist immer er unbestritten der Herr, um so mehr bedrückt ihn die Versklavtheit an die äußeren Verhältnisse.

Von Anfang an lädt er sie in seine Vorlesungen ein und lockt sie damit nach Wien. Da hat sie einen bestimmten Sitz in der zweiten Reihe, auf den er sich bezieht, selbst wenn es ihr nicht möglich ist zu kommen. Er teilt ihr lange vorher mit, wenn er etwas plant, und bezeichnet sie als die Hauptperson bei den Vorlesungen, so als wäre sie selbst wichtiger als er, der sie hält. Sie genießt seine Triumphe, ihr sind sie dargebracht. War sie verhindert oder weit weg auf einer Reise, so berichtet er ihr über den Verlauf. So erfährt man viel über die Bedeutung, die die Vorlesungen für ihn selber haben. Der Ernst, mit dem er sie vorbereitet, die Sorgfalt und Bedachtheit des jeweiligen Programms, die Berauschtheit durch ihre Wirkung – für das alles und noch viel mehr finden sich unschätzbare Zeugnisse in den Briefen, es würde sich lohnen, sie daraufhin allein zu lesen. Es kommt vor – was niemand, der ihn je gehört hat, glauben würde –, daß er etwas wie Zaghaftigkeit fühlt bei der Vorstellung, daß sie nicht kommen kann. Manchmal besteht er darauf, sie wenigstens vorher zu *sehen*. »Ich soll Samstagabend, Sonntagmittag und Montagabend vor Menschen stehen. Es ist natürlich ganz ausgeschlossen, wenn ich Dich nicht vorher gesehen habe.«

Kraus macht sich öffentlich nie über sich selbst lustig. Nirgends in seinem Werk gibt es einen Satz von ihm gegen sich selbst. Er greift an, erwartet Angriffe gegen sich und schützt sich. Er bemerkt die kleinste Ritze in seiner Rüstung und macht sie dicht. Nichts kann ihm passieren, und es passiert nichts. Schon aus diesem Grund ist es faszinierend, ihn dort zu sehen, wo er schwach ist und sich auch schwach gibt: eben in diesen Briefen.

Sie lud ihn nicht so oft nach Janowitz, wie er sich's wünschte, und er schöpfte den Verdacht, daß sie manchmal dort lieber allein war, auch wenn der Bruder verreist war. Aber er erlebte bald Bedrohlicheres, als ihre alte Reiselust erwachte. Ein Freund von ihr, der Graf Guicciardini aus Florenz, den sie schon ein Jahr länger kannte als Kraus, wollte sie zu Pfingsten in Venedig treffen. Sie sagte ohne zu zögern zu, obwohl sie Kraus versprochen hatte, diese Tage mit ihm in der Nähe von Wien zu verbringen. »Warum tust Du das?« schrieb er ihr verletzt, »vielleicht bin ich einmal der, der unbekannt wohin verreist und den kein Ruf hält.« Und doch fügte er sich, er war es ja selbst, der ihren Freiheitsdrang bei der ersten Begegnung erkannt und gepriesen hatte. Während ihrer Abwesenheit in Venedig verfiel er auf die Idee, ein Auto zu kaufen, und hoffte, so ihre Bewegungslust an sich zu binden. Mit einem Chauffeur holte er sie in Graz ab und verbrachte mit ihr ein paar Tage auf der Rückfahrt. Das Auto wurde nun für ihre Beziehung wichtig, bald danach kam er auf länger nach Janowitz. Am 28. Juni traf er spät nachts wieder in Wien ein und erfuhr auf der Nußdorfer Straße durch eine Extraausgabe von der Ermordung des Thronfolgers Franz Ferdinand.

Es ist ihm schon damals eine Vorliebe für Aristokraten vorgeworfen worden. Das hing natürlich mit den Besuchen auf Janowitz zusammen, deren wirklicher Grund niemand bekannt sein konnte. Ich kann nicht finden, daß in seinem eigentlichen Werk, den ›Letzten Tagen der Menschheit‹, Aristokraten besser wegkommen als andere Leute. Einem einzigen von ihnen bewies er seine Teilnahme, und das war ein Ermordeter, Franz Ferdinand. Die Verhöhnung des Toten, die schmähliche Leichenfeier für das ermordete Paar haben seinen Zorn geweckt, und diese Empörung hat auf seine Ansicht über den Lebenden zurückgewirkt, er hat mit Respekt von den Qualitäten des Thronfolgers gesprochen. Überall sonst ist er erbarmungsloser noch gegen Aristokraten als gegen andere: da sie mächtiger waren, fiel auf sie mehr Verantwortung für das Unheil als auf andere, die bloß ohnmächtige Komparsen des Krieges waren. Im Juli unternahm Kraus mit Sidi und ihrem Bruder Charley eine mehrwöchige Fahrt in die Dolomiten. Am Misurinasee erfuhren sie vom Ausbruch des Krieges. Charley fuhr sofort nach Hause zurück, um in Janowitz nach dem Rechten zu sehen. Kraus und Sidi blieben eine Woche allein in den Dolomiten. Es scheint mir sehr wichtig, daß sie diese aufregende Zeit gemeinsam und von der übrigen Welt abgeschnitten erlebten. Sidi verabscheute den Krieg nicht weniger als er. Sie war beunruhigt über das Schicksal Rilkes, den sie noch in Paris glaubte, und schrieb ihm auf der Stelle. In diesem Brief äußerte sie sich in Sätzen, die von Kraus sein könnten; nicht nur verabscheute sie den Krieg, sie verabscheute ihn in *seinen* Worten. Sie kehrten zurück, er nach Wien, wenige Tage später war er schon wieder in Janowitz. Die Gesinnung, die er mit Sidi teilte, die gemeinsame Abwehr der Kriegshysterie, fand ihren Niederschlag auch in Briefen aus Wien: »Hier ist es trostlos.« – »Auf der Speisekarte der Wiener Restaurants sind seit gestern alle französischen und englischen Bezeichnungen gestrichen. Der Zustand wird immer idiotischer.« – »Von der Gemeinheit, die hier als Begeisterung sichtbar wird, kann man sich in Janowitz keine Vorstellung machen. Einen Gruß an die neutralen Schwäne!« – »Wenn man dieses Jahr nur verschlafen könnte! Oder des lieben Friedens in Janowitz *würdig* wäre!«

Er merkte nicht, daß er sich zu viel in Janowitz zeigte. Vielleicht war er auch unvorsichtig. Charley hatte seine eigenen Sorgen, die zwar auch mit dem Ausbruch des Krieges zusammenhingen, aber sie waren mehr praktischer Natur. Er wollte das Ohr seiner Schwester haben; daß sie von Kraus mehr und mehr in Anspruch genommen wurde, ging ihm auf die Nerven. Er spürte die wachsende Intimität der beiden. Als Kraus eines Tages unerwartet mit dem Auto in Janowitz eintraf, um Sidi für eine längere Fahrt abzuholen, kam es, so scheint es, zu einem peinlichen Auftritt. Sidi suchte brieflich zwischen den beiden Männern zu vermitteln, es war vergeblich, ihr Bruder wünschte Karl Kraus nicht mehr auf Janowitz zu sehen.

In diesem ersten Monat des Kriegs fühlte sich Kraus von den Ereignissen gelähmt, er empfand sie so tief, daß es ihm die Rede verschlug. Das Schreiben war ihm verhaßt, er schrieb auch weniger Briefe. Er klammerte sich an die Vorstellung von Janowitz, die »Insel«, wie er es nannte. Was er früher angegriffen hatte, stand in keinem Verhältnis zum Unglück, das nun über alle hereingebrochen war; eine solche Veränderung aller Proportionen hatte noch niemand erlebt. Die meisten Intellektuellen halfen sich, indem sie im allgemeinen Strom mitschwammen und zur Anfachung der Kriegsmasse das Ihrige beitrugen. Selbst Dichter, denen seine Verehrung galt, wie Gerhart Hauptmann, verfielen widerstandslos der Hysterie des Krieges. Kraus empfand diese Blindheit als physische Qual. Das erste, was zu erlernen war, war Schweigen; das Schweigen, das er den falschen Stimmen entgegensetzte, war die eigentliche Insel. Aber er erkannte auch die Gefahr, daß dieses Schweigen mißverstanden werden könnte. Im November war er so weit, daß er es öffentlich begründete. Er hielt die Rede, die mit den Worten beginnt: »In dieser großen Zeit . . .« und in der sich folgende Sätze finden: »Erwarten Sie von mir kein eigenes Wort. Weder vermöchte ich ein neues zu sagen; denn im Zimmer, wo einer schreibt, ist der Lärm so groß, und ob er von Tieren kommt, von Kindern oder nur von Mörsern, man soll es jetzt nicht entscheiden. Wer Taten zuspricht, schändet Wort und Tat und ist zweimal verächtlich. Der Beruf dazu ist nicht ausgestorben. Die jetzt nichts zu sagen haben, weil die Tat das Wort hat, sprechen weiter. Wer etwas zu sagen hat, trete vor und schweige!«

Diese Ansprache wurde richtig verstanden, auch als sie im Dezember als sparsame ›Fackel‹ erschien. Das Schweigen, so ungeheuer beredt, wurde als Ankündigung empfunden. Im Dezember kam noch eine Vorlesung, nicht aus eigenen Werken, und eine weitere im Februar 1915, mit einer neuen Begründung des Schweigens. Das war alles. Dann kam lange nichts. Das Schweigen dauerte sehr lange. Die erste wirkliche ›Fackel‹ erschien über ein Jahr nach Ausbruch des Krieges, im Oktober 1915.

Es ist jetzt erst möglich zu begreifen, was geschehen war. Sidi hat ihm in diesem ersten Kriegswinter die Stimme genommen. Sidi hat sie ihm im Sommer 1915 wiedergegeben. Die Aufhellung dieses Zusammenhangs ist von einiger Bedeutung. Der Verlust von Janowitz, Folge der Weigerung des Bruders, ihn dort weiter zu empfangen, hatte Kraus sehr schwer getroffen. Sidi schrieb ihm, daß ihr Vermittlungsversuch gescheitert sei. Charley blieb hart. Sie selbst war schon wieder in Italien, diesmal in Rom und Florenz, wo sie Guicciardini traf. Die Reise dorthin hatte sie Kraus mit den Worten angekündigt: »In Italien werde ich sehnsüchtig erwartet.« Wieder fügte er sich, aber seine Unruhe stieg, er witterte, wieviel ihr Guicciardini bedeutete. Allmählich, nicht ohne Rücksicht auf seine Empfindlichkeit, weihte sie ihn in ihre Pläne ein: sie wollte Guicciardini heiraten.

Sie hatte die Bevormundung durch ihren Bruder satt und suchte nach einem Ausweg. Ihre Freiheit sah sie dort, wo nur eine Frau ihrer Herkunft sie erwarten konnte, in einer Heirat. Es mußte eine standesgemäße Heirat sein, denn sie brauchte dazu die Einwilligung ihres Bruders. Kraus kam schon aus diesem Grund nicht in Betracht, aber sie wünschte sich auch keine Ehe mit ihm, denn Freiheit hätte sie gerade in einer Ehe mit ihm schwerlich gefunden. Graf Guicciardini, gleichen Alters wie Kraus, schien ihr der Richtige. Er bewarb sich schon seit einiger Zeit um sie, er war ihr angenehm und er war bereit, ihr die Freiheit zuzugestehen, ohne die sie nicht heiraten mochte. Ihre Beziehung zu Kraus würde sich nicht ändern, statt in Janowitz würden sie sich in Italien treffen.

Kraus begegnete diesem Plan mit Mißtrauen, der Gedanke, sie mit einem anderen Mann offiziell teilen zu müssen, war ihm unerträglich, noch mehr traf ihn die Vorstellung ihrer Lösung von Janowitz, nur dort war sie für ihn die Herrin der Tiere, auch wenn er selbst nicht hin durfte, er *sah* sie dort. »Ich bin sehr zudringlich«, schreibt er, noch zurückhaltend, »ich will meine Welt retten.« Er schickt ihr das Gedicht ›Leben ohne Eitelkeit‹, das ursprünglich ›Alles oder Nichts‹ hieß. Sie vermerkt dazu: »Mir zugesandt als Protest, weil ich ihn nicht so viel sehen konnte, als er es wünschte, wegen anderer Rücksichten und Verpflichtungen.« Damit beginnt die lange Reihe der Gedichte, die ihr gewidmet sind. Sie sucht ihn zur Arbeit zu ermutigen, er antwortet darauf, kurz nach jener November-Vorlesung: »Sprich nicht mehr von Arbeit. Ich bin durch die paar Seiten hinlänglich befreit. Auf lange Zeit hinaus ist weiter nichts zu tun, nichts der blutigen Welt zu sagen. Alles was ich bin, gehört Dir. Willst Du's nicht?«

Er leidet Todesangst um sie, wenn sie nicht schreibt: »Weiß man denn nicht, daß ein Wahnsinniger in Wien lebt, doppelt elend, weil er sich seines Zustands immer bewußt ist?... Ich weiß, daß ich zuviel verlange... Bitte, beruhige mich nicht. Meiner Maßlosigkeit kann das Leben nicht genügen, und drum auch die Liebe nicht, wenn sie sich mit dem Leben abfinden muß.... Es wäre ja überirdisch gewesen. Einmal könnte ich der ›Positive‹, Positivste sein, liebendst bejahen vor einem Geschöpf, das dem Schöpfer Ehre macht – da ruft etwas: Zu spät!«

Ich zitiere nur einzelne Sätze aus langen Briefen, die seine Verzweiflung bezeugen. Um Silvester verbringt er einige Tage mit ihr in Venedig. Sie fuhr dann weiter nach Rom, und er schrieb ihr dorthin: »Deine beiden letzten Tage in Venedig – welch ein müdes Nachspiel! Mit wehen Augen zwischen Sehenswürdigkeiten – als ob's ein Naturgebot wäre!«

Wie irgendein Reisender, der nichts auslassen will, füllt sie die Tage mit dem flüchtigen Anblick obligater Stätten und Objekte. Was immer diese sind, im Zusammenhang mit ihr empfindet er sie als falsche Erhöhungen, denn sie ist das Höchste. Er erträgt es nicht, daß sie anbetend vor etwas steht. Es würde ihn weniger irritieren, wenn sie ruhig und stolz und nie zu lange unter anderem umhergehen und den berühmtesten Bildern und Plastiken erlauben würde, sich vor ihr zu verneigen. Er schreibt ihr, daß sie die Sehenswürdigkeit ist, die einzige, die wahre, wie können ihr dann die anderen, die so viel weniger sind, etwas bedeuten?

Im Laufe des Februar schreibt er ihr eine Reihe von sehr langen Briefen. Aus Furcht, sie könnten in die falschen Hände geraten, spricht er von sich in der dritten Person und bezeichnet sich als B. In diesen Briefen sucht er seines Zustandes Herr zu werden und schildert seine Verfassung auf die subtilste Weise. Man erlebt ihn staunend als Romancier. Eine solche Verbindung von Leidenschaft und psychologischer Ergründung gibt es bei ihm sonst nirgends. Hier greift er nicht an, hier stellt er dar, die Genauigkeit seiner Einsicht in sich selbst erinnert an die großen Franzosen.

Nur ist es alles doch kein Roman, sondern oft Tag für Tag und manchmal mehrmals am Tag ein Bericht über seinen wahren Zustand. Sie muß auf eine Weise geantwortet haben, die seiner nicht unwürdig war, und man bedauert den Verlust ihrer Briefe. Nicht selten bricht die nackte Verzweiflung bei ihm durch. Er leidet, wie er schreibt, an Wahnvorstellungen, und jede wird durch jedes Wort, das er von ihr bekommt, zur Wahrheit. Indem sie bestreitet, was ihn quält, fallen Worte, die den Wahn bestätigen. Am erregtesten ist er in langen Telegrammen, durch die er eine Zusammenkunft mit ihr zu erzwingen sucht.

Plötzlich findet er sich unerwartet in Rom. »Ich bin gestern abend aus Florenz hierhergekommen, um von Dir Abschied zu nehmen.... Ich weiß nicht, was ich schreibe. Ich stehe seit gestern auf der Straße und bin halb tot.« Er bittet sie um fünf Minuten noch am selben Abend, denn er reist gleich wieder. Ein Chauffeur bringt ihr den Brief. Er wartet in der Nähe, im Wagen.

Es war der Höhepunkt der Krise und der erste Beginn ihrer Überwindung. Sie sah ihn sofort. Er blieb in Rom, am nächsten Tag schrieb er überschwenglich: »Du bist über mein Herz geschritten, Du wolltest mein Gehirn zertreten ... Gestern hast Du mich gerettet, und das war mehr Gnade, als die letzten Wochen Schmerzen hatten.« – Sie hatte ihn überzeugt, er wollte nun *seine* Kraft prüfen und fügte sich zum erstenmal in den Plan der Heirat. Sie bat ihn um ein Gedicht zur Feier ihrer Hochzeit, er schrieb es und überreichte es ihr am nächsten Tag, es trug den Titel ›Zu Sidi's Hochzeitstag‹. Es wurde später ›Verwandlung‹ genannt und steht an der Spitze der ›Worte in Versen‹. Sie hatte auch Rilke um ein Gedicht zum selben Anlaß gebeten, und er hatte es auf der Stelle geschrieben.

Karl Kraus blieb noch eine Weile in Rom, ihr sehr nah, aber von ihren Verpflichtungen und ihrer Erschöpfung auf das tiefste erschreckt. Er war noch sehr labil, sie klagte darüber, daß er jeden Tag ein anderer sei, er fühlte sich mitschuldig an ihrer Erschöpfung, zu der er beitrug. Aber als er sich diesmal von ihr trennte, war es nur für kurz. Wenige Tage später kam sie zu ihm nach Wien und sie reisten – Wunder über Wunder! – zusammen nach Janowitz. Da muß es zu einer Versöhnung zwischen ihrem Bruder und ihm gekommen sein. Die Hochzeit in Rom stand in einem Monat bevor, die Vorbereitungen dafür, über die viel gesprochen wurde, brachten die beiden Männer zusammen. Hier in Janowitz fand Karl Kraus zu sich zurück. Hier warf Sidonie ihre Gehetztheit ab und wurde wie früher. In diesen beiden Tagen gewannen beide ihre Sicherheit füreinander wieder. Auf den »Geist des 1. April« berief er sich später, und den ersten Brief danach, den er ihr nach Rom schrieb, unterzeichnete er als »Karl von Janowitz«.

Die Wendung war vollkommen. Da findet sich ein Satz, man traut seinen Augen nicht: »Selten schreiben beunruhigt gar nicht.« Er hat »*nicht* das Gefühl, geschmälert zu sein« und freut sich auch an bloßen Karten. Mit Charley bespricht er das Hochzeitsgeschenk für sie, einen Spiegel. Einmal erwähnt er sogar die Arbeit: »Es ist alles viel leichter geworden.« Aber sehr bald heißt es: »Arbeit unterbrochen durch großes Aufräumen in alten Sachen. Bibliothek, Schriften. Möchte alles so haben, daß plötzliches Aufgeben der Wohnung einmal möglich ist.« Er scheint sich, was vor kurzem für ihn noch undenkbar war, mit der Vorstellung einer Übersiedlung nach Italien angefreundet zu haben.

Dann fuhr er nach Rom, um während der Hochzeit, die für den

6. Mai angesetzt war, in ihrer Nähe zu sein. Die Hochzeitsgäste waren alle in Rom versammelt. Aber der Krieg, dessen Wirkung auf ihre Beziehung er sehr gefürchtet hatte, wurde nun zu seinem Bundesgenossen. Der Eintritt Italiens in den Krieg gegen Österreich stand unmittelbar bevor, und der österreichische Teil der Gäste, für die der Krieg Internierung bedeutet hätte, floh in Panik aus Rom. Die Hochzeit fand nicht statt. Karl Kraus, wie zur Belohnung für seine Selbstüberwindung und sein schließliches Sichabfinden mit dem verhaßten Vorhaben, war von seinen Ängsten mit einem Schlag erlöst. –

Sidi sollte sich nun von den Aufregungen in der Schweiz erholen. Er, in Wien, hatte zwar die Empfindung, daß er sich das Wiedersehen *verdienen* müsse, aber schon zwei Wochen später traf er sie wieder, in Zürich. Ein neuer Wagen, in der Schweiz gekauft, stand bereit; sie fuhren, Sidi am Steuer, in Begleitung der alten irischen Amme, die seit Sidis Kindheit bei ihr lebte, über fünf Wochen lang kreuz und quer durch die Schweiz, an die schönsten Orte, und entdeckten einen, der es ihm auch durch seinen Namen antat und der von großer Bedeutung für ihn werden sollte: Thierfehd am Tödi.

Als er diesmal nach Wien zurückkehrte, stürzte er sich, ein Rasender, in die Arbeit. »Draußen«, schreibt er, »ist die Luft von Sodom, der gräßliche Ruf ›Extraausgabe!‹ ist da, unter dem jetzt die Kinder geboren werden und die Männer sterben – aber es kann mir nichts mehr anhaben.« Noch war es keine neue Arbeit: er stellte den Band ›*Untergang der Welt durch Schwarze Magie*‹ zusammen, der aus Aufsätzen der ›Fackel‹ bestand, die vor dem Krieg erschienen waren. Er arbeitet, wie es seine Art ist, jeden Satz neu durch. »Die jetzige Arbeitsfreude entschädigt für die dumpfe Wartezeit der Jahre, die aber sicher notwendig war.« – »Ich arbeite jetzt in der feindlichsten Welt, bin stark durch die Arbeit und für sie und brauche *darum* noch mehr als in der leeren Zeit das letzte Menschenherz, das mir zuhört.« – »Was ich denke, ist Dir zugedacht, was ich schreibe, Dir zugeschrieben und Du weißt, daß diese fünfhundert durchgearbeiteten Blätter Dir gehören . . .«

Seit seine Fähigkeit zur Qual sich von ihr abgelöst hat, wendet sie sich den Gegenständen zu, die seine wahre Berufung ausmachen. »Gestern war . . . ein qualvoller Tag. Der Krieg klopfte auch an meine Tür, nicht nur an Deine. Ich bekam die Nachricht, daß einer der wenigen Menschen, die sich anständig gegen mich und mein Werk benommen haben, in einer horriblen Situation auf die Abberufung zur Front als *Erlösung* wartet. Der Vorfall ist so entsetzlich, daß ich Dir das schriftlich nicht schildern will.« Es handelt sich um Ludwig von Ficker, den Herausgeber des ›Brenner‹, und Kraus setzt Himmel und Hölle in Bewegung, um seine Lage zu erleichtern.

Im selben Brief berichtet er von einem anderen Abenteuer, das man als lächerlich empfinden würde, wenn es nicht für ihn als Kraftquelle von großer Bedeutung wäre. Der Hellseher und Graphologe Raphael Schermann, der um diese Zeit in Wien viel Aufhebens von sich machte, hatte ein Gutachten über seine Schrift abgegeben, ohne ihn persönlich zu kennen und ohne irgend einen Anhaltspunkt dafür zu haben, um wen es sich handle. Dieses Gutachten empfand Kraus als phänomenal und schrieb es eigenhändig für Sidi ab. Da es zeigte, wie er gesehen sein wollte – denn um Sidi zu beeinflussen, hat er's ihr eingeschickt –, will ich die wichtigsten Stellen daraus zitieren:

»Ein seltener Kopf; ein Schriftsteller, der furchtbar packend schreibt . . .
Wenn der sich für eine Sache einsetzt, dann verfolgt er sie bis zum Tode. Seine Sprache und seine Zunge ist wie ein 42 cm Mörser . . .
Wenn er einem Feinde gegenübersteht, wird er nicht früher ruhen, als bis der am Boden liegt. Er schreckt vor nichts zurück, *und wenn da tausend Leute sind*, wird er so laut und so packend seine Sache vertreten, daß alle wie hypnotisiert ganz umklappen. [Dazu Anmerkung von Karl Kraus: Vision eines Vorlesesaals.] . . . Er muß riesige Kämpfe in seinem Leben ausgefochten haben. Er ist immer auf einen Angriff bereit, hält die Waffe schußbereit in der Hand, dergestalt, daß ihn ein Angriff nicht unvorbereitet treffen kann.
Der Eindruck ist so stark, daß ich davon nicht loskommen kann. Furchtbar scharfer Beobachter, noch schärfer in der Kritik. Ein gewöhnlicher Sterblicher kann ihm gar nicht entgegentreten . . .
Die Arbeit hat ihm sehr viele Kränkungen und Verfolgungen eingetragen, er ist aber immer als Sieger davon gegangen . . .
Gar keine Eitelkeit, auch persönlich keine . . .
Die Nerven überanstrengt. Gönnt sich keine Ruhe . . .
Er versteht vom Krieg mehr als manche, die den Krieg leiten, *aber er darf nichts reden.*«

Der Ton dieses Gutachtens, von dem ich hier etwa die Hälfte zitiert habe, ist gewiß marktschreierisch und krüde. Es ist in einer Sprache verfaßt, die Karl Kraus, hätte er es in einer Zeitung gelesen, zu Tode verhöhnt hätte. Aber hier kommt es nur darauf an, wie es in diesem besonderen Zeitpunkt auf ihn wirkte. Einen Satz darin hat er eigens unterstrichen: »*und wenn da tausend Leute sind* . . .«, denn in dem Kampf, zu dem er sich sehr bald entschließen wird, er ganz allein, muß er mit mehr als tausend Gegnern rechnen. Das Gutachten über seine Schrift verheißt ihm den Sieg selbst in einem solchen Kampfe. Die Richtung seines Angriffs aber wird vom letzten Satze vorgezeichnet: »Er versteht vom Krieg mehr als manche, die den Krieg leiten, aber er darf nichts reden.« Hier ist der allerletzte Teil »aber er darf nichts reden« von ihm unterstrichen. Mit diesen aufreizenden Worten endet der ganze Brief, und der Leser spürt, um im Jargon des Gutachtens wie der Zeit zu bleiben, daß eine *Explosion* bevorsteht.

Aber im nächsten Brief, zwei Tage später, »nach einem der allerentsetzlichsten Tage«, »Briefen von Gefangenen und einem armen kranken Soldaten«, schreibt er für sie 26 Sätze des Paulus aus den Korintherbriefen ab. Es sind Sätze, die sich mit seinem Vorhaben in Verbindung bringen lassen. Drei dieser Sätze will ich zitieren:

»Der Geistige aber kann Alles beurteilen; ihn hingegen kann Keiner beurteilen.«

»Muß ich mich einmal rühmen, so will ich mich meiner Leiden rühmen.«

»Wen trifft ein Leiden, das ich nicht mitleide? Wer wird gekränkt, und ich empfinde nicht den brennendsten Schmerz?«

Und nun, eine Woche später, kommt der Brief, um dessentwillen ich Ihnen diesen weiten Weg zugemutet habe. Er ist das Wichtigste in dieser ganzen Korrespondenz, und Sie sollen das meiste davon hören:

»Ich habe zu Trauriges in den letzten Tagen gesehen und doch ist auch daraus noch Arbeit geworden – eine Arbeit, immer wieder erst abgeschlossen, wenn morgens um 6 Uhr grad vor meinem Fenster die Opfer vorbeimarschieren. Was für eine Art Arbeit es ist, deren erster Abschnitt jetzt in drei Tagen und Nächten vollendet wurde, will ich sagen . . .«

Er zitiert nun ein Tagebuchblatt, das wenige Tage vorher entstanden ist und auch für sie bestimmt war:

»Jetzt, während vor meinem Schreibtisch, wie zu ihm hin, der tägliche, unentrinnbare, gräßliche, dem Menschenohr für alle Zeit angetane Ruf: Extraausgabe erschallt, bin ich eine Stunde lang in Thierfehd gewesen. Und nichts, nichts hat sich verändert! Kein Gedanke, gedacht, gesagt, geschrieen, wäre stark genug, kein Ge-

bet inbrünstig genug, diese Materie zu durchbohren. Muß ich somit nicht, um solche Ohnmacht zu *zeigen*, darzuthun, was alles ich jetzt *nicht* kann – wenigstens etwas thun: mich preisgeben? Was bleibt übrig?
Der Weg muß gegangen werden... Was hinauszuschreien wäre, soll mich erdrosseln, damit es mich nicht anders ersticke. Ich bin auf der Straße meiner Nerven nicht mehr sicher. Es wäre aber besser, es geschähe als Plan und nur so, daß auch dies für den einen Menschen geschieht, für den ich lebe und nicht mehr leben will, wenn *er* glaubt, daß weiteres Stummsein die *eigene* Menschenwürde gefährdet, daß nicht mehr ertragbar ist diese stille Zeugenschaft von Taten, nein von Worten, die das Andenken der Menschheit für alle kosmischen Zeiten ausgelöscht haben. Einen gibt es, ohne den nichts geschehen darf, weil alles für ihn geschehen muß. –
Aus dieser Erschöpfung nun ist noch ein Funke entsprungen, und es entstand der Plan zu einem Werk, das freilich, wenn es je hervorkommen könnte, gleichbedeutend wäre mit Preisgabe. Gleichwohl und eben deshalb muß es zu Ende geschrieben werden. Der erste Akt, das Vorspiel zu dem Ganzen, ist fertig und könnte für sich bestehen. Zu wem aber wird es dringen? Die Schweiz... versagt da, vielleicht hilft sie später; wenn nicht, so Amerika.
Aber ich bin, was immer geschehen oder nicht geschehen kann, jetzt freier...«
Das Vorspiel zu den ›*Letzten Tagen der Menschheit*‹ ist also geschrieben, in drei Tagen und Nächten entstanden. Er ist sich der Gefährlichkeit dieses Werkes bewußt und betrachtet es als Preisgabe. Er sitzt in der Hauptstadt des kriegführenden Landes und greift *namentlich* alle an, die sich an der Führung dieses Krieges beteiligen. Er schont niemanden, aber am wenigsten die, die Macht und Verantwortung haben, denen es ein leichtes wäre, ihn zum Schweigen zu bringen. Er kann ins Gefängnis kommen, er wird vielleicht ermordet werden. Daß es schließlich nicht geschehen ist, hat für den Augenblick seines Entschlusses nichts zu besagen. Er sieht die Gefahr und geht auf sie zu: er hat jedes Recht, von einer Preisgabe seiner Person zu sprechen. Was er hinausschreien wird, wird ihn erdrosseln, damit meint er, daß er als Landesverräter gehenkt werden könnte. Es hat in diesem Krieg, wie er viel später einmal schreibt, 10 000 Galgen gegeben. Wenn er es nicht hinausschreit, muß er daran ersticken. Er will es aber nicht planlos hinausschreien,

es muß ein Werk werden, und dazu fühlt er sich nur imstande, wenn es auch für den Menschen geschieht, für den er lebt, Sidi.

Denn sie war es, die sein Stummsein als Gefahr für seine eigene Menschenwürde empfand, die von ihm gefordert hatte, daß er *rede*. In den Wirren des Winters hatte sie von seiner Arbeit gesprochen, er hatte sie zurückgewiesen. Seine öffentliche Schweige-Erklärung vom November, damals den Dingen angemessen, war zur leeren Schale geworden, an der er hartnäckig, wie es seine Art war, festgehalten hatte, bis er sie endlich, auch unter ihrer Einwirkung und um ihretwillen, zerbrach.

Vieles floß zusammen in diesen Entschluß zu einem Werk, wie er es früher nicht gewagt hätte, er hätte damals noch nicht die Kraft dazu gefunden. Da war der Privatkrieg des vergangenen Winters, der ihn zerriß, in dem er beinahe zerbrochen wäre, eine Bedrohtheit und Verzweiflung, die alles ausschloß, was nicht Sidi war. Da war die gemeinsame Fahrt in der Schweiz, die Besiegelung ihres Friedens in einer Umwelt des Friedens – Thierfehd war zum Symbol dafür geworden –, und dann die plötzliche Rückversetzung nach Wien in die gellenden Stimmen des Krieges. Von diesen Stimmen sprach seit seiner Rückkehr jeder Brief, er war von ihnen besessen, wie er vom Aufmarsch der Rekruten, der Opfer, jeden Morgen um 6 vor seinem Fenster besessen war. Da kamen die persönlichen Nachrichten aus dem Kriege, Briefe von Unbekannten und von Freunden, denen sein Herz weit offen stand. Da kam – es hat seine Rolle gespielt und läßt sich darum nicht verschweigen – das Gutachten jenes Graphologen, das ihn zum mörderischen Kampf gegen eine ungeheure Überzahl ermutigte; es sprach ihm alles zu, wessen man zu einem solchen Kampfe bedurfte. Zuletzt wirkten noch die Worte des Paulus auf ihn ein und erinnerten ihn daran, daß er sich zum Opfer bringen müsse.

Aber das wichtigste einzelne Element in allem war Sidi: sie gab ihm, indem er sich auf sie bezog, seine Einheit, ohne die ein solches Werk nicht zu beginnen war. Die Dauer der Liebe, die er von ihr erwartete, wurde auch zur Dauer der Entstehung dieses Werkes. Sie verließ ihn, als der Krieg zu Ende ging und dieses Werk getan war.

Aber damit haben wir seiner Unternehmung weit vorgegriffen. In diesem selben Brief, als er die Arbeit begann, meldete er sich für den 1. August in Janowitz bei ihr an, »mit Arbeit beladen«. Dort schrieb er während des ganzen August an seinem Drama und an einer großen Kriegs-›Fackel‹. Von da an hörte er mit seiner Arbeit nicht mehr auf.

Über die weiteren Umstände seiner großen Passion werden Sie jetzt nichts mehr von mir hören. Die Briefe der nächsten drei Jahre, bis zum Ende des Krieges, würden eine andere Art der Behandlung erfordern. Sie sind vielleicht auch nicht ganz so wichtig. Das Wichtigste findet sich nun in der Arbeit selbst, in den *Letzten Tagen der Menschheit* und in den großen Kriegs-›Fackeln‹, deren erste im Oktober 1915 erscheint. Mein Anliegen war es, Sie bis an den Punkt zu bringen, an dem dieses Werk nicht mehr aufzuhalten war. Es ist, um ein Bild Stendhals zu gebrauchen, der Augenblick der Kristallisation. *Diese* Kristallisation enthält Leidenschaft und Werk zugleich, aber es gelingt ihm, das Werk selbst, die *Letzten Tage der Menschheit*, von der Frau, ohne die es nicht entstanden wäre, vollkommen frei zu halten.

Es ist eine besondere Spannung, die er von nun ab dafür braucht. Er braucht Janowitz, eine Insel zwar, aber eine Insel im Feindesland, aller Boden, von dem aus Krieg geführt wird, ist Feindesland für ihn. Er braucht auch den Übertritt in die Schweiz, das wahrhaftige Paradies des Friedens, er braucht diesen Übertritt immer wieder. Er hätte sich entschließen können, ganz da zu bleiben, wie andere, die den Krieg verabscheuten, Romain Rolland zum Beispiel. Aber ihm lag daran, die ›Fackel‹ in *Wien* zu veröffentlichen, den Kampf gegen die Zensur dort zu führen, wo er sich ihr stellen konnte, ihr hartnäckig Satz um Satz abzuringen. Noch mehr lag ihm daran, den Krieg dort zu fühlen, wo alle seine Fäden zusammenliefen, in seiner österreichischen Hauptstadt. So fuhr er zu Sidi in die Schweiz und von ihr nach Wien zurück. Jede neue Konfrontation mit dem Krieg schärfte den Stachel seines Hasses. Er hatte sich auch nicht vorzuwerfen, daß er dem Krieg so oft entkam, denn eben in den Regionen des Friedens, in Janowitz und besonders in der Schweiz, schrieb er mit wachsender Kraft und Leidenschaft an den *Letzten Tagen*.

Die Briefe an Sidi umfassen 23 Jahre seines Lebens. Mit nur zwei davon, den wichtigsten, habe ich Sie bekannt zu machen versucht. Ich sehe es als eine höchste Wahrhaftigkeit in Karl Kraus, daß er sich die Veröffentlichung der Briefe an Sidi gewünscht hat. Man ist es ihm schuldig, von ihnen ernsthaft Kenntnis zu nehmen und so seinen eigentlich letzten Wunsch zu erfüllen.

1974

Der Beruf des Dichters

Münchner Rede, Januar 1976

Zu den Worten, die während einiger Zeit in hilfloser Ermattung darniederlagen, die man mied und verheimlichte, durch deren Gebrauch man sich zum Gespött machte, die man solange entleerte, bis sie verschrumpft und häßlich zur Warnung wurden, gehört ›Dichter‹. Wer sich auf die Tätigkeit, die wie immer weiterbestand, dennoch einließ, nannte sich ›Jemand, der schreibt‹.

Man hätte denken können, daß es darum ging, einen falschen Anspruch aufzugeben, neue Maßstäbe zu gewinnen, strenger zu werden, gegen sich, und besonders alles zu vermeiden, was zu nichtswürdigen Erfolgen führt. In Wirklichkeit geschah das Gegenteil, eben von denen, die auf das Wort ›Dichter‹ erbarmungslos losschlugen, wurden die Methoden, Aufsehen zu erregen, bewußt entwickelt und gesteigert. Die kleinliche Meinung, daß alle Literatur tot sei, wurde in pathetischen Worten als Proklamation gefaßt, auf kostbares Papier gedruckt und so ernst und feierlich diskutiert, als handle es sich um ein komplexes, schwieriges Denkgebilde. Gewiß, dieser besondere Fall ersoff bald in seiner Lächerlichkeit, aber auch andere, die nicht steril genug waren, sich in einer Proklamation zu erschöpfen, die bittere und sehr begabte Bücher verfaßten, brachten es als ›Jemand, der schreibt‹ sehr bald zu Ansehen und taten nun, was früher Dichter zu tun pflegten: statt zu verstummen schrieben sie dasselbe Buch immer wieder. So verbesserungsunfähig und todeswürdig die Menschheit ihnen erschien, eine Funktion war ihr geblieben: ihnen zu applaudieren. Wer dazu keine Lust verspürte, wer die immerselben Ergüsse satt hatte, war doppelt verdammt: einmal als Mensch, damit war es schon nichts, und dann als einer, der sich weigerte, die endlose Sterbesucht dessen, der schrieb, als das Einzige anzuerkennen, das überhaupt noch von Wert war.

Sie werden begreifen, daß ich angesichts solcher Phänomene denen, die nur schreiben, nicht weniger Mißtrauen entgegenbringe als denen, die sich auch weiterhin selbstgefällig Dichter nennen. Ich sehe keinen Unterschied zwischen ihnen, sie gleichen einander wie ein Ei dem anderen, eine Geltung, die sie einmal erlangt haben, scheint ihnen ein verbrieftes Recht.

Denn in Wirklichkeit ist es so, daß heute niemand ein Dichter ist, der nicht ernsthaft an seinem Recht, es zu sein, zweifelt. Wer den Zustand der Welt, in der wir leben, nicht sieht, hat schwerlich etwas über sie zu sagen. Ihre Gefährdung, früher ein Hauptanliegen der Religionen, hat sich ins Diesseits verlagert. Ihr Untergang, mehr als einmal geprobt, wird von solchen, die keine Dichter sind kühl ins Auge gefaßt, es gibt welche, die seine Chancen errechnen, einen Beruf daraus machen und darüber fetter und fetter werden. Seit wir unsere Prophezeiungen Maschinen anvertraut haben, haben Prophezeiungen jeden Wert verloren. Je mehr wir von uns abspalten, je mehr wir leblosen Instanzen anvertrauen, desto weniger sind wir Herren über das, was geschieht. Aus unserer wachsenden Macht über alles, Unbelebtes wie Belebtes und besonders über Unseresgleichen, ist eine Gegenmacht geworden, die wir nur scheinbar kontrollieren. Hundert und tausend Dinge wären darüber zu sagen, aber es ist alles bekannt, das ist das Sonderbarste daran, es ist in jeder Einzelheit zur täglichen Zeitungsnotiz, zur verruchten Banalität geworden. Sie werden von mir nicht erwarten, daß ich es alles wiederhole, ich habe mir heute etwas anderes, etwas Bescheideneres vorgenommen.

Vielleicht ist es der Mühe wert, darüber nachzudenken, ob es in dieser Situation der Erde etwas gibt, wodurch Dichter oder was man bisher dafür hielt, sich nützlich machen könnten. Immerhin ist, trotz aller Schicksalsschläge, die das Wort für sie zu erdulden hatte, etwas von seinem Anspruch geblieben. Literatur mag sein, was sie will, sie ist eines nicht, so wenig wie die Menschheit, die noch an ihr festhält: sie ist nicht tot. Worin müßte das Leben dessen bestehen, der sie heute vertritt, was sollte er zu bieten haben?

Durch Zufall bin ich kürzlich auf die Aufzeichnung eines anonymen Autors gestoßen, dessen Namen ich schon darum nicht nennen kann, weil niemand ihn kennt. Sie trägt das Datum: 23. August 1939, das war eine Woche vor Ausbruch des Zweiten Weltkriegs, und lautet:

»Es ist aber alles vorüber. Wäre ich wirklich ein Dichter, ich müßte den Krieg verhindern können.«

Welch ein Unsinn, sagt man sich heute, da man weiß, was seither geschehen ist, welche Anmaßung! Was hätte ein einzelner verhindern können, und warum gerade ein Dichter? Läßt sich ein Anspruch denken, der wirklichkeitsferner ist? Und was unterscheidet diesen Satz vom Bombast derer, die durch ihre Sätze bewußt den Krieg herbeigeführt haben?

Ich las ihn irritiert, ich schrieb ihn mit steigender Irritation heraus. Hier, dachte ich, habe ich gefunden, was mir an diesem Wort ›Dichter‹ am meisten zuwider ist, einen Anspruch, der in krassestem Widerspruch steht zu dem, was ein Dichter bestenfalls vermöchte, ein Beispiel für die Großsprecherei, die dieses Wort diskreditiert hat und einen mit Mißtrauen erfüllt, sobald einer der Gilde sich auf die Brust schlägt und mit seinen kolossalen Absichten herausrückt.

Aber dann, während der folgenden Tage, spürte ich zu meinem Erstaunen, daß der Satz mich nicht losließ, daß er mir immer wieder in den Sinn kam, daß ich ihn hernahm, zerlegte, wegstieß und wieder hernahm, als liege es nur an mir, einen Sinn darin zu finden. Es war schon sonderbar, wie er begann: »Es ist aber alles vorüber«, Ausdruck einer vollkommenen und hoffnungslosen Niederlage zu einer Zeit, da die Siege beginnen sollten. Da alles auf sie abgestellt wurde, spricht er bereits die Trostlosigkeit des Endes aus und zwar so, als wäre es unvermeidlich. Der eigentliche Satz aber: »Wäre ich wirklich ein Dichter, ich müßte den Krieg verhindern können« enthält bei näherem Zusehen das Gegenteil einer Großsprecherei, nämlich das Eingeständnis kompletten Versagens. Noch mehr aber drückt er das Eingeständnis einer *Verantwortung* aus und zwar dort, – das ist das Verwunderliche daran, – wo man von Verantwortung im üblichen Sinne des Wortes am wenigsten sprechen könnte.

Hier wendet sich einer, der offenbar meint, was er sagt, denn er sagt es in der Stille, gegen sich selbst. Er etabliert seinen Anspruch nicht, er gibt ihn auf. In seiner Verzweiflung über das, was nun kommen *muß*, klagt er *sich* an, nicht die eigentlichen Urheber, die er bestimmt genau kennt, denn kennte er sie nicht, er würde über das Kommende anders denken. So bleibt als Quelle der Irritation, die man anfangs empfand, ein Einziges: die Vorstellung, die er von dem hatte, was ein Dichter sein müßte und daß er sich für einen solchen gehalten hatte, bis zu dem Augenblick, da mit dem Ausbruch des Krieges für ihn alles zusammenbrach.

Es ist eben dieser irrationale Anspruch auf eine Verantwortung, der mich hier nachdenklich macht und besticht. Es wäre dazu auch zu sagen, daß es durch Worte, bewußt und immer wieder eingesetzte, mißbrauchte Worte zu dieser Situation gekommen ist, in der der Krieg unvermeidlich wurde. Wenn durch Worte soviel auszurichten ist, – warum läßt es sich nicht durch Worte verhindern? Es ist gar nicht zu verwundern, daß jemand, der mehr als andere mit Worten umgeht, von ihrer Wirkung auch mehr erwartet als andere.

Ein Dichter wäre also, vielleicht haben wir das etwas zu rasch gefunden, einer, der von Worten besonders viel hält, sich unter ihnen so gern, ja vielleicht noch lieber umtut als unter Menschen, sich *beiden* ausliefert, aber doch mit mehr Vertrauen den Worten, diese von ihren Sitzen wohl auch herunterzerrt, um sie mit um so größerem Applomb wieder einzusetzen, sie befragt und betastet, streichelt, zerkratzt, hobelt, bemalt, ja dazu imstande ist, nach all seinen intimen Frechheiten sich in Ehrfurcht vor ihnen wieder zu verkriechen. Selbst wenn er, wie oft, als Übeltäter am Worte erscheint, so ist er auch dann ein Übeltäter aus Liebe.

Hinter all diesem Treiben steckt etwas, von dem er nicht immer selbst weiß, das meistens schwach ist, aber manchmal auch von einer Gewalt, die ihn zerreißt, nämlich der Wille, für alles in Worten Faßbare einzustehen und dessen Versagen selbst zu büßen.

Welchen Wert kann diese Übernahme einer fiktiven Verantwortung für die anderen haben? Wird sie nicht durch ihren irrealen Charakter um jede Wirkung gebracht? Ich glaube, was der Mensch sich selbst auferlegt, wird von allen, auch den Beschränktesten, ernster genommen, als was ihm durch Zwang geschieht. Auch gibt es keine größere Nähe zu Ereignissen, keine tiefer eingreifende Beziehung zu ihnen, als sich für sie schuldig zu fühlen.

Wenn das Wort Dichter für viele zerlöchert war, so war es, weil sie eine Vorstellung von Schein und von Unernst damit verbanden, etwas, das sich entzog, um sich's nicht zu schwer zu machen. Die Verbindung von hohen Allüren mit dem Ästhetischen, in allen Schattierungen, unmittelbar vor dem Eintritt in eine der düstersten Perioden der Menschheitsgeschichte, die sie nicht zu erkennen vermochten, als es schon über sie hereinbrach, war nicht dazu angetan, Respekt einzuflößen; ihr falsches Vertrauen, ihre Verkennung der Wirklichkeit, der sie durch Verachtung und sonst nichts beizukommen suchten, ihr Ableugnen jeglicher Verbindung damit, ihre innere Ferne von allem, was faktisch geschah, – denn an der Sprache, deren sie sich bedienten, war es nicht abzulesen: – man kann es wohl verstehen, daß Augen, die härter und genauer sahen, sich von soviel Blindheit mit Entsetzen abwandten.

Dem ist entgegenzuhalten, daß sich Sätze finden wie jener, von dem ich bei dieser Betrachtung ausging. Solange es welche gibt, und es gibt natürlich mehr als einen, die die Verantwortung für Worte auf sich nehmen und in der Erkenntnis völligen Scheiterns auf das Schwerste empfinden, solange haben wir das Recht, an einem Worte festzuhalten, das für die Urheber der wesentlichen Werke der Menschheit immer gebraucht wurde, Werke, ohne die wir das Bewußtsein dessen, was diese Menschheit ausmacht, gar nicht hätten. Mit diesen Werken konfrontiert, die wir auf eine andere Weise zwar, aber nicht weniger brauchen als unser tägliches Brot, von ihnen genährt und getragen, selbst wenn uns nichts anderes geblieben wäre, selbst wenn wir nicht einmal wüßten, wie sehr sie uns tragen, zugleich aber vergeblich nach etwas in unserer Zeit suchend, das sich ihnen gleichstellen ließe, bleibt uns nur eine Haltung übrig: wir können, wenn wir sehr streng gegen die Zeit und besonders gegen uns selber sind, zum Schluß kommen, daß es heute keine Dichter gibt, aber leidenschaftlich wünschen müssen wir uns, daß es welche gäbe.

Das klingt sehr summarisch und es hat wenig Wert, wenn wir uns nicht darüber klar zu werden versuchen, was ein Dichter heute an sich haben müßte, um diesem Anspruch zu genügen.

Als Erstes und Wichtigstes würde ich sagen, daß er der Hüter der Verwandlungen ist, Hüter in zwiefachem Sinn. Einmal wird er sich das literarische Erbe der Menschheit zu eigen machen, das an Verwandlungen reich ist. Wie reich, wissen wir erst heute, da die Schriften beinahe aller frühen Kulturen entziffert sind. Noch bis ins letzte Jahrhundert hinein hätte jeder, dem es um diesen eigentlichsten und rätselhaftesten Aspekt des Menschen, die Gabe der Verwandlung nämlich, zu tun war, sich an zwei Grundbücher der Antike gehalten, ein spätes: die Metamorphosen des Ovid, eine beinahe systematische Versammlung aller damals bekannten, mythischen, ›höheren‹ Verwandlungen, und ein frühes, die Odyssee, in der es besonders um die abenteuerlichen Verwandlungen eines Menschen, eben des Odysseus ging. Diese gipfeln in seiner Heimkehr als Bettler, des Geringsten, das vorstellbar war, und die Vollkommenheit der Verstellung, die ihm hier gelingt, ist von keinem späteren Dichter erreicht oder gar übertroffen worden. Es wäre lächerlich, sich über die Wirkung dieser beiden Bücher auf die neueren europäischen Kulturen, schon vor der Renaissance und erst recht seit dieser zu verbreiten. In Ariost wie in Shakespeare und in unzähligen anderen scheinen die Metamorphosen des Ovid auf; und weit gefehlt wäre es zu glauben, daß ihre Wirkung auf die Moderne sich erschöpft hat. Odysseus aber begegnet uns bis zum heutigen Tage: die erste Figur der Weltliteratur, die in ihren zentralsten Bestand eingegangen ist, es möchte schwer fallen, mehr als fünf oder sechs Figuren von ebensolcher Ausstrahlung zu nennen.

Die erste, die für uns immer schon da war, ist sie wohl, aber nicht die älteste, denn es hat sich eine ältere gefunden. Es sind kaum hundert Jahre her, daß der mesopotamische Gilgamesch entdeckt und in seiner Bedeutung erkannt wurde. Dieses Epos beginnt mit der Verwandlung des unter den Tieren der Wildnis lebenden Naturmenschen Enkidu in einen Stadt- und Kulturmenschen, ein Thema, das uns heute, da wir Konkretes und sehr Genaues von Kindern erfahren, die unter Wölfen gelebt haben, erst recht nahe angeht. Es mündet, da Enkidu seinem Freunde Gilgamesch wegstirbt, in eine ungeheure Konfrontation mit dem Tod, die einzige, die den modernen Menschen nicht mit dem bitteren Nachgeschmack des Selbstbetrugs entläßt. Hier möchte ich mich als Zeugen für einen beinahe unglaubwürdigen Vorgang anbieten: kein Werk der Literatur, buchstäblich keines hat mein Leben so entscheidend bestimmt wie dieses Epos, das viertausend Jahre alt ist und bis vor hundert Jahren niemand bekannt war. Im Alter von siebzehn Jahren bin ich ihm begegnet, es hat mich seither nicht losgelassen, ich bin zu ihm zurückgekehrt wie zu einer Bibel, und es hat mich, abgesehen von seiner spezifischen Wirkung, mit Erwartung auf uns noch Unbekanntes erfüllt. Es ist mir unmöglich, das Corpus der überlieferten Dinge, die uns zur Nahrung dienen, als abgeschlossen zu betrachten, und selbst wenn es sich erweisen sollte, daß keine schriftlich fixierten Werke von ebensolcher Bedeutung nachkommen, so bleibt das enorme Reservoir des durch die Naturvölker mündlich Überlieferten.

Denn da ist an Verwandlungen, um diese geht es uns hier, kein Ende. Man könnte sein Leben damit zubringen, sie aufzufassen und nachzuvollziehen, und es wäre kein schlecht zugebrachtes Leben. Stämme, die manchmal aus wenigen Hundert Menschen bestehen, haben uns einen Reichtum hinterlassen, den wir gewiß nicht verdienen, denn durch unsere Schuld sind sie ausgestorben oder sterben vor unseren Augen, die kaum hinsehen, noch aus. Ihre mythischen Erfahrungen haben sie sich bis zum Schluß erhalten und das Merkwürdige ist, daß es kaum etwas gibt, das uns mehr zustatten kommt, kaum etwas, das uns so sehr mit Hoffnung erfüllt wie eben diese frühen, unvergleichlichen Dichtungen von Menschen, die, von uns gejagt, übervorteilt und beraubt, in Elend und Bitterkeit zugrundegegangen sind. Sie, die – für ihre bescheidene materielle Kultur von uns verachtet – blindlings und erbarmungslos ausgerottet wurden, haben uns ein geistiges Erbe hinterlassen, das unerschöpflich ist. Für seine Rettung kann man der Wissenschaft nicht genug dankbar sein; seine eigentliche Bewahrung, seine Auferstehung zu unserem Leben, ist Sache der Dichter.

Ich habe sie als die Hüter der Verwandlungen bezeichnet, aber sie sind es noch in einem andern Sinne. In einer Welt, die auf Leistung und Spezialisierung angelegt ist, die nichts als Spitzen sieht, denen man in einer Art von linearer Beschränkung zustrebt, die alle Kraft an die kalte Einsamkeit der Spitzen wendet, das Danebenliegende aber, das Vielfache, das Eigentliche, das sich zu keiner Spitzenhilfe anbietet, mißachtet und verwischt, in einer Welt, die die Verwandlung mehr und mehr verbietet, weil sie dem Allzweck der Produktion entgegenwirkt, die bedenkenlos die Mittel zu ihrer Selbstzerstörung vervielfältigt und gleichzeitig zu ersticken sucht, was an früher erworbenen Qualitäten des Menschen noch vorhanden wäre, das ihr entgegenwirken könnte, in einer solchen Welt, die man als die verblendetste aller Welten bezeichnen möchte, scheint es von geradezu kardinaler Bedeutung, daß es welche gibt, die diese Gabe der Verwandlung ihr zum Trotz weiter üben.

Dies, meine ich, wäre die eigentliche Aufgabe der Dichter. Sie sollten, dank einer Gabe, die eine allgemeine war, die jetzt zur Atrophie verurteilt ist, die sie sich aber mit allen Mitteln erhalten müßten, die Zugänge *zwischen* den Menschen offenhalten. Sie sollten imstande sein, zu *jedem* zu werden, auch zum Kleinsten, zum Naivsten, zum Ohnmächtigsten. Ihre Lust auf Erfahrung anderer von innen her dürfte nie von den Zwecken bestimmt sein, aus denen unser normales, sozusagen offizielles Leben besteht, sie müßte völlig frei sein von einer Absicht auf Erfolg oder Geltung, eine Leidenschaft für sich, eben die Leidenschaft der Verwandlung. Es würde ein immer offenes Ohr dazugehören, doch wäre es damit allein nicht getan, denn eine Überzahl der Menschen heute ist des Sprechens kaum mehr mächtig, sie äußern sich in den Phrasen der Zeitungen und öffentlichen Medien und sagen, ohne wirklich dasselbe zu *sein*, mehr und mehr dasselbe. Nur durch Verwandlung in dem extremen Sinn, in dem das Wort hier gebraucht wird, wäre es möglich zu fühlen, was ein Mensch hinter seinen Worten ist, der wirkliche Bestand dessen, was an Lebendem da ist, wäre auf keine andere Weise zu erfassen. Es ist ein geheimnisvoller, in seiner Natur noch kaum untersuchter Prozeß und doch ist es der einzige wahre Zugang zum anderen Menschen. Man hat diesen Prozeß auf verschiedene Weisen zu benennen versucht, es ist etwa von Einfühlung oder von Empathie die Rede, ich ziehe aus Gründen, die ich jetzt nicht vorbringen kann, das anspruchsvollere Wort ›Verwandlung‹ vor. Aber wie immer man es nennt, daß es um etwas Wirkliches und sehr Kostbares dabei geht, wird schwerlich jemand zu bezweifeln wagen. In seiner immerwährenden Übung, in seiner zwingenden Erfahrung von Menschen jeder Art, von allen, aber besonders von jenen, die am wenigsten Beachtung finden, in der ruhelosen, durch kein System verkümmerten oder gelähmten Weise dieser Übung möchte ich den eigentlichen Beruf des Dichters sehen. Es ist denkbar, es ist sogar wahrscheinlich, daß nur ein Teil dieser Erfahrung in sein Werk eingeht. Wie man dieses beurteilt, – das gehört wieder in die Welt der Leistungen und Spitzen, das kann uns heute nicht interessieren, wir sind damit beschäftigt zu erfassen, wie ein Dichter wäre, wenn es einen gäbe, nicht mit dem, was er hinterläßt.

Wenn ich von dem, was als Erfolg gilt, hier ganz und gar absehe, wenn ich dem sogar mißtraue, so hängt das mit einer Gefahr zusammen, die jeder von sich selber her kennt. Die Absicht auf Erfolg wie der Erfolg selber haben eine *verengende* Wirkung. Der Zielbewußte auf seinem Weg empfindet das Meiste, was seiner Erreichung nicht dient, als Ballast. Er wirft es von sich, um leichter zu sein, es kann ihn nicht kümmern, daß es vielleicht sein Bestes ist, das er von sich wirft, wichtig ist für ihn der Punkt, den er erlangt, von Punkt zu Punkt schwingt er sich höher und rechnet in Metern. Die Position ist alles, sie ist von außen bestimmt, es ist nicht er, der sie erschafft, an ihrer Entstehung hat er keinen Anteil. Er sieht sie und strebt ihr zu, und so nützlich und notwendig solche Anstrengung in vielen Lebensbereichen sein mag, für den Dichter, wie wir ihn sehen möchten, wäre sie zerstörend.

Denn dieser hat vor allem mehr und mehr Platz in sich zu schaffen. Platz für Wissen, das er zu keinen erkenntlichen Zwecken erwirbt, und Platz für Menschen, die er durch Verwandlung erfährt und aufnimmt. Soweit es um Wissen geht, kann er es nur durch die redlichen und sauberen Prozesse erwerben, die den inneren Aufbau jedes Wissenszweiges bestimmen. Aber in der Wahl dieser Wissensgebiete, die weit auseinanderliegen mögen, wird er durch keine bewußte Regel geleitet, sondern durch einen unerklärlichen Hunger. Da er sich zugleich für die unterschiedlichsten Menschen öffnet, und sie auf eine älteste, vorwissenschaftliche Weise, durch Verwandlung nämlich, begreift, da er dadurch in einer immerwährenden inneren Bewegung ist, die er nicht schwächen, der er kein Ende setzen darf, – denn er *sammelt* Menschen nicht, er legt sie nicht ordentlich beiseite, er begegenet ihnen nur und nimmt sie lebend auf, – da er von ihnen heftige Stöße erfährt, ist es sehr wohl möglich, daß die plötzliche Hinwendung zu einem neuen Wissenszweig auch von solchen Begegnungen bestimmt ist.

Ich bin mir der Befremdlichkeit dieser Forderung bewußt, sie kann nicht anders als zu Widerspruch reizen. Es klingt so, als hätte er es auf ein Chaos gegensätzlicher und streitender Inhalte in sich angelegt. Einem solchen Einwand, er ist sehr gewichtig, hätte ich vorerst wenig entgegenzusetzen. Er *ist* der Welt am nächsten, wenn er ein Chaos in sich trägt, doch fühlt er, davon sind wir ausgegangen, Verantwortung für dieses Chaos, er billigt es nicht, es ist ihm nicht wohl dabei, er kommt sich nicht großartig vor, weil er für so viel Gegensätzliches und Unverbundenes Platz hat, er haßt das Chaos, er gibt die Hoffnung nicht auf, es für die anderen und so auch für sich zu bewältigen.

Um über diese Welt etwas auszusagen, das von irgendwelchem Wert sein soll, kann er sie nicht von sich wegschieben und meiden. Als das Chaos, das sie allen Zwecken und Planungen zum Trotz mehr als je ist, denn sie bewegt sich mit zunehmender Geschwindigkeit auf ihre Selbstzerstörung zu, so und nicht ad usum Delphini, des Lesers nämlich, geglättet und geputzt, muß er sie in sich tragen. Aber er darf dem Chaos nicht verfallen, er muß ihm, eben aus seiner Erfahrung von ihm heraus, widerstreiten und ihm das Ungestüm seiner Hoffnung entgegensetzen.

Was denn kann diese Hoffnung sein, und warum ist sie nur dann von Wert, wenn sie sich aus den Verwandlungen nährt, den früheren, die er sich durch die Erregungen seiner Lektüren, den kontemporären, die er sich in der Offenheit für die aktuelle Umwelt zueignet?

Da ist einmal die Gewalt der Figuren, die ihn besetzt halten, die den Raum, den sie einmal in ihm eingenommen haben, nicht preisgeben. Sie reagieren aus ihm heraus, als ob er aus ihnen bestünde. Sie sind seine Mehrheit, artikuliert und bewußt, sie sind, da sie in ihm *leben*, sein Widerstand gegen den Tod. Zu den Eigenschaften schon der Mythen, die mündlich überliefert werden, gehört, daß sie sich wiedersagen müssen. Ihre Lebendigkeit kommt ihrer Bestimmtheit gleich, es ist ihnen gegeben, sich nicht zu ändern. Es ist nur in jedem einzelnen Falle möglich zu finden, was ihre Vitalität ausmacht, und vielleicht hat man sie zu wenig daraufhin betrachtet, warum sie sich weitersagen müssen. Es ließe sich sehr wohl beschreiben, was einem geschieht, wenn man einem von ihnen zum erstenmal begegnet. Sie werden eine solche Beschreibung in ihrer Vollständigkeit, anders wäre sie nicht von Wert, heute von mir nicht erwarten. Ich will nur das Eine erwähnen: das Gefühl der Sicherheit und Unumstößlichkeit, nur so war es, nur so kann es gewesen sein. Was immer es ist, das man im Mythos erfährt, so unglaubwürdig es in einem anderen Zusammenhang erscheinen müßte, hier bleibt es frei von Zweifel, hier hat es eine einzige, unverzeichenbare Gestalt.

Dieses Reservoir von Zweifellosigkeit, von dem so vieles bis auf uns gelangt ist, hat man zu den absonderlichsten Anleihen mißbraucht. Nur zu gut kennen wir den politischen Mißbrauch, der damit getrieben worden ist; entstellt, verdünnt, verzerrt, haben es selbst solche minderwertigen Anleihen an sich, für einige Jahre vorzuhalten, bis sie platzen. – Anleihen ganz anderer Art sind die der Wissenschaft, ich nenne nur ein eklatantes Beispiel: wie immer man über den Wahrheitsgehalt etwa der Psychoanalyse denkt, einen guten Teil ihrer Kraft hat sie aus dem Worte ›Oedipus‹ bezogen und die seriöse Kritik an ihr, die eingesetzt hat, sucht sie in eben diesem Worte zu treffen.

Aus dem Mißbrauch jeder Art, der mit Mythen getrieben worden ist, ist die Abwendung von ihnen zu erklären, die unsere Zeit kennzeichnet. Man empfindet sie als Lügen, weil man nur die Anleihen aus ihnen kennt, man wirft sie selbst mit den Anleihen beiseite. Was sie an Verwandlungen bieten, erscheint bloß noch unglaubwürdig. Von ihren Wundern erkennt man bloß die, die durch Erfindungen wahrgemacht wurden und bedenkt nicht, daß wir jede von diesen ihrem Urbild im Mythos verdanken.

Was aber neben allen spezifischen Einzelgehalten das Eigentliche der Mythen ausmacht, ist die in ihnen geübte Verwandlung. Sie ist es, durch die sich der Mensch erschaffen hat. Durch sie hat er sich die Welt zu eigen gemacht, durch sie hat er Anteil an ihr, daß er der Verwandlung seine Macht verdankt, vermögen wir wohl einzusehen, er verdankt ihr aber Besseres, er verdankt ihr sein Erbarmen.

Ich scheue mich nicht, ein Wort zu gebrauchen, daß den Praktikern des Geistes unsachgemäß erscheint: es wird, auch das gehört zur Spezialisierung, in den Bereich der Religionen verbannt, dort darf es genannt und verwaltet werden. Von den sachlichen Entscheidungen unseres täglichen Lebens, die mehr und mehr technisch bestimmt sind, wird es ferngehalten.

Ich habe gesagt, daß Dichter nur sein kann, wer Verantwortung fühlt, obwohl er vielleicht wenig mehr als andere dazu tut, sie in Einzelaktionen zu bewähren. Es ist eine Verantwortung für das Leben, das sich zerstört, und man soll sich nicht schämen zu sagen, daß diese Verantwortung von Erbarmen genährt ist. Es ist wertlos, wenn es als unbestimmtes und allgemeines Gefühl proklamiert wird. Es fordert die konkrete Verwandlung in jedes Einzelne, das lebt und da ist. Am Mythos, an den überlieferten Literaturen erlernt und übt er die Verwandlung. Er ist nichts, wenn er sie nicht unaufhörlich an seiner Umwelt anwendet. Das tausendfältige Leben, das in ihn eingeht, das in all seinen Erscheinungsformen sinnlich getrennt bleibt, schlägt in ihm zu keinem bloßen Begriff zusammen, aber es gibt ihm die Kraft, sich dem Tod entgegenzustellen und wird darin zu etwas Allgemeinem.

Es kann nicht Sache des Dichters sein, die Menschheit dem Tode auszuliefern. Mit Bestürzung wird er, der sich niemandem verschließt, die wachsende Macht des Todes in Vielen erfahren. Selbst wenn es allen als vergebliches Unterfangen erschiene, er wird daran rütteln und nie, unter keinen Umständen, kapitulieren. Sein Stolz wird es sein, den Abgesandten des Nichts, die in der Literatur immer zahlreicher werden, zu widerstehen und sie mit anderen als ihren Mitteln zu bekämpfen. Er wird nach einem Gesetze leben, das sein eigenes ist, aber nicht für ihn selber zugeschnitten, es lautet:

Daß man niemand ins Nichts verstößt, der gern dort wäre. Daß man das Nichts nur aufsucht, um den Weg aus ihm zu finden, und den Weg für jeden bezeichnet. Daß man in der Trauer wie in der Verzweiflung ausharrt, um zu lernen, wie man andere aus ihnen heraushol, aber nicht aus Verachtung des Glücks, das den Geschöpfen gebührt, obwohl sie einander entstellen und zerreißen.

Register

Alexander der Große 169
Ariost 261
Aristophanes 47, 65, 236

Babel, Isaak 227
Balzac, Honoré de 62, 68
Bauer, Felice 72 passim, 244
Bauer, Erna (Schwester von Felice) 113 passim
Baum, Oskar 156
Berg, Alban 228, 232
Bergson, Henri 68
Bernard, Claude 68
Bloch, Grete 107 passim
Bormann, Martin 180
Braun, Eva 178
Brecht, Bertolt 227
Broch, Hermann 8, 9 passim, 228, 231
Brod, Max 73 passim
Breughel, Pieter 48
Buber, Martin 138
Büchner, Georg 7, 54, 211 passim
Büchner, Wilhelm 215
Buffon, George Louis Leclerc de 68

Canetti, Elias »Aufzeichnungen 1942 bis 1948« 51, »Die Blendung« 202, 212, 222, 223, 224, 227, 230, 231, 232, »Comédie Humaine an Irren« 225, 229, 231
Canetti, Veza 160, 212
Cervantes, Miguel de 62
Churchill, Winston 177
Ciano, Galeazzo Conte di 32
Claudius, Matthias 43, 47

Danton, Georges 216
Darwin, Charles 226
Dostojewskij, Fjodor M. 48, 54, 73, 106, 109, 131, 202
Dostojewski (Witwe) 197
Dschou, Herzog von 192

Eulenberg, Herbert 81, 82, 95
Euripides 236

Ficker, Ludwig von 252
Flaubert, Gustave 72, 75, 99, 106, 139
Förster, Friedrich Wilhelm 146
Franklin, Benjamin 196
Franz Ferdinand, Erzherzog von Österreich-Este 245
Fröhlich, Kathi 72
Freud, Sigmund 35, 228
Friedrich der Große 189
Fuchs, Rudolf 152

Gilgamesch 262
Goebbels, Joseph 173
Gogol, Nikolai 48, 234, 236
Göring, Hermann 172, 181, 184
Goethe, Johann Wolfgang von 43, 47, 74, 213, 214, 217
Grillparzer, Franz 72, 106, 110
Grosz, George 227
Grünewald, Matthias 48, 231
Grützner, Eduard von 181
Guicciardini, Carlo 245, 247, 248
Gutzkow, Karl 215, 217, 218
G. W. (>Schweizerin<) 106, 108, 111, 141, 142

Hachiya, Michihiko 203 passim
Handy, E. S. C. 26, 27
Han Fei Tse 191
Harden, Maximilian 238
Hauptmann, Gerhart 47, 247
Hebbel, Friedrich 61, 72, 125
Herder, Johann Gottfried 213
Herzfelde, Wieland 227
Himmler, Heinrich 181
Hitler, Adolf 7, 8, 163 passim
Homer 48
Huch, Ricarda 82

Ibn Batuta 34

Jacobsen, Jens Peter 82
James, William 68
Jesenská, Milena 88, 111
Jonson, Ben 236

Joyce, James 68
Juvenal 236

Kafka, Franz 7, 56, 64, 72 passim, 230, 244
»Die Abweisung« 139, »Ein altes Blatt« 134, »Amerika« 75, 79, 85, 121, 128, »Auf der Galerie« 150, »Der Bau« 137, »Beim Bau der Chinesischen Mauer« 139, 151, »Betrachtung« 73, 75, 81, 84, 85, 95, 126, »Brief an den Vater« 88, »Briefe an Felice« 72, 75, 106, 122, 131, 135, 138, 150, 153, 156, »Briefe an Milena« 88, »Die Brücke« 150, »Erinnerung an die Kaldabahn« 121, 136, »Das Gesetz« 99, »Der Heizer« 79, 85, 101, 103, »Hochzeitsvorbereitungen auf dem Lande« 133, »In der Strafkolonie« 92, 121, 124, 129, 149, 150, »Der Jäger Gracchus« 150, »Der Kübelreiter« 150, »Ein Landarzt« 134, 150, 151, »Das nächste Dorf« 150, »Der neue Advokat« 150, »Oktavhefte« 156, »Der Prozeß« 90, 114, 115, 118, 119, 120, 121, 125, 128, 129, 131, 135, »Der Riesenmaulwurf« 125, »Schakale und Araber« 150, »Das Schloß« 129, 130, 131, 135, »Tagebücher« 75, 123, 125, »Der Unterstaatsanwalt« 125, »Das Urteil« 79, 81, 85, 98, 103, 127, »Die Verwandlung« 79, 80 ,85, 93, 97, 99, 101, 128, 138, 150, 230
Kalmar, Annie 241
Kant, Immanuel 156
Karl der Große 181
Kerr, Alfred 235
Kierkegaard, Sören 62, 73
Klabund, d. i. Alfred Henschke 145
Kleist, Heinrich von 72, 106
Konfuzius 7, 190 passim
Korsakow, S. S. 202
Kraus, Karl 7, 39 passim, 225, 227, 228, 234 passim
»Briefe an Sidonie Nádhérny von Borutin« 239, »Die Fackel« (Zs.) 47, 234, 235, 236, 238, 239, 247, 251, 255, 256, »Leben ohne Eitelkeit« (»Alles oder Nichts«) 248, »Die letzten Tage der Menschheit« 44, 237, 238, 239, 245, 254, 255, 256, »Nestroy und die Nachwelt« 238, »Untergang der Welt durch Schwarze Magie« 251, »Zu Sidis Hochzeitstag« (»Verwandlung«) 250, 251

Lagerlöf, Selma 82
Lasker-Schüler, Else 47, 83, 84
Lenz, Jakob Michael Reinhold 213, 214, 217
Lichtenberg, Georg Christoph 211
Li-Ki 194
Ludwig II. von Bayern 176
Lüning 218
Luther, Martin 178

Mann, Heinrich 233
Mann, Thomas 232, 233
Maria Theresia 189
Merkel, Georg 232
Methlagl, Walter 240
Michelangelo-Buonarroti 223, 231
Milena, siehe Jesenská
Muhammad Tughlak 33
Mühlstein, Dr. 152
Musil, Robert 68, 228, 232
Mussolini, Benvenuto 32
Nádhérny (Sidi) Sidonie von 239 passim
Nádhérny, (Charley) Karl von 240 passim
Nestroy, Johann 43, 45, 47, 238
Napoleon I. Bonaparte 95, 169, 171, 175, 183

Offenbach, Jacques 43
Ovid 262

Pascal, Blaise 62, 73
Paulus 253, 255
Pavese, Cesare 56
Pfäfflin, Friedrich 240
Po Chü-I 138
Poe, Edgar Allan 48
Pollak, Oskar 135
Proust, Marcel 61, 65, 68
Pythagoras 133

Quevedo y Villegas, Francisco Gomez
   de 42, 236

Ramorino 213
Ribbentrop, Joachim von 168
Rilke, Rainer Maria 150, 240, 241, 243, 246, 250
Rolland, Romain 256
Roosevelt, Franklin D. 189
Rosenberg, Alfred 81
Rousseau, Jean-Jacques 196
Rowohlt, Ernst 75

Schermann, Raphael 252
Schnitzler, Arthur 84
Schober, Johann 226
Schreber, Daniel Paul 35, 38, 170, 182
Schulz, Caroline 221
Schweizerin (Kafka) siehe G. W.
Scott, Walter 62
Sei Shonagon 61
Seitz, Karl 224
Shaka 32, 33
Shakespeare, William 43, 47, 65, 220, 261
Shikibu, Murasaki 61
Sinclair, Upton 229
Sokrates 236
Sophokles 54, 82
Speer, Albert 8, 163 passim

Stalin, Josef W. 188
Stendhal, Henri 48, 64, 230, 256
Stöber, August 218
Stoeßl, Otto 83
Strindberg, August 47
Suhrkamp, Peter 232
Swift, Jonathan 42, 236

Thukydides 226
Thun, Max 240
Todt, Fritz 169
Tolstoi, Leo N. 7, 196 passim
Trakl, Georg 41, 47
Troyat, Henry 201
Tschertkow 197, 199

Waley, Arthur 138, 139
Walser, Robert 84
Webern, Anton von 228
Wedekind, Frank 47, 84
Weiss, Ernst 108, 113, 114
Weltsch, Lise 151
Werfel, Franz 82, 105
Wolff, Kurt 101, 151
Wotrube, Fritz 232

Yen Hui 193

Zinzendorf, Gräfin 146
Zola, Emile 68

Inhalt

Vorbemerkung 5
Zur 2. Auflage 7

Hermann Broch 9
Macht und Überleben 23
Karl Kraus, Schule des Widerstands 39
Dialog mit dem grausamen Partner 50
Realismus und neue Wirklichkeit 66.
Der andere Prozeß. Kafkas Briefe an Felice 72
Wortanfälle 158
Hitler, nach Speer 163
Konfuzius in seinen Gesprächen 190
Tolstoi, der letzte Ahne 196
Dr. Hachiyas Tagebuch aus Hiroshima 203
Georg Büchner 211
Das erste Buch: Die Blendung 222
Der Neue Karl Kraus 234
Der Beruf des Dichters 257

Register 269